KB201048

삼성어린이집

유아 프로그램

프로그램

4세

삼성복지재단지음

다음세대

머리말

삼성복지재단이 설립되고 보육사업이 시작된 지도 벌써 십수년이 되었다.

영유아의 밝고 건강한 성장을 도모하고 우수 여성 인력의 안정된 사회 참여를 지원함으로써 가정복지 증진은 물론 함께 사는 건강한 사회를 만들어 보고자 삼성의 보육사업이 시작되었다. 이러한 이념에 기초하여 설립된 삼성 어린이집은 전국 각 지역에서 모범 시설로서의 역할을 담당하고자 최선을 다해 노력하고 있다.

삼성의 보육 프로그램은 중산층 영유아와 직장여성의 자녀를 위한 아동 중심 프로그램과 저소득층의 영유아를 위한 포괄적 보육서비스 두 종류로 개발되었다.

본 프로그램은 중산층 영유아를 위한 아동 중심 프로그램으로, 지난 1997년 삼성 어린이집 영유아 프로그램으로 처음 개발되어 삼성 어린이집뿐만 아니라 일반 어린이집에서도 활용해 왔다. 그러나 사회적·교육적 환경의 급속한 변화로 인해 본 프로그램도 개정되어야 할 필요성을 느끼게 되었다. 또한 5세 프로그램의 경우 유치원 프로그램과의 중복 개발을 피하기 위해 초기 개발에서 제외되었으나, 종일제 프로그램에서 적용하기에 한계를 느끼게 되면서 삼성 어린이집 5세 반에서 실시하였던 프로그램에 기초하여 개발하게 되었다.

이번 작업에는 대부분의 삼성 어린이집의 원장과 교사들이 집필진으로 함께 참여하여 삼성 어린이집의 장점과 특징을 모두 적용시키고자 노력하였고 이 과정을 통해 함께 연구하고 성장할 수 있었던 것에 큰 의의를 두고 싶다.

각 권의 완성도를 높이기 위해 바쁜 일정 중에도 꼼꼼히 지도해 주시고 집필해주신 성신여자대학교 유아교육과 장영희 교수, 경원대학교 아동학과 정미라 교수, 연세대학교 아동학과 김명순 교수께 진심으로 감사를 드린다. 집필 팀장으로 각 권의 원고 집필부터 마지막 교정까지 애써주신 정진화, 이한영, 손순복, 조혜진 원장과 임춘금 전 삼성 어린이집 원장께도 마음으로부터 감사드린다.

또한 집필진으로 수고하신 삼성 어린이집 김애자, 박성경, 이춘수, 강인자, 이혜옥, 박귀엽, 한인순, 송혜린, 박화문, 윤정현, 박정원, 최은주, 김양애, 신혜영 원장, 조미선, 이옥주, 김현희, 이길동 전 삼성 어린이집 원장, 이윤선 선임교사, 덕성여자대학교 부속 유치원의 이금구 교사, 연세대학교 어린이생활지도 연구원의 우현경, 신은주 교사, 마나모로의 서문옥 교사에게 깊은 감사를 드린다.

끝으로 삼성 어린이집 영유아 프로그램이 국내 보육현장의 질적 수준을 앞당기는 데 기여하게 되길 바라며 앞으로도 삼성복지재단은 우리나라의 보육학계와 현장의 발전을 위해 최선의 노력을 다 할 것을 약속드린다.

2003년 4월
삼성복지재단 어린이개발센터

CONTENTS

1 장

교수–학습방법

하루일과에서의 교사 역할

유아를 위한 하루일과는 연간계획안에서의 주제와 주간보육계획안의 소주제를 중심으로 진행하되 유아의 흥미와 일과 중 일어나는 상황을 고려하여 융통성 있게 운영한다. 하루의 일과를 통해 가정과 같은 따뜻한 보호와 교육적 경험이 동시에 이루어져야 하며 풍부한 환경을 구성해 교사-유아, 유아-유아, 유아-교구 간의 상호작용이 다양하게 일어나도록 계획해야 한다. 하루일과에서 정적인 활동과 동적인 활동, 개인활동과 대·소집단활동, 실내놀이와 실외놀이, 일상적인 생리적 활동과 교육활동 등이 균형 있게 실시되어야 한다. 또한 유아의 발달 수준을 고려한 개별적 교육과정을 전개해야 한다. 집단활동의 경우 유아의 연령이나 발달수준에 따른 차이를 바탕으로 각 집단에 맞는 활동을 제공해야 한다. 4세의 경우 놀이가 심화되어 진행중일 때는 일과의 융통성을 두어 자유선택 활동시간을 연장하거나 오후 자유선택 활동과 연계해 놀이가 확장될 수 있도록 배려해준다. 매일매일의 활동은 일과표를 참고하되 융통성 있게 실시한다.

　일반적인 4세반 하루일과의 예를 살펴보면 다음과 같다.

4세반의 하루일과표

시간	주요일과	주요 활동 내용
7:30 ~ 9:00	등원 및 통합보육	유아의 건강·심리 상태를 파악하며 맞이하기 유아 스스로 옷 정리하기 통합보육실에서 놀이하기
9:00 ~ 10:30	자유선택활동 및 오전간식	개별적 혹은 소집단으로 각 영역에서 준비된 놀이를 선택하여 놀이하기 활동 중 자유롭게 손 씻고 간식 먹기 (간식의 내용에 따라 자율간식을 하거나 배식을 요하는 간식의 경우는 정리 후 손 씻고 다함께 먹는 방법 등으로 탄력적인 운영을 함)
10:30 ~ 10:50	정리정돈 및 화장실 가기	가지고 놀던 놀잇감을 제자리에 정리한 후 화장실 다녀오기
10:50 ~ 11:20	대·소집단활동	자유선택활동 회상하기 교사주도의 활동 진행으로 주제토의, 주제와 연관된 활동하기
11:20 ~ 12:20	실외자유선택활동	대근육 활동, 극놀이 활동, 물·모래 놀이 활동 등 다양한 놀이하기
12:20 ~ 13:20	손 씻기 및 점심식사 이닦기	정리정돈하고 손 씻기 점심식사 준비하기 개별적인 상호작용을 하며 올바른 식습관 지도하기 양치질하기
13:20 ~ 14:00	조용한 활동 정리정돈 및 낮잠 준비	점심식사가 끝난 유아들은 놀이실 또는 실내 유희실에서 책보기 등 조용한 활동을 하며 기다리기 정리정돈 및 화장실 다녀오기 베개 및 낮잠 타월 찾아 침대 위에 덮고 눕기
14:00 ~ 15:30	낮잠 및 휴식	동화듣기 낮잠자기 및 음악들으며 누워서 휴식하기
15:30 ~ 16:00	낮잠깨기 및 정리정돈	먼저 일어난 유아들은 화장실을 다녀온 후 다른 유아가 일어날 때까지 책보기 등의 정적인 놀이하기 낮잠 침구 장에 정리하기
16:00 ~ 16:30	오후 간식	손 씻고 간식 먹기 간식 먹은 후 제자리에 정리하기
16:30 ~ 18:00	실내외자유선택활동	개별적 혹은 소집단 각 영역에 준비된 자유선택활동 하기 옥상놀이, 식물관찰, 모래놀이, 놀이기구 놀이하기
18:00 ~ 19:30	통합보육 및 귀가	개별적으로 조용한 놀이를 하면서 부모님이 오시는 대로 귀가하기 시청각 감상하기 귀가 지도하기

1) 등원 및 통합보육

등원시간에 교사는 유아가 어린이집에서 건강하고 즐거운 하루를 지낼 수 있도록 밝은 표정으로 유아와 부모를 맞이한다. 교사는 유아를 부드럽게 안아주거나 이름을 불러주는 등 개별적으로 관심을 보이며 유아의 건강상태, 심리상태 등을 자연스럽게 시진하고 긍정적인 내용으로 대화하며 맞아준다. 부모에게는 유아에 대한 그날의 정보를 경청해 듣고 메모하거나 일일보고서의 작성을 확인한다. 유아에 대한 정보는 같은 반을 맡고 있는 교사에게 전해주어 하루일과에 반영할 수 있도록 한다. 통합보육 시간에는 여러 연령의 영유아들이 함께 만나는 시간이므로 서로 어울릴 수 있는 분위기를 조성해주도록 하고 통합시간의 장점을 충분히 살릴 수 있도록 지도한다. 즉, 유아들이 영아들을 돌볼 수 있는 기회를 제공하거나 자신들의 능력을 동생들에게 보여줌으로써 자신감을 얻을 수 있는 기회를 갖도록 한다. 또한 영아들이 유아들 사이에서 활동하다가 다치는 일이 없도록 주의해야 한다.

2) 실내 자유선택활동

유아는 실내자유선택활동 시간을 통해 교사, 또래, 놀잇감과 상호작용함으로써 지식을 형성해가고 경험의 폭을 넓혀간다. 그러므로 교사는 전개되고 있는 생활주제나 유아의 흥미, 발달 정도를 고려하여 잘 준비된 환경을 제공해준다. 또한 유아가 활동을 스스로 선택하여 자유롭게 놀이하도록 학습영역을 구성해준다. 다음은 교사가 실내자유선택활동 시간에 유아를 도울 수 있는 구체적인 방법이다.

▶ 유아들이 스스로 활동을 선택하고, 자료와 교재를 탐색하여 놀이에 몰두할 수 있도록 유아의 발달 수준과 흥미에 기초하여 놀이환경을 제공한다.
▶ 자유롭게 선택한 놀이를 가치 있게 인정해준다.
▶ 교사는 다양한 영역의 참여를 통해 유아와 상호작용할 기회를 가능한 많이 가진다.
▶ 놀이를 통해 자연스러운 학습이 이루어질 수 있도록 언어적 자극과 함께 놀이에 적절히 개입한다.
▶ 교사는 관찰을 통해 유아의 특성을 파악하고 관찰기록을 하며 이를 기초로 유아에게 개별적으로 적합한 활동을 선택, 제시한다.
▶ 같은 종류의 장난감을 충분히 준비하여 유아들 간의 다툼을 사전에 방지한다.
▶ 놀이 환경을 늘 점검하여 안전하게 놀 수 있도록 한다.
▶ 실내자유선택활동 시간 중에 소집단활동을 짧게 진행할 수 있다.
▶ 오후 실내자유선택활동은 지나친 자극을 줄이고 오전 활동의 연계나 자유로운 선택놀이가

이루어지도록 한다.

다음은 유아의 놀이를 돕기 위한 영역별 교사의 역할이다.

① 쌓기놀이영역

유아는 다양한 블록과 소품들을 이용하여 생각이나 경험을 표현한다. 이러한 놀이를 통해 유아는 다양한 사물의 형태와 크기, 공간 구성력이나 분류 능력 등을 형성하게 된다. 또한 자신이 만든 구조물을 쓰러뜨리면서 정서적 긴장이나 공격적 욕구 등을 자연스럽게 해소하기도 하며, 블록을 나르고 쌓는 과정을 통해 신체 대·소근육을 발달시키게 된다. 따라서 교사는 4세 유아들에게 적절한 종류의 블록과 소품들을 제시하여 쌓기놀이를 촉진시켜준다. 유아의 쌓기놀이를 원활히 도와주기 위한 교사의 역할은 다음과 같다.

» 다양한 블록과 소품을 적절하게 제공함으로써 자유롭고 창의적인 구성을 할 수 있도록 한다.
» 블록 구성물의 결과보다는 과정을 중시한다.
» 적절한 의견을 제시함으로써 사고력과 구성능력을 촉진한다.
» 극화놀이로 연결, 확장되도록 돕는다.
» 유아들의 놀이를 주의깊게 관찰하여 갈등상황이나 위험 및 사고를 미연에 방지한다.
» 다른 영역보다 정리하는 시간이 많이 필요하므로 개별 혹은 소집단으로 정리시간을 미리 알려주어 유아들이 충분한 시간을 가지고 정리할 수 있도록 하며, 구조물을 보관하고 싶어 할 때는 별도로 장소를 마련해주어 보관·전시하도록 한다.
» 유아들의 정리를 돕기 위해 교구장에 블록 모양의 밑그림을 붙여준다.

② 역할놀이영역

유아는 가족의 역할, 자신이 흥미롭게 느꼈던 다양한 사건이나 경험을 재현하며 놀이 속에서 다른 유아들과 역할을 분담하고 언어적 상호작용을 하면서 언어와 사회성을 발달시켜간다. 또한 다양한 역할을 맡아봄으로써 사회적 역할을 배우게 되고 점차 자기 중심성에서 벗어나게 된다. 교사는 유아들의 놀이가 활발하게 일어날 수 있도록 가정과 같이 아늑한 분위기의 환경을 구성해주고, 도구와 소품을 적절히 준비한다. 유아의 역할놀이를 원활히 도와주기 위한 교사의 역할은 다음과 같다.

» 역할놀이영역의 교구들은 유아들이 주변에서 직접 접할 수 있는 도구와 소품들을 유아들이 사용하기에 편리한 형태로 제공한다.
» 교사는 유아의 놀이를 촉진시키기 위해 경험을 제공하고 경험과 관련된 소품을 제시한다.
» 교사는 유아의 놀이에 함께 참여하거나 놀이하는 것을 지켜보면서 도움이 필요할 때 적절히 개입한다.
» 교사는 놀이상황을 유지 또는 확장 시켜줄 수 있는 질문을 한다.

▹ 극놀이가 익숙하지 않거나 경험이 적은 유아에게는 교사가 직접 역할을 맡아 놀이를 지도할 수 있다. 그러나 유아가 놀이에 익숙해지면 교사의 역할을 줄여간다.
▹ 다른 영역과 연계하여 놀이가 진행될 수 있도록 돕는다.

③ 미술영역

유아는 만들기, 그리기, 칠하기, 자르기, 구성하기 등 다양한 미술활동을 통해 즐거움을 느낀다. 또한 다양한 재료를 탐색하고 재료를 이용하여 자유롭게 표현하는 과정을 통해 신체기관과 감각기관의 협응력을 증진시켜나간다. 뿐만 아니라 다양한 작품에 대한 느낌이나 생각을 자유롭게 표현할 수 있는 기회를 가짐으로써 창의성과 심미감을 발달시킨다. 미술영역에서는 미술활동과 더불어 이야기 나누기, 나누어 쓰기, 탐색하기 등의 활동이 함께 이루어지므로 유아의 활동과정에 대한 세심한 관찰과 적절한 개입이 필요하다. 유아의 미술활동을 촉진시키기 위한 교사의 역할은 다음과 같다.

▹ 작업의 결과보다는 자신의 생각과 느낌, 경험 등을 표현하거나 제작해보는 과정을 중시한다.
▹ 창의적인 아이디어가 표현될 수 있도록 격려한다.
▹ 시작한 것을 끝까지 충분히 즐길 수 있도록 도와준다.
▹ 유아의 작품을 존중해주고, 작품 모두를 공평하게 게시판이나 복도에 전시해주거나 스스로 보관하도록 한다.
▹ 다른 친구의 작품을 감상하고 서로의 의견을 주고 받으면서 감상의 기회를 갖는다.
▹ 다양한 재료를 준비하며 유아가 자유롭게 재료를 탐색하고 활용하도록 한다.
▹ 소모성 물품들은 수시로 점검해 채워준다.
▹ 도구는 학기 초부터 한 가지씩 사용법과 관리법을 소개해 익히도록 한다.
▹ 충분한 공간과 자유로운 분위기를 조성하여 유아가 심리적인 부담없이 즐겁게 표현할 수 있도록 한다.
▹ 날씨가 좋은 날은 실외로 연장하여 울타리나 벽에 종이 붙여 물감칠 하기, 핑거 페인팅 등의 다양한 미술활동이 이루어질 수 있도록 한다.
▹ 작업 후 도구와 재료를 보관하고 제자리에 정리정돈하는 습관을 길러준다.

④ 언어영역

유아는 듣기, 말하기, 읽기, 쓰기에 기초가 되는 다양한 활동을 통해 언어능력을 발달시켜 나간다. 유아들은 점차 주변 글자에 관심을 나타내면서 언어를 습득해 나가고 바르게 의사소통하는 태도와 습관을 형성하여 사회성을 발달시킨다. 유아의 다양한 언어활동을 위한 교사의 역할은 다음과 같다.

▷ 안락하고 조용한 분위기를 조성해 준다.

▷ 유아의 흥미와 언어발달 수준, 이해 능력, 주제의 적합성 등을 고려한 책을 선정한다.

▷ 읽기, 쓰기, 말하기, 듣기 등 언어활동의 기초활동이 되는 다양한 놀잇감과 교재·교구를 제공한다.

▷ 동화나 동시 자료들을 제시하여 유아들이 개별적으로 재구성해볼 수 있도록 한다.

▷ 막대, 융판, 테이블 동화자료 등 다양한 자료를 이용해 동화에 대한 유아들의 이해와 흥미를 높인다.

▷ 교사는 책을 읽는 동안 유아가 보이는 의견에 적극적으로 반응해준다.

▷ 유아가 부적합한 어휘나 표현을 사용할 경우 올바른 형태로 반응해줌으로써 언어적 모델이 된다.

▷ 교사는 책이나 자료를 소중히 다루고 사용 후에는 반드시 제자리에 꽂아놓을 수 있도록 한다.

⑤ 수·과학/조작영역

유아들은 여러 가지 조작물이나 카드자료 등을 이용하여 짝짓기, 분류, 비교, 기본 수세기 등 놀잇감과의 상호작용을 통한 활동을 한다. 이러한 활동을 통해 유아는 소근육, 수개념, 모양과 크기 개념, 언어 등을 발달시키고, 유아가 탐색하고 스스로 조작하는 과정에서 집중력과 지구력을 증진시키게 된다. 또한 동·식물 기르기, 관찰하기, 여러 가지 기구와 재료들을 실험 탐색해 봄으로써 과학적인 개념을 형성하게 된다. 따라서 교사는 유아의 탐색·조작 활동이 활발히 일어날 수 있도록 다음과 같은 사항을 고려한다.

▷ 수개념을 포함한 인지발달, 감각기능발달, 소근육 발달을 위해 직접 조작할 수 있는 교구를 제공한다.

▷ 교사는 유아들이 놀이를 하면서 좌절을 느끼지 않도록 발달에 적합한 교구를 제공하며, 유아가 스스로 문제 해결하는 경험을 할 수 있도록 돕는다.

▷ 교사는 유아가 관찰·탐색할 때 많은 감각을 사용할 수 있도록 격려한다.

▷ 수·조작영역은 교사가 창의적으로 개발한 교구들을 많이 활용할 수 있는 곳이므로 매력적인 교구들을 제공하여 유아의 흥미를 유발한다.

▷ 새로운 교구를 제시할 때는 유아들이 조작하고 탐색해보게 한 후 각자의 경험을 바탕으로 유아-교사가 함께 놀이방법과 규칙을 정해볼 수 있다.

▷ 교구와 교구장에는 정리정돈을 돕기 위한 자리 표시를 해주어 유아들이 일대일 대응을 통해 정리할 수 있도록 한다.

▷ 일과 후에는 교사가 교구의 정리상태를 확인하여 분실되거나 파손된 부분들을 보수 및 대체한다.

⑥ 음률 영역

　유아는 음악을 듣고 몸을 마음대로 움직여보며, 노래를 부르고 여러 가지 악기를 자유롭게 탐색한다. 이러한 음률활동을 통해 유아는 정서적 감정을 풍부히 할 수 있고, 감각 기능을 발달시킬 뿐만 아니라 언어발달과 창의성 및 사회성을 발달시킬 수 있는 기회를 갖는다. 교사는 유아의 다양한 음률활동을 위해 다음과 같은 사항을 고려한다.

▶ 노래부르기, 리듬 탐색하기, 악기 탐색하기, 다양한 음악 감상하기, 몸 움직이기, 창의적 표현하기 등 다양한 경험을 제공한다.
▶ 유아의 경험을 토대로 한 내용의 노래, 율동적이고 박자와 리듬이 분명하고 강한 리듬을 가진 곡, 반복이 있거나 대화체로 된 부분이 있는 노래 등을 선택해 유아의 흥미를 유발시킨다.
▶ 노래를 부르면서 자기의 음성을 조절해보는 경험을 하고 아름다운 음이 듣기 좋다는 것을 알고 즐기도록 돕는다.
▶ 소리를 탐색하고 표현해보는 과정을 중시한다.
▶ 음악적인 분위기 속에서 일과활동이 이루어질 수 있도록 자발적인 놀이와 학습과정에 음률활동을 자연스럽게 연결한다.
▶ 악기를 정리할 때 악기 모양 밑그림으로 자리 표시를 해주어 유아들의 정리를 도울 수 있다.

3) 정리정돈 및 전이활동

　정리정돈 시간은 다음 활동을 위해 유아들 스스로 자신이 놀이하던 놀잇감을 모두 제자리에 정리하는 시간이다. 정리정돈 시간은 청결이나 기본생활습관의 차원뿐만 아니라 유아들의 일대일 대응, 분류 개념학습을 위한 좋은 기회도 된다. 유아의 정리정돈을 원활히 도와주기 위해 다음과 같은 교사의 세심한 배려와 안내가 필요하다.

▶ 정리정돈시간 5분 전쯤에 유아들에게 잠시 후 정리해야 됨을 미리 알려주어서 유아로 하여금 진행하고 있는 활동을 마무리해야 함을 인식시키고 활동을 새로 시작하지 않도록 배려한다.
▶ 유아가 물건이나 놀잇감을 어려움 없이 제자리에 놓을 수 있도록 유아의 손이 닿을 수 있는 선반에 놀잇감의 그림이나 사진을 붙여놓는다.
▶ 정리하는 시간임을 유아들이 알 수 있도록 일정한 노래나 표시(정리음악 틀어주기, 악기로 정리 시간임을 알리기 등)를 정해놓는다.
▶ 유아들이 재미있게 정리할 수 있도록 친절하게 안내해주고 정리할 곳을 손으로 가리켜주

면서 도와줄 수 있다.

▸ 정리정돈이 끝날쯤 모일 장소 및 다음 일과를 알려주어 유아들 스스로 준비할 수 있도록 한다.

한 활동이 끝나고 다음 활동으로 이어지는 때를 전이시간이라고 한다. 대체로 매우 짧은 시간이기 때문에 대부분 중요하지 않게 생각하기 쉬우나 이 시간도 다른 활동에서처럼 개념과 기술을 학습하고 생활습관을 익히며 강화할 수 있으므로 다음과 같은 교사의 적절한 안내와 지도로 안정적으로 운영되도록 한다.

▸ 다음 활동에 대한 예고를 통해 전이시간 동안 유아들 자신이 무엇을 해야 하는지 알 수 있도록 명확하게 제시한다.
▸ 대집단 활동이 끝난 다음 활동으로 연결하기 위해서는 소집단으로 나누어 이동할 수 있다.
▸ 전이 방법의 다양한 계획과 상황에 맞는 적절한 적용을 통해 시간차를 두어 유아들이 혼잡하거나 충돌, 분쟁이 생기지 않도록 여러 가지 전략을 가지고 개입한다.
▸ 시간차를 이용하거나 주의집중을 위해 손유희, 노래 부르기, 동시 읊기, 수놀이, 관찰력 게임, 동작 따라하기, 수수께끼 등의 간단한 활동을 한다.

4) 실외자유선택활동

실외놀이에서 유아들은 신선한 공기를 마시며 마음껏 달리고, 외치며 자연물을 탐색한다. 실외의 개방된 공간과 자유로움은 유아의 긴장감을 완화시키며 즐거움을 제공한다. 특히 어린이집에서는 오랜 시간을 같은 공간에서 생활하므로 실외놀이를 많이 하도록 배려해주는 것이 중요하다. 실외자유선택활동도 실내자유선택활동과 함께 균형 있게 할 수 있어야 하며 교사가 유아의 발달 수준을 고려하여 신체적 놀이 외에도 사회극놀이, 게임, 동·식물 기르기, 그리기, 물감놀이, 책읽기 등의 활동들을 계획하고 준비하여 유아들이 다양한 경험을 할 수 있도록 한다. 과잉 자극으로 인해 유아가 긴장하거나 흥분하여 다툼이 발생하거나 유아 자신이 안전에 대한 주의가 소홀해질 수 있으므로 교사는 항상 안전에 유의하여 지도해야 한다. 실외자유선택활동 시 교사가 고려해야 할 사항은 다음과 같다.

▸ 교사는 유아들이 실외에서 마음껏 움직이고 놀이 활동을 자유롭게 즐길 수 있도록 장려한다. 그러나 실외에서는 유아의 움직임이 커지고 빨라지므로 각별히 유의해서 관찰하도록 한다. 오르기, 미끄럼틀, 그네 등과 같이 사고 위험이 따르는 곳은 다른 교사와 분담하여 계획된 관찰과 감독을 하여 유아가 안전하게 활동할 수 있도록 한다.
▸ 교사는 유아의 안전한 실외놀이를 위해 사전에 유아들과 실외놀이 기구의 안전한 사용방

법에 대해 이야기를 나누어 유아 스스로 안전의 필요성을 인식하고 안전하게 놀이기구를 사용할 수 있도록 한다.

▶ 물·모래놀이를 통해 감각적인 경험을 제공하여 탐구심을 길러주고, 감정을 발산할 수 있는 기회를 제공한다.

▶ 기어 올라가기, 달리기, 위·아래로 오르내리기, 여러 공간을 통과하기 등 다양한 신체활동을 제공한다.

▶ 나무, 꽃, 채소, 동물 등의 자연환경을 직접 탐색하고 관찰하는 경험을 제공한다.

▶ 물감 그림 그리기, 동화 듣기, 밀가루 반죽놀이 등의 정적인 활동도 실외놀이 영역에서 경험할 수 있도록 배려하고 휴식할 수 있는 공간을 준비해 준다.

▶ 실내에서 활동하기에 부담스러운 풀, 모래, 물감을 이용한 활동을 제공하여 유아가 공간에 제약받지 않고 놀이에 집중할 수 있도록 한다.

▶ 실외놀이장의 시설 및 기구를 매일 점검하여 위험한 요소를 미연에 제거한다.

5) 배변 및 손씻기

배변은 하루일과 중 수시로 일어나며 배변훈련 여부에 따라 개별적인 배려와 특별한 주의가 필요하다. 정리정돈 시간 후와 실외놀이 나가기 전, 식사, 낮잠 후에 친구들과 함께 화장실에 가는 시간을 가짐으로써 유아의 주의를 환기시켜주고 자연스럽게 대소변 보기를 도와줄 수 있다. 유아의 배변 및 손씻기를 위한 교사의 역할은 다음과 같다.

▶ 용변보기, 손씻기 순서나 사용방법의 그림을 적절한 장소에 붙여놓는 것이 좋다.

▶ 용변보기, 손씻기와 같이 화장실에 많은 유아가 몰리는 시간에는 유아들이 부딪히거나 서로 장난을 칠 위험이 있으므로 인원을 조정해주도록 한다.

▶ 화장실에서 스스로 옷을 내리고 올리도록 격려해주고 도움이 필요한 경우에는 개별적으로 도와준다. 교사는 어린이집에 올 때 유아 혼자서 쉽게 입고 벗을 수 있는 옷을 입고 오도록 부모에게 요청하고 유아가 멜방 바지나 지퍼를 내리지 못하여 실수하는 일이 없도록 즉시 도움을 준다.

▶ 변기나 세면대에 올라가서 높은 곳에 있는 것을 꺼내거나 장난치는 일은 금지한다.

▶ 교사는 유아가 옷을 적시지 않고 손을 씻을 수 있도록 옷소매를 높이 올려주고, 도움이 필요할 때 도와준다.

▶ 손을 씻을 때는 비누와 흐르는 물을 이용하도록 하며 물을 뿌리는 등의 물장난을 하지 않도록 지도한다.

▶ 유아의 실수로 옷이 젖거나 더럽혀진 경우 준비해둔 여유분의 옷으로 갈아입히고 젖거나 더러워진 옷은 비닐백에 넣어 두었다가 귀가시 부모에게 상황을 이야기하며 옷을 전달한다.

▹ 화장실 바닥, 세면대는 매일 청소하되 비누나 물기로 인해 유아가 미끄러지는 일이 없도록 주의한다.

6) 간식 및 점심

어린이집에 다니는 유아들은 하루 중 대부분의 시간을 기관에서 생활하므로 영양 필요량을 고려한 균형된 간식과 식사의 제공이 매우 중요하다. 간식과 식사시간에는 스스로 음식을 먹고 치우는 것이 즐거운 경험이 되도록 편안한 분위기를 만들어주고 교사도 유아들과 함께 간식 및 점심을 먹으며 도와준다. 유아들의 간식 및 점심식사를 위한 교사의 역할은 다음과 같다.

▹ 식사 전에 손을 씻도록 한다.
▹ 점심이나 간식에 필요한 식기나 음식을 미리 준비하여 유아가 스스로 들고 올 수 있도록 한다.
▹ 교사는 유아에게 올바른 식생활 태도의 모델이 된다.
▹ 유아가 먹는 양을 조절하지 못하는 경우에는 교사가 조금씩 그릇에 덜어주고 다 먹은 후에 더 먹을 수 있도록 한다.
▹ 따뜻하고 안정된 분위기를 느낄 수 있도록 자연스럽게 대화를 나누며 음식을 먹고, 혼자서 먹기 힘든 유아의 경우 교사가 도와준다.
▹ 점심 식사를 마친 유아들은 이를 닦고 휴식을 취하도록 한다. 이가 썩기 시작하는 시기이므로 간식을 먹은 후에도 물양치를 하도록 하며 이닦기를 생활화 하도록 한다.
▹ 유아들이 음식을 입 안에 물고 있거나 지나치게 오랫동안 먹는 경우가 아니라면 서두르지 말고 식사시간 동안 기다려 주도록 한다.

7) 낮잠 및 휴식

대부분 유아들은 매일 일정한 휴식이 필요하고 하루종일 생활하는 어린이집에서는 휴식을 위해 낮잠이 꼭 필요하다. 하지만 때로 재미있게 놀던 놀이를 그치고 조용히 쉬거나 자야 한다는 사실을 받아들이기 힘들어하는 유아도 있다. 교사는 유아에게 낮잠을 무조건 강요하기보다는 자연스럽게 낮잠시간임을 알려주고 다른 유아들이 모두 휴식을 취해야 함을 이야기해준다. 각 유아의 개별적인 낮잠 습관을 파악하여 적절히 반응해주고 개인 담요, 베개, 인형 등 개인 사물을 허용하여 정서적 안정감을 느끼게 해준다. 교사는 유아가 편안한 낮잠과 휴식을 취할 수 있도록 다음과 같은 사항을 고려한다.

- 매일 같은 시간에 낮잠을 계획한다.
- 낮잠용 침구는 일정한 위치에 준비하여 유아가 자신의 잠자리를 알게 한다. 다른 유아를 방해하지 않도록 침구 간에 어느 정도 간격을 두어 나란히 눕히고 환기가 잘 되게 한다.
- 긴장완화를 위해 낮잠 전에 조용한 활동을 계획하고 조용한 음악을 틀어 준다.
- 낮잠을 자기 전에 화장실에 다녀오게 해서 가능하면 낮잠 자는 중간에 왔다갔다 하는 일이 없도록 한다.
- 낮잠을 조금만 자거나 자지 않는 유아에게는 휴식을 위해 조용한 공간을 배려하고 그림책이나 조용히 즐길 수 있는 활동을 준비해준다. 그러나 낮잠 자는 것이 유아의 성장을 위해 매우 필요한 중요한 일과이므로 낮잠시간에 빨리 익숙해질 수 있도록 배려한다.
- 교사는 수시로 유아들이 자는 것을 점검하고 잠든 시간과 깬 시간을 기록한다.
- 유아가 원하는 만큼 자도록 하고 깨울 때는 잠에서 서서히 깨어나도록 배려한다.
- 잠이 들 때와 깰 때 잠투정하는 유아들을 위해 교사와 일대일 상호작용 시간을 갖는다.
- 낮잠 후 화장실에 다녀오게 하고 다른 유아들이 모두 깰 때까지 조용한 놀이를 계획한다.
- 교사는 유아가 모두 깰 때쯤 해서 커튼을 걷어 밝게 한 후에 창문을 열어 환기를 시켜주고, 이불을 정돈하여 이불장에 넣는다.

8) 대 · 소집단 활동

대 · 소집단 활동이란 유아들이 함께 모여서 여러 가지 교육활동을 하는 것을 말한다. 유아는 대 · 소집단 활동을 통해 교사가 계획한 어떤 개념이나 정보를 제공받고 다른 유아들과 함께 여러 가지 활동을 해봄으로써 집단 상호작용의 경험을 가질 수 있으며 또래와의 사회적 기술을 습득할 수 있게 된다. 대 · 소집단활동은 유아의 수, 교사의 수, 교실의 활용도, 자료의 분배, 교사의 능력 등을 고려하여 계획한다. 소집단 활동은 대집단보다 개별 유아에게 적합한 활동을 계획, 실시할 수 있으며, 각 유아의 행동에 적절한 반응이 가능하다. 그러나 모두 알아야 할 내용의 활동(예:소풍에 대하여)을 대집단으로 진행하면 유아는 한 집단의 구성원으로 일체감을 느낄 수 있다. 그러므로 교사는 4세 유아에게 적절하게 활동의 성격에 따라 집단 크기와 활동 시간을 계획하여야 한다. 대 · 소집단활동의 계획 및 진행을 위한 교사의 역할은 다음과 같다.

- 소집단 활동은 대집단보다 개별 유아에게 적합한 활동을 계획, 실시하고 각 유아의 행동에 적절히 반응할 수 있어서 바람직하다.
- 집단활동으로는 이야기 나누기, 게임, 관찰, 음악감상, 동시 짓기, 음률활동 등 창의성 개발을 도와줄 수 있는 활동으로 구성하여 유아들이 적극적으로 참여할 수 있도록 한다.
- 유아의 집중도를 높일 수 있도록 교사가 유아 전체를 볼 수 있고, 주의가 산만하지 않은 조용한 공간에서 진행한다.

▶ 집단 활동을 시작하기 전에 유아의 집중도를 높일 수 있도록 좌석의 배열을 고려하되 자석 배치에 긴 시간을 소요하지 않아야 하며 유아들이 자연스럽게 모이도록 간단한 손유희, 노래 부르기 등을 한다.

▶ 유아가 집중되면 계획된 활동을 진행하되 자연스러운 상호작용으로 진행한다. 적절하게 질문하여 유아에게 생각할 기회를 주고, 유아의 반응에 따라 적절한 행동은 인정해주며 유아가 알고 있는 것과 경험한 것을 관계지어 이야기하게 한다.

▶ 교사는 음성을 크게 또는 작게, 느리게 혹은 빠르게, 표정도 다양하게 변화를 주어 지루하지 않게 진행한다.

▶ 집단에 모이기 힘든 유아는 개별적으로 다른 놀이를 할 수 있도록 준비해준다.

▶ 집단활동을 방해하는 유아의 경우, 자신들의 행동이 어떻게 영향을 미치는지 말로 이야기해주고, 유아에게 교사의 역할을 도와주거나 대신해 볼 수 있는 기회를 갖도록 해준다.

▶ 소심하거나 두려워하는 특성을 가진 유아는 집단 활동에 참여하는 자체가 큰 부담이므로 교사는 천천히 기다려주어야 하며, 때때로 집단 활동을 하기 전에 개별적으로 활동 내용을 소개하여 흥미를 가지도록 도와준다.

▶ 집단 활동이 끝난 다음에는 자연스럽게 다음 활동을 알려주고, 혼잡을 피하기 위해 소집단으로 나누어 다음 활동이 이루어지는 곳으로 보낸다.

9) 귀가

하루일과를 마감하는 귀가시간은 유아마다 일정하지 않고, 유아와 교사 모두가 긴장이 늦추어져 있을 수 있는 시간이므로 교사는 유아를 보호자에게 인계하는 순간까지 안전에 유의해야 한다. 교사는 조용하고 활동량이 적은 놀이를 계획하고, 특히 유아가 다른 유아의 보호자들이 오는 것을 보면서 심리적으로 불안해지지 않도록 정서적으로 지지해주어야 한다. 교사는 유아가 편안하고 안전하게 귀가할 수 있도록 다음과 같은 사항을 고려한다.

▶ 귀가 전에 교사는 유아가 안정되어 있는가, 피곤하지 않은가, 감기나 외상 등 아픈 곳은 없는가, 유아의 겉옷이나 젖은 옷, 작품, 자기 물건 등의 소지품이 있는가를 살펴본다.

▶ 놀이하던 중 귀가하게 될 때는 놀잇감 정리를 마치고 갈 수 있도록 부모로 하여금 기다리게 하거나 부모가 함께 도와 정리를 마치고 갈 수 있도록 한다.

▶ 귀가시 출입구나 현관이 혼잡스러워 위험할 수 있으므로 유아의 안전에 주의한다.

▶ 보호자와 일과 외 특별한 전달사항(간식, 식사량, 수면시간의 변화, 사고 등)이나 재미있었던 일화 등 간단한 이야기를 나눈다.

▶ 귀가시 부모와 대화할 때 유아에게 바람직하지 않은 이야기는 유아가 듣지 않도록 주의한다.

▷ 유아를 반드시 부모에게 직접 인계하고 그 외의 보호자가 올 때는 미리 전화 확인을 하도록 한다.

10) 현장학습 활동 지도

소풍 및 견학은 유아가 일상의 환경에서 벗어나 새로운 경험을 할 수 있는 좋은 시간이다. 그러므로 은행이나 병원과 같이 지역사회에서 친근하게 접할 수 있는 장소나 좋아하는 동물·자동차를 직접 볼 수 있는 장소 혹은 어린이집 공간보다 더 넓고 자연을 만끽할 수 있는 장소들을 선정하여 계획한다. 그러나 새로운 환경 속에서 예상하지 못한 돌발상황이 생길 수 있으므로 교사는 항상 유아의 안전에 유의하여 현장학습의 기회를 자주 제공해준다. 유아의 안전하고 효과적인 현장학습을 위해 교사는 다음과 같은 사항을 고려한다.

▷ 소풍 및 견학에 관한 계획표를 작성할 때, 유아들이 덜 피로한 오전이나 주중으로 계획한다.
▷ 부모허가서를 배포하고 수거한다.
▷ 소풍 및 견학지를 사전에 방문하여 유아들이 볼 수 있고 얻을 수 있는 것에 대한 정보를 수집하고, 그 곳의 관리자와 함께 소풍 및 견학에 관해 신중하게 계획한다.
▷ 새로운 환경에 긴장하고 변화를 싫어하는 유아에게 특별한 배려와 개별적인 관심이 필요하므로 성인대 유아의 비율과 각 유아의 개성을 고려하여 부모, 성인 자원봉사자의 도움을 계획한다.
▷ 어린이집 명칭과 전화번호가 명기된 유아들의 이름표를 준비한다.
▷ 구급상자, 부모 허가서, 응급시 전화번호 목록 카드, 여분의 옷, 휴지 등을 준비한다.
▷ 소풍 전에 책이나 그림, 영화나 슬라이드, 노래, 손유희를 통해 유아가 소풍 및 견학 장소에서 보게 될 것들을 미리 알려주어 기대감을 갖도록 한다.
▷ 소풍 및 견학을 가기 전에 유아가 지켜야 할 점에 대하여 함께 생각해본다.
▷ 소풍 및 견학을 다녀온 뒤에는 유아들의 경험을 이용한 다양한 활동을 계획하여 경험을 확장시켜준다.

영역별 환경구성

1) 환경구성의 원리

4세아는 호기심이 많아지고 주변환경에 대해 적극적이 되면서 주도적인 행동을 하게 된다. 이때는 신체적으로 기본생활을 몸에 익혀 독립적으로 집단생활이 가능하며 신체활동도 매우 활발하다. 사회적으로는 친구들과 의사소통 하면서 점차 조직화된 놀이가 가능해지는 반면 아직도 자기 중심적이어서 분쟁이 잦고 집단규칙을 일관되게 지키기 어렵다. 또한 크기, 모양, 색, 방향 등의 수·과학적인 간단한 원리를 배울 준비가 되어 있어 활발한 인지학습이 일어나며 탐구적인 질문을 많이 하게 된다.

그러므로 교사는 이 시기의 다양한 지적 요구와 탐구심에 반응해주고 그것을 충족시킬 수 있는 환경을 구성해주어야 한다. 유아가 다양한 자료를 다루고 조작하는 등의 상호작용을 통해 활발한 인지적 성장을 이룰 수 있는 학습 환경이 요구된다. 또한 스스로 선택하고 치우는 것이 가능하도록 조직적인 자료의 배치가 필요하며 각각의 영역 내에서 자료와 충분히 상호작용 할 수 있도록 배려해주어야 한다.

어린이집에서 4세를 위한 환경구성은 신체적·사회적·정서적·인지적 경험을 다양하게 할 수 있도록 구성되어야 한다. 자료나 공간의 배치는 유아들의 놀이실 행동에 많은 영향을 주게 되므로 잘 조직되어 있는 합리적인 공간이어야 한다. 동적, 정적 공간을 고려하고 지저분한 곳과 깨끗한 곳을 구분하는 것도 공간을 조직하여 배치하는데 도움을 줄 수 있다. 뿐만 아니라 하루종일 기관에서 생활해야 하는 특성을 고려하여 집과 같이 편안한 곳이 되도록 한다.

실내환경은 5~6명의 유아들이 놀이할 수 있게 분명히 구분된 흥미영역별로 배치한다. 언어, 미술, 역할놀이, 쌓기놀이, 수·과학, 음률 등이 그 영역의 예이다. 흥미영역을 구성하는 자료는 유아의 흥미를 끌 수 있고 교사의 도움 없이 스스로 탐색이 가능해야 하며 여러 가지 다양한 방법으로 활용이 가능한 것이 바람직하다. 과학적 탐구력도 왕성한 시기이므로 자연관찰 및 실험의 기회를 제공할 수 있는 학습환경의 구성도 필요하다.

실외자유선택활동 공간은 유아에게 중요한 학습의 장이 되며, 하루종일을 기관에서 지내게 되는 어린이집의 유아들에게는 실외환경에서의 경험이 필수적이다. 실외환경은 구성에 있어 실내 못지 않은 사전계획과 교사의 역할이 필요하며, 실외환경도 흥미영역을 구분하여 배치하는 것이 바람직하다. 활발한 신체활동 놀이를 할 수 있는 충분한 공간과 여러 가지 시설을 배치하되 유아의 발달 수준에 맞도록 조정해야 하며 모든 시설물과 놀이기구는 하루일과 시작 전후에 철저히 점검하여 안전사고를 예방하도록 한다.

4세를 위해 환경구성을 할 때 고려해야 할 구체적 사항은 다음과 같다.

▶ 유아는 자신이 하고 싶은 놀이를 결정하고 자료를 가지고 함께 놀면서 새로운 학습의 경험을 하게 된다. 따라서 다양하고 흥미로운 영역들로 구성해준다.

▶ 정적 활동영역과 동적 활동영역들이 서로 구분되어 떨어지도록 배치한다. 서로 소음으로 방해받지 않아야 조용한 활동에도 쉽게 집중할 수 있고 영역이 잘 구분되어 있을 때 유아는 여러 활동에서 만족스럽게 놀 수 있다. 특히 휴식영역은 동적 활동영역과 멀리 떨어지게 배치하여 유아들이 안정된 분위기 속에서 휴식을 취할 수 있도록 한다.

▶ 교구장, 가림판, 칸막이, 카펫, 가구 등을 이용하여 영역 간의 물리적인 경계를 뚜렷이 하여 다른 영역의 활동으로부터 방해받지 않고 유아가 집중할 수 있도록 도와준다. 그러나 교사는 유아의 활동 진행상황을 항상 파악하고 그들이 요구에 즉각 대처하기 위하여 모든 영역을 한눈에 볼 수 있어야 한다.

▶ 유아가 자신이 원하는 놀이나 활동을 스스로 선택하도록 배우는 과정은 유아교육의 중요한 목표가 된다. 자유선택활동에서는 매일 놀이의 시작 전 유아 자신이 어떤 활동을 할 것인지 생각해보고 계획하게 하면 하루의 활동이 능동적이며 짜임새 있게 구성될 수 있다. 이를 위해 교사는 각 영역별로 활동을 균형 있게 준비할 뿐만 아니라 유아가 자신의 수준에 맞는 활동을 선택할 수 있도록 난이도를 고려하여 준비한다.

▶ 유아의 손이 닿을 수 있는 곳에 자료를 비치하고 그 자료의 사진이나 그림을 교구장에 붙여놓게 되면 유아가 필요한 교구를 손쉽게 꺼내고 넣을 수 있어서 환경을 잘 이용하고 정돈을 자발적으로 할 수 있다. 이런 과정을 통해 유아는 환경에 대한 책임감을 갖도록 배우게 되고 독립심과 자아존중감을 발달시키게 된다. 또한 정돈하는 과정에서 분류와 짝짓기 같은 인지기술도 발달시킬 수 있다.

▶ 하루종일 집단 프로그램에서 생활하는 유아에게는 소음이나 활동들로부터 빠져나와서 휴식하거나 혼자 또는 친구와 있을 수 있는 편안하고 안락한 공간(커다란 쿠션, 양탄자, 흔들의자, 소파 등)이 필요하다. 유아는 그들의 에너지를 보충할 수 있을 때 정서적으로도 안정될 수 있고 긍정적인 행동을 할 수 있게 된다.

▶ 쌓기놀이영역과 역할놀이영역을 연결하여 배치하면 놀이실에서 공간의 효율성을 가지게 되고 놀이가 연결됨으로써 놀이가 더 확장되게 된다. 또한 수·과학영역에서는 유아의 논리적 사고를 형성시킬 수 있는 여러 가지 공통된 활동들이 진행될 수 있으므로 서로 인접하거나 통합하여 배치할 수 있다.

▶ 한 영역에서 활동 후 다른 영역으로 이동하기 쉽도록 통로를 만드는 것이 좋다. 이때 통로는 2~3명의 유아가 동시에 드나들 수 있는 정도가 적절하다.

▶ 유아는 자기 눈높이보다 높이 걸려 있는 것들은 볼 수 없으므로 유아의 눈높이를 중심으로 전시하는 것이 중요하다. 자신들의 작품이 전시된 것을 봄으로써 유아는 그들의 노력과 성취를 존중하고 자랑스러워하게 된다.

▶ 놀이실 안이나 복도에 자신이 만든 작품, 여분의 옷, 외투, 실내화 등 개인의 물건을 넣어 둘 수 있는 사물함을 고려한다. 유아는 하루 중 대부분의 시간을 다른 유아와 함께 지내게 되므로 때때로 개인적인 공간이 배려되어야 한다.

▶ 부모를 위한 장소를 마련하여 부모에게 필요한 정보나 알아야 할 내용들을 편리하게 전할 수 있도록 한다. 교육계획안이나 식단, 특별활동 소개, 준비물 및 소지품 관리에 관한 것 등 부모게시판의 알리는 내용은 규칙적으로 새로 바꾸고 눈에 띄게 전시하도록 한다.

2) 흥미영역별 환경구성

놀이실과 실외놀이장은 각 흥미영역별로 설비와 자료를 잘 선택하여 구성해주어야 한다. 유아에게 흥미를 주면서도 계속적으로 자극이 되는 자료로 바꾸어주고 변화를 주는 것이 필요하다. 또한 유아의 발달단계와 연령에 적합해야 하며, 성취감을 느끼게 하고, 새로운 개념을 배우는 데 자극적이어야 한다.

4세를 위해 구성할 수 있는 흥미영역의 종류로 실내영역에는 쌓기놀이, 역할놀이, 미술, 언어, 수·과학, 조작 등이 포함될 수 있다. 실외 영역도 대근육 활동을 위한 영역, 물·모래 영역, 탐구영역, 작업영역, 휴식영역 등의 흥미영역으로 구성할 수 있다. 이와 같은 흥미영역은 기본 원리에 의해 일단 배치되었더라도 고정불변의 것이 아니며, 유아의 흥미나 반응에 따라 융통성 있게 변형될 수 있는 것임을 고려한다. 4세 유아를 위한 영역별 환경구성 원리와 기본 자료들의 목록은 다음과 같다.

① 쌓기놀이영역

쌓기놀이영역은 다양한 모양과 크기의 블록을 이용하여 자신의 추상적인 생각을 구조적으로 표현하며 이 과정에서 물리적인 원리와 크기, 모양, 집합에 대한 개념을 형성할 수 있는 공간이다. 쌓기 구성물을 이용하여 생활 속의 경험들을 재구성하기도 하면서 손과 눈의 협응력, 대근육발달과 육체적 긴장해소, 성취감, 문제 해결 능력 배양 및 내적 통제력과 창의적 표현력 등이 길러진다. 극화놀이도 이루어지므로 역할놀이영역에 인접해서 위치하는 것이 좋다.

쌓기놀이영역의 바닥에는 카펫을 깔아서 블록을 옮기거나 쌓으면서 발생하게 되는 소음을 방지하도록 하며, 이때 사용하는 카펫은 털이 짧고 단단한 것을 선택하여 유아들이 안전하게 블록을 쌓는데 지장이 없도록 하며 항상 청결하게 관리한다.

쌓기놀이영역은 여럿이 집단적으로 이루어지기도 하고, 조용한 공간에서 개별적으로 이루어지기도 한다. 쌓기놀이영역의 학습효과를 위하여 음향 차단을 시킨 넓고 개방된 영역과 1~2명이 작은 블록을 가지고 놀 수 있는 조용하고 작은 영역을 제공하는 것이 바람직하다. 또한 블록들은 주로 바닥에서 사용되므로 의자, 책상이 없는 공간이 필요하며 블록을 최대한으로 활용하여 구성할 수 있도록 충분한 공간을 확보해야 한다. 쌓기놀이영역은 적어도 2면 정도에 교구장으로 경계를 지어서 설치하여 안정된 분위기에서 구성할 수 있도록 한다.

블록은 적절한 수량이 제공되어야 하는데 블록의 개수가 너무 적으면 유아는 단조로운 형태의 구조물을 만들게 되고, 반면에 개수가 너무 많으면 블록을 효율적으로 사용하지 못한다. 따라서 유아의 연령이나 블록놀이 경험 정도, 시기(학기 초, 중간, 말기)등을 고려하여 차츰 수량을 늘려가도록 하는 것이 좋은데 예를 들어 30명 내외의 4세 유아 학급에 제공되어야 할 단위블록의 수는 기본형 60%, 기타 40%형태의 구성으로 692개에서 918개까지로 다양한 소품들을 제공하는 것이 아주 중요하다.

다음은 쌓기놀이영역에서 제시될 수 있는 기본 자료들이다.

자료

- 쌓기놀이를 위한 카펫이나 영역구분을 위한 색테이프
- 나무로 된 단위 블록
- 큰 종이벽돌 블록
- 여러 가지 색의 주사위 블록 또는 우레탄 블록
- 레고 블록(기본레고 외 주제에 따라 경찰이나 소방서, 뱃놀이 세트 등을 첨가함)
- 공간 블록
- 와플 블록
- 인형류 소품(가족인형이나 직업을 알릴 수 있는 인형)
- 동물류 소품(농장이나 동물원 동물)
- 교통기관류 소품(크고 작은 자동차, 트럭, 불자동차, 기차, 버스, 비행기, 신호등), 교통표지판
- 여러 가지 액세서리(소방관 모자, 경찰모자, 오토바이용 모자, 상자곽 건물이나 집), 나무
- 기타 자료들(블록구성을 자극할 수 있는 사진이나 화보, 블록을 이용한 게임 도구들)
- 작은 널빤지

〈쌓기놀이영역의 환경구성〉

〈쌓기놀이영역의 환경구성〉

② 역할놀이영역

역할놀이영역은 집·병원·가게·미용실·음식점 놀이에 이르기까지 다양한 사회극적 놀이가 이루어지는 곳이다. 역할놀이영역은 움직임이 많고 활동이 다양하여 활동적인 놀이영역에 위치하는 것이 좋으며 쌓기놀이영역과 인접해서 배치하면 극화놀이로 확장시킬 수 있다.

역할놀이영역은 낮은 선반이나 옷장, 싱크대 등을 이용하여 다른 영역과의 경계를 지을 수 있으며, 영역 내에서 유아들이 여러 종류의 옷을 입고 자신의 변화를 관찰할 수 있도록 유아용 전신거울을 설치하도록 한다. 역할놀이영역은 연령이 어릴 때는 가정과 같은 분위기를 느낄 수 있도록 구성하는 것이 좋으나, 연령이 증가하면서 다양한 직업과 사회구성원의 역할을 해볼 수 있도록 변화를 주는 것이 좋다.

역할놀이에서는 구체적인 자료 및 소품을 많이 이용하므로 놀이별로 소품상자를 준비해두고 주제나 아동의 흥미에 따라 소품을 준비해주면 다양한 사회극적 놀이가 이루어질 수 있다.

역할놀이영역은 경험의 범위를 넓히기 위해서 보다 큰 사회로의 경험을 제공할 수 있도록 극놀이영역을 제공하는 것도 바람직하다. 역할놀이영역은 다른 활동과 어느 정도 분리시켜 프라이버시를 제공해주어야 한다.

다음은 역할놀이영역에서 제시될 수 있는 기본 자료들이다.

자료

- 놀이집
- 가스레인지
- 모형 싱크대
- 각종 소꿉 그릇류(냄비, 프라이팬, 접시 세트, 커피잔 세트, 플라스틱 또는 나무로 된 도마와 칼, 숟가락과 포크, 모형 주방기구)
- 앞치마와 행주
- 청소 도구
- 유아의 신체 사이즈에 알맞은 화장대
- 아기인형들과 동물인형들, 유모차, 인형 담요
- 식탁과 의자 세트, 소파, 흔들의자
- 냉장고

· 소품을 넣을 수 있는 장
· 안전거울, 전신거울
· 전화
· 다리미, 다리미대
· 남녀 의상(엄마·아빠 옷, 드레스류, 의사 가운 등 직업 의상, 남녀 한복), 옷장
· 모자류, 스카프류
· 액세서리류
· 지갑, 핸드백, 가방
· 주제에 따른 소품상자(미용실놀이, 병원놀이, 시장놀이, 가게놀이, 음식점놀이 등)
· 극놀이틀(인형극틀)
· 손인형, 막대인형 등의 도구

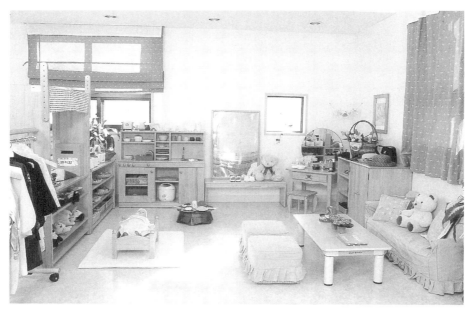

〈역할놀이영역의 환경구성〉

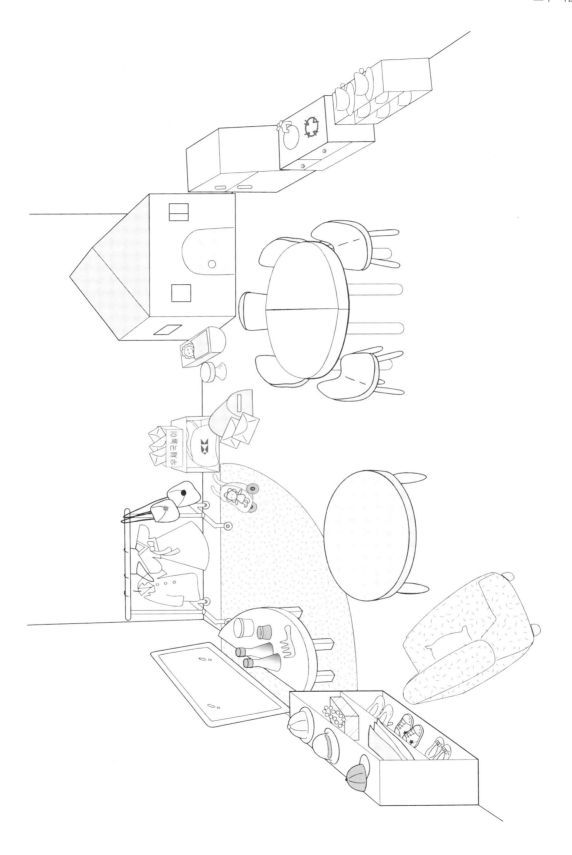

〈역할놀이(역할이 환경구성〉

③ 미술영역

　미술영역은 유아가 자신의 생각이나 느낌을 다양한 매체를 이용하여 표현하고, 감상할 수 있는 개인의 창의성을 발휘하는 개인적인 영역이다. 이 영역은 만들기, 그리기, 자르기, 칠하기, 구성하기 등 다양한 미술활동이 이루어지는 곳으로 작업활동과 함께 작품전시 및 감상활동이 실시된다. 이와 함께 작품을 통해 자신의 감정이나 아이디어를 표현하며 다양한 교구들과 함께 사용함으로써 다른 사람과 협동하고 공유하는 사회성을 배우게 된다.

　미술영역은 교실의 조용하고 밝은 곳에 위치하는 것이 좋다. 작업 활동을 위해서는 자료와 자료장을 위한 공간, 작업활동을 위한 공간, 미완성 작품의 보관 및 완성된 작품을 전시할 수 있는 공간, 감상할 수 있는 공간 등이 갖추어져야 한다. 유아들의 작업을 돕기 위해서는 물의 사용이 용이해야 하며, 작업의 필요에 따라 책상용 비닐보를 깔아주고, 유아용 비닐 앞치마 등을 준비하여 마음껏 작업할 수 있게 한다. 작업영역의 바닥 표면은 물이나 물감을 흘렸을 때 유아가 닦고 정리할 수 있게 타일이나 모노륨과 같은 재료로 설비하는 것이 바람직하며, 종이수건이나 스펀지, 마른수건 및 청소도구를 항상 가까이 준비해두는 것이 좋다.

　미술영역은 무질서하고 더러워지기 쉬우므로 타공간에서 지저분한 것이 보이지 않도록 그 위치를 정하고 싱크대와 작업면은 위생관리 차원에서 고려되어야 한다.

　유아의 작업을 위한 자료는 기본적인 미술자료 이외에도 폐품이나 헝겊, 나뭇잎 등 주변에 있는 사소한 물건들도 작업활동의 재료가 될 수 있다. 그러므로 미술영역에는 기본자료 외에도 유아가 관심을 보이거나 새로운 활동이 전개될 때 적절한 자료를 첨가시켜 줄 수 있다.

　다음은 미술영역에서 제시될 수 있는 기본 자료들이다.

자료

- 각종 그리는 도구류(크레파스, 색연필, 색볼펜, 사인펜, 매직펜, 연필)
- 물감 칠하기 재료들-이젤, 물감, 물감용기, 물감 붓, 신문지
- 분필
- 물풀, 딱풀, 혹은 밀가루 풀 ・ 투명 테이프
- 종이류(도화지, 색도화지, 색종이, 셀로판지, 포장지 조각 등)
- 안전가위 ・ 펀치
- 스테이플러 ・ 이젤
- 유아용 비닐가운 ・ 작업 순서도
- 찰흙, 찰흙판, 찰흙용 도구
- 폐품류(크고 작은 상자, 빈 깡통, 두루마리 휴지 속대, 우유곽, 플라스틱 병, 필름통 등), 폐품 수집장
- 전시할 판 또는 줄 ・ 마루나 책상에 까는 비닐
- 작품 건조대
- 청소도구(비, 쓰레받기, 스펀지, 걸레통, 걸레, 쓰레기통)
- 교사용 비품(칼, 송곳, 본드 등)
- 감상자료(아동의 작품, 명화 등)

〈미술영역의 환경구성〉

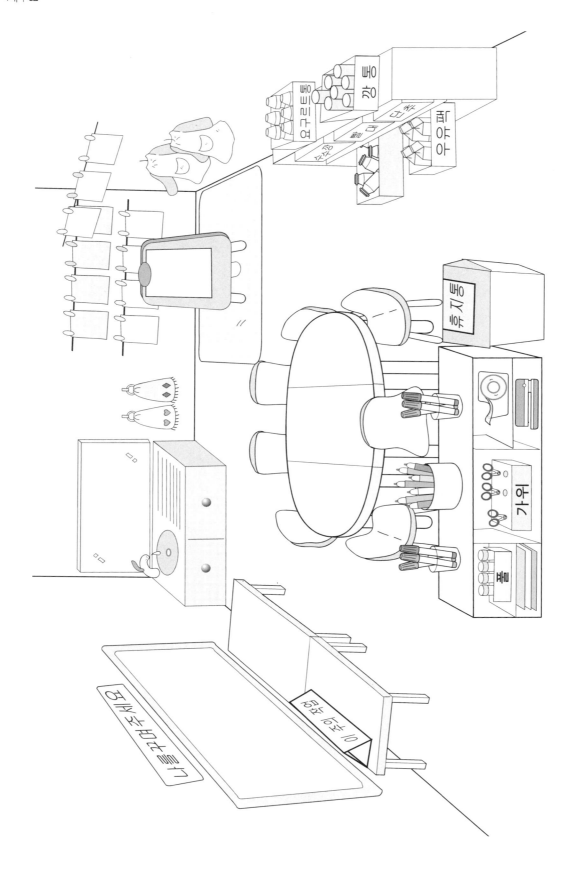

〈미술영역의 환경구성〉

④ 언어영역

　언어영역은 동화나 동시 등 문학작품을 감상하고, 말하기·듣기 활동, 문자와 관련된 기초 활동, 인형극 공연과 같은 극놀이가 이루어지는 통합된 곳이다. 이 영역은 유아들이 조용한 가운데 밝고 따뜻하며 안정된 분위기 속에서 집중할 수 있도록 다양한 환경적 배려를 해주는 것이 좋다. 자연 조명이 되도록 창문 옆에 위치하고 유아의 통행이 적으며 조용한 곳에 배치한다. 아늑한 분위기를 조성하기 위해 편안한 의자, 낮은 탁자, 카펫, 기댈 수 있는 쿠션 등을 마련해주는 것이 좋다.

　유아용 책 선반에는 유아들이 흥미 있어 하고 생활주제에 적절한 책들을 진열하고 필요할 때마다 주제에 따라 책을 첨가하거나 바꾸어주되 유아의 눈높이에 맞추어 준비한다. 동화책은 책 표지의 전면이 보일 수 있게 하여 유아 스스로 책을 선택할 수 있도록 한다. 책 이외에도 듣기 활동을 위하여 유아가 스스로 사용할 수 있는 녹음기와 녹음 테이프, 헤드폰을 한 코너에 비치하여 책의 내용이 녹음된 테이프를 들으며 책을 볼 수 있는 기회도 갖도록 한다. 책읽기와 함께 활동이 많은 유아들이 휴식을 취할 수 있도록 조용하고 아늑한 공간이 되게 해야 한다. 또한 이 곳은 활동량이 많고 소음이 많이 유발되는 쌓기놀이영역, 미술영역, 물·모래영역, 음률영역, 대근육활동영역에서 멀리 떨어져 배치한다.

　다음은 언어영역에서 제시될 수 있는 기본 자료들이다.

자료

- 카펫이 깔린 바닥
- 흔들의자, 소파, 매트리스 또는 쿠션
- 책의 표지가 보이도록 책을 꽂을 수 있는 책장이나 책꽂이
- 다양한 내용의 동화책, 동시집, 사전류, 유아잡지, 광고전단, 신문
- 동화가 담긴 녹음 테이프, 녹음기, 헤드폰
- 동화자료(그림동화, 막대동화, 융판동화, TV동화)
- 손인형
- 타자기나 컴퓨터
- 연필이나 크레파스, 색연필 같은 필기도구
- 글자도장, 스탬프나 잉크 등 프린트 도구
- 컴퓨터 용지나 독서카드 같은 종이류
- 가위, 펀치, 스테이플러 같은 보조기구
- 책상, 의자

〈언어영역의 환경구성〉

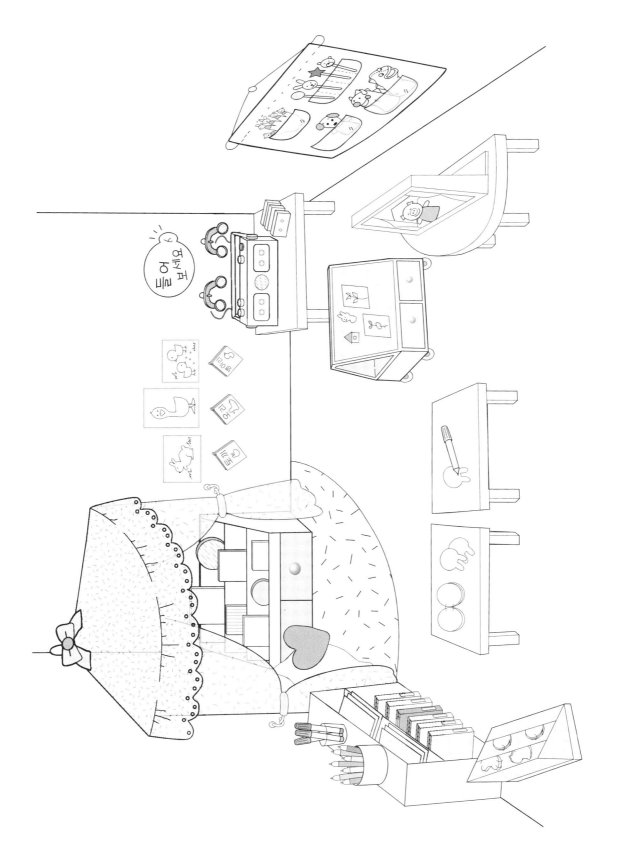

〈언어영역의 환경구성〉

⑤ 수·과학영역

수·과학영역은 유아가 주변환경에 대한 호기심으로 관찰을 하거나 탐구할 수 있는 활동, 조작놀이, 논리적 사고의 기초가 되는 수활동 등이 이루어지는 곳이다. 수·과학 영역은 동적영역이나 통로와 분리된 밝고 조용한 곳에 위치하며 물이 있는 곳에 인접하여 배치하며 활동실에 따라 조작영역 등과 연합하여 배치하기도 한다. 이 영역에는 유아 혼자 사물 간의 관계를 파악할 수 있는 개인적인 공간과 여럿이 함께 활동을 할 수 있는 소집단 활동 공간을 동시에 제공하는 것이 바람직하다.

수·과학 활동상의 특성을 고려할 때 유아가 관찰하고 탐색하기 쉽도록 관찰대나 낮은 탁자를 사용할 수도 있다. 교구장에는 자료를 잘 분류하여 전시하도록 하며, 게시판이나 벽은 그림이나 사진, 포스터 등을 유아의 눈높이에 맞게 전시함으로써 활용할 수 있다.

수·과학영역의 자료는 전시장의 성격보다는 실습장의 역할을 하도록 계획되어야 한다. 계절과 교육주제에 따라 변화를 주도록 하며, 생활주변에서 흔히 볼 수 있는 것으로 유아들이 즐겨하고 호기심을 유발시킬 수 있는 것이면 어떤 것이든지 마련해주도록 한다. 그러므로 이 영역의 자료는 교사의 계획하에 제공하는 것과 더불어 유아의 즉흥적인 호기심이나 흥미를 고려하여 환경을 꾸미고 활동을 전개해나가도록 한다.

과학영역에 제공되는 전시물은 사방에서 볼 수 있도록 제공하며 조용히 볼 수 있는 분위기를 위하여 전시물 주위에 편안히 앉을 수 있도록 의자나 러그, 방석, 쿠션을 제공한다. 동식물이 있는 자연영역에는 자연광이 비치도록 배치하고 식물을 재배할 경우에는 태양빛을 조절할 수 있는 곳을 선택한다.

다음은 수·과학영역에서 제시될 수 있는 기본 자료들이다.

자료

수활동 자료
- 다양한 모양의 기하학적 도형들
- 온도계(숫자가 분명한 것)
- 색입방체와 패턴카드
- 셀 수 있는 물체(1~20)
- 수와 숫자 짝짓기 카드 및 자료
  (빨래집게, 단추 등)
- 숫자퍼즐
- 수평저울
- 수놀이 게임 자료들(주사위 게임, 숫자 도미노 게임, 가위바위보 게임)
- 주사위, 구슬, 분류상자

- 달력(숫자가 크게 씌어진 것)
- 시계(숫자가 분명한 것)
- 패턴 블록과 패턴카드
- 숫자카드

- 나무 못판과 고무밴드
- 체중계

과학활동 자료
· 기르는 동물과 동물집(토끼, 병아리, 강아지, 물고기, 개구리 등)
· 동물에 관련된 도서류
· 곤충과 곤충집(개미, 나비, 매미 등)
· 식물(콩, 감자, 양파, 분꽃, 봉숭아 꽃, 나팔꽃 등)
· 과학서적, 동식물에 관한 사진이나 그림자료
· 관찰기록용지, 연필 등을 수납하기 위한 선반
· 여러 가지 표본들(조개, 돌, 곤충, 곡식, 씨앗 등)
· 동물먹이   · 금붕어와 어항
· 새와 새집   · 확대경, 프리즘, 자석
· 거울, 돋보기   · 날씨판
· 측정도구(저울, 온도계, 계량컵 등)   · 필기도구, 종이
· 고장난 기계류, 너트와 볼트, 드라이버, 열쇠와 자물쇠

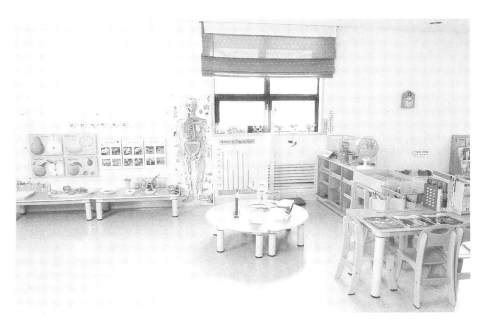

〈수·과학영역의 환경구성〉

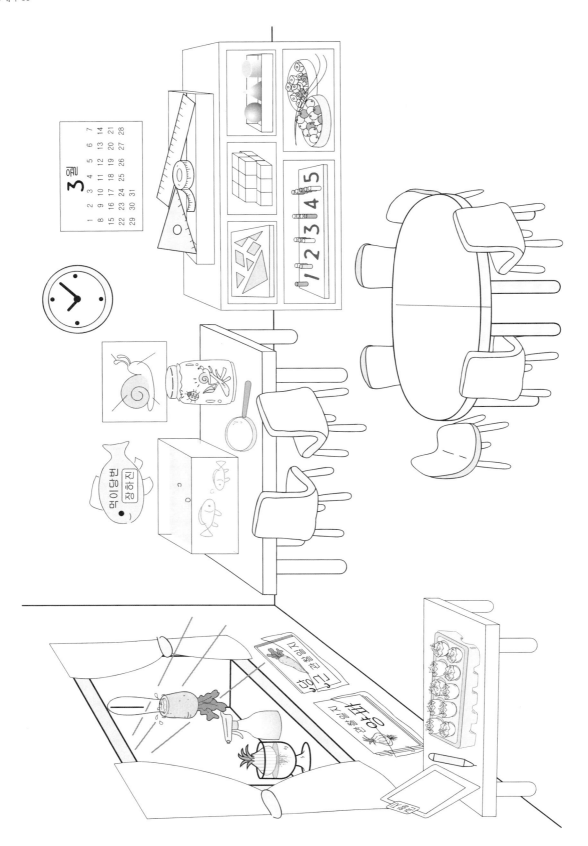

〈수 · 과학영역의 환경구성〉

⑥ 조작영역

　조작영역에서 유아들은 개별적인 탐색을 통해 물리적인 조작을 경험하여 사물 간의 관계를 이해하게 된다. 이러한 조작활동은 인지적 개념을 도울 뿐 아니라 손과 눈의 협응력, 주의집중 능력을 기를 수 있도록 돕는다. 조작영역은 통행이나 기타 다른 활동으로부터 어느 정도 분리되는 조영한 영역에 배치하여야 하며 개인적 놀이와 소집단 놀이를 모두 수용하도록 구성되어야 한다. 또한 테이블과 의자뿐만 아니라 바닥에 카펫을 깔아 앉아서도 활동할 수 있도록 한다. 조작영역은 수·과학영역과 분리하거나 독립적으로 구성할 수 있으며 유아들이 직접 만져보고 조작해볼 수 있는 자료들을 제공해주어야 한다. 조작영역에는 계절과 교육주제에 따라 퍼즐, 작은 블록류, 끈·구슬 끼우기, 매치카드, 지퍼 올리기와 단추 끼우기 등의 일상생활 훈련 등 주로 소근육을 사용하는 자료들을 제시하여 조작·구성·게임 등의 정적인 활동을 할 수 있도록 한다.

　다음은 조작영역에서 제시될 수 있는 기본 자료들이다.

자료

- 퍼즐류 (그림 맞추기, 숫자 맞추기, 문자 맞추기, 도형맞추기, 색깔 맞추기)
- 구성놀이 자료 (레고 블록, 코코블록, 만능아트블록, 구슬끼우기, 패그보드)
- 일상 생활 훈련을 위한 자료 (지퍼 올리기, 단추 끼우기, 끈 꿰기, 나사 맞추기, 자물쇠 열기, 벨트 차기 등)
- 바느질 도구(실, 바늘)
- 생각하며 할 수 있는 게임 자료
- 조작놀이 도구를 수납·진열하는 수납장 및 선반
- 교구를 놓고 사용할 수 있는 테이블 및 의자

〈조작영역의 환경구성〉

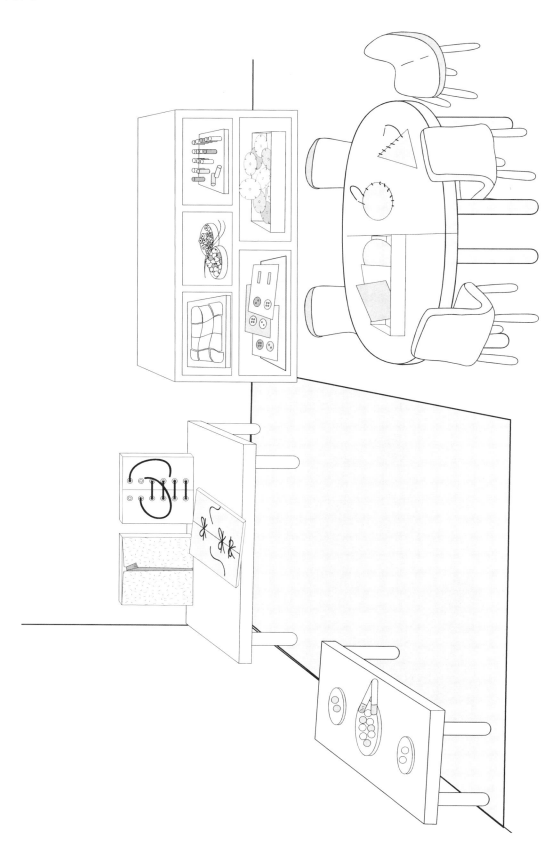

〈조작영역의 환경구성〉

⑦ 음률영역

음률영역은 음악과 함께 유아가 몸을 마음대로 움직여보고 노래를 부르며 여러 가지 악기를 자유롭게 만지고 경험해보는 곳이다. 그러므로 유아들이 일상생활의 경험을 통해 음악과 리듬적 움직임을 경험할 수 있도록 자극을 마련해줄 수 있는 주변환경이 필요하다.

음률영역은 우선 유아가 편안하게 마음대로 움직일 수 있는 공간이 필요하고, 활동적이며 소음이 많은 영역이기 때문에 다른 영역에 방해가 되지 않도록 조용한 놀이영역과는 멀리 배치하도록 한다. 소음을 줄일 수 있도록 바닥은 마룻바닥이나 카펫을 깔아주는 것이 좋으며 선반, 교구장 등을 사용하여 분명한 영역을 마련해주고 악기장에는 악기 그림을 그려서 유아 스스로 사용한 후에 쉽게 정돈할 수 있도록 해야 한다. 놀이실의 규모가 작을 경우 다목적 공간과 연계하여 사용할 수 있도록 배치한다.

이 영역에는 여러 가지 소리를 낼 수 있는 다양한 악기들을 진열·수납하는 수납장을 제공하고 신체표현을 위한 녹음기, 녹음 테이프, 스카프, 리본 테이프 등을 활용할 수 있도록 제공한다. 무엇보다 먼저 많은 종류의 소리와 움직임을 듣고, 보고, 탐색하는 가운데 즐거움을 찾을 수 있도록 해주는 것이 중요하다. 벽면에는 그림악보나 악기의 사진, 음악가의 그림 등을 붙여줄 수 있고 자료장에는 악기 외에도 음악에 대한 그림과 책 등을 준비해 준다.

다음은 음률영역에서 제시될 수 있는 기본 자료들이다.

자료

- 음률활동 녹음 테이프와 녹음기, 헤드폰
- 피아노나 키보드, 우크렐레 같이 교사가 사용하는 악기
- 북이나 트라이앵글, 캐스터네츠, 실로폰
- 마라카스, 소리나는 깡통, 우드 블록, 샌드 블록, 리듬막대, 방울, 기로 등의 리듬악기
- 스카프나 리본 테이프 막대
- 그림 노래말, 융판
- 악기나 음악가의 사진이나 그림화보, 무용이나 움직임에 관한 사진이나 그림화보
- 전통악기류(소고, 장구, 징, 꽹과리, 북)

〈음률영역의 환경구성〉

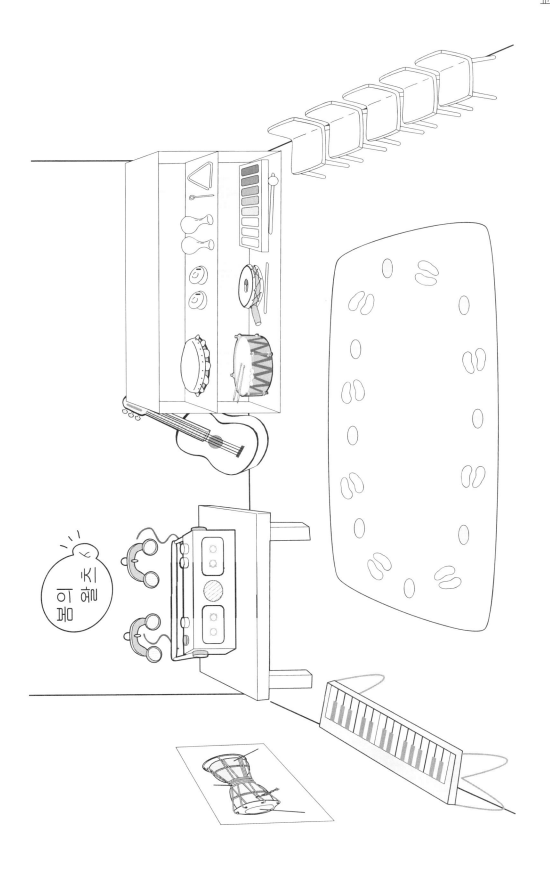

〈음률영역의 환경구성〉

⑧ 실외영역

실외영역은 종일반에서는 필수적인 공간으로써 날씨만 허락한다면 하루 2회 이상 실외놀이터에서 활동할 수 있는 기회를 제공하는 것이 좋다. 실외환경은 유아에게는 매우 중요한 학습장이 되며 특히 도시 지역에서는 실외환경의 적극적인 활용이 요구된다.

실외놀이장의 위치는 가능하면 남쪽에 배치하여 햇빛과 그늘을 적당히 제공해주며, 건물주변에 실외공간이 없는 경우에는 건물의 옥상에 안전한 실외놀이 공간을 마련할 수 있다. 실외놀이 기구에서는 특별히 안전에 유의하여 시설물 밑에는 모래나 잔디 등으로 표면처리를 해야 하며 이동통로를 분명하게 구분되도록 해주어 유아들이 서로 부딪히는 일을 공간적으로 예방하도록 한다.

실외환경은 그 구성에 있어 실내 못지 않은 사전계획이 필요하며 실내영역과 마찬가지로 흥미영역을 구분하여 배치할 수 있다. 또한 실내활동이 실외활동으로까지 지속적으로 확장될 수 있도록 놀이를 계획하고 환경을 구성하는 것이 좋다. 실외놀이터에서 이루어지는 많은 놀이들은 설치된 시설·설비뿐 아니라 제공되는 놀잇감에 따라 놀이가 매우 다양하게 이루어진다. 신체활동, 극화놀이, 동·식물 관찰과 재배를 통한 탐구활동, 미술활동, 음률활동, 물·모래활동이 이루어질 수 있는 다양한 놀잇감을 제공한다. 또한 대근육 활동을 돕는 다양한 탈것들이 제공되어 신체활동을 즐길 수 있도록 하여야 하며, 유아들이 휴식을 취하고 정적인 활동을 할 수 있는 휴식영역도 배려되어야 한다. 다양한 놀잇감을 정리정돈 할 수 있는 창고를 마련하여 수납을 효과적으로 할 수 있도록 한다.

다음은 실외영역에서 제시될 수 있는 기본 자료들이다.

자료

신체활동영역

- 오르기망, 정글짐, 복합놀이 시설
- 안전 널빤지, 받침대, 사다리
- 타이어 오름대, 통나무 징검다리
- 자전거, 손수레, 여러 크기의 공, 줄넘기

- 그네, 미끄럼, 시소
- 평균대, 터널, 높이뛰기대
- 흔들말, 구름다리
- 후프 풍선채

극화활동영역

- 놀이집, 놀이배
- 텐트, 운전대
- 각종 모자(소방관, 경찰, 군인 등)
- 호루라기, 메가폰, 고무호스, 손전등

- 흔들말
- 소꿉 그릇류, 상, 돗자리

- 모형 자동차

탐구활동영역

- 식물 재배 공간(채소밭, 꽃밭, 물뿌리개, 화분)
- 동물 사육장(사육장, 기를 수 있는 동물, 먹이통)
- 수집할 수 있는 통
- 확대경

- 계량컵
- 도르레, 바퀴

작업활동영역

- 화판, 물감놀이 자료들, 비닐 앞치마
- 크레파스, 가위, 풀, 테이프
- 목공자료(나무망치, 못, 나무조각, 모래종이, 통나무, 스티로폼, 안전톱)

물·모래영역

- 물놀이대, 물놀이통, 비닐옷
- 스프레이, 깔때기, 펌프가 있는 플라스틱 통
- 페인트 붓과 물통
- 플라스틱 자동차나 트럭
- 파이프
- 소꿉 그릇류

- 다양한 크기의 컵과 그릇
- 플라스틱 인형류
- 모래삽, 갈고리, 체
- 찍기를 위한 모양 찍기틀

휴식영역

- 그림책
- 카세트, 테이프

- 그리기 자료

〈유아를 위한 실외놀이장 전경〉

2 장

교육과정 운영의 실제

교육과정 계획과 운영의 실제

　삼성어린이집 유아프로그램은 3세, 4세, 5세로 구성되며 각 연령별 연간 주제는 유아의 흥미와 특성과 계절의 변화와 우리나라의 문화적 배경을 토대로 하여 결정된다.

　이렇게 결정된 12개~15개의 연간 주제는 각 주제마다 몇 개의 소주제로 나뉘어지며, 이 소주제를 중심으로 주간보육계획안을 작성한다. 각 소주제별 실시기간은 1주에서 2주 정도로 계획되나 각 주제에서 다루어질 보육내용과 유아의 흥미 정도에 따라 차이가 있다.

　일일보육계획안은 크게 오전, 오후, 실내·실외 자유선택활동으로 구성되며 반일제와 달리 점심시간 및 낮잠시간이 계획되어야 한다. 실내자유선택활동 시간에는 유아가 자신의 흥미에 따라 활동을 자유롭게 선택할 수 있도록 각 흥미영역을 중심으로 계획한다. 교수방법은 가능하면 개별적으로 실시하거나 소집단을 대상으로 계획하며 활동에 참여하는 유아의 경험을 확장시켜 주고 다양한 사고를 자극시켜 주도록 한다.

　4세 유아를 위한 보육활동의 실제는 14개의 연간 주제와 그에 따른 소주제로 구성되었으며 각 주제에 의한 주간보육계획안이 제시되었다. 그리고 주간보육계획안에 수록된 활동 중에서 보충이 필요한 교육활동참고란을 이용하여 간단히 설명했다. 또한 교사의 활용도를 높이기 위해 자세한 설명이 필요한 활동은 주제별 주간보육계획안 뒤에 제시했고, 주간보육계획안에는 ◎로 표시했다.

4세 연간보육계획

월 / 주 제	소 주 제		행사 및 현장학습
3월 1주~3월 4주 어린이집과 친구	나는 ○○반이에요 어린이집의 하루는 즐거워요	약속을 지켜 안전하게 놀아요 우리반 친구들은 서로 도와요	신체검사 소방훈련
4월 1주~4월 4주 봄	봄의 날씨는 자주 변해요 꽃이 피었어요	싹이 났어요 벌레들이 나와요	봄동산 나들이 꽃시장 견학 야산·들 견학 봄소풍
5월 1주~5월 5주 나와 가족	나는 특별해요 내 몸을 살펴보아요	나와 가족이 좋아하는 것이 있어요 우리 가족은 소중해요 Ⅰ Ⅱ	어린이날 행사 가족축제(가족참여) 학부모 면담 어린이 과학관 견학 어린이 박물관 견학
6월 1주~6월 4주 우리 이웃	어린이집 동네와 우리 동네를 알아보아요 Ⅰ Ⅱ 우리를 도와주시는 분들이 있어요 우리 이웃에는 여러 기관이 있어요		어린이집 동네 돌아보기 노인회관 방문 병원, 우체국, 은행 등 견학 도서관, 동사무소 등 견학 학부모 개별 면담
7월 1주~7월 4주 건강한 생활	깨끗하고 건강하게 생활해요 골고루 먹어요	운동을 하면 건강해져요 운동 경기는 즐거워요	건강검진 농수산물 시장 견학 체육공원(센터) 견학
7월 5주~8월 4주 여름	여름은 더워요 건강한 여름을 보내요	물놀이는 즐거워요 Ⅰ Ⅱ 여름 여행을 다녀왔어요	물놀이 수족관 견학 갯벌탐사, 생일축하
8월 5주~9월 2주 교통기관	자전거 타기는 즐거워요 여러 가지 탈것이 있어요 교통안전을 지켜요		자전거 공원놀이 교통박물관, 철도박물관 견학 교통공원 견학
9월 3주~10월 1주 동물	내가 좋아하며 사랑하는 동물이 있어요 동물원에는 여러 동물들이 있어요 지금 살지 않는 동물이 있어요		동물병원/애견센터 견학 동물원 견학
10월 2주~10월 4주 가을	가을의 변화를 느껴보아요 곡식과 열매들이 많아요	추석이에요	가을 동산 나들이
11월 1주~11월 4주 우리나라	우리나라를 나타내는 것들이 있어요 Ⅰ Ⅱ 우리나라 음식이 있어요 전통놀이를 즐겨보아요		전통놀이 한마당(가족참여) 남산 한옥마을 견학 김치박물관 견학
12월 1주~12월 2주 세계 여러나라	세계 여러나라에 대하여 알아보아요 Ⅰ Ⅱ		외국 문화관 견학 세계민속박물관 견학
12월 3주~1월 1주 겨울	겨울이 왔어요 따뜻한 사랑을 주고받아요	불조심 해요	소방서 견학/안전교육
1월 2주 ~2월 1주 기계와 정보통신	우리는 여러 기계들을 이용해요 우리에게 편리함을 주는 기계가 있어요 우리에게 즐거움을 주는 기계가 있어요	컴퓨터에 대해 알아보아요 전화에 대해 알아보아요	가전제품 가게 견학 기계공장 견학 학부모 집단면담 전화국 견학
2월 2주~2월 4주 ○○반이 되어요	어린이집 생활이 즐거웠어요	○○반이 되어요	형님반 참관
참 고	1) 생일축하는 매월 1회 그 달에 생일인 유아들을 함께 축하한다. 2) 현장학습은 주제와 관련하여 지역에서 활용 가능하고 가까운 장소로 선택한다. 3) 행사운영은 지역 특성이나 반편성, 어린이집 상황에 따라 융통성 있게 운영한다.		

주제 어린이집과 친구

실시기간 : 3월 1주~3월 4주

▶▶ 전개방법

어린이집 생활이 시작되는 입소 초기는 유아들이 기대와 불안함을 동시에 갖는 시기이다. 「어린이집과 친구」의 주제는 유아가 새로운 환경에 대해 호기심을 갖고, 집단 생활에 즐겁고 안정적으로 적응하며, 교사나 친구와의 새로운 관계에 대해 즐거워하고 협동적인 놀이 방식 및 규칙을 습득해가는 경험을 제공하고자 선정하였다.

어린이집을 처음 경험하게 되는 신입 원아들과 함께 비교적 어린이집 생활이 익숙한 재원 유아 역시 새로운 반이 되어 신학기 생활을 시작하게 된다. 재원생이나 신입생이 다소 차이는 있으나 변화된 생활에 대해 호기심이나 기대를 가지는 반면 자신이 접하지 못한 환경에 대한 불안감 또한 있다. 따라서 새로운 선생님과 교실, 새 친구 등의 환경에 호기심을 가질 수 있도록 흥미로운 놀잇감을 준비하고, 어린이집에서의 하루일과를 통합해나갈 수 있도록 친숙한 활동을 서서히 전개해야 한다.

또한 어린이집 생활에서 일어날 수 있는 일상적인 상황들을 해결해가는 과정을 통해 기본생활습관을 형성해 나가도록 하고, 집단생활에 필요한 규칙을 유아와 함께 정하여 스스로 지키도록 돕고, 어린이집의 시설 및 교구를 소중하게 다루고 안전하게 사용하도록 한다. 친구의 어려운 일을 돕는 등 친사회적인 행동을 격려하여 자연스럽게 친구관계를 형성하고 집단생활에 참여할 수 있도록 한다. 이 시기는 자유선택활동 시간을 확장하여 충분히 환경을 탐색하도록 하며 기본생활습관을 자연스럽게 강조함으로써 집단생활에 적응하도록 돕는다.

유아들이 정서적 안정감을 갖고 어린이집의 새로운 환경에 잘 적응하고 친사회적 관계를 형성하기 위해서는 가정과의 긴밀한 협조가 필요하다. 활동에서는 유아가 가정에서 가져온 친숙한 자료를 활용해 어린이집 활동으로 계획함으로써 적응을 도울 수 있다. 어린이집에서 다루는 교육활동 중 가정으로 연장될 수 있는 것은 학부모에게 가정통신문을 통해 보다 상세하게 알림으로써 가정과의 연계를 꾀할 수 있다.

▶ 환경구성

	쌓기놀이영역	역할놀이영역	미술영역	언어영역	수·과학영역	조작영역	음률영역
실 내	· 여러 가지 도로 화보 · 어린이집 표시판 · 여러 가지 집의 화보 · 어린이집에 있는 물건이 그려진 푯말	· 밀가루 반죽 · 밀대 · 찍기틀 · 음식 화보 · 생일 케이크 · 화장품 · 여러 가지 옷 · 구두 · 머리 장식 악세사리 · 귀걸이, 목걸이	· 도화지 · 접기 순서도 · 다양한 종이 (색종이,잡지, 신문지, 비닐, 골판지, 한지 헌 박스 등) · 플라스틱 병 · ○△□등 모양과 크기가 다른 기본 도형 의 색종이 조각 · 종류별로 분류된 다양한 폐품 · 솜방망이 · 물감접시 · 깡통 롤러 · 찰흙 · 찰흙칼 · 크레파스	· 그림동화: 「영희와 장난감」 · 수수께끼 카드 (놀잇감, 그림카드) · 상황에 맞는 인사 그림자료 · 하루일과 사진책 · 글자 컴퓨터 (같은 자음, 모음으로 시작하는 말) · 자석 글씨판 · 소리상자 막대 · 동화: 「신데렐라」 · 동시판: 「줄을 섭시다」 「지켜요 지켜요」 「나누면 좋아요」 · 끝말 잇는 아파트 · 카셋트 · 공테이프 · 글자 친구 놀이 (삼각대, 글자카드, 그림카드) · 그림동화: 「커다란 무」 · 친구이름 카드	· 뚜껑 뒤집기 · 어린이집 찾아가기 게임판 · 말, 주사위 · 모양대로 놓기판, 모양 조각 · 장난감 그림 뒤집기 카드게임 · 막대자석 말굽자석 · 숫자대로 붙여보세요 · 「참치 샌드위치」 요리 순서표 · 생각상자 · 네모판 채우기 · 수와 숫자 짝짓기 · 요술거울 놀이 · 모양 돌다리 건너기	· 퍼즐 자료 · 가위바위보 게임 · 물건알아 맞히기 · 내 자리를 찾아주세요 · 줄서기 게임 · 핀셋, 작은 물건 · 병풍놀이 · 비닐 바느질 · 원만들기 퍼즐 · 계이름 판	· 노래: 「어린이집 노래」 「인사」 「간식」 「그냥 두고 나갔더니」 「유치원에 갑니다」 「건너가는 길」 「손을 씻어요」 「차례차례」 「사이좋게 놀자」 「누구의 소리일까?」 · 음악감상 테이프: 「자장가」 「장난감 교향곡」 · 리듬악기 · 북
실 외	· 공 · 자석	· 여러 가지 크기의 훌라후프 · 카셋트		· 줄넘기 · 테이프		· 모래삽, 체, 그릇, 숟가락, 삽 · 리본막대	

주간보육계획안

소주제 : 나는 ○○반이에요   실시 기간 : 3월 1주

		월	화	수	목	금	토
등원 및 맞이하기		등원하여 선생님과 인사하기			무슨 반인지 이름 말하기		
실내자유선택활동	**쌓기놀이영역**	레고로 자유롭게 구성하기		종이벽돌 블록으로 집 만들기 자동찻길 꾸미기(단위 블록 구성)			
	역할놀이영역	밀가루 반죽으로 놀이하기		어린이집 놀이하기			
	미술영역	생각나는 것 그리기 여러 가지 종이로 종이 접기(색종이, 신문지, 잡지 이용) 폐품상자로 어린이집 꾸미기			소리나는 악기 만들기(플라스틱병 이용)		
	언어영역	그림동화:「영희와 장난감」 수수께끼 놀이(놀잇감, 그림카드) ◎ 내 물건과 우리 물건			자기 반 이름 말하고 친구 이름 알기		
	수·과학영역	뚜껑 뒤집기 1)	◎ 어린이집 찾아가기			실험: 뚜껑은 왜 필요할까요? 2)	
	조작영역	퍼즐 맞추기					
	음률영역	노래:「삼성어린이집 노래」「인사」「간식 노래」「그냥 두고 나갔더니」 리듬악기 연주					
대·소집단활동		이야기나누기: 나는 무슨반일까? 흥미영역 소개하기 놀잇감·놀이방법, 자기장 알고 바르게 사용하기 놀이규칙 안내하기 게임: 새 친구 소개하기 그림동화:「영희와 장난감」					
실외자유선택활동		어린이집 둘러보기 공놀이 실외놀이영역 놀잇감 소개하기 우리반 이름 읽어보기					
점심 및 낮잠		동화:「이솝 이야기」 그림동화:「이상한 안경」 「곰보 사과」					
기본생활습관		자기 장의 소지품 깨끗이 정리하기					

교육활동참고

1) 뚜껑 뒤집기
   ① 뚜껑 밑에 여러모양이 숨겨져 있다.
   ② 한 번에 두 개씩 뒤집어 같은 모양이 나오면 그 뚜껑을 가져간다.
   ③ 다 끝난 후 뚜껑을 많이 모은 사람이 이긴다.

2) 뚜껑은 왜 필요할까요?
   ① 16절에 실험판을 만든다.
   ② 뚜껑이 있는 사인펜과 없는 사인펜을 살펴본다.
   ③ 종이 위에 그림을 그려본다.
   ④ 2개의 새 사인펜이 변화되는 과정을 실험하여 본다.

뚜껑이 있어요	뚜껑은 왜 필요할까요?	뚜껑이 없어요
	오 늘	
	내 일	
	모 레	

주간보육계획안

소주제 : 어린이집의 하루는 즐거워요　　　　　　　　　　　　**실시 기간 : 3월 2주**

		월	화	수	목	금	토
등원 및 맞이하기		등원하여 부모님과 인사하며 헤어지기					
실내자유선택활동	**쌓기놀이영역**	높이·길게 블록 쌓기　　벽돌 블록으로 어린이집 짓기　　　　◎ 어린이집 오는 길					
	역할놀이영역	가족인형 놀이 　　　밀가루 반죽 놀이(여러 가지 모양틀 첨가)　　　음식 만들어 먹기					
	미술영역	○△□기본 도형 이용하여 그림 그리기 1) 　　　　스티커로 구성하기　　　　재활용품으로 구성하기					
	언어영역	하루일과 사진책 보기　　우리 반 이름 보고 말하기　　자석 글씨판 그림					
	수·과학영역	어항 관찰하기　　　그림자 카드 찾기 2) 　막대자석, 말굽자석 놀이 　　어떤 것에 자석이 붙을까요(자석에 붙는 것, 자석에 안 붙는것)					
	조작영역	가위바위보 게임 3)　　물건 알아맞히기 4) 　장난감 그림카드 뒤집기　　내 자리를 찾아주세요					
	음률영역	노래:「유치원에 갑니다」「건너가는 길」 　신체표현: 북소리에 맞춰 움직이기　　◎ 음악감상: 자장가 감상하기					
대·소집단활동		융판동화:「희수의 하루」　◎ 동시:「크레파스」 　◎ 이야기나누기: 어린이집의 하루(사진자료 이용) 　어린이집 돌아보기(교사실, 양호실, 사무실)　　신체 표현: 모두 움직여봐요 5)					
실외자유선택활동		복합놀이기구 타기　　　그네 타기　　　　자전거타기 규칙알기 　　삽으로 땅파기　　자석으로 보물찾기					
점심 및 낮잠		동화:「아기코끼리 유치원」　「장화가 줄었어요」　「욕심쟁이 임금님」 음악감상: 자장가　　바흐 모음집					
기본생활습관		간식, 점심 먹기 전에 손 깨끗이 씻기　　　수도 사용 바르게 하기					

교육활동참고

1) ○△□ 기본 도형 이용하여 그림 그리기
   • 종이에 기본 도형을 한 두 개정도 붙여주고 무엇인지 상상해보고 나머지 부분을 자유롭게 그려본다.

2) 그림자 카드 찾기
   • 도화지에 사물의 모양을 검정 그림자로 나타낸다. 유아가 사물의 그림자에 맞추어 놓는다.

3) 가위바위보 게임
   ① 카드에 가위바위보 손모양의 카드를 여러 장 그린다.
   ② 2명의 유아가 카드를 나누어 갖는다.
   ③ 2명의 유아가 동시에 카드를 내밀어 이긴 사람이 진 사람의 카드를 가져간다.

4) 물건 알아맞히기
   ① 어린이집의 물건이 그려진 그림을 그린다.
   ② 여러 모양으로 나누어진 표지를 만든다.
   ③ 어떤 물건인지 수수께끼로 맞혀본다.
   ④ 수수께끼를 알아맞히지 못하면 1부터 하나씩 열어 주면서 부분을 알아맞힌다.

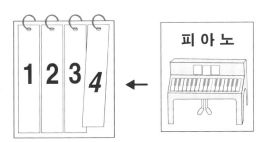

5) 모두 움직여봐요
   〈홍용희 외 (1998). 유아를 위한 동작교육의 이론과 실제. 다음세대. p.113〉

주간보육계획안

소주제 : 약속을 지켜 안전하게 놀아요　　　　　　　　　　　　실시 기간 : 3월 3주

		월	화	수	목	금	토
등원 및 맞이하기		선생님, 친구들과 바르게 인사하기					
실내자유선택활동	쌓기놀이영역	놀이터 꾸미기		블록 분류하기		다리 만들기	
	역할놀이영역	어린이집 놀이			생일잔치		
	미술영역	신문지 찢어붙이기		모자·사진기 접기		깡통 롤러 물감 찍기	
	언어영역	동화듣기:「신데렐라」 동시:「줄을 섭니다」 1)		자석 글씨판 쓰기(글자그림카드) 「지켜요 지켜요」 2)		끝말 잇기: 아파트	
	수·과학영역	숫자대로 붙여보세요	어디에서 가장 소리가 잘 들릴까요? 모양돌다리 건너기		요리: 과자 잼 샌드위치		
	조작영역	줄서기 게임　　집게로 공 담기		작은 물건 핀셋으로 옮기기		병풍놀이 3)	
	음률영역	노래:「손을 씻어요」 악기 연주: 꼭꼭 약속해	「약속」	「차례차례」 음악감상:「장난감 교향곡」	음률게임: 인형이 걸어다녀요 4)		
대·소집단활동		이야기나누기: 안전하게 사용해요　　우리가 조심할 일　　이럴 땐 어떻게 ◎ 새노래:「차례차례」　　　　「약속」 　　　　　　　　　　　　　　　　노래게임: 친구와 인사하기 　　어린이집에서 나는 소리 듣기(각 장소에서 하는 일, 약속 알아보기)					
실외자유선택활동		무궁화 꽃이 피었습니다　　　　　모래케이크 만들기　　달리기 시합 　　　　　　　　　　　홀라후프　　　음악에 맞춰 리본춤 추기					
점심 및 낮잠		그림동화:「내 친구 다락도깨비」 「제멋대로 걸레」					
기본생활습관		복도와 계단에서 걸어다니기　　변기 바르게 사용하기　　　화장실에서 줄서기					

교육활동참고

1) 줄을 섭니다

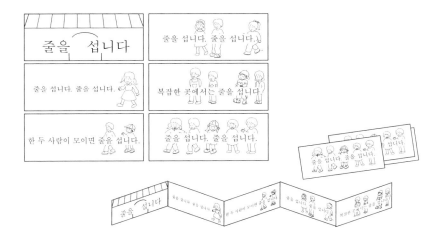

· '_____줄을 섭니다.'에서 _____ 부분을 자유롭게 생각하여 동시짓기를
할 수 있다.

2) 지켜요 지켜요

> 지켜요 지켜요
>
> 지켜요 지켜요,
> 우리가 만든 약속을 지켜요,
>
> 정하고도 안 지키면
> 방해가 되요,
>
> 지켜요 지켜요
> 놀이규칙을 지켜요,
>
> 규칙대로 놀이하면
> 재미있어요,

① 약속하는 손을 그려 코팅한다.
② '웃는 얼굴 찡그린 얼굴'을 그려 코팅한다.
③ '방해가 되요'를 낭송할 때는 약속하는 손에 찡그린 얼굴을 붙인다.
④ '재미있어요'를 낭송할 때는 약속하는 손에 웃는 얼굴을 붙인다.

3) 병풍놀이
   ① 우유팩을 펼쳐서 깨끗이 씻어 말린 후 같은 크기로 자른다.
   ② 첫 번째 면에는 그림을 붙이고 두 번째 면에는 아래쪽에 비닐을 붙여 주머니를 만든다.
   ③ 우유팩을 병풍처럼 붙이고 상표가 보이는 쪽은 시트지로 마무리한다.
   ④ 2명의 유아가 순서를 정하고 병풍을 1개씩 나누어 갖는다.
   ⑤ 그림카드를 뒤집어놓고, 순서에 따라 1장씩 뒤집는다.
   ⑥ 자기 병풍에 붙어 있는 그림이 나오면 비닐 주머니에 꽂는다.
   ⑦ 만일 자기 병풍의 그림이 아니면 쌓아놓은 카드 맨 아래에 놓는다.

4) 인형이 걸어다녀요 〈프랑스 민속 음악 「노병들의 행진」〉
   · 작게 그린 원으로 유아들이 둥글게 앉아 옆 친구에게 인형을 전달하는 게임임을 이야기
     한다.
   · 둥글게 앉아 있는 친구들 모두가 한 번씩 인형을 돌릴 때까지 계속한다.
   · 활동에 익숙해지면 인형의 수를 늘려서 전달한다.
   · 알고 있는 노래를 부르거나 느리고 빠른 음악 테이프를 들려주면 더 흥미있게 진행할 수
     있다.

주간보육계획안

소주제 : 우리 반 친구들은 서로 도와요　　　　　　　　　**실시 기간 : 3월 4주**

		월	화	수	목	금	토
등원 및 맞이하기		아침에 만난 친구들과 이름 부르며 인사하기					
실내자유선택활동	쌓기놀이영역	단위 블록 이용하여 집짓기　　　레고 블록으로 다양하게 꾸미기					
	역할놀이영역	친구 예쁘게 꾸며주기(의상, 화장) 　　　음식 만들어 상 차리기 역할놀이영역 정리하기　　◎ 친구를 위한 음식상 차리기					
	미술영역	다양한 재료에 그리기(신문지, 골판지, 헌 박스, 비닐, 한지 등) 　　　찰흙놀이(찰흙칼 이용하여 모양 만들기)　　　스티커로 친구 얼굴 꾸미기					
	언어영역	친구 목소리 듣고 알아맞히기　　동시:「나누면 좋아요」[1]　　◎ 글자친구놀이 동화:「커다란 무」　　　친구 이름 스티커로 붙이기 　　　　　　　　　　　　누구의 소리일까?[2]					
	수 · 과학영역	친구 수만큼 놀잇감 나눠주기 금붕어 먹이 주기 　　　몇 개로 보일까?[3] 　　　　　요술거울놀이[4]　　　수와 숫자 짝짓기					
	조작영역	비닐 바느질(여러 가지 물건들)　원 만들기 퍼즐 　　　　　　　　　공동작업: 조각그림 맞추기[5]					
	음률영역	노래:「사이좋게 놀자」　　　계이름판 뛰며 노래 부르기[6] 　　　　　◎ 사람거울놀이　　◎ 내 친구 나와라					
대 · 소집단활동		이야기 나누기: 주말 지낸 이야기나누기　　친구와 사이좋게 지내요 　　　노래:「꼭꼭 약속해」[7]　◎ 게임: 누구일까요? 　　◎ 동화:「잃어버린 단추」 　　　　　신체 표현: 스카프춤　　　게임: 훌라후프 타고 돌아오기					
실외자유선택활동		두 발 모아 뜀뛰기(훌라후프 이용) 　　　삽으로 모래 파기　　모래굴 만들기　　동대문을 열어라					
점심 및 낮잠		동화:「나랑 같이 놀자」「모기와 심술꾸러기 사자」「외톨이 사자는 친구가 필요해요」					
기본생활습관		화장실 바르게 사용하기					

교육활동참고

1) 나누면 좋아요

> 나누면 좋아요
>
> 맛있는 과자를 나눠먹긴 싫어요
> 로봇 장난감도 빌려주긴 힘들죠
> 하지만 나누며는 함께 재밌죠
> 친구도 신나고 나도 나도 좋아요

2) 누구의 소리일까?
  ① 일주일 동안 유아들의 다양한 목소리를 자유선택 활동시간에 자연스럽게 녹음하여 둔다. 녹음할 때는 간단한 1~3음절로 된 단어로 녹음한다.
  ② 녹음한 테이프를 준비하여 유아들과 원 모양으로 앉아 누구의 목소리인지 들어보고 알아맞혀 보게 한다.
  ③ 활동이 익숙해지면 목소리를 듣고 그 유아의 특징(예: 긴 바지 입고, 머리는 짧고, 빨간색 양말을 신고 등)을 이야기하며 누구인지 알아맞힌다.

3) 몇 개로 보일까요?
  ① 사각형 손거울 2개를 접었다 폈다 할 수 있도록 붙인 다음 그 사이에 사물을 놓고 비춰보게 한다.
  ② 거울의 펼치는 각도에 따라 사물의 개수가 어떻게 달라지는지 관찰한다.

4) 요술거울놀이
  · 네모난 손거울을 가지고 그림을 비추어 거울의 위치에 따라 달라지는 모양 예측 해보고, 관찰한다. 특히 완성되지 않은 반쪽 그림(좌우대칭, 상하대칭 등)을 보고 무슨 그림인지 예측해보고 거울을 비추어 완성시킨다.

5) 조각그림 맞추기
  ① 교사가 전지에 그림을 그리고 몇 개의 조각으로 나눈다.
  ② 각 조각을 그룹별로 유아들이 나누어 갖는다.
  ③ 나누어가진 조각그림을 함께 색칠한다.
  ④ 색칠이 끝나면 조각들을 맞추어 조각그림을 완성하고 감상한다.

6) 계이름판 뛰며 노래부르기
  · 놀이실 바닥에 크게 노래악보를 그려서 붙여준다. 그 위에 유아들이 올라가서 노래부르며
   음표를 마음껏 밟아본다.

7) 꼭꼭 약속해

꼭꼭 약속해

너 하 고 나 는   친 구 되 어 서   사 이 좋 게   지 내 자

새 끼 손 가 락   고 리 걸 - 어   꼭 꼭   약 속 해

실내자유선택활동
언어영역

내 물건과 우리 물건

활동목표	·새 교실의 물건들에 관심을 가진다.
	·게임을 통해 문제 해결력을 기른다.

집단크기	소집단

활동자료 | 함께 쓰는 물건과 혼자 쓰는 물건을 그린 그림카드(20장씩)
·함께 쓰는 물건: 의자, 책상, 칠판, 피아노, 그네, 블록, 북, 세면대, 컴퓨터, 수도,
　　　　　　　　　(각 2장씩 노란색으로 제작)
·혼자 쓰는 물건: 가방, 모자, 신발, 우산, 장화, 양말, 옷, 손수건, 이름표, 실내화
　　　　　　　　　(각 2장씩 파란색으로 제작)

① 화방지(5cm×5cm)로 노란색·파란색 카드를 각 20장씩 만든다.
② 공동 물건 그림과 개인 물건 그림을 각 색깔 카드에 붙인다.
③ 카드를 코팅하여 카드 뒷면에 같은 색깔 부직포를 붙인다.

의 자	온풍기	칠 판	피아노	그 네
적 목	작은북	음료수대	컴퓨터	수 도

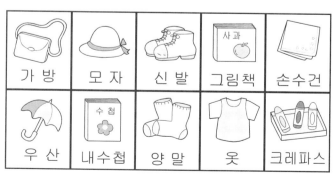

가 방	모 자	신 발	그림책	손수건
우 산	내수첩	양 말	옷	크레파스

활동방법

1. 언어영역에 그림카드를 제시하며 관심을 보이는 유아와 함께 자료를 탐색해본다.
   - 어떤 그림이니?
   - 누가 쓰는 물건일까?
   - 혼자 쓰는 물건과 친구들과 함께 쓰는 물건으로 나누어 보자.

2. 게임방법에 대해 이야기해준다.
   ① 노란색, 파란색 카드 세트를 바닥에 뒤집어 놓는다.
   ② 나머지 노란색, 파란색 카드 1세트를 섞어 그림이 보이지 않도록 쌓아놓는다.
   ③ 순서를 정하고 바닥에 뒤집어 놓은 카드와 쌓아놓은 카드 각각 1개를 펼친다.
   ④ 같은 그림의 카드가 나오면 사물의 이름을 말하고 가져간다. 다른 그림의 카드가 나오면 모두 바닥에 그림이 보이도록 놓는다.
   만약, 바닥에 놓여진 카드 중 같은 그림의 카드가 있으면 가져갈 수 있다.
   ⑤ 가져온 카드를 노란색 짝과 파란색 짝으로 나누어 놓는다.
   ⑥ 카드가 모두 없어지면 게임이 끝난다.

3. 게임방법이나 활동 내용에 대해 평가해본다.
   - 게임은 재미있었니?
   - 누가 카드를 가장 많이 가졌니?
   - 가지고 있는 그림의 이름을 말해보겠니?
   - 노란색 카드 그림은 무엇 무엇이니?
   - 파란색 카드 그림은 무엇 무엇이니?
   - 우리 교실 어디에 그 물건이 있니?
   - 그 물건은 누가 쓰는 물건이니?

참 고

· 노랑카드와 파랑카드, 즉 혼자 쓰는 물건과 함께 쓰는 물건을 색깔대로 구분하고 그 공통점을 찾아보도록 지도한다.
· 카드에 그려진 실제의 물건들은 교실 어디에 있는지 찾아보고 쓰임새와 사용방법에 대해 알아보는 활동으로 확장한다.

실내자유선택활동
수·과학영역

3월 1주

어린이집 찾아가기

활동목표	· 간단한 수세기를 한다.
	· 같은 반 친구들의 이름을 안다.
집단크기	소집단
활동자료	게임판, 삼각뿔 숫자 주사위(1~4까지의 숫자), 말

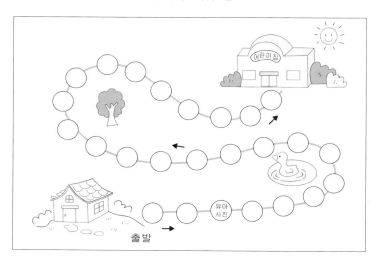

활동방법
1. 수·과학영역에 그림카드를 내어주고 자유롭게 자료를 탐색해본다.

2. 어린이집까지 가는 길에 붙어 있는 친구들의 사진을 보고 이름을 말해본다.
   - 동그라미 속에 친구들이 많이 있네?
   - 누가 있는지 이름을 말해보겠니?

3. 놀이방법에 대해 알아본다.
   - 순서를 정한 후 먼저 순서인 친구가 숫자 주사위를 던진다.
   - 주사위를 던져 나온 수 만큼 이동한다.
   - 이동할 때 지나가는 친구의 이름을 말한다.
   - 우리집 에서 시작하여 어린이집 에 도착하면 끝난다.

실내자유선택활동
쌓기놀이영역

어린이집 오는 길

3월 2주

활동목표	블록을 이용하여 자신이 생각한대로 구성해본다. 주변 환경에 대해 관심을 가진다.
집단크기	소집단
활동자료	속이 빈 블록, 단위 블록, 종이로 만든 블록, 기타 블록류, 소품류, 자동차류

활동방법	1. 어린이집에 오는 방법과 오는 길에 본 것에 대해 자유롭게 이야기를 나눈다.
	   - 어린이집 오면서 무엇을 보았니?
	   - 어떻게 어린이집에 왔니?
	
	2. 어린이집 오는 길을 구성해볼 것을 제안한다.
	   - 어린이집 오는 길을 우리가 만들어 보는 것은 어떨까?
	   - 어린이집 오는 길에는 가게 외에 또 무엇이 있었니?
	   - 어린이집 앞에 어떤 가게가 있었니?
	   - 장난감 파는 가게는 어떻게 만들면 좋을까?
	   - 우리 어린이집은 어디쯤 있을까?
	
	3. 어린이집 오는 길을 다 완성한 후 소품을 이용해서 극화놀이로 확장할 수 있다.

참　고	・소집단의 유아들과 함께 집에서 어린이집 오는 길을 큰 종이에 그림으로 그려본다. ・교사는 어린이집을 중심으로 주변의 큰 도로와 길 등을 미리 표시해둔다. ・길 꾸미기는 생각이 나는 내용들을 계속하여 더 꾸며갈 수 있도록 하루 활동으로 끝내 지 않고 그 활동에 연관된 다른 활동을 지속적으로 연결하여 제시한다.

실내자유선택활동
음률영역

자장가 감상하기

활동목표	·다양한 자장가를 감상한다. ·익숙한 목소리의 자장가를 들으면서 정서적 안정감을 느낀다.
집단크기	소집단
활동자료	부모님이나 조부모님이 집에서 유아에게 많이 불러주었던 자장가를 녹음한 테이프, 인형 인형침대, 카세트
활동방법	1. 각 유아의 부모나 조부모가 직접 노래한 자장가 테이프나 평소 잘 듣던 자장가 테이프 를 집에서 가져오도록 한다. 교사는 테이프를 미리 듣고, 같은 것끼리 공테이프에 모아 편집해둔다. 2. 유아와 함께 테이프를 들으며 이야기 나눈다. 　- 어떨 때 이 노래를 들었니? 　- 누구네 집에서 부르는 자장가일까? 　- 너희들이 따라 부를 수 있겠니? 3. 유아에게 인형을 재워 보게 한다. 노래도 함께 들려준다. 　- 인형이 잠이 오나보다, 　　어떻게 하면 인형을 좀 더 편안히 재울 수 있을까? 4. 다른 종류의 자장가를 들려준다. 　- 이번에는 다른 자장가를 들으며 인형을 재워 보자,

참   고   ·낮잠 자는 시간에 유아들이 가져온 테이프를 조용히 들려준다.

·음률영역에 자장가 테이프를 꽂아두고, 각 테이프의 겉면에 유아 사진을 붙여 누구네 집에서 부르는 자장가인지 알 수 있도록 한다.

·미술영역과의 통합활동으로 자장가를 들으며 떠오르는 느낌을 그림으로 표현해 볼 수도 있다.

대 · 소집단활동
동시

크레파스

활동목표	· 동시를 즐겨 듣는 태도를 기른다.
	· 상상력을 기른다.

집단크기	중 · 소집단

활동자료 파워 포인트로 작성한 동시자료

크레파스

유준호

빨강 크레파스　　　　　해님되어 나를 보고 "하하"
노랑 크레파스　　　　　자동차 되어 "빵빵빵"
초록색 크레파스　　　　나무 되어 바람 따라 "흔들흔들"

활동방법

1. 화면 1면 전면에는 동시의 제목과 지은이가 보이게 한다.

2. 2면부터는 동시 구절을 차례대로 쳐서 교사가 읽어준다.

3. 3면에는 전체 내용이 들어 있는 화면을 보여주고 교사가 읽어준다.

4. 동시 한 구절씩을 쳐서 유아가 따라 읽게 한다.

5. 교사가 앞부분을 읽고, 유아는 의성어 · 의태어를 읽는다.

6. 다같이 동시를 읽어본다.

참　고

· 자유선택활동시 컴퓨터영역에서 유아들이 직접 활동을 하며 동시를 읽는다.
· 교사가 동시를 듣고 생각나는 유아들의 이야기를 적어 주어 동시 감상책을 만든다.
· 글씨를 읽지 못하는 유아를 위해 그림자료를 함께 제시할 수 있다.
· 컴퓨터로 활동을 제공하지 못할때는 한 구절씩 자료를 붙여가면서 동시 읽기를 진행
　할 수 있다.

대 · 소집단활동
이야기나누기

어린이집의 하루

3월 2주

주요경험	·어린이집의 생활을 이해한다.

·하루일과의 변화를 생각해 본다.

집단크기   대집단

활동자료   유아의 활동을 찍은 사진

- 활동시작 1주일 전부터 유아가 하루 동안 참여하는 여러 가지 활동의 종류를 순서대로 사진을 찍고 가능하면 사진을 확대하여 현상한다.

(등원 장면, 자유선택활동 장면, 정리하는 장면, 간식 먹는 장면, 대 · 소집단활동, 점심 먹는 장면, 낮잠 자는 장면 등)

활동방법   1. 유아가 다 모이면 주의집중을 한 후 사진을 보며 유아와 함께 이야기 나눈다.

- 선생님이 어떤 사진을 가져왔는데 이 사진은 무엇을 하는 것일까?

- 그럼, 이 사진은 무슨 일을 하고 있는 걸까?

- 그래, 이 사진은 너희들이 어린이집에서 하는 일을 찍은 거야.

2. 사진의 내용을 충분히 파악한 다음에 일과를 순서대로 나열해본다.

- 우리가 어린이집에 오면 맨 처음에 무엇을 할까?

- 점심을 먹기 전에는 무슨 일을 할까?

- 이 사진중에서 골라볼 수 있겠니?

- 간식 먹기 전에는 무엇을 하니?

- 집으로 돌아가기 전에는 무엇을 했니?

(유아가 정확히 대답하고 사진을 찾아내면, 그 사진을 순서대로 모두 배열한다.)

3. 교사가 특별히 강조하고 싶은 일과시간은 여러장의 사진을 준비하여 그 시간의 유아의 행동과 바람직한 생활모습을 이야기한다.

- 점심시간에 찍은 사진들만 모아 놓은 사진이란다.

사진의 친구들이 어떻게 하고 있나 잘 보도록 하자.

- (세면대 사용장면) 이 사진은 어떤 일을 하는 것 같니? 어떻게 하는 것이 바른 사용방법일까?

참　고 · 이 활동을 한 후에 사진을 언어영역에 게시하여 유아가 좀 더 관찰해보고 하루일과에 대해 이야기해보도록 한다.

· 사진은 되도록 반의 유아가 골고루 찍히도록 준비하고, 긍정적이고 바람직한 행동을 분명히 나타내도록 찍는다.

〈등원하는 장면〉

〈자유선택활동 장면〉

〈정리하는 장면〉

〈간식먹는 장면〉

〈대·소집단활동 장면〉

〈점심먹는 장면〉

〈낮잠자는 장면〉

〈오후 휴식 및 조용한 놀이 장면〉

〈특별활동 장면〉

〈하원하는 장면〉

대·소집단활동
새노래

차례차례

활동목표	·노래 부르기를 즐긴다. ·놀이 시설을 이용할 때는 차례를 지켜야 함을 알고, 안전에 관심을 갖는다.
집단크기	대·중집단
활동자료	융판용 그림자료(미끄럼틀, 그네, 유아 4~5명), 노래 테이프
활동방법	1. 어린이집에서 미끄럼틀과 그네를 탈 때 어떻게 타야 하는지 이야기를 나눈다. 　- 그네를 타고 싶은 친구들이 많을 때 어떻게 하는 것이 좋을까? 　- 여러 명이 미끄럼틀을 타려고 할 때 어떻게 하면 좋을까? 2. 그림자료를 이용해서 동화 형식으로 노래말을 들려준다. 　- 많은 친구들이 미끄럼을 타려고 했을 때 어떻게 했니? 3. 노래를 들려준다. 　- 이런 이야기를 노래로 만든 것이 있는데 한번 들어보자. 4. 멜로디 반주에 맞춰 노래를 다시 한 번 들려준다. 5. 노래말을 자연스럽게 들려주며 5-6번 나누어 부르는 방법으로 자연스럽게 노래를 익힌다. 6. 음악에 맞춰 노래를 불러본다. 　- ○○팀 한번 불러보자. 　- 다음엔 ○○팀이 노래를 부르고 다른 아이들은 잘 들어보자. 7. 서로 편을 나누어 노래를 부른다. 　- 이번에는 편을 나누어 노래를 불러보자. 　- 한 편이 "쭈르르르"까지 불러보고 나머지 한 편이 끝까지 불러보자. 　- 서로 편을 바꾸어 불러본다.

8. 노래말을 통해 차례를 지켜 타야 하는 시설물에 대해 생각해본다.
   – 어린이집에서 차례를 지켜야 할 곳은 어디일까?

참   고   • 줄을 서야 하거나 줄 서서 다른 장소로 이동할 때 함께 부를 수 있다.

차례차례

김신자 작사/작곡

1. 차 례 차 례 줄 서 서 미 끄 럼 타 요
2. 차 례 차 례 줄 서 서 그 네 를 타 요

층   계 를 올 라 가 쭈 르 르 르   르
올 라   갔 다 내 려 갔 다 힘 껏 구 르   면

아 이 쿠 아 이 쿠 엉 덩 방 아 꿍 덩 찧 었   네
떨 어 질 까 무 서 워 서 눈 을 감 았   네

이 제 부 터 조 심 조 심 조 심 해 야   죠
이 제 부 터 조 심 조 심 조 심 해 야   죠

실내자유선택활동
역할놀이영역

친구를 위한 음식상 차리기

3월 4주

활동목표 · 밀가루 반죽을 이용해 다양한 음식 만들기 경험을 한다.
· 사회극놀이에서 다양한 역할을 표현해본다.

집단크기 소집단

활동자료 밀가루 반죽, 도마, 밀대, 소꿉용 칼, 소꿉그릇, 찍기틀, 가위, 다양한 미술재료 등

활동방법 1. 유아가 밀가루 반죽에 관심을 보이면 충분히 탐색 할 수 있도록 한다.
 – 아주 고운 분홍색 반죽이구나! 연두색, 노랑색도 있네.
 – 자꾸 주물러 보니까 반죽이 어떻게 되었니? 처음 반죽을 만져 봤을 때와 어떻게 다르니?
 – 이렇게 길다란 모양이 되었구나!

2. 반죽으로 음식을 만든다.
 – ○○야 반죽으로 맛있는 음식을 만들어 볼까?
 – 선생님은 국수를 만들어 봐야겠다. 도마에 반죽을 놓고 밀대로 민 다음 칼로 잘라봐야지.
 – ○○는 동글동글 한 모양이네. 무엇이 될까?

3. 만든 음식으로 상차림을 한다.
 – 우리가 만든 음식을 어떻게 해서 먹을 수 있을까?
 – 그래, 상차림을 해야겠구나.

4. 손님 초대 놀이나 음식점 놀이로 연결한다.
 – 이렇게 맛있는 음식들이 차려졌는데 다른 친구들을 초대해서 같이 먹으면 어떨까?
 – 오늘은 과자와 케이크를 많이 만들었네. 이 곳을 케이크 가게라고 하면 좋겠구나.

참　　고 · 밀가루 반죽을 충분히 탐색 할 수 있도록 한다.
· 사용한 밀가루 반죽을 정리한 후, 빗자루를 준비하여 유아들이 책상이나 바닥에 떨어진 부스러기를 쓸도록 한다.

글자친구놀이

활동목표 · 글자에 관심을 갖는다.
· 같은 글자로 시작하는 말을 찾아본다.

집단크기 소집단

활동자료 삼각놀이대, 글자카드(가, 나, 다…), 낱말카드(각 글자카드의 글자로 시작하는 낱말카드 4장 × 글자카드수)

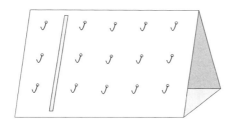

활동방법 1. 유아와 함께 제시된 자료들을 살펴본다.
- 글자카드에 써있는 글자를 읽어보겠니?
- 그림이 있는 카드에는 무슨 말이 써있니?
- (삼각대를 가리키며) 이 카드를 끼우는 판이란다.

2. 놀이방법을 알아보고 활동을 시작한다.
- 이 글자들이 친구를 찾고 있단다.
  '가' 자는 '가' 자로 시작하는 글자친구들을 '나' 자는 '나' 자로 시작하는 친구들을 찾고 있지.
- 그래서 왼편에는 글자카드를 끼우고 오른쪽 4개의 고리에는 글자카드의 친구들을 찾아서 끼워주면 되는 거란다.

3. 왼쪽에 글자카드를 걸면 그 글자로 시작하는 낱말카드를 찾아 소리내어 말하면서 걸어 본다.

참 고
- 빈 종이를 준비하여 제시된 낱말 외에 유아가 아는 것이 있다면 더 만들어본다.
- 노래 게임으로 '가'자로 시작되는 말 노래를 부르며 낱말을 찾아 불러본다.
- 신체활동으로 같은 글자로 시작하는 말을 모아 발판으로 만들어 대집단으로 발판에 올라서기 게임을 해본다.
- 글자카드의 '가', '나' 등을 다양한 색깔펜으로 쓰고 낱말카드의 처음글자를 글자카드와 같은 색깔로 써서 색깔을 단서로 같은 글자를 연결할 수 있도록 한다.

실내자유선택활동
음률영역

사람거울놀이

3월 4주

활동목표	·신체를 통해 창의적 표현력을 기른다. ·활동에 즐겁게 참여한다.
집단크기	중·소집단
활동자료	거울, 간단한 음악 자료
활동방법	1. 거울놀이 후 거울의 특성을 이야기 나눈다. 　- 거울은 어떨 때 사용할까? 　- 거울을 보고 움직이면 거울 속에 있는 내 모습은 어떻게 되니? 2. 유아들이 거울이 되었다고 가정하고 교사가 하는 행동을 따라해보게 한다. 3. 유아 2명이 1조가 되어 1명은 거울이 되고 1명은 거울을 사용하는 사람이 되어 표현해 본다. 　- ○○는 ●●의 거울이 되었단다. 　- 거울을 사용하는 ●●의 모습이 거울에 비칠 때 ○○는 어떻게 움직여야 할까? 4. 음악이 시작되면 거울 앞에 서 있는 유아가 음악에 맞춰서 자기 느낌과 생각대로 움직인다. 짝이 된 유아는 거울이 된 듯 그대로 행동을 따라한다. 5. 역할을 바꾸어서 한다. 6. 활동을 하고 나서 느낌이나 생각, 재미있었던 모습 등을 유아들과 함께 이야기 나눈다.

실내자유선택활동
음률영역

내 친구 나와라

활동목표	· 말 속에서의 리듬을 익힌다.
	· 묻고 대답하는 말의 리듬을 경험한다.
집단크기	대집단
활동자료	리듬막대

활동방법
1. 리듬막대를 치며 친구를 부르는 방법에 대해 이야기를 나눈다.
  - 너희들은 친구를 부를 때 어떻게 하니?
  - 놀자고 할 때는 어떻게 말하니?
  - 이번에는 선생님이 조금 다르게 친구들을 부를텐데 들어볼래? "○○○나와라(♩♩♩/♩♩♩)"
  - 그러면 ○○는 어떻게 대답하면 좋을까?

2. 친구를 부르는 한 방법에 따라 게임을 진행한다.
  - 선생님이 방금 만든 것처럼 이름을 부르면 그 친구는 나와 똑같이 대답을 하는 게임이란다.
  예) 선생님: ○○○나와라(♩♩♩/♩♩♩)   ○○○: ○○○나왔다(♩♩♩/♩♩♩)
  - ○○가 다른 유아의 이름을 불러보겠니?
  예)○○○: ◇◇◇나와라(♩♩♩/♩♩♩)   ◇◇◇:◇◇◇나왔다(♩♩♩/♩♩♩)
     ◇◇◇:◆◆◆나와라(♩♩♩/♩♩♩)   ◆◆◆:◆◆◆나왔다(♩♩♩/♩♩♩)

3. 친구를 부르는 다른 방법을 생각해보고 게임을 확장한다.
  - 이번에는 우리가 만든 것과는 다르게 이름을 불러보자, 그러나 "나와라 나왔다"는
    꼭 있어야 해, 다른 친구들이 만든 것과 다르게 이름을 불러보자,
  예) '♪♪♩/♩♪♪.♪♩/♪♩' 등 리듬을 바꾸거나 음의 높낮이를 바꾸어서 변화를
    주도록 한다.

참 고	· '나와라/ 나왔다'를 '어딨니/ 여기있다' 등으로 바꾸어 불러볼 수 있다.

대 · 소집단활동
게임

누구일까요?

3월 4주

활동목표	· 어린이집 친구들에게 관심을 갖는다. · 청각을 발달시킨다.
집단크기	중 · 소집단
활동자료	「누구일까?」 노래가 녹음된 테이프, 녹음기, 눈가리개
활동방법	1. 「누구일까?」 노래를 부르며 둥글게 앉는다.

2. 게임 방법에 대해 이야기한다.
   - 술래를 정해서 가운데 의자에 앉힌 후 눈을 가리자.
   - 전주가 나오면 우리 모두 손뼉을 치다가 선생님이 가리키는 친구만 빨리 술래 뒤에 가서
     ♪예쁜 노래 부르는 나는 누구일까요?를 부른 후 자기자리로 돌아가 앉는거야.
   - ♪누굴까? 선생님 한 번, 너희들도 한 번 부르기로 하자.
   - ♪누굴까? 알아맞혀 보세요, 여기는 선생님이 노래 할게.
   - 선생님 노래가 끝나면 술래가 '우리 친구 ○○○' 하고 알아맞히는 거야.
   - 다시 한 번 ♪우리친구 △△△는 모두가 손뼉을 치면서 노래 해보자.
   - 술래가 알아맞히지 못하면 어떻게 할까?
   - 그래, 모두가 "아니아니 틀렸다." 하고 노래하면 되겠구나.

3. 게임방법에 따라 게임을 한다.

4. 게임을 평가한다.
   - 어떤 점이 좋았니?
   - 어떤 점이 힘들었니?
   - 술래일 때 어땠니?

참　고	· 유아가 노래를 익숙하게 익히고 난 후 노래 게임을 한다. · 실외 놀이시 유아들끼리 활동할 수 있도록 유도한다.

대 · 소집단활동
동화

잃어버린 단추

3월 4주

주요경험	· 동화를 감상하고 심미감을 갖는다. · 동화의 내용을 이해하고 회상하여 이야기해본다.
집단크기	소집단
활동자료	그림동화 「잃어버린 단추」

활동방법

1. 언어영역에 그림동화를 제시해주고 관심을 보이는 유아에게 동화를 읽어준다.
   - 선생님이 동화를 준비했는데 동화속에 누가 나오는지, 어떤 일이 일어나는지 잘 들어보자.

2. 동화를 다 읽은 후 유아와 동화의 내용을 회상해본다.
   - 동화속에 누가 나왔니?
   - 무슨일이 일어났니? 어떻게 했니?

3. 동화의 그림만을 다시 보면서 유아가 생각하지 못한 것을 알아보고, 동화의 내용을 다시 살펴본다.
   - 그림을 잘 살펴보면서 이야기를 생각해 보자.
   - (그림을 제시하며) 자, 어떤 이야기였지?

4. 동화의 내용을 가지고 동극을 해본다.

5. 동극에 등장하는 등장인물의 배역을 정하고 동극을 시작한다.
   동극 진행이 어려우면 두꺼비(개구리) 역을 교사가 주인공이 되어 진행해본다.

참   고

· 동화를 듣고 극놀이의 전개가 어려울 때는 자연스럽게 유아 전체가 다함께 등장인물에 대한 표현해보는 활동으로 전개한다.
· 융판동화 등을 이용하여 여러번 들려주면서 동극활동과 연결한다.
· 동극에 사용할 단추를 유아가 직접 만들어 동극에 활용한다.
· 여러 모양과 크기, 색, 구멍의 단추를 수집하여 단추 분류하기 활동을 해본다.
· 옷에 달린 단추를 살펴보고 '단추 달린 옷/단추 없는 옷'을 입은 유아가 몇 명인지 조사한 다음 단추 달린 옷의 친구는 그 단추의 모양, 크기, 구멍수, 색을 알아보고 그림을 그린다.

· 단추 고안하기: 큰 종이를 옷 모양으로 오려 그 옷에 달 단추를 만들어본다.
· 새 이야기 만들기: 유아가 '잃어버렸던 물건'을 주제로 이야기를 꾸민다.

개구리와 두꺼비는 친구예요 : 잃어버린 단추

이야기/그림: Arnold Lobel 펴낸곳: Harper Collins Publishers. 1970.

두꺼비와 개구리가 산책을 나갔습니다.
둘이서 넓은 들판을 가로질러 산책을 했습니다.
그리고 숲을 산책했습니다.
마침내 두 친구는 두꺼비네 집에 도착했습니다.
"아유, 이걸 어떡하지? 윗옷의 단추 하나를 잃어버렸어.
다리도 아픈데." 두꺼비가 말했습니다.

"걱정하지 마. 우리가 산책했던 곳을 모두 가보자."
개구리와 두꺼비는 넓은 풀밭으로 다시 되돌아 갔습니다.
개구리와 두꺼비는 키가 큰 풀들 사이에서 단추를 찾기
시작했습니다.

"여기에 네 단추가 있다!" 개구리가 소리쳤습니다.
"그건 내 단추가 아니야"
"왜냐하면 그 단추는 검은색이잖아.
내 단추는 흰색이었어" 두꺼비가 말했습니다.
두꺼비는 그 검은 단추를 자기 주머니에 넣었습니다.

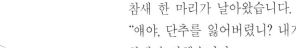

참새 한 마리가 날아왔습니다.
"얘야, 단추를 잃어버렸니? 내가 단추 하나를 찾았어."
참새가 말했습니다.
"그건 내 단추가 아니야. 왜냐하면 그 단추는 구멍이
두 개잖아. 내 단추는 구멍이 네 개야."
두꺼비가 말했습니다.
두꺼비는 구멍이 두 개인 단추를 자기 주머니에 넣었습니다.

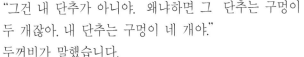

개구리와 두꺼비는 숲으로 돌아가 어두운 오솔길에서
단추를 찾았습니다.
"여기 네 단추가 있다!" 개구리가 소리쳤습니다.
"그건 내 단추가 아니야. 그 단추는 작은데 뭐.
내 단추는 큰 거야." 두꺼비가 소리쳤습니다.
두꺼비는 작은 단추를 자기 주머니에 넣었습니다.

오소리가 나무 뒤에서 나타났습니다.
"네가 단추를 찾고 있다는 소리를 들었어.
내가 지금 막 찾은 단추가 있어." 오소리가 말했습니다.
"그건 내 단추가 아니야. 그 단추는 사각형인걸.
내 단추는 동그란 모양이야." 두꺼비가 울부짖었습니다.
두꺼비는 사각형 단추를 자기 주머니에 넣었습니다.

개구리와 두꺼비는 강으로 돌아왔습니다.
둘이서 진흙 속에 있는 단추를 찾았습니다.
"여기 네 단추가 있다!" 개구리가 소리쳤습니다.
"그건 내 단추가 아니야. 그 단추는 얇은걸.
내 단추는 두꺼워." 두꺼비가 소리쳤습니다.

두꺼비는 얇은 단추를 자기 주머니에 넣었습니다.
두꺼비는 몹시 화가 났습니다.
두꺼비는 위·아래로 깡충깡충 뛰며 비명을 질렀습니다.
"세상에! 단추가 이렇게 많은데 내 단추는 없다니!"

두꺼비는 집으로 돌아와서 문을 쾅 하고 닫았습니다.
그런데 두꺼비는 바로 마루 위에 있는 하얗고,
구멍이 네 개고, 크고, 둥글고, 두꺼운 단추를 보았습니다.
"와, 여기에 있었구나. 그런데 내가 개구리한데 너무
심하게 했어." 두꺼비가 말했습니다.

두꺼비는 자기 주머니에서 주은 단추를 모두 꺼냈습니다.
두꺼비는 선반 위에서 바느질 상자를 가져왔습니다.

두꺼비는 자기 윗옷에 단추를 모두 달았습니다.

다음날, 두꺼비는 자기 윗옷을 개구리에게 주었습니다.
개구리는 윗옷이 아주 멋지다고 생각했습니다.
개구리는 두꺼비가 준 윗옷을 입고 기뻐서 깡충깡충
뛰었습니다. 그런데 어떤 단추도 떨어지지 않았습니다.
왜냐하면 두꺼비가 단추를 아주 튼튼하게 달았거든요!

출처: 이경우(1995). 수학교육을 위한 문학적 접근. 다음세대.

주제 봄

실시기간 : 4월 1주 ~ 4월 4주

▶ 전개방법

우리나라는 사계절의 변화가 뚜렷하며 계절의 변화는 사람들의 삶에 많은 영향을 미치고 있다. 「봄」은 사계절의 시작으로서 날씨가 따뜻해지고 그에 따라 사람의 생활과 동·식물의 변화가 많은 계절이다. 유아가 주변환경과 생활의 변화를 느끼면서 이에 적응할 수 있도록 하고 자연의 변화에 관심을 갖고 생활 속에서 관찰하면서 직접 경험할 수 있도록 이 주제를 선정하였다.

「봄」 주제에서는 우선 계절의 아름다움과 따뜻한 날씨를 느껴보고, 달라진 날씨에 따른 사람들의 생활변화에 관심을 갖도록 한다. 봄동산을 둘러보고, 나무와 꽃을 관찰하고, 씨앗을 뿌리고 물 주고 싹트는 과정을 관찰하면서 식물에 관심을 가지고 그 성장과정을 경험하도록 한다. 또한 봄이 되어 볼 수 있게 된 나비, 벌, 개미, 등의 곤충들에 대해서도 그 모습과 특징에 관심을 가지며 주변에서 볼 수 있는 곤충들을 직접 길러보면서 그 성장이나 변화 과정을 살펴본다.

가정에서는 부모와 함께 집 주변의 자연을 감상하고 관찰할 수 있는 기회를 갖도록 하고 지역사회의 동산, 들, 약수터 등의 주변 자연환경을 지속적으로 견학하는 활동을 해봄으로써 어린이집에서의 주제 전개와 경험을 확장하고 보다 체험적으로 심화할 수 있도록 돕는다.

▶▶ 환경구성

	쌓기놀이영역	역할놀이영역	미술영역	언어영역	수·과학영역	조작영역	음률영역
실 내	· 꽃, 나무, 벌, 나비등의 소품 · 단위 블록 · 벌, 개미, 나비 등 그림 자료	· 봄맞이 대청소용도구: (먼지떨이, 빗자루, 쓰레받기, 손걸레) · 꽃가게 놀이: (간판, 모형꽃, 꽃바구니, 물뿌리개, 오아시스) · 꽃 만들 재료: (화지, 꽃철사, 수수깡 모조지) · 밀가루반죽 · 도시락 · 김밥싸기용 검정 종이 · 날아다니는 것 (보자기, 고무밴드, 가면 모자, 음악)	· 색솜 · 철사 · 수수깡 · 휴지속대 · 빨대 · 티슈 · 꽃 철사 · 팝콘 · 스티로폼판 · 개나리 모루 도장 · 진달래 모루 도장 · 여러 가지 씨앗 · 식용색소 · 물풀 · 그림본 · 꽃종이 · 주름종이 · 휴지 · 비닐 · 야채 판화 · 요구르트병 · 뿅뿅이 · 이쑤시개 · 눈알 · 지점토	· 자연의 소리 녹음한 테이프 · 동시판: 「약속」 「나비가 어디 있니」 「따뜻한 봄이 되면」 · 여러 가지 꽃 이름 카드 · 글자돌림판 · 씨앗 탁구공 글자 맞추기 (병 뚜껑, 탁구공) · 카드게임: 봄에는 달라져요 · 장판글자: 봄 곤충 이름 봄 동산 퍼즐	· 날씨 시계 돌리기판 · 물, 흙, 젖은 솜 비교하기 · 날씨판 · 올챙이 관찰 일지 · 1~10까지 표시된 화병 · 부직포로 만든 꽃 55개 · 꽃꽂이 게임 (게임판, 꽃, 주사위 2개) · 「화전」 요리 순서표 · 꽃나비 삼목 게임 · 여러 가지 씨앗 · 잭과 콩 나무 게임판 · 나비의 변태 과정 사진 · 색지로 만든 개구리 · 「어느 꽃으로 갈까?」 게임판 · 개미 관찰 기록 일지 · 「꿀 모으기」 게임판 · 달팽이 모으기 게임	· 단추 끼우기 · 봄꽃 퍼즐 · 모양 알아 맞히기 · 주사위 게임 · 꽃길 따라가기 (그림판, 주사위) · 꽃 패턴 · 꽃 블록 · 그림자 도미노 (식물, 곤충) · 꽃 그림 글자 맞추기 · 나무 위로 기어가는 애벌레 (게임판, 말 3개, 그림카드) · 그림-글자 맞추기 · 바느질하기 (곤충, 벌레) · 삼목 게임 (벌, 개미)	· 노래: 「봄비」 「봄님」 「씨앗」 「봄이 왔어요」 「흰 나비의 눈물」 「봄의 소리」 · 손뼉치기와 오케스트라 음악테이프 · 꽃술 · 음악감상 테이프 비발디의 사계 중 「봄」 「숲 속의 봄」 「식물의 성장」 「왕벌의 여행」 · 큰북(작은북) · 콩 · 스카프 · 노래극: 「흰 나비의 눈물」
실 외	· 흙 따먹기 게임 막대 · 물총 · 고리 던지기 · 깡통 말		· 평균대 · 화분, 꽃삽, 씨앗, 흙 · 우리 집에 왜 왔니? · 개미집 만들기			· 페인트 붓 · 축구공, 축구 골대 · 체치기 자료	

주간보육계획안

소주제 : 봄의 날씨는 자주 변해요　　　　　　　　　**실시 기간 : 4월 1주**

		월	화	수	목	금	토
등원 및 맞이하기		입고 온 옷차림에 대하여 이야기하기					
실내자유선택활동	쌓기놀이영역	다양한 블록을 이용하여 놀이동산 꾸미기					
	역할놀이영역	봄맞이 대청소 놀이(먼지떨이, 쓸기, 닦기)			교실 대청소하기		
				봄나들이 가기			
	미술영역	색솜 그림		봄동산 꾸미기(철사, 휴지속대, 빨대, 수수깡) 1)			
			◎ 봄비 그리기			물감흘려 나타내기 2)	
	언어영역	봄에 들을 수 있는 소리 듣고 말하기					
				무엇일까요?(봄에 관련된 것)			
				동시:「약속」 3)			
	수 · 과학영역	날씨 시계 돌리기　　야채 싹틔우기					
				봄의 날씨판 만들기 4)		관찰: 올챙이 관찰	
	조작영역	단추 끼우기 5)		봄꽃 퍼즐		모양 알아맞히기	
	음률영역	노래:「봄비」　　◎「봄」					
			「봄비」노래에 맞춰 연주하기(기로, 방울)　　손뼉치기와 오케스트라				
대 · 소집단활동		이야기 나누기: 봄이 왔어요(날씨, 옷차림)					
			봄동산 나들이　　노래:「봄비」				
				게임: 징검다리 건너기 6)			
						◎ 게임: 개구리 뜀뛰기	
실외자유선택활동		날씨 시계 돌리기　　나무 관찰하기					
				봄동산 꾸미기(모래 놀이터)　　누워서 하늘 보기				
점심 및 낮잠		동화:「할머니의 물」「공작 나비」「민들레의 일생」					
기본생활습관		계절에 맞는 옷차림하기					

교육활동참고

1) 봄동산 꾸미기
 · 준비된 자료로 봄 동산에서 볼 수 있는 것들을 만들어(꽃, 나무, 새싹 등) 스티로폼 밑판에 꽂거나 붙여 봄동산을 꾸민다.

2) 물감흘려 나타내기
 ① 신문지를 깔고 도화지를 올려 놓는다.
 ② 도화지를 세운 후 도화지 윗부분에 붓으로 물감을 찍는다.
 ③ 물감을 흘러가게 하여 표현한다.

3) 약속

```
                약속
                      양오기
눈이 다
녹을 때
바람은 불자고 약속했지요

봄바람이
불어 올 때
꽃들은 피자고
약속했지요

꽃들이
필 때
나비들이 날자고
약속했지요
```

4) 봄의 날씨 판 만들기
 · 달력에 날씨를 표시하는 칸을 만들어주고 매일매일 날씨에 따라 표시를 한다.

5) 단추 끼우기
 ① 부직포를 같은 크기와 모양대로 2장씩 오린다(개나리, 진달래, 나비, 개구리).
 ② 같은 모양의 부직포에 1장은 단추를 달고, 다른 한 장에는 같은 위치에 단추 구멍을 만든다.

③ 모양의 가운데를 고정시켜 단추를 끼우기 쉽도록 한다.

④ 유아들이 활동에 익숙해지면 판 가운데에 박음질을 하지 않고 단추를 끼우도록 한다.

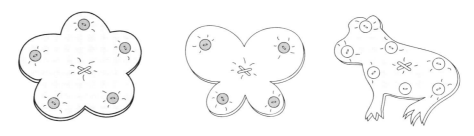

6) 징검다리 건너기

· 2명의 유아가 짝이 되어 한 명은 발판(징검다리)을 놓아주고, 나머지 한 명은 발판을 건너뛰어 반환점을 돌아온다. 징검다리는 우레탄 조각이나 미끄럽지 않은 재질을 이용한다.

주간보육계획안

소주제 : 꽃이 피었어요   실시 기간 : 4월 2주

		월	화	수	목	금	토
등원 및 맞이하기		등원하면서 본 꽃이름 이야기하기					
실내자유선택활동	쌓기놀이영역	꽃밭 만들기 1)			꽃가게 꾸미기		
	역할놀이영역	꽃에 물주기 놀이	꽃모양으로 발 만들기			◎ 꽃가게 놀이	
	미술영역	◎ 봄꽃 만들기	색종이로 꽃만들기		개나리 · 진달래 꾸미기(모루 도장 찍기) 2)		
	언어영역	여러 가지 꽃 이름 카드 3)		동화듣기:「진달래 꽃의 전설」		글자 돌림판(봄의 식물) 4)	
	수 · 과학영역	화병에 수대로 꽃 꽂기 5)	꽃꽂이 게임	꽃, 그림과 꽃씨 카드 맞추기	요리: 화전 6)	꽃, 나비 삼목게임 7)	
	조작영역	게임: 주사위 놀이 8)	꽃길 따라가기 9)	꽃 패턴			
	음률영역	노래:「봄님」 꽃씨 마라카스 연주		음악감상: 비발디의 사계 중「봄」		꽃술 체조	
대 · 소집단활동		이야기 나누기:봄에 피는 꽃 나무 심고 가꾸기(식목일)		음악 듣고 그림 그리기: 비발디의 사계 중「봄」			
		게임: 나무 심기 10)		꽃시장 견학하기 11)		노래:「봄이 오면」	
실외자유선택활동		우리 집에 왜 왔니?	◎ 꽃술 체조	주변 꽃 관찰하고 그림으로 표현하기	음악감상 : 비발디의 사계중「봄」	꽃밭에 물주기	
점심 및 낮잠		동화:「봄에 피는 꽃」 「꽃과 곤충」 「튤립의 비밀」					
기본생활습관		꽃, 새싹 밟지 않기					

교육활동참고

1) 꽃밭 만들기
   · 꽃 블록, 단위 블록과 미술영역에서 만든 다양한 봄꽃을 이용하여 꽃밭 꾸미기를 한다.

2) 개나리 · 진달래 꾸미기(모루도장 찍기)
   ① 꽃 모양 모루 도장을 종이에 찍은 후 오려낸다.
   ② 나뭇가지를 구해 교실 벽에 붙이거나 꽂아 놓고 그 위에 꽃잎을 붙여 꾸며준다.
   ③ 오려낸 꽃을 ②에 붙여 꾸민다.

3) 여러 가지 꽃 이름 카드
   · 앞면은 여러 가지 꽃 사진이나 그림(해바라기, 나팔꽃, 무궁화, 개나리, 진달래 등)을 그려주고, 뒷면엔 그 꽃의 이름을 써준다.
   · 카드 보고 이름 말하기, 글자 모양 보기로 활용한다.

4) 글자 돌림판(봄의 식물)
   · 돌림판의 화살을 돌려서 가리키는 곳의 글자를 읽고, 첫 글자가 같은 카드를 찾아본다.
   · 돌림판의 글자색과 카드의 첫 글자색을 일치하여 쉽게 찾을 수 있는 단서를 제공해 준다.

5) 화병에 수대로 꽃 꽂기
   · 나무 젓가락에 붙여진 꽃을 각 병에 쓰인 숫자대로 꽂아본다.

6) 화전
   ① 완성된 화전을 보여주며 옛날 사람들이 예쁜 꽃떡(화전)을 만들어 먹었던 경험을 이야기해준다.
   ② 준비된 재료들을 살펴보며 요리활동에 대해 소개한다.
   ③ 요리 순서표를 보면서 준비물과 만드는 방법에 대해 알아본다.
   ④ 찹쌀가루에 소금물을 넣고 반죽하여 찹쌀 반죽을 만든다.
   ⑤ 찹쌀반죽을 조금씩 떼어 동그랗게 빚는다.
   ⑥ 동그란 찹쌀반죽 위에 진달래 꽃을 놓고 누른다. 진달래 꽃을 구하기 힘들면 야채나 과일을 이용하여 꾸민다.

⑦ 프라이팬에 떡을 노릇하게 지져낸다.

⑧ 화전을 그릇에 예쁘게 담고 먹으면서 맛에 대해 이야기한다.

7) 꽃, 나비 삼목 게임

· 바둑의 오목 게임을 변형한 것으로, 꽃이나 나비 모양 말을 이용하여 세개를 나란히 먼저 놓으면 게임은 끝난다.

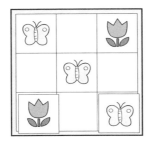 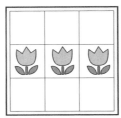 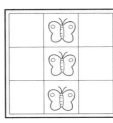 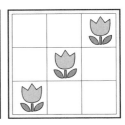

8) 주사위 놀이

· 주사위를 던져 나오는 숫자만큼 앞으로 나아가며, 말이 멈추는 자리에 화살표가 있으면 화살표 방향으로 한 칸씩 전진 또는 후퇴한다.

9) 꽃길 따라가기

· 각 칸마다 꽃(개나리, 진달래, 벚꽃, 민들레)으로 꾸며진 길에 주사위를 던져 나온 꽃과 같은 꽃이 있는 칸으로 말을 앞으로 옮긴다. 먼저 집으로 도착하면 게임이 끝난다.

10) 나무 심기

· 반환점을 산처럼 꾸민 스티로폼 2개를 준비한다. 출발선에서 장애물(종이벽돌)을 산까지 5개 놓아두고 S자형태로 통과하여 유아들이 만든 나무를 산 모양에 꽂고 돌아온다.

11) 꽃시장 견학하기

· 어린이집 근처의 화원이나 꽃시장을 견학하여 다양한 꽃과 나무를 관찰한다. 기를 수 있는 꽃이나 작은 나무를 유아들과 골라 구입하고 어린이집에서 길러본다.

주간보육계획안

소주제 : 싹이 났어요   실시 기간 : 4월 3주

		월	화	수	목	금	토
등원 및 맞이하기		등원하면서 씨앗 관찰한 것 이야기하기					
실내자유선택활동	쌓기놀이영역	단위 블록으로 봄동산 꾸미기(꽃, 나무, 벌, 나비 등 코팅자료 첨가) 꽃밭 만들기					
	역할놀이영역	꽃가게 놀이				꽃바구니 배달하기	
	미술영역	꽃바구니 만들기(모형꽃, 바구니, 오아시스 첨가) 색종이로 싹모양 접기 ◎ 색풀 그림 꽃목걸이 만들기					
	언어영역	◎ 동시: 「씨 하나가 땅에 묻히어」 「씨앗」 탁구공 글자 맞추기 [1] 카드게임: 봄에도 달라져요 [2]					
	수 · 과학영역	씨앗 관찰하기 씨앗과 씨앗이 아닌 것 분류하기 게임: 잭과 콩나무 [3] 야채 싹틔우기					
	조작영역	꽃가게 겹퍼즐 맞추기 그림자 도미노 놀이 꽃그림 글자 맞추기					
	음률영역	노래: 「씨앗」 「봄이 왔어요」 ◎ 신체표현: 큰북(작은북) 위의 콩 식물의 성장 [4]					
대 · 소집단활동		이야기 나누기: 싹이 났어요 노래: 「씨앗」 동시: 「씨 하나가 땅에 묻히어」 신체표현: 꽃씨 나무 표현하기 [5] 게임: 씨뿌리기 [6]					
실외자유선택활동		씨앗 심기 꽃씨에 물주기 모래놀이(채치기)				씨앗에 물주기 ◎ 흙따먹기 게임	
점심 및 낮잠		음악감상: 요한 스트라우스의 「봄의 왈츠」 동화: 「씨야씨야 퍼져라」 「비야 비야」 「싹내기」					
기본생활습관		실외놀이터 꽃밭의 열매, 나무, 꽃을 함부로 꺾지 않기 실외놀이터에서 놀고 온 후 손 깨끗이 씻기					

교육활동참고

1) 탁구공 글자 맞추기
   · 주스병 뚜껑에 적혀 있는 글자와 첫소리가 같은 글자가 쓰인 탁구공을 찾아 병뚜껑위에 올려놓는다.

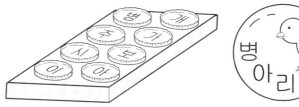  

2) 봄에도 달라져요
   〈활동자료〉 게임판 4개, 그림카드 8장 4세트
   ① 카드의 그림이 보이지 않도록 뒤집어 놓는다.
   ② 그림이 그려진 게임판을 나누어갖는다.
   ③ 순서대로 그림카드를 한 장 뒤집는다.
   ④ 봄 그림 카드를 짝이 되는 겨울 그림 위에 놓는다.
   ⑤ 판이 다 채워지면 게임이 끝난다.

〈 봄 그림 카드 〉　　　　　　　〈 겨울 그림 게임판 〉

3) 잭과 콩나무
   · 콩나무 위의 궁전으로 올라가는 게임으로 주사위를 던져 나온 수만큼 말을 이동하여 도착하면 게임이 끝난다.

4) 식물의 성장

   ① 꽃이 되는 과정의 그림카드(사진)를 유아에게 보여주며 노래의 내용을 이야기로 짧게
       들려준다.

   ② 음악을 들으며 노래말에 따라 카드를 보여준다.

   ③ 노래에 맞추어 자유롭게 신체 표현하게 한다.

식물의 성장

Hap Palmer곡 / 유애열 편역

아 주 작 은 - 씨앗 이 되 어 요
예 쁜 꽃 들이 피 - 어 있 어 요

캄 캄한 땅 속에 있 - 어 요 씨 앗 이 점점 자라 서
아 주- 많 - 이 피었어 요 개 나 리 진- 달- 래

싹 이 나 고 잎 이 나 - 고 키 크 고 꽃 피 어
목 - - 련 민 들 - - 레 무 궁 화 팬 - 지

벌 나 비 가 찾 아 와 요 벌 나 비 가
제 비 꽃 이 피 었 어 요

찾 아 와 요 벌 나 비 가 찾 아 와 요

5) 나무 표현하기
- 바깥에서 여러 가지 나무를 보고 나무의 모양에 대해 이야기 나눈 후 북소리를 조그맣게 내다가 "꽝" 하고 멈추면 자기가 나타내고 싶은 나무를 표현하면서 동작을 멈춘다.
- 감상하는 유아들은 신체표현한 나무의 특징을 이야기한다.
  (키가 큰 나무, 늙은 나무, 작은 나무, 꼬부라진 나무, 뻗어 가는 나무, 가는 나무, 잎이 많은 나무, 바람에 흔들리는 나무 등)

6) 씨뿌리기(팥주머니 이용)
  ① 2개의 편으로 유아들을 나눈다.
  ② 출발선과 반환점 사이의 바닥 3지점에 동그라미 표시를 해둔다.
  ③ 각 팀의 유아들이 각각 팥주머니 3개씩을 가지고 출발하여 바닥에 표시된 지점에 팥주머니를 놓는다.
  ④ 반환점을 돌아올 때, 팥주머니를 다시 거두어온다.

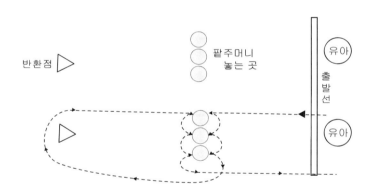

주간보육계획안

소주제 : 벌레들이 나와요   실시 기간 : 4월 4주

		월	화	수	목	금	토
등원 및 맞이하기		등원하면서 보았던 곤충 이야기하기					
실내자유선택활동	쌓기놀이영역	우레탄 블록, 속이 빈 블록으로 탈것 만들기				곤충집 만들기	
	역할놀이영역	소풍가기 음식 만들기(밀가루점토를 이용한 김밥 만들기) 날아다니는 것 표현하기 (보자기, 고무밴드, 가면모자, 음악)					
	미술영역	데칼코마니 개미 나라 꾸미기 나비 만들기(꽃종이, 주름종이, 휴지이용) 1)			폐품 이용하여 곤충 만들기 손지문 도장으로 애벌레 구성하기		
	언어영역	막대 동화:「흰 나비의 눈물」 동시:「나비가 어디있니」「내가 만약 ～라면」 2) 장판 글자(봄 곤충 이름) 곤충과 이름 짝짓기					
	수·과학영역	곤충 표본 관찰하기 개구리(색지) 멀리뛰기 3) ◎ 어느 꽃으로 갈까? 실험: 개미집 짓기					
	조작영역	나무 위로 기어가는 애벌레 4) 그림·글자 맞추기 바느질하기(곤충,벌레)					
	음률영역	노래:「흰 나비의 눈물」 「나비야」 노래극:「흰 나비의 눈물」 신체표현: 꽃씨 음악에 맞추어 나비 표현하기(스카프, 나비 날개옷 이용)					
대·소집단활동		동시:「나비가 어디 있니」 곤충 비디오 보기 게임: 나비처럼 날기 5) 막대 동화:「흰 나비의 눈물」 노래극:「흰 나비의 눈물」 5세반 공연 관람하기 그림동화:「넌 누구니」「호랑나비의 변태」					
실외자유선택활동		실외놀이장에서 볼 수 있는 벌레 관찰하기 신체표현: 나비·벌·개미처럼 움직여보기 깡통말 평균대 걷기 고리 던지기					
점심 및 낮잠		동화:「마이크로 코스모스(비디오 테이프)」「꼬꼬 아줌마네 꽃밭」「벌레들아 도와줘」					
기본생활습관		꽃 꺾지 않기 나무 위에 올라가지 않기					

교육활동참고

1) 나비(벌) 만들기
- 색종이 비닐봉투에 작은 색종이 조각을 넣고 가운데를 오므리거나, 주름 있는 종이를 이용하여 나비를 만든다.
- 플라스틱 빈병에 빵끈으로 눈·더듬이·침 등을 달아 벌도 만들 수 있다.
- 완성한 것은 천장에 매달아 모빌의 효과를 낸다.

2) 내가 만약 ~ 라면
- 켄트지에 유아가 원하는 그림을 크게 그리고 그림을 머리, 팔, 다리, 얼굴, 다리를 집어넣을 수 있도록 자른다.
- 그림 뒤에서 팔, 다리, 얼굴을 내밀고 이야기하게 한다.

3) 멀리뛰기
- 색지로 개구리를 접어 손톱 끝으로 개구리를 튕겨 누가 더 멀리 갔는지 비교해 본다.
- 「개구리」 노래를 들려주면서 활동할 수 있다.

4) 나무 위로 기어가는 애벌레
- 나무 그림이 그려진 게임판과 말을 각각 나누어 갖는다. 그림카드(예: 알이 나오면- 한 칸, 애벌레-두 칸, 번데기-제자리, 나비-세 칸)를 섞어서 엎어놓은 후 한 장씩 뒤집어 나온 그림을 보고 정한 규칙에 따라 말을 나무 밑에서 위로 옮긴다.

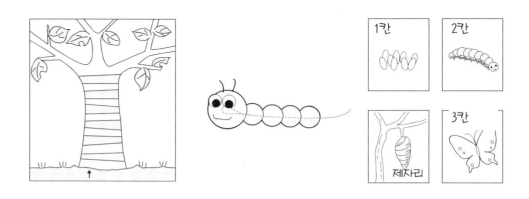

5) 나비처럼 날기
 · 작은 카펫을 꽃밭이라 생각하고, 원하는 유아들이 봄꽃머리띠를 한 후 봄꽃이 되어 작은
   카펫 위에 앉는다.
 · 교사가 트라이앵글을 치면 머리띠(또는 날개를 달고)를 한 다른 유아들이 나비처럼 날아
   가 꽃밭 주위를 한 바퀴 돈 후 자리에 와 앉는다.

실내자유선택활동
미술영역

봄비 그리기

4월 1주

활동목표	· 비오는 날의 아름다움을 느껴본다. · 다양한 도구를 이용한 표현방법을 경험한다.
집단크기	소집단
활동자료	다양한 크기의 종이와 붓, 사인펜, 물감, 신문지

활동방법	1. 비오는 날 우산을 쓰고 어린이집 마당을 돌아보거나 창 밖을 보며 비오는 모습에 대해 이야기를 나눈다.
	  – 비가 올 때와 오지 않을 때의 어린이집 마당의 모습이 어떻게 다르니?
	  – 비가 어떤 모양으로 내리니?
	  – 빗소리가 어떻게 들리니?
	  – 창문에 떨어지는 비의 모양은 어떠니?
	  – 웅덩이에 떨어지는 비의 모양은 어떠니?
	
	2. 봄비를 다양한 방법으로 표현할 수 있도록 격려한다.
	  – 비가 내리는 모습을 어떻게 나타낼 수 있을까? (몸으로, 소리로, 그림으로)
	  – 비가 내리는 모습을 그림으로는 어떻게 나타낼 수 있을까?
	  – 어떤 도구를 이용하여 표현할 수 있을까?
	   (물감을 붓에 묻혀 도화지 위에 흐르게 한다, 사인펜으로 비를 그린 후 물을 묻혀 번지게 한다.)
	  – 물감을 붓에 묻혀 찍어 그려보자,
	  – 사인펜 그림 위에 물 묻힌 붓으로 칠해보자,
	
	3. 비를 표현한 그림이 마른 후에 유아들이 크레파스로 자유롭게 비와 관련된 그림을 그려 본다.
	  – 비와 관련해 생각나는 것은 무엇이 있니?
	  – 생각나는 것들을 이 종이 위에 그려볼 수 있겠니?
	
	4. 완성된 그림을 감상하며 이야기를 나눈다.
	  – 이 그림은 어떤 느낌이 드니?

참 고
- 물감을 붓에 묻혀 도화지 위에 흐르게 할 때 물감 양을 적절하게 조절한다.
- 물감이나 물그림이 마르기까지 시간이 걸리므로 하루나 이틀 동안 시간을 두고 연속적으로 활동한다.
- 사인펜으로 그림을 그린 후 종이에 분무기로 물을 뿌리는 방법으로 비오는 표현을 할 수도 있다.

실내자유선택활동
음률영역

봄

4월 1주

활동목표	·봄의 소리에 관심을 가진다. ·봄과 관련된 노래를 불러보고 즐긴다.
집단크기	소집단
활동자료	자연의 소리를 녹음한 테이프, 녹음기, 악보

활동방법	1. 봄동산을 돌아보고 난 후 자연의 소리가 녹음된 것을 들어보며 이야기 나눈다.
	    – 봄동산에 갔을 때 무엇을 보았니?
	    – 이것은 무슨 소리일까?
	
	2. 봄의 소리와 관련된 노래를 소개한다.
	    – 우리가 보고 느꼈던 것을 노래로 불러보자.
	
	3. 노래말을 자연스럽게 반복하여 들려주고 노래를 불러 들려준다.
	
	4. 다함께 노래 전체를 다양한 방법으로 반복하여 부른다.
	    – 이쪽 편에 앉은 친구들이 불러보고 나머지는 잘 들어보자.
	    – 다함께 불러보자.

참 고	·노래말에 그림과 글자를 섞어 소개시켜준다.

봄

김진영 작사/작곡

들   어   요   봄 의 소리 를
보   세   요   봄 의 모습 을
맡   아   요   봄 의 향기 를
느   껴   요   봄 의 바람 을

지 저 귀 는 새   소   리 들어보 세   요
움 - 트 는 가   지   를 바라보 세   요
돋 아 나 는 풀   냄   새 맡아보 세   요
눈 을 감 고 팔   벌   려 느껴보 세   요

대·소집단활동
게임

개구리 뜀뛰기

4월 1주

활동목표	· 개구리의 움직임을 표현해본다. · 신체의 힘을 조절한다. · 규칙을 지키며 게임을 한다.
집단크기	대집단
활동자료	미술영역에서 만든 개구리 머리띠 4개, 고무밴드로 손목 위에 꾸밀 수 있도록 만든 개구리, 물갈퀴 모양, 연잎 6개, 신호 악기(호루라기), 연꽃 목적물 2개, 점수용 개구리 30개(색종이접기), 바구니 2개, 먹이과자
활동방법	1. 연잎을 양쪽에 3개씩 바닥에 붙여 고정하고, 연꽃 목적물을 출발선 반대쪽에 놓아 준비한다. 　- 바닥의 연잎과 연꽃을 보니 무엇이 생각나니? 　- 개구리가 어떻게 연잎 위에서 뛸까? 2. 게임의 방법에 대해 이야기한다. 　- 지금부터 너희들은 개구리가 되고, 이곳은 연못이야. 　- 개구리가 연못을 어떻게 지나갈 수 있을까? 　- 연잎을 뛰어 연꽃을 돌아서 오는거야. 　- 연꽃에 가면 맛있는 개구리 먹이가 있단다. 먹이를 먹고 다시 연잎을 뛰어 돌아오면 된단다. 3. 2개 편으로 나누어 앉는다. 4. 게임을 할 때 지켜야 할 규칙을 유아들과 함께 정한다. 　- 출발선에서 신호 듣고 출발하기 　- 연잎을 개구리처럼 뛰어서 연꽃까지 가기 　- 출발선까지 돌아오기 　- 게임하는 친구들에게 응원하기

5. 시범을 보여주고 게임을 한다.

　– 규칙을 지키면서 게임을 했니?

　– 개구리처럼 뛰면서 했니?

　– 먼저 들어온 친구가 개구리 한 마리를 바구니에 넣어보자.

6. 게임에 대해 평가한다.

　– 규칙을 잘 지키며 했니? 어느 편 바구니에 개구리가 많이 들어있는지 함께 세어보자.

　– 응원하는 친구들의 모습은 어땠니?

　– 개구리 뜀뛰기 게임을 하니 어떤 점이 재미있었니?

　– 힘들었던 점은 무엇이니?

참　고　• 연잎의 숫자를 추가하거나 바닥에 배치를 다르게 변형하여 할 수 있다.

실내자유선택활동
역할놀이영역

꽃가게 놀이

| 활동목표 | ・꽃을 사고 파는 과정을 경험한다.
・꽃가게 놀이를 즐긴다. |

집단크기 중・소집단

활동자료 말린 꽃, 조화, 유아들이 만든 꽃, 화분, 계산기, 상자, 용기, 물뿌리개, 분무기, 금전 등록기, 돈, 지갑 등
- 다양한 종류의 꽃 그림과 이름이 있는 화보를 벽면에 게시한다.

활동방법

1. 꽃가게에 현장학습을 다녀온 후 경험을 회상하며 이야기 나눈다.
   - 어떤 꽃들이 있었니?
   - 누가 있었니?
   - 꽃가게에서 무엇을 보았니?

2. 꽃가게 놀이를 제안하고 놀이에 필요한 물건과 소품을 알아본다.
   이야기하는 것을 적어 표로 만들어 활동을 계획할 수 있도록 도와준다.
   - 꽃가게 놀이를 하려면 어떤 것이 있어야 할까?
   - 우리가 준비할 수 있는 것은 무엇이 있을까?
     (가게간판, 조화, 물 뿌리개, 분무기, 포장지, 계산기, 장갑, 리본, 돈 등)
   - 꽃과 화분은 무엇으로 할까?(미술영역에서 만든 꽃을 이용한다.)
   - 가게 이름을 무엇으로 할까?

3. 꽃가게 놀이에 필요한 물건과 소품을 준비해주고 필요한 것은 유아들과 함께 준비한다.

4. 역할에 대하여 이야기 나누고 역할을 분담한다.
   - 꽃가게 놀이에 어떤 사람이 있어야 할까?(주인, 손님, 배달원)
   - 주인은 어떤 일을 할까?
     (손님에게 공손히 대하기, 친절하게 설명하기, 꽃 전시하기, 꽃 포장하기, 계산하기, 정리하기)
   - 손님은 어떻게 할까?
     (인사하기, 둘러보기, 꽃을 함부로 만지지 않기, 궁금한 것 물어보기)

5. 역할 분담을 한 후 자유롭게 활동한다. 유아들이 서툴다면 교사가 꽃가게 주인이 되어
   놀이가 활기차게 진행될 수 있도록 돕는다.
   - 누가 주인(손님)이 되어 보겠니?
   - 친구생일 축하하러 가야 돼요. 그래서 꽃을 사러 왔어요.
   - 빨간 장미꽃을 예쁘게 포장해 주세요.

6. 활동 후 놀이에 대해 평가 해본다.
   - 어떤 꽃들을 많이 팔았니?
   - 손님은 많이 왔었니?
   - 힘든 점은 없었니? 어떤 것이 좋았니?

참   고   · 꽃가게 이름을 함께 지어 간판을 게시할 수 있다.
          · 자유선택활동 시간에 자유롭게 놀이가 유지되도록 자료를 지속적으로 제공해준다.

실내자유선택활동
미술영역

봄꽃 만들기

4월 2주

활동목표 ·창의적인 표현 능력을 기른다.
·여러 가지 재료와 형태를 탐색한다.

집단크기 소집단

활동자료 크리넥스(색휴지)1/4크기, 다양한 길이의 꽃꽂이용 철사(다양한 길이로), 물풀, 작은 화분 여러 개, 나뭇가지 꽂을 스티로폼, 사탕포장지, 털실, 미농지, 색종이, 팝콘, 색휴지, 리본 테이프, 봄에 피는 꽃의 사진자료 또는 실물(개나리, 진달래, 벚꽃)

활동방법 1. 실외놀이장이나 동네에 핀 꽃들을 관찰하고 봄에 피는 꽃에 관하여 이야기한다.
   - 어린이집에 올 때 거리에서 어떤 꽃을 보았니?
   - 어린이집에는 어떤 꽃들이 피어 있니?

2. 여러 가지 재료들을 이용하여 봄꽃을 만들어본다.
   - 무엇으로 꽃을 만들 수 있을까? 어떤 재료들을 준비해볼까?
     (개나리꽃, 벚꽃: 색종이로 오리기 / 리본 테이프로 묶기 / 진달래꽃: 휴지로 접어서 만들기)
   - 여기에 준비된 다양한 재료들을 이용하여 봄의 꽃을 꾸며보자.
   - 노랑 리본테이프를 이용하여 어떤 꽃을 꾸며볼 수 있을까?
   - 분홍색 미농지나 휴지를 접어서 가지에 붙이니까 분홍진달래가 되었네.
   - 나뭇가지에 팝콘을 붙여보자. 다함께 열심히 붙였구나. 정말 벚꽃처럼 되었네.

3. 만든 꽃나무는 화분이나 항아리를 이용하여 자연스럽게 꽂아 전시한다.

4. 완성된 꽃나무를 감상하고 그 느낌을 말로 표현해본다.
   - 너희들이 만든 꽃나무를 보니 어떠니?
   - 처음과 어떻게 달라졌니?
   - 이 꽃나무를 어떻게 하면 좋을까?

실외자유선택활동

꽃술 체조

활동목표	·음악에 맞추어 창의적으로 움직인다. ·신체 각 부분의 운동 능력을 기른다.
집단크기	대·소집단
활동자료	한지로 만든 꽃술, 녹음기, 경쾌한 음악 테이프(군대행진곡 또는 사계의 봄), 음률 테이프 〈홍용희 외 (1998). 유아를 위한 동작교육의 이론과 실제. 다음세대. 음률활동 Tape, 수건 놀이 활용〉
활동방법	1. 꽃수술을 제시하여 관심을 갖는 유아들이 마음껏 흔들어보고 움직여보면서 탐색하도록 한다. 　- 꽃술을 만져보니 어떤 느낌이 드니? 　- 꽃술을 위로 던져보자. 꽃술 모양이 어떻게 되었니? 2. 교사는 적절한 지시를 통해 유아들이 다양한 동작을 하도록 자극한다. 　- 머리 위에서 흔들어 보자, 옆에서 흔들어보자, 앞에서 흔들어보자, 몸 뒤에서 흔들어보자, 　- 뛰면서 해볼까? 걸으면서 흔들어보자, 　- 몸을 크게 움직이면서 흔들어보자, 　- 부드럽게 흔들어보자(물결처럼), 씩씩하게 움직이면서 흔들어보자(군인처럼), 　　회오리 바람을 만난 것처럼 빙빙 돌려보자, 3. 경쾌한 음악, 조용한 음악 등 다양한 음악을 바꾸어 들려주며 음악에 맞추어 꽃술을 가지고 창의적으로 움직여보도록 한다. 　- 씨앗에서 싹이 트는 모습을 표현할 수 있겠니? 　- 꽃이 피는 모습은 어떻게 표현할 수 있을까? 　- 나무가 되어 볼까? 바람이 불어 흔들리는 나뭇잎처럼 움직여보자,
참　　고	·꽃, 곤충, 동물에 관한 영상물을 본 후 꽃술을 가지고 다양하고 창의적으로 움직여본다. ·꽃술을 여러 개 제공하여 1~3명이 함께 꽃술을 흔들 때와 여러 명이 함께 흔들 때의 분위기를 감상해 볼 수 있다. ·꽃술의 색을 다양하게 제시하여 색에 대한 심미감을 느껴볼 수 있도록 한다.

색풀 그림

4월 3주

활동목표
· 풀의 특성을 느껴본다.
· 풀의 양을 조절하는 경험을 통해 소근육 발달을 돕는다.

집단크기 개별 · 소집단

활동자료 색풀, 다양한 모양과 크기의 종이(봄꽃 모양, 올챙이, 개구리, 풀 등의 프린트물), 4절지 정도 크기의 마분지

활동방법
1. 플라스틱 시럽 약병에 식용색소 가루를 넣고 물풀을 부어 색풀을 만든다.
   – 물풀에 색소를 넣으면 어떻게 될까?
   – 색소를 넣어 흔들어보자, 어떻게 되었니?

2. 색풀을 내주고 유아가 자유롭게 탐색해보도록 한다.
   – 풀을 칠하면 어떤 색이 나올 것 같니?
   – 종이 위에 색풀을 마음껏 그려보자,

3. 원하는 그림의 모양종이(봄꽃, 개구리, 나비, 풀 등)를 오려서 마분지에 붙이고 색풀을 이용하여 색칠해 봄동산을 꾸며본다.
   – 네가 원하는 모양종이에 물풀 그림을 그려서 봄동산을 꾸며보자,
   – 어떤 모양종이로 꾸미고 싶니? 오려서 색칠해 보자,

4. 유아가 꾸민 작품을 격려하고 느낌을 이야기해본다.
   – 너희들이 만든 봄동산을 보니 어떠니?
   – 봄동산에 어떤 것들이 있니?
   – 색풀로 그려보니 느낌이 어땠니?

참고
· 색이 분명하게 나타날 수 있도록 색풀을 진하게 탄다.
· 풀이 말랐을 때 종이가 울지 않도록 모양종이의 재질을 도톰한 것으로 준비한다.
· 풀이 거의 말랐을 경우 두꺼운 책으로 눌러 주어도 좋다.
· 유아가 그림을 그린 후에 색풀로 색칠해 볼 수 있다.
· 색풀을 이용한 데칼코마니 활동을 할 수 있다.

실내자유선택활동
언어영역

씨 하나가 땅에 묻히어

4월 3주

활동목표 · 동시를 다양한 방법으로 감상해본다.
· 심미감을 증진시킨다.

집단크기 대·소집단

활동자료 동시판, 융판자료(땅, 씨앗, 꽃밭, 아이), 꽃막대, 나팔꽃, 봉숭아, 채송화

씨 하나가 땅에 묻히어

씨 하나가 땅에 묻히어
나팔꽃을 피우고
씨 하나가 땅에 묻히어
봉숭아꽃을 피우고
씨 하나가 땅에 묻히어
채송화꽃을 피우고
씨 하나가 땅에 묻히어
아름다운 꽃밭을 꾸며주고
씨 하나가 땅에 묻히어
내 마음을 부드럽게 해주고

활동방법 1. 씨앗에서 싹이 자라는 모습을 관찰한 후 씨앗의 성장과정에 대해 이야기를 나눈다.

- 씨앗은 어디에 뿌릴까?

- 싹이 났구나, 싹은 어떤 모양이니?

- 어떤 모습으로 자랐니?

- 어떤 꽃이 필 것 같니?

2. 교사가 유아에게 동시를 들려준다.

- 씨가 꽃이 되는 동시를 한번 읽어보자.

3. 융판자료를 이용하여 다시 한 번 들려준다.

4. 동시 판에 반복되는 구절을 찾아본다.

5. 교사를 따라서 반복되는 구절(씨 하나가 땅에 묻히어)을 유아가 읊어본다.

6. 교사가 융판 자료를 붙일 때 유아가 천천히 동시를 읽어본다.
   - 선생님이 그림을 융판에 붙일테니 동시를 읊어보자,
   - 동시를 읽어보니 어디가 제일 마음에 드니?

참 고
· 수 · 과학 영역에 씨앗을 내주어 실물을 관찰해본다.
· 실외놀이에서 직접 씨앗을 뿌리고 물을 주어 가꾸어본다.
· 자유선택활동시 개별활동이나 소집단활동으로 실행한 후 대집단활동으로 확장한다.

실내자유선택활동
음률영역

큰북(작은북) 위의 콩

4월 3주

활동목표	·큰북과 작은북의 진동을 콩의 움직임을 통해 관찰한다.
	·콩의 움직임을 신체를 통해 표현해본다.
집단크기	소집단
활동자료	큰북, 큰북의 채, 작은북, 작은북의 채, 다양한 크기와 색깔의 콩(완두콩, 검정콩, 흰콩), 씨앗, 색테이프
활동방법	1. 바닥에 색테이프를 이용해 유아 4~6명이 들어갈 큰 동그라미 1개, 1~2명이 들어갈 작은 동그라미 2~4개를 큰 북과 작은 북 모양으로 붙인다.

2. 유아들과 함께 큰북 또는 작은북의 소리를 여러 번 들어본다.
   - 소리를 들으니 어떤 생각이 나니?
   - 두개의 소리가 어떻게 다르니?

3. 큰북(작은북) 위에 콩(예: 완두콩)을 올려놓고 북채로 쳐 콩의 움직임을 관찰한 후 이야기를 나눈다.
   - 콩이 어떻게 되었니?
   - 녀의 손을 북 위에 올려놓아 보자, 북을 쳐볼게, 느낌이 어떠니?
   - 선생님이 북을 빠르게 치면 콩은 어떻게 움직일까?
   - 선생님이 북을 조용히 긁으면 콩은 어떻게 될까?

4. 다른 크기의 콩(예: 검정콩 등)과 씨앗을 올려놓고 이미 있던 콩과 함께 움직임을 관찰하고 콩의 움직임에 대해 이야기 나눈다.
   - 선생님이 북을 세게 치면 콩은 어떻게 될까?
   - 이제 북을 빠르게 칠텐데 콩이 어떻게 움직이는지 보자,

5. 북소리에 다른 콩의 움직임을 잘 살펴 본 후 유아가 콩이 되어 움직여본다.

    – ○○가 콩이 되어 큰북 위에 올라가보자.

      (유아가 큰 동그라미 안으로 들어간다.)

    – 친구들은 북소리를 잘 듣고 네가 콩이 된 것처럼 움직여 보자.

6. 교사가 다양한 형태(느리게, 빠르게, 약하게, 세게)로 북을 두드려 유아들의 다양한 표현을 유도한다.

참　　고

- 유아가 큰북 또는 작은북을 선택하여 북을 치도록 하고, 콩이 된 유아들은 바닥의 동그라미 북 안에 들어가 움직임을 표현한다. 동그라미 밖의 다른 유아들은 북치는 사람을 따라 북치는 흉내를 낼 수 있다.
- 실외의 바닥에 마스킹테이프로 동그라미를 그리고 활동을 하면 유아들이 넓고 자유롭게 움직일 수 있다.

실외자유선택활동

흙따먹기 게임

4월 3주

활동목표	· 모래를 탐색한다. · 소근육의 발달 및 조절 능력을 키운다.
집단크기	소집단
활동자료	나무(빨대, 나무젓가락, 아이스크림 막대 등)
활동방법	1. 모래놀이장에서 모래를 충분히 탐색한다. 　－ 손으로 모래를 만져보니 느낌이 어떠니? 　　손가락 사이로 모래가 흘러내리게 해 보자. 2. 모래로 산을 만들어 유아들이 만든 나무를 심는다. 　－ 모래를 높이 쌓아 보자. 모래 산이 되었네. 누구의 산이 더 높을까? 　－ 산에 나무를 심어보자. 3. 모래 산에 나무심기 놀이를 하면서 '흙 따먹기 게임'의 규칙을 이야기나눈다. 　－ 2명이 모래 산 하나를 가운데 두고 앉아 차례를 정한다. 　－ 모래를 두 손으로 감싸며 나무가 쓰러지지 않도록 걷어낸다. 　－ 모래를 걷어낼 때 나무가 쓰러지면 게임에 진다. 4. 모래에 물을 뿌린 후 젖은 모래를 충분히 탐색하고 흙 따먹기 게임을 계속한다. 　－ 모래에 물을 뿌리면 어떻게 될까? 　－ 젖은 모래로 흙따먹기를 해보니 마른 모래와 어떻게 다르니? 　－ 누가 나무를 쓰러뜨리지 않고 오래 있을 수 있었니?

실내자유선택활동
수 · 과학영역

어느 꽃으로 갈까?

4월 4주

활동목표	· 사물을 셋까지 세고 숫자와 연결한다. · 위치와 관련된 어휘(왼쪽, 오른쪽)를 이해한다.
집단크기	개별
활동자료	놀이판 1개(제목 글씨), 말 10개(여유분 5개), 돌림판 1개(돌림판 바늘 1개), 놀이 규칙표

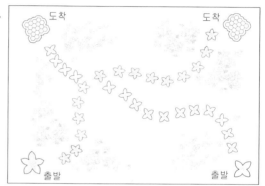

활동방법 1. 놀이판의 그림을 보며 이야기한다.

    - 봄이 되자 숲 속에 아름다운 꽃들이 피어나고 동물들과 벌레들은 향긋한 꽃향기를 따라 숲 속에 모였단다.

    - 이 놀이판에는 어떤 꽃들이 피었을까? (진달래, 개나리, 은방울 꽃, 민들레 등)

    - 벌이 왜 꽃을 찾아서 날아다닐까?

    - 꿀을 모으기 위해 어느 꽃으로 갈까?

  2. 유아에게 놀이규칙을 소개한다.

    - 개나리꽃, 진달래꽃을 정하고 벌 1마리를 출발에 놓는다.

    - 순서를 정한다.

    - 돌림판을 돌려 나온 수만큼 자기 쪽 꽃으로 움직인다.

    - 자기 쪽 꽃에 도착한 벌을 벌집에 붙인다.

    - 10마리 벌이 양편 벌집에 모두 도착하면 놀이가 끝난다.

참   고 · 벌의 수를 조절하여 활동에 필요한 시간을 조절할 수도 있다.

    - 꽃으로 날아갈 벌을 몇 마리로 할까? 정한 수만큼 붙여보자.

주제 · 나와 가족

실시기간 : 5월 1주 ~ 5월 5주

▶▶ 전개방법

「나와 가족」 주제는 유아가 자신에 대해 관심을 갖고 스스로 자신을 독특한 존재로 인식하여 긍정적인 자아개념을 형성할 수 있도록 해준다. 또한 태어나서 가장 먼저 접하게 되는 가족의 역할과 책임에 대해 인식하고 가족간에 서로 사랑하고 화목하게 지내는 방법을 익힐 수 있는 경험을 제공하고자 선정하였다.

유아는 자신에 대해 많은 관심과 호기심을 갖고 있으며 자신에 대한 자아 정체감은 유아의 감정과 행동에 많은 영향을 준다. 따라서 「나」 주제에서는 신체 각 기관의 명칭 및 기능에 대해 알아보고 오감각을 이용하여 사물을 탐색해보며 자신의 느낌이나 기분을 표현해보면서 자신이 좋아하는 것, 다른 사람과 구별되는 나만의 독특함을 이해하고 긍정적 자아를 형성하도록 돕는다.

「가족」 주제에서는 유아들이 실제 경험하고 있는 가족 생활을 기초로 가족 구성원의 다양성과 역할, 가족 간의 관계를 다루어보면서 가족의 소중함을 느껴본다. 또한 다양한 가족 형태를 다루어 보면서 나와 다른 가족의 공통점과 차이점을 알아보도록 한다.

「나와 가족」 주제는 유아의 생활을 중심으로 전개되므로 소주제에 따라 어릴 때의 사진, 출생 시의 기록자료 등의 필요한 자료를 가져오거나 부모와 함께 토의하고 참고 자료를 찾아보는 활동 등 가정과의 협력을 통해 더욱 실제적인 활동을 중심으로 진행할 수 있다.

▶ 환경구성

	쌓기놀이영역	역할놀이영역	미술영역	언어영역	수·과학영역	조작영역	음률영역
실내	· 몸 구성하기 밑그림판 · 결혼식장 화보 · 집설계도 · 가족인형 및 소품 · 다양한 종류의 집 모형 · 단위 블록 · 종이벽돌 블록 · 다양한 종류의 사람 모형	· 가족인형 · 우유병 · 포대기 · 기저귀 · 모형 케이크 · 앞치마 · 넥타이 · 구두 · 밀가루 반죽 · 모양찍기틀 · 밀대 · 플라스틱 칼 · 드레스 · 면사포 · 부케 · 사진기 · 융단길 · 양복 · 다 쓴 화장품통	· 전지 · 사람 그림본 · 할핀 · 아세테이트지 · 압설자 · 손가락인형 견본(손가락에 끼울 종이 조각 자른 것, 인형 그릴 종이) · 은박접시 · 수수깡 · 솜 공 · 스탬프 · 인형 만들 막대 · 다양한 크기의 상자	· 신체 부분 그림 글씨카드 · 자기 이름 쓰기 종이 · 신체 각 부분 그림 수수께끼 카드 · 손가락 가족 인형 · 표정놀이 · 수수께끼상자 · 수수께끼카드 · 글자 먹는 인형통 (가족 인형통, 물건이름카드) · 친구들 전화번호부 책 · 나의 책 만들기 · 녹음기 · 성씨 패턴 카드 · 이름카드	· 재기도구 (자, 끈, 블록) · 키재기 · x-ray사진 · 촉각상자 · 친구 얼굴 알아맞히기 (부분과 전체 카드) · 여러 유형의 친구 패턴 · 성장 사진 자료(아기때· 아동·청년· 성년·노인 사진) · 냄새맡기 실험 · 눈가리개 · 과일류 · 향료 · 사탕류 · 얼굴 만들기 게임 · 성장 도미노 카드 · 가족 수 그래프 · 작은종이 · 사인펜 · 여러종류의 집화보	· 신체 퍼즐 · 얼굴 자석 놀이 · 감정 그림 모으기 게임 · 느낌이 달라요 (퍼즐판, 돌림판) · 몸그림 맞추기(남,여) · 색마카로니로 목걸이 만들기 · 성긴망에 바느질하기 · 가족 구성원의 모습 변화 순서대로 놓기 · 가족얼굴 표정카드 연결하기 · 카드집짓기 · 집 꾸미기	· 노래: 「우리 모두 다 같이」 「미소」 「딱 하나 있죠」 「나처럼 해봐요」 「우리 엄마」 「어른 되면」 「내가 커서」 · 신체를 이용한 풍선놀이 · 풍선 · 풍선채
실외	· 평균대 · 긴 줄 · 모래놀이 도구 - 체, 여러 크기의 플라스틱그릇, 숟가락, 삽		· 터널 · 비누방울 놀이도구 - 여러 가지 모양 막대				

주간보육계획안

소주제 : 나는 특별해요   **실시 기간 : 5월 1주**

		월	화	수	목	금	토
등원 및 맞이하기		유아들의 용모에 관심 표현하기					
실내자유선택활동	**쌓기놀이영역**	단위 블록으로 케이크 만들기 생일 축하하기					
	역할놀이영역	◎ 생일 축하 놀이 거울 보고 나 꾸미기					
	미술영역	거울 보고 내 모습 그리기 (동그라미 도화지 제시)	지문 찍어 그리기 그림 화보, 잡지 이용하여 나 표현하기				
	언어영역	동시: 「벌써 나 혼자 했어요」[1] ◎ 기쁨 나무	기분놀이판		상상해 보세요[2]		
	수 · 과학영역	친구 얼굴 알아맞히기[3]	나의 성장 사진 전시하기 냄새맡기[4]		맛보기		
	조작영역	감정 그림 모으기 게임 느낌이 달라요	맞혀보세요 패그보드놀이				
	음률영역	노래: 「멋쟁이」[5] 「내 얼굴」[6] 내가 만든 악기로 연주해보기					
대 · 소집단활동		이야기 나누기: 나는 특별해요 (나만의 모습, 태어난 날, 나의 얼굴) (나는 ~을)자랑해요 동화: 「나의 비밀」					
실외자유선택활동		함께 원 그려보기 엉덩이로 밀기 꼬마야 꼬마야					
점심 및 낮잠		동화: 「기쁜 마음 슬픈 마음」 「내 생각은 요술쟁이」					
기본생활습관		내 물건 아껴 쓰고 보관하기					

교육활동참고

1) 벌써 나혼자 했어요

> 벌써 나혼자 했어요
>
> 똘이야 세수하자
> 벌써 나혼자 씻었어요
>
> 똘이야 옷입자
> 벌써 나 혼자 입었어요
>
> 똘이야 신발신자
> 벌써 나혼자 신었어요
> 나도 이제 ○살인걸요

2) 상상해 보세요
   - 자신의 몸이 원하는 대로 바뀐다면 무엇이 되고 싶은지, 왜 그렇게 변하고 싶은지 이야기 나눈다.
     - 내가 크레파스라면 - 내가 (덤프)트럭이라면 - 내가 텔레비전이라면
     - 내가 주사바늘이라면 - 내가 빵이라면

내가 키다리라면...

내가 개구리라면...

내가 풍선이라면...

내가 주전자라면...

3) 친구 얼굴 알아맞히기
   ① 한 명이 친구 사진을 까꿍판에 숨긴다.
   ② 다른 친구에게 한 부분씩 차례로 열어보인다.
   ③ 상대편 유아는 어떤 친구인지 알아맞힌다.

4) 냄새맡기
   ① 필름통 뚜껑 위에 구멍을 여러 개 뚫은 후 레몬, 양파, 식초, 초콜릿, 계피, 향수, 알콜, 커피 등을 넣는다.
   ② 유아들에게 눈가리개를 하게 한 후 냄새통의 냄새를 맡아보게 하거나 냄새를 변별하게 한다.
   ③ 유아가 냄새를 변별하는 능력이 발달되고 흥미가 지속됨에 따라 냄새통을 첨가하거나 바꿔준다.
   ④ 냄새통에 있는 냄새에 해당되는 물체의 그림을 준비하여 냄새와 그림을 짝지어본다.

5) 멋쟁이
   〈김성균 (1996). 김성균 동요집. 제 2집. 국민서관. p.44〉

6) 내 얼굴

내 얼굴

이진호 요 / 정혜옥 곡

할 머 - 니는   날   보고   예   쁜 이 래   요
울 아 - 빠는   날   보고   미   인 이 래   요

울 언 - 니는   날   보고   깍   쟁 이 래   요
울 엄 - 마는   날   보고   밉   상 이 래   요

누 구 말 이   맞   는 지   거   울 을 보   면
누 구 말 이   맞   는 지   거   울 을 보   면

언 니 - 말 이   거   짓 말   금   방 - 알 아   요
엄 마 - 말 이   거   짓 말   금   방 - 알 아   요

주간보육계획안

소주제 : 내 몸을 살펴보아요   실시 기간 : 5월 2주

		월	화	수	목	금	토
등원 및 맞이하기		몸의 건강 상태 시진하면서 맞이하기					
실내자유선택활동	**쌓기놀이영역**	단위 블록으로 몸 구성하기 내 키만큼 쌓아요 카프라로 우리 몸 속의 뼈대 꾸미기					
	역할놀이영역	신체검사놀이(몸무게, 키, 가슴둘레, 머리둘레 등) X-RAY 촬영소 놀이					
	미술영역	큰 종이에 나의 몸 전체 그리기 지문 찍어 구성하기 1) 손·발 페인팅 ◎ 과자로 얼굴 꾸미기 찰흙으로 구성하기					
	언어영역	신체 각 부분 그림 수수께끼 카드 2) 신체 부분 명칭써보기 동시:「눈눈눈」3) 「말랑말랑 딱딱」 내 몸에 뼈가 없다면					
	수·과학영역	전신거울에 비친 나의 몸 관찰하기 ◎ 키재기 그래프 그리기 ◎ 몇 개일까요? x-ray관찰하기 패그보드놀이 뼈 관찰하기(소뼈, 닭뼈, 생선뼈 등) 촉각비밀상자 4)					
	조작영역	신체퍼즐(옷 입은 것, 몸 속 그림) 얼굴 자석놀이(얼굴 꾸미기) 5) 뼈 맞추기 게임					

	음률영역	노래:「머리, 어깨, 무릎, 발」「○○은 어디있나. 요기~」
		                    「내 몸」6) 「만지기만 하고서」7)
		신체표현: 우리 모두 다같이(신체를 이용한 여러 가지 소리내기)
		                    손유희: 통통통 고무줄놀이					

대·소집단활동		이야기나누기: 우리 몸이 하는 일 나의 얼굴 우리 몸의 뼈 관찰하기
		                              우리 몸에는 뼈가 필요해요
		          그림자놀이: 나의몸 OHP필름에 비춰보기 신체표현: 가까이 멀리
		미술: 철사로 뼈대 만들기 게임: 몸을 꼬아보세요 8)					

실외자유선택활동		그림자는 흉내쟁이 균형잡고 평균대 걷기 잡기놀이 ◎ 몸으로 재보기 모래 위에 우리 몸의 뼈 그려보기 터널 빠져 나가기					
점심 및 낮잠		동화:「웅덩이에 비친 내 얼굴」「더러운 일남이」「멸치와 오징어」					
기본생활습관		손과 발을 깨끗이 하기(손톱, 발톱 청결)					

교육활동참고

1) 지문 찍어 구성하기
    ① 손을 관찰해보고 지문에 대해 이야기 나눈다.
    ② 돋보기로 지문의 모양을 관찰한다.
    ③ 각 손가락에 인주(색스탬프)를 묻혀서 종이에 지문을 찍고 지문을 관찰한다.
    ④ 지문을 여러 개 찍어 자유롭게 구성해본다.

2) 신체 각 부분 그림 수수께끼 카드
    ① 술래는 유아가 신체 각 부분의 그림카드 중 1개를 고른다.
    ② 술래는 그 카드를 혼자 보면서, 그 신체 부위에 대한 수수께끼를 낸다.
    ③ 상대편 유아는 설명을 듣고 어떤 부위인지 알아맞힌다.

3) 눈눈눈

눈눈눈	
눈 눈 눈	책을 보고요
코 코 코	냄새 맡고요
입 입 입	노래 부르고
머리 머리 머리	생각하지요

4) 촉각비밀상자
    ① 속이 들여다 보이지않는 상자 속에 손만 넣어 촉각으로 안에 들어 있는 사물을 맞힌다.
    ② 손 대신 발을 넣어 발의 느낌으로 안에 들어 있는 사물을 맞힐 수도 있다.

5) 얼굴 자석놀이
    ① 자석판, 자석, 그림자료(얼굴 모양, 머리 모양, 얼굴 부위의 다양한 모습, 얼굴에 필요한 소품)를 준비한다.
    ② 각 얼굴 부분의 여러 모양을 관찰해본다.
    ③ 자석판 위에 원하는 얼굴 모양을 선택한다.
    ④ 얼굴에 어울리는 얼굴 부분을 놓아본다.
    ⑤ 완성된 얼굴의 특징이나 표정에 대해 이야기해본다.

6) 내 몸

내 몸

김옥련 작사/현사 작곡

7) 만지기만 하고서

만지기만 하고서

8) 몸을 꼬아보세요

〈홍용희 외(1998). 유아를 위한 동작교육의 이론과 실제. 다음세대. p.132~133 참조〉

① 여러 가지 색과 지시문이 있는 동작판을 만든다.

② 동작판을 돌려 가리킨 곳의 지시 내용 대로 신체부분을 바닥판에 대어 보면서 도착지점까지 간다.

주간보육계획안

소주제 : 나와 우리 가족이 좋아하는 것이 있어요   실시 기간 : 5월 3주

		월	화	수	목	금	토
등원 및 맞이하기		유아들이 입고 온 옷에 대해 이야기 나누기					
실내자유선택활동	쌓기놀이영역	단위 블록으로 내가 가고 싶은 곳 만들기					
	역할놀이영역	엄마, 아빠 소꿉놀이 손님 초대놀이		내가 좋아하는 음식 만들기(밀가루 반죽)		음식 백화점(주문배달)	
	미술영역	내가 좋아하는 것들 그리기(OHP 이용) 1)			ʻ나ʼ 그림 그려 막대인형 만들기		
	언어영역	나의 책 만들기(사진, 손·발 그림, 좋아하는 것, 되고 싶은 것) 표정놀이 2) 내가 좋아하는 물건 수수께끼 ◎ 내가 좋아하는 과자					
	수·과학영역	얼굴 만들기 게임(눈, 코, 입 세 부분 조립) 3) 요리: 식빵 얼굴 꾸미기					
	조작영역	색마카로니로 목걸이 만들기 4) 성긴 망에 바느질하기 5)					
	음률영역	노래: 「누구일까요」 「나처럼 해봐요」 「내가 좋아하는 노래 부르기」 「누구 목소리」 신체를 이용한 풍선놀이					
대·소집단활동		이야기 나누기: 내가 좋아하는 것들(장난감, 그림책) 소개하기 나와 우리 가족이 좋아하는 것들(OHP 이용) 게임: 입모양 판에 팥주머니 던지기					
실외자유선택활동		비누방울놀이 정자와 나무 그늘에서 나의 책 소개하기 신체표현: 둘이 살짝 6) 손가락 풀물감 놀이 7)					
점심 및 낮잠		동화: 「내 그림자」 「내가 할 수 있는 것들」					
기본생활습관		음식 골고루 먹기					

교육활동참고

1) 내가 좋아하는 것들 그리기
   · 코팅지에 그린 후 이야기 나누기 시간에 OHP자료로 활용한다.

2) 표정놀이
   ① 분유깡통에 얼굴의 형태만 꾸며준다.
   ② 여러 가지 표정을 나타낼 수 있도록 여러종류의 눈, 코, 입 조각(코팅하여 뒷면에 자석을 붙임)을 준비해준다.
   ③ 분유통에 여러 조각들을 붙여서 다양한 표정(화난 표정, 우는 표정, 웃는 표정, 놀란 표정 등)을 만들어보고 말로 표현해본다.

3) 얼굴 만들기 게임
   · 얼굴카드 10개를 유아가 나눠가진 후, 눈(20장), 코(10장), 입(10장) 카드(총 40장)를 뒤집어 자신의 얼굴카드와 같은 것을 가져가서 얼굴을 만든다.
   · 얼굴카드의 모든 부분을 찾으면 게임이 끝난다. 단, 얼굴카드의 그림은 모두 다르게 한다.

4) 색마카로니로 목걸이 만들기
   · 준비된 마카로니를 손으로 만져 충분히 탐색한 후 낚싯줄을 이용하여 원하는 대로 목걸이나 팔찌 등을 만든다.
   ① 분홍, 주황, 연두, 하늘색 등 고운 빛깔의 염색 물감을 진하게 탄다.
   ② 염색 물감에 마카로니를 넣어 5~10분 동안 담가둔다.
   ③ 염색이 곱게 안 되는 경우는 비닐장갑을 끼고 살살 비빈다.
   ④ 염색 물감이 묻은 마카로니를 신문지에 펼쳐 그늘에서 하루 정도 말린다.
   ⑤ 다 마른 색마카로니를 색깔별로 투명그릇에 담아놓는다.

5) 성긴 망에 바느질하기
   ① 15×20cm정도의 성긴망 조각, 돗바늘, 색털실, 사인펜을 준비한다.
   ② 특정한 모양없이 유아가 원하는 대로 바느질을 해보도록 한다.
   ③ 바느질에 익숙해지면 사인펜으로 표시를 하고 바느질을 해보도록 한다.
   ④ 성긴망 외에 비닐, 부직포, 코팅지를 이용한 다양한 재질의 본을 이용하여 바느질해 보고, 그 느낌의 차이를 경험하고 비교하도록 한다.

6) 둘이 살짝

둘이 살짝

외국곡 / 박경문 요

둘 이 살 짝 손 잡 고 오른 쪽 으로 돌 아 요

둘 이 살 짝 손 잡 고 왼 쪽 으로 돌 아 요

내 무릎 치 고 네 어깨 치 고 내 손뼉 치 고 네 손뼉 치 고

내 무릎 치 고 네 어깨 치 고 내 손뼉 치 고 네 손뼉 치 고

7) 손가락 풀물감 놀이

① 실외 미술영역에 자료를 준비하고, 관심을 보이는 유아들과 활동을 준비한다.

② 활동하기 편하도록 옷소매를 걷어 주고, 유아용 앞치마를 입게 한다.

③ 책상 위에 종이를 놓아주고, 풀물감을 종이 위에 놓아준다.

④ 다양한 손놀림(손가락, 주먹, 손바닥, 손톱 등)으로 여러 가지 무늬를 만들어 보도록 격려한다.

⑤ 머리빗, 나무젓가락, 자동차 바퀴(블록소품)등 무늬가 찍힐 수 있는 다양한 소품을 추가해주어 다양한 무늬를 표현하고 풀물감놀이를 즐길 수 있도록 돕는다.

⑥ 무늬가 완성되면, 유아들의 왕래가 적은 곳 중 그늘에서 말린다.

주간보육계획안

소주제 : 우리 가족은 소중해요 Ⅰ(가족)　　　　　　　　　　**실시 기간 : 5월 4주**

		월	화	수	목	금	토
등원 및 맞이하기		함께 등원한 가족 얘기하기					
실내자유선택활동	쌓기놀이영역	우리 집 만들기			결혼식장 만들기		
	역할놀이영역	가족 사진 전시 ◎ 결혼식놀이(결혼식 녹화 테이프, 결혼 앨범 보기)				엄마, 아빠 놀이하기	
	미술영역	가족사진 액자 만들기 1)		결혼식 초대장 만들기		◎ 사랑의 쿠폰 만들기	
	언어영역	손가락 인형으로 가족놀이		카드먹는 인형통(가족 인형통과 물건카드) 2)			
	수 · 과학영역	가족수 그래프 3)		성장 도미노 카드(아기~할아버지)			
	조작영역	가족 구성원의 모습 변화		순서대로 놓기 ◎ 쥐의 결혼 가족 얼굴		표정카드 연결하기	
	음률영역	노래:「엄마」　「사랑」 손유희: 새들의 결혼식			음악감상: 춤추는 장화		
대 · 소집단활동		이야기나누기: 우리 가족은 누구? 가족 구성원의 역할 원판동화:「쥐의 결혼」 4) 노래:「새들의 결혼식」 5)					
실외자유선택활동		손가락인형 가족 놀이 노래:「한 시골 농가에」 모래놀이(생일 케이크 만들기, 생일잔치)					
점심 및 낮잠		동화:「혼자 집을 보았어요」「어머니 사랑은 하늘 같아요」「철이는 아빠, 영희는 엄마」					
기본생활습관		아빠, 엄마께 감사하는 마음 갖기(예절)					

교육활동참고

1) 가족사진 액자 만들기
   · 가족의 얼굴을 그려서 종이접시, 상자 등 다양한 재활용 재료를 이용하여 액자를 꾸민다.

2) 카드먹는 인형통
   · 가족이 표시된 통에 각 사람이 쓰는 물건 카드를 찾아서 읽어보고 넣는다.

3) 가족수 그래프
   · 작은 종이에 복사된 여러 가족들의 얼굴 중 자기 가족을 골라 색칠하여 그래프에 수대로 붙인다.

4) 쥐의 결혼 〈한국어린이육영회(1995). 전래동화를 이용한 쉬운책 VI-1.〉

쥐의 결혼

옛날 옛날에 들쥐 가족이 살았습니다. 들쥐 딸은 아주 예뻤습니다.
"우리 딸을 위해 세상에서 제일 힘이 세고 훌륭한 사윗감을 고릅시다."
"그럽시다."
"아! 해님은 온 세상을 비추지. 그러니 세상에서 제일 힘이 셀거야."
"해님, 우리 사위가 되어주세요"
"아니에요. 구름이 나보다 힘이 세지요. 구름은 나를 가릴수 있으니까요"
"구름님, 우리 사위가 되어주세요."
"아니에요. 바람이 나보다 더 힘이 세지요. 바람은 나를 날려 보낼 수 있으니까요."
"바람님, 우리 사위가 되어주세요."
"아니에요. 미륵부처가 나보다 더 힘이 세지요. 미륵부처는 나를 막아낼 수 있으니까요."
"미륵부처님, 우리 사위가 되어주세요."
"아니예요. 쥐들이 나보다 더 힘이 세지요. 쥐들은 나를 쓰러뜨릴 수 있으니까요."
"아하, 이제 보니 우리 쥐들이 제일 힘이 세구나."
그래서 들쥐 딸은 잘생기고 힘센 총각 쥐와 결혼하여 행복하게 살았답니다.

---

5) 새들의 결혼식

① 「새들의 결혼식」 노래를 충분히 익힌다.

② 전체가 둥글게 앉아 노래를 부르며 "디디랄라…"부분에 손뼉이나 발로 리듬을 친다.

③ 1절은 다함께 부르고, 2절은 선생님이 부른다.

2절은 '딱따구리 신랑 입장, 종달새 신부 입장'에 유아들의 이름을 넣어 '○○○신랑 입장, ○○○신부입장'이라고 선생님이 불러주며 '디디랄라라' 부분은 다함께 손뼉치며 부른다.

④ 다시 1절은 다함께 부르고, 2절에 이름이 불려진 유아들은 가운데로 나와 '디디랄라라…' 부분에 팔짱 끼고 한 손은 위로 반짝거리며 제자리에서 한바퀴 돌고 다시 제자리로 돌아간다.

⑤ 나머지 유아들도 같은 방법으로 반복하며 신랑·신부를 짝지어준다.

새들의 결혼식

1. 저 푸른 숲에 새들 모여 결혼 식을 한대요 디 디
2. 저 딱 따 구 리 신랑 입장 종달 새 신 부 입장 디 디

라 라 라디디 라 라 라 디 디 라 라 라라라라 랄 랄 라
라 라 라디디 라 라 라 디 디 라 라 라라라라 랄 랄 라

주간보육계획안

소주제 : 우리 가족은 소중해요 II (집)　　　　　　　　　　　실시 기간 : 5월 5주

		월	화	수	목	금	토
등원 및 맞이하기		어제 가족과 함께 지낸 일 이야기하기					
실내자유선택활동	쌓기놀이영역	우리 집 꾸미기 ◎ 설계도대로 집짓기		다양한 블록으로 집 꾸미기 종이벽돌 블록		레고 부엌놀이 종이원통 블록으로 집짓기	
	역할놀이영역	가족 역할 놀이(앞치마, 넥타이, 구두, 핸드백 등)			가족인형놀이		
	미술영역	주말 지낸 그림 그리기, 여러 크기의 상자로 우리 집 꾸미기		주방기구 악기 꾸미기	신문지 인형 만들기 가족막대인형 만들기		
	언어영역	그림집		우리집 전화번호부 만들기	행복한 우리집 1) 주방기구로 소리 만들기		
	수ㆍ과학영역	내가 살고 있는 집의 종류 그래프			부엌에서 나는 소리 2)		
	조작영역		카드 집짓기		집 꾸미기 3)		
	음률영역	노래:「엄마 좋아, 아빠 좋아」　「우리집」			◎ 주방 음악회		
대ㆍ소집단활동		◎ 동시:「우리 엄마」　　　◎ 노래:「우리집」 　　이야기나누기: 살기좋은 집이 생기기까지(집의 필요성)				게임: 집 짓고 돌아오기	
실외자유선택활동		우리 집에 왜 왔니? 　　　　모래로 두꺼비집 만들기　　　공 던지고 받기					
점심 및 낮잠		융판 동화:「집을 팝니다」　　　살기 좋은 집이 생기기까지 4) 　　　테이블 동화: 우리집 가족회의					
기본생활습관		웃어른께 존대말 쓰기					

교육활동참고

1) 행복한 우리집

  〈활동자료〉게임판(27×39cm), 카드(6×6cm) 30장, 말 2개

  ① 게임을 원하는 유아끼리 순서를 정하고 말을 1개씩 갖는다.

  ② 카드를 모아 그림이나 글자가 보이지 않도록 엎어놓는다.

  ③ 순서대로 쌓아놓은 카드를 한 장씩 뒤집어, 카드에 나온 그림이나 글자를 이야기 한 후 써 있는 숫자대로 말을 옮긴다.

  ④ 먼저 집에 도착하는 유아가 이긴다.

  · 게임 규칙을 유아들과 의논하여 바꿀 수도 있다.

2) 부엌에서 나는 소리

  · 유아와 함께 부엌으로 가서 여러 가지 기구들의 소리를 들어보거나 집에서 듣고 오도록 한다.

    - 칼·도마 소리
    - 믹서 돌아가는 소리
    - 숟가락 부딪치는 소리
    - 마늘 찧는 소리
    - 설거지하는 소리
    - 냉장고 문 여닫는 소리

3) 집 꾸미기

  · 집의 내부 설계도를 나타내는 판에 적절한 가재도구 그림 조각을 알맞은 위치에 배치한다.

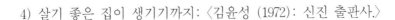

4) 살기 좋은 집이 생기기까지: 〈김윤성 (1972): 신진 출판사.〉

실내자유선택활동
역할놀이영역

생일 축하 놀이

활동목표	· 자신의 경험을 극놀이로 표상해본다. · 다른 사람에 대해 관심을 가진다.
집단크기	소집단
활동자료	모형 케이크, 케이크 상자와 밑판, 소꿉 그릇, 모형 과일 등

〈모형케이크〉
① 큰 스티로폼을 둥글게 자른다.
② 자른 스티로폼을 부직포로 싼다.
③ 부직포 둘레를 케이크처럼 레이스, 리본, 단추, 솜, 공 등으로 장식한다.
④ 스티로폼 위에 구멍을 뚫고 다 쓴 색연필대를 끼워 초로 사용한다.

활동방법	1. 5월에 생일을 맞은 유아의 생일축하 행사가 끝난 뒤 역할놀이영역에 모형 케이크와 다 쓴 색연필대로 만든 초를 제시해주고 놀이영역에 교사가 들어간다. 　- 와! 맛있는 케이크가 있네! 　- 오늘은 누구의 생일이니? 2. 생일축하에 참여한 유아들과 생일 축하시 필요한 소품을 알아본다. 　- 생일잔치를 하려면 무엇이 더 필요할까? 　- 생일선물과 카드는 어느 곳에서 만들면 좋을까? 　- 왕관도 만들어보자.

3. 생일을 맞은 친구, 축하할 사람들, 축하할 방법 들을 의논한 후 각자 자신의 역할을 맡는다.

4. 생일 축하상이 차려지고, 생일 선물을 준비한 친구들이 모이면 축하 모임 놀이를 한다.
   - 왕관은 누가 씌워줄래?
   - ○○는 예쁜 카드를 준비했구나?
   - 누가 케이크를 나누어줄까?

참　　고
· 준비된 모형케이크 대신 밀가루 반죽과 수수깡을 이용하여 즉석에서 유아들이 원하는 케이크를 만들어도 좋다.
· 유아들 각자가 자신이 경험한 내용을 이야기하며 주장할 때 교사는 서로의 의견을 조정해주며 놀이가 원활히 진행되도록 자료 제공, 공간 마련, 역할개입 등의 역할을 맡는다.

실내자유선택활동
언어영역

기쁨 나무

5월 1주

활동목표 ·자신이 느껴본 기쁨의 경험을 언어로 표현해본다.

집단크기 개별·소집단

활동자료 유아의 키높이로 교사가 제작한 입체나무, 4B연필, 얼굴표정카드(20×15cm) 20장정도

- 기쁨, 슬픔, 놀라움, 무서움 등 다양한 정서를 포함하고 있는 그림책을 본다.

활동방법 1. 교사는 자신이 어렸을 때 기쁨을 느꼈던 순간을 회상해 유아들에게 이야기해주고 웃
    는 얼굴 카드 뒷면에 교사의 이름을 적어 기쁨 나무에 매달아 본다.
    - 선생님은 일곱살 때 처음으로 집에 친구들을 많이 초대해 생일잔치를 했단다.
      친구들이 내 생일을 축하해 주고 선물도 주고 엄마가 맛있는 음식을 만들어주셨을 때
      굉장히 기뻤단다.
    - 선생님은 그때를 생각하면서 기쁨 카드를 나무에 매달고 싶어.

2. 유아들이 자신이 기쁨을 느꼈던 경험에 대해 말해본다.
    - 너희들도 기뻤을 때가 있었지?
    - 언제 기뻤니?
    - 너희를 기쁘게 해주는 사람은 누구니?

　　　　　- 기쁠 때는 어떻게 하니?

　　　　　- 엄마(아빠, 친구)를 기쁘게 해줄 수 있는 방법이 있을까?

3. 유아는 자신의 경험을 말한 후 웃는 얼굴 카드 뒷면에 자신의 이름을 적고 그림 등으로 꾸며보고, 교사는 유아가 말한 내용을 적어 나무에 매달아본다.

　　　　　- 자, ○○는 이런 기쁜 일이 있었구나, 기쁨 나무에 기쁨을 하나 매달아보자,

　　　　　- 기쁨나무를 보니 너희들에겐 기쁜 일이 많았구나,

　　　　　- 선생님도 더욱 기뻐지는 것 같구나,

참　　고　　· 유아가 글자를 못 쓰는 경우에는 교사가 써주거나, 유아가 자신을 나타내는 작은 그림이나 표시를 해서 매달 수 있다.

　　　　　· 웃는 얼굴카드 외에 다양한 표정카드를 이용해 느낌과 표정, 그리고 경험을 연결지어 말해본다.

　　　　　· 표정카드를 매달아 '슬픔나무', '무서움나무' 등도 꾸며본다.

실내자유선택활동
미술영역

과자로 얼굴 꾸미기

활동목표   · 다양한 모양의 과자를 이용해 여러 가지 표정의 얼굴을 꾸며본다.
　　　　　　· 창의적인 표현력을 기른다.

집단크기   소집단

활동자료   뻥튀기 과자, 물엿, 여러 가지 모양의 과자(초코볼, 라면, 스넥류, 크래커 등), 티스푼

활동방법   1. 여러 가지 과자들의 색깔과 모양을 탐색해본다.
　　　　　　　　- 와! 과자들이 많이 있네.
　　　　　　　　- 색깔과 모양이 모두 다르구나.
　　　　　　　　- 이 과자들로 무얼 하면 좋을까?

　　　　　　　2. 얼굴 꾸미기 활동을 제안하고 물엿의 쓰임새에 대해 이야기 나눈다.
　　　　　　　　- 여기 과자를 떨어지지 않게 붙이려면 무엇이 필요할까?
　　　　　　　　- 먹을 수 있는 것 중에 풀처럼 끈적거리는 것이 있단다. 이 물엿으로 과자를 붙여보자.

　　　　　　　3. 큰 쟁반에 과자를 종류별로 담아 제시해주고 자유롭게 얼굴을 꾸며본다.

　　　　　　　4. 작업이 모두 끝난 후 모빌로 달아주거나 테이블에 전시해주고 서로 감상해본다.

실내자유선택활동
수·과학영역

키재기 그래프 그리기

5월 2주

활동목표 ·키를 재어보고, 비교함으로써 간단한 측정의 개념을 이해한다.
·비교한 결과를 그래프로 나타내보고 그래프의 용도를 알아본다.

집단크기 소집단

활동자료 종이벽돌 블록, 블록 모양으로 자른 색종이, 그래프 용지

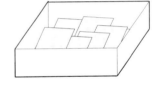

활동방법 1. 과학영역에 키재기 그래프 용지를 붙여주고, 관심을 갖는 유아와 상호작용한다.
 - 키재기 놀이를 해볼까? 우리 반 친구들의 키를 표시해 보는 건 어떨까?
 - 그럼, 무엇으로 키를 잴까?
 - 블록으로는 어떻게 잴 수 있을까?
 - 자기 키만큼 쌓아서, 몇 개가 되는지 알아보자.
 - 그래, 좋은 생각이구나. 우리 반 친구들의 키가 얼마나 되는지 한눈에 비교하기 좋도록 선생님이 표를 만들어 왔어.
 - 너희들이 키재기 놀이에서 이걸 어떻게 이용할 수 있을까?
 - 먼저 키를 재보고 그 표에 자기 이름이 쓰인 칸에, 자기 키의 블록 수만큼 붙여보자.

2. 쌓기놀이영역의 종이벽돌 블록을 이용하여 친구의 키만큼 블록을 쌓아본다.

3. 쌓은 블록의 높이를 자기 키와 비교해본다.
   - 블록 옆에 서보자.
   - 너의 키와 블록의 높이를 비교해보자.

4. 친구의 키만큼 쌓은 블록과 자기의 키만큼 쌓은 블록을 비교해 본다.
   - 친구가 쌓은 블록과 네가 쌓은 블록의 높이는 어떠니?
   - 어느 블록이 더 높니?
   - ○○의 키만큼 쌓는데 블록이 몇 개 필요했니?

5. 유아들이 키재기 놀이하는 주변 벽면에 그래프를 붙여주어 스스로 표시할 수 있게 한다.

6. 그래프가 완성된 후 누가 키가 제일 큰지, 누구 키는 누구보다 몇 개 많은지, 적은지 (간단한 덧셈, 뺄셈 개념) 그래프를 보면서 이야기를 나눈다.

참　고　・리본을 이용하여 키를 잰 후 벽면에 그래프로 제시하여 서로 비교해볼 수 있다.

몇 개일까요?

활동목표	· 우리몸 주요부분의 이름을 안다.
	· 신체부위의 수에 관심을 가진다.

5월 2주

집단크기 소집단

활동자료 돌림판, 그림자료

〈돌림판〉

① 하드보드지(지름20cm)로 원판을 만들고 4등분하여 선을 만든다.

② 등분된 곳에 '1, 2, 10, 많아요' 라고 표시한다.

③ 화살표를 만들어 중심에 끼운다.

〈그림카드〉

① 하드보드지(5×5cm)를 16장 준비한다.

② 각 카드에 다음과 같은 신체 부위의 그림을 그리고 해당되는 글자를 쓴다.

· 신체 부위 중 1개인 것-머리, 코, 목, 입 등

· 신체 부위 중 2개인 것-팔, 다리, 무릎, 어깨 등

· 신체 부위 중 10개인 것-손가락, 발가락, 손톱, 발톱 등

· 신체 부위 중 10개 이상인 것-머리카락, 이, 팔의 털 등

활동방법

1. 우리 몸의 신체 부위를 찾아 모두 몇 개인지 세어가며 이야기해본다.
   - 손은 몇 개일까? 손가락은 몇 개일까?
   - 머리카락은 몇 개일까?
   - 우리몸 중 2개인 곳은 어디가 있을까?

2. 돌림판과 그림카드를 이용해 할 수 있는 놀이방법을 생각해본다.
   - 카드에는 어떤 그림이 있니?
   - 돌림판에는 무엇이 쓰여 있니?
   - 어떻게 놀이할 수 있을까?

3. 게임을 진행한다.
   - 순서를 정한다.
   - 돌림판의 화살표를 돌려 화살이 멈춘 곳의 숫자를 읽는다.
   - 그 수와 일치하는 그림카드를 찾아서 가져간다.
   - 유아들끼리 순서를 정한 후 게임판을 돌려 흥미가 지속될 때까지 진행한다.

4. 그림카드를 가져간 것을 다시 제시하며 무엇이 몇 개씩 있는지 다시 말해본다.
   - ○○야, 네가 가진 카드들을 우리 다함께 살펴보자.
   - 그래, 눈그림카드를 가졌구나. 눈은 몇 개니?
   - 또, 두 개씩 있는 그림카드는 무엇이 있니?

5. 그림카드를 다시 다 내놓고 게임을 반복한다.

참　　고

· 그림카드만 살펴보면서 같은 개수의 신체 부위끼리 분류해 볼 수 있다.

몸으로 재보기

활동목표   · 다양한 방법으로 사물을 측정하는 경험을 한다.

5월 2주

집단크기   소집단

활동자료   그래프

활동방법   1. 실외놀이장에서 각각 떨어져 있는 사물의 위치를 살펴보고, 어떤 것이 제일 멀리 있고, 어떤 것이 가까이 있는지 알아본다.

2. 그 사물들의 거리를 잴 수 있는 다양한 방법에 대해 의논한다.
  - 여기에 있는 거리는 무엇으로 잴 수 있을까?
  - 자가 없다면 뭘로 잴 수 있을까? 생각해보자.

3. 우리 몸을 이용할 수 있는 방법을 알아보고 실제로 재본다.
  - 나무에서 미끄럼틀까지 몇 걸음이 되나?
  - 발자국으로 재면 몇 걸음일까?
  - 손으로 재면 몇 뼘이나 될까?

4. 그래프를 만들어 여러 가지 측정방법을 비교해 본다.

참 고   · 단위를 사용했을 때 10이상이 넘지 않도록 측정 거리를 고려한다.

실내자유선택활동
언어영역

내가 좋아하는 과자

5월 3주

활동목표	· 주변의 글자에 관심을 가진다. · 자신이 좋아하는 것에 대해 말할 수 있다.

집단크기 | 소집단

활동자료 | 게임판, 주사위, 말 2개, 과자봉투를 이용한 그림글자카드, 카드 모으는 판 2개

〈만드는 방법〉
① 게임판을 만든다.
② 과자 그림을 오려붙이고 과자의 이름을 적은 카드를 만든다.
③ 카드 모을 판을 만든다.

〈게임판〉

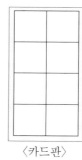
〈카드판〉

과자포장지를 이용하여 카드를 만든다.
〈그림글자카드〉

활동방법

1. 게임판을 제시해주고, 게임판에 대한 이야기를 나눈 후 게임을 제안해본다.
   - 너희들이 좋아하는 과자는 뭐가 있니?
   - 어떤 맛이 나는 과자를 좋아하니?
   - 여기에 네가 좋아하는 과자 그림이 있니?
   - 이 게임판에 어떤 과자그림이 있니?
   - 이것을 가지고 게임해보자.

2. 게임방법을 알아보고 게임을 시작한다.
   - 글자(그림)카드를 게임판에 붙인다.
   - 카드 모을판을 하나씩 나누어 가진다.
   - 순서를 정한다.
   - 주사위를 던져 나온 수만큼 말을 옮긴 후 그 말의 해당칸 카드를 떼어 자기의 그림판에 붙인다.
   - 자기의 그림판을 먼저 채우면 이긴다.

3. 게임이 익숙해지면 과자봉투에 쓰인 글자를 소리내여 읽어본다.

결혼식놀이

5월 4주

활동목표	·결혼식 놀이를 즐긴다.
집단크기	소집단
활동자료	면사포, 드레스, 양복, 꽃다발(부케), 구두(남자,여자), 카메라 등

활동방법

1. 사전활동으로 결혼식 비디오를 통하여 결혼식이 진행되는 과정을 관찰하거나 결혼식 앨범을 본 후 결혼식에 가본 경험이 있는 유아들의 이야기를 들어본다.
   - 어디에서 **결혼식**을 보았니?
   - 신랑과 신부는 어떤 모습을 하고 있었니?
   - 신랑과 신부 외에 다른 사람은 누가 있었니?
   - 그 사람들은 왜 그곳에 왔을까?

2. 역할놀이영역에 준비된 면사포 또는 꽃다발 등을 유아들에게 제시해주고 더 필요한 소품이 있는지 알아본다.
   - 이것들은 무엇을 할 때 필요한 물건이니?
   - 이것의 이름은 무엇일까?
   - 누가 사용하는 물건일까?
   - 이것을 가지고 어떤 놀이를 할 수 있을까?
   - 결혼식장 이름은 무엇으로 할까?
   - 어떤 물건이 더 필요할까?

3. 결혼식놀이를 위해 유아들과 의논하여 신랑, 신부, 주례, 카메라맨, 축가 부르는 사람, 손님 등 여러 사람의 역할을 정한 후 놀이를 시작한다.
   - 결혼식 놀이를 하려면 어떤 사람이 필요할까?
   - ♡♡역할은 누가 하면 좋을까?
   - 지금부터 신랑 ○○○와 신부 ○○○의 결혼식을 시작하겠습니다.
   - 사진 찍을 친구들은 어서 나오세요.
   - 축가 불러줄 친구는 나와서 노래 불러주세요.

참　고

• 부모님들에게 사전에 협조를 구하여 결혼식 비디오, 결혼식 앨범 등을 준비한다.

• 결혼식놀이에 필요한 재료는 미술영역과 연계해서 직접 만들 수 있다(카메라, 면사포, 꽃다발 등).

• 결혼식놀이 초기에서 교사가 사회자 역할을 맡아 활동을 진행할 수 있다.

• 우리나라 주제에서 전통혼례복(사모관대, 족두리 등)을 준비하여 전통혼례식으로 확장할 수 있다.

사랑의 쿠폰 만들기

활동목표 · 가족 간에 사랑하는 마음을 가진다.
· 사랑을 나누는 즐거움을 느낀다.

5월 4주

집단크기 소집단

활동자료 사랑의 쿠폰 종이, 그림종이, 색연필, 사인펜, 가위, 풀

활동방법 1. 부모님을 기쁘게 하는 방법에 대해 이야기 나눈다.
   - 부모님을 어떻게 기쁘게 해 드릴 수 있을까?
   - 우리가 부모님을 도와드릴 수 있는 것에는 어떤 것이 있을까?

2. 그림종이에 나와 있는 그림을 보며 부모님을 기쁘게 하는 방법을 알아본다.
   - 이 그림은 무엇을 하는 그림일까?
   - 우리가 부모님을 기쁘게 해 드리기 위해 무엇을 할 수 있을까?
     · 식탁차리는 것 도와 드리기
     · 방 청소하기
     · 동생 돌보기
     · 심부름 하기
     · 어깨 주물러 드리기

3. 사랑의 쿠폰 만드는 방법을 소개한 후 사랑의 쿠폰을 만든다.
   - 누구를 위해 무슨 일을 할지 그림종이를 선택하여 쿠폰에 붙인다.
   - 사랑의 쿠폰을 예쁘게 꾸민다.

4. 사랑의 쿠폰을 어떻게 사용할지 그 방법에 대해 이야기 나눈다.
   - 사랑의 쿠폰은 어떻게 사용하는 것일까?
   - 부모님께 내가 만든 사랑의 쿠폰을 드려요.
   - 사랑의 쿠폰에 적힌 대로 부모님께 해드려요.

참   고
- 아빠·엄마 뿐만 아니라 할아버지·할머니·동생 등으로 확장할 수 있다.
- 유아가 사랑의 쿠폰에 적은 대로 행동할 때마다 부모님은 쿠폰에 칭찬의 말을 적어서 교사에게 전달하는 방식으로 가정과 연계하여 활동할 수 있다.

실내자유선택활동
조작영역

쥐의 결혼

활동목표	·게임을 즐긴다.

집단크기   소집단

활동자료   게임판, 숫자 주사위, 말 2개

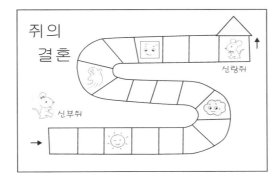

활동방법   1.「쥐의 결혼」동화를 들려준다(p.132참조).

2. 동화에 대한 이야기 나누기를 한다.
   - 처음에 들쥐 가족은 딸을 누구와 결혼시키려고 하였니?
   - 왜 그렇게 생각했을까?
   - 해보다 힘이 센 건 누구였니? 해는 누가 더 힘이 세다고 하였니?
   - 구름보다 힘이 센 건 누구였니? 구름은 누가 더 힘이 세다고 하였니?
   - 바람보다 힘이 센 건 누구였니? 바람은 누가 더 힘이 세다고 하였니?
   - 세상에서 가장 힘이 센 것은 누구였니?

3. 활동자료를 제시하며 이야기 나눈다.
   - 이 판에 붙어있는 그림들은 무슨 그림들이니?
   - 여기에 준비된 자료들을 가지고 어떻게 놀이할 수 있을까?

4. 놀이규칙을 제시하고 놀이방법에 대해 이야기 나눈다.
   - 어떻게 하는 놀이인지 놀이 규칙표를 보도록 하자,
   - 제일 먼저 무엇을 해야 할까?

〈놀이규칙〉

① 말을 나누어 갖는다.

② 순서를 정한다.

③ 주사위를 던져 나온 수만큼 앞으로 간다.

④ 그림이 있는 자리에 가면 다음 그림이 있는 칸으로 갈 수 있다.

  (해)에 가면 (구름)으로

  (구름)에 가면 (바람)으로

  (바람)에 가면 (벽)으로

  (벽)에 가면 (쥐돌이)에게로 간다.

⑤ 쥐돌이에 도착한 후, 쥐돌이를 데려가면 게임이 끝난다.

설계도대로 집짓기

활동목표 ·전체와 부분의 개념을 안다.
·평면적인 자료를 보고 입체적인 구조물을 만들어본다.

5월 5주

집단크기 개별

활동자료 블록 구성물을 그린 설계도
- 블록을 여러 가지 모양으로 쌓아 구성물을 만들어 놓고, 사용한 블록과 완성된 구성물을 잘 볼 수 있게 설계도를 그린다.

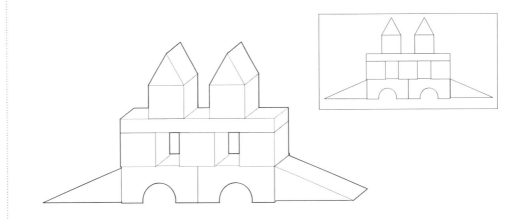

활동방법 1. 쌓기놀이영역에 설계도를 붙여놓고 관찰해본다.
　　- 이것이 무슨 그림일까?
　　- 어떤 블록을 썼는지 한번 볼까?

2. 그림에 맞는 블록을 가져와서 그림에 대고 맞추어 보며 구성물을 탐색한다.
　　- 긴 블록을 맞추어 보자,
　　- 뾰족한 부분은 어떤 블록을 놓아야 할까?

3. 설계도를 보고 그림대로 구성물을 만들어본다.
　　- 여기에 있는 그림처럼 건물을 쌓아보자,
　　- 와! 똑같은 건물이 되었네!

참　　고
- 이때 설계도는 처음에는 블록의 실제 크기와 같게 그리고 단순한 구조물을 그려 사용하고, 익숙해지면 축소되고 복잡한 구조물 그림을 사용한다.
- 설계도대로 만들기 전에 블록의 모양과 크기, 길이 등을 탐색해보는 과정으로 블록을 종이 위에 올려놓고 따라 그려볼 수 있다.
- 설계도대로 집짓기에 익숙해지면 이번에는 구조물을 지어놓고 설계도를 그려보는 활동으로 확장·변형해본다.

주방 음악회

5월 5주

활동목표	· 주방 도구를 이용하여 다양한 소리를 만들어본다.
	· 악기놀이에서 지켜야 할 약속을 안다.

집단크기   소집단

활동자료   여러 가지 주방악기(숟가락, 쇠로 된 컵, 젓가락, 석쇠, 볼, 거품기, 뒤집게, 주전자 뚜껑, 냄비, 바가지 등)

활동방법

1. 주방기구들을 이용하여 소리내기 활동을 탐색한다.
   - 숟가락끼리 부딪치면 어떤 소리가 날까? 한번 들어보자.
   - 여러 가지 방법으로 소리를 낸다(부딪치기, 긁기, 두드리기 등)
   - 숟가락끼리 부딪쳐보자, 또는 두드려보자.
   - 이 소리는 어떤 물건의 소리일 것 같니?

2. 음악회의 악기 연주자들이 어떻게 연주하는지에 대해 간단하게 이야기를 나눈다.
   - 여럿이 소리를 한꺼번에 내면 어떻게 될까?
   - 어떻게 하면 여러 주방악기 소리를 아름답게 낼 수 있을까?

3. 같은 재료의 주방기구를 가진 유아끼리 앉은 후 각각의 주방악기 소리를 내본다.
   - 나무로 된 주방악기의 소리를 내어보자.
   - 숟가락의 소리를 내어보자.
   - 바가지 소리를 내어보자.
   - 어느 소리가 가늘게 들리니?
   - 가장 크고 굵은 소리는?

4. 유아들에게 익숙한 음악에 맞추어 주방악기놀이를 해본다.

5. 주방 음악회를 한 느낌을 이야기한다.

    - 어떤 것이 가장 재미있었니?

    - 또 다른 주방기구로 악기놀이를 한다면 무엇으로 하고 싶니?

6. 유아들이 서로 주방악기를 바꾸어서 해보기도 한다.

참 고   • 미술영역에서 주방악기 만들기 활동으로 연결한다.

대 · 소집단활동
동시

우리 엄마

활동목표 ·엄마의 소중함을 안다.
·시간의 흐름을 안다.

5월 5주

집단크기 대집단

활동자료 동시 그림판 5개, 동시카드 4장

〈동시 그림판〉

① 색지(50×15㎝)를 5장 준비한다.

② ①의 왼쪽에 각 연에 해당하는 그림을 그린다. 오른쪽 위에 동시 내용을 쓰고 아래에
보슬이를 붙인다. ①의 뒷면에 까슬이를 붙인다.

〈동시카드〉

① 색지(20×8㎝)를 4장 준비해서 왼쪽에 엄마 얼굴을 그리고, 오른쪽에 '아직 자니?',
'아직 먹니?', '아직 노니?', '그림책 읽어줄게. 잘 자라.'를 쓴다.

② 뒷면에 까슬이를 붙인다.

활동방법

1. 손인형 또는 막대인형으로 동시의 내용을 짧은 이야기로 들려준다.

2. 그림판과 동시카드를 동시말에 맞춰 제시하면서 동시를 들려준다.

3. 우리 엄마에 대해 이야기를 나눈다.
   - 아침에 엄마는 너희들에게 무슨 말을 하시니?
   - 밥을 먹을 때에는(미끄럼을 타고 있을때에는, 밤이 되면은) 무슨 말을 하시니?

4. 교사와 유아들이 함께 시를 읽어본다.

5. 교사와 유아가 동시 부분을 나누어 읽어본다.
   - 아침이면 엄마는 / 아직 자니?
   - 밥 먹으면 엄마는 / 아직 먹니?
   - 미끄럼 타면 엄마는 / 아직 노니?
   - 밤이 되면 엄마는 / 그림책 읽어 줄게, 잘 자라,

6. 처음부터 끝까지 교사와 유아가 함께 동시를 읽어본다.

참 고

· 활동이 끝난 뒤 사용된 동시 자료를 언어영역에 제시해주어 유아들이 실내자유선택활동 시간에 동시 자료를 조작하며 동시를 읽어본다.
· 동시를 낭송하는 것에 익숙해지면 '아직 자니?, 아직 먹니?, 아직 노니? 그림책 읽어줄게. 잘자라' 부분은 유아들과 의논하여 동시말을 바꾸어볼 수 있다.

대·소집단활동
노래

우리집

활동목표	·노래를 듣고 즐겨 부른다. ·어른이 되어 어떤 집을 짓고 살고 싶은지 상상해 보고 서로의 생각을 나눈다.
집단크기	대·소집단
활동자료	그림자료(아빠·엄마·집), 「우리집」 노래말, 노래 테이프

활동방법

1. 어른이 되었을 때 살고 싶은 집을 상상해본다.
   - 너희들은 어떤 집에 살고 있니?
   - 또 어떤 집이 있을까?
   - 커서 어른이 되면 어떤 집에서 살고 싶니?

2. 「우리집」 노래말을 소개한 후 노래로 들려준다.
   - '울타리', '담'은 무슨 뜻일까?
   - 울타리도 담도 없는 집에서 살면 좋은 점이 무엇일까?

3. 한 가지 소리로 음을 익힌 후 노래를 부른다.

4. 노래말을 번갈아가며 노래를 부른다.

5. 노래를 부른 후 자신의 생각이나 느낌을 이야기한다.
   - 어른이 되어 내가 직접 집을 짓는다면 어떤 집을 짓고 싶니?
   - 왜 그런 생각을 했니?

우리집

장한나 요/박흥수 곡

(남)내 가 커 서 아 빠 처 럼　어 른 이 되 면
(여)내 가 커 서 엄 마 처 럼　어 른 이 되 면

우 리 집 은　내 손 으 - 로　지 을 거 예 요
우 리 집 은　내 손 으 - 로　꾸 밀 거 예 요

돌 도 담 도 쌓 지 않 은　그 림 같 은 집　돌 도 담 도 쌓 지 않 은 그 림 같 은 집 언
넓 은 뜰 에 꽃 을 심 고　고 기 도 길 러　넓 은 뜰 에 꽃 을 심 고 고 기 도 길 러

제 라 도　우 리 집 에　놀 러 오 - 세 요

주제 우리 이웃

실시기간 : 6월 1주 ~ 6월 4주

▶ 전개방법

유아는 성장하면서 점차 자신과 가족에 대한 관심이 확대되고 생활 범위가 넓어지면서 이웃과 주변에서 일어나는 일들에 대해 많은 호기심을 보이게 된다.

동네의 생활 모습과 함께 살고 있는 여러 이웃이 하는 일, 이웃과 함께 이용하는 여러 기관들을 알아보면서 주변환경에 대한 유아의 호기심을 충족시키고 유아의 사회적인 지식을 넓혀가도록 돕는다.

「우리 이웃」 주제를 구체적으로 전개하기 위해서 '우리 동네 돌아보기' 활동을 계획하여 유아들이 주변에 대해 관심을 가지고 우리 동네에 누가 살며, 무슨 일들을 하고, 어떤 기관들이 있는지를 살펴본다. 또한 다양한 직업인이나 부모님을 어린이집에 초청하여 직업에 대하여 들어보고, 친근하게 느낄 수 있는 기회를 제공해주며, 우체국, 은행 등 우리 생활에 도움을 주는 여러기관을 견학해 봄으로써 그 기관에서 이뤄지는 일들을 알아본다. 이러한 이웃에 대한 구체적인 정보는 가게놀이, 시장놀이, 우체국놀이, 은행놀이, 도서관놀이, 병원놀이, 미용실놀이 등의 사회 극놀이를 제공하고 흥미를 자극하여 활발하게 참여할 수 있도록 돕는다.

「우리 이웃」은 유아가 일상 생활에서 접할 수 있는 사회에 대한 관심을 높이는 주제이므로, 부모들이 자녀와 일상 생활에서 직접 경험의 기회를 많이 가지도록 가정과의 연계를 이루는 것이 필요하다. 예를 들어, 지역사회의 기관에 종사하는 부모님을 모시거나 부모들이 운영(종사)하는 기관을 방문해보는 방법으로 부모들을 참여시켜 유아들과의 경험을 연결시켜 활동할 수 있도록 한다. 그리고 어린이집에서 여러 기관을 방문하는 활동은 지역사회와의 연계가 필요하므로 방문 기관들과의 사전협의를 통해 협조를 받도록 한다.

▶▶ 환경구성

	쌓기놀이영역	역할놀이영역	미술영역	언어영역	수·과학영역	조작영역	음률영역
실내	·동네 꾸밀 소품 (기관, 가게, 학교 등의 그림자료를 코팅해서 나무블록이나 플라스틱통에 붙인것) ·지역사회 구성원 인형 ·다양한 집과 건물모형 ·교통 표지판 ·레고 사람 소품 ·우체국 표시판	·꽃가게놀이 ·물뿌리개 ·간판 ·화분 ·바구니 ·슈퍼마켓 놀이용품: - 간판 - 돈, 지갑 - 물건들 - 계산기 - 바구니 ·미장원놀이: - 빗, 거울 - 드라이기 - 화장품용기 - 가운 - 헤어롤, 핀 - 모형가위 ·우체국놀이: - 우체통 - 우체부 가방 - 모자 - 우표 - 스탬프 ·은행놀이: - 통장 - 도장 - 입·출금카드 - 창구표시	·구슬 ·종이상자 ·우유곽 ·색종이 ·수수깡 ·모래종이 ·신문지 ·물감 ·아세테이트지 ·유성매직 ·스탬프 ·잡지 오린 것 ·작은 종이 ·종이 묶음 ·큰 종이 ·화지, 수수깡, 꽃만들기 재료	·글자 색칠본: 우리 동네 ·카드, 연필 ·필순 카드 ·주소 확인표 ·융판동화: 「동네가 생기게 된 이야기」 ·동시판: 「구멍가게」 ·가게 그림 간판 ·글씨카드 ·손인형동화: 「할머니랑 시장 구경가요」 ·컴퓨터상자 ·직업카드 ·편지지 ·편지봉투 ·문제상황 그림카드	·동네 그래프 ·동전 서열 ·돈 실물자료 ·가게그림, 여러 가지물건: 야채,생선,과일, 신발, 옷 등의 코팅자료 ·게임-직업과 도구 ·직업카드 뒤집기판 ·섞어보세요 (지시문, 섞을재료, 그릇) ·편지 부치기 자료 ·저금통과 동전 서열 자료 ·여러 기관 퍼즐	·바느질 자료 (기관, 가게모양 바느질판, 바늘, 실) ·어디에서 만들어졌을까? ·시장 구경 ·시장 보기 ·여러 가지 직업 퍼즐 ·자석 미로 (편지 배달 하기)	·노래: 「우리 동네」 「시장놀이」 「가게놀이」 「나는 누구일까?」 「나는 될터이다」 「우체부 아저씨」 「편지」 「저금」 ·율동 테이프: 「동네 한 바퀴」 ·신체표현을 위한 직업 그림 카드
실외	·차, 널빤지, 집 모형, 벽돌 ·막대기, 공 ·그림물감, 붓, 종이, 이젤		·요쿠르트통, 두꺼운 종이, 모래, 테이프 ·자전거, 스카이씽씽, 세우는 교통표지판 ·모래주머니 던지기		·깡통: 손잡이 달기 ·비누거품 그림 재료: 세제, 종이, 대야		

주간보육계획안

소주제 : 어린이집 동네와 우리 동네를 알아보아요 Ⅰ　　　　　　　　　**실시 기간 : 6월 1주**

		월	화	수	목	금	토
등원 및 맞이하기		등원하면서 동네에서 본 것 이야기하기					
실내자유선택활동	쌓기놀이영역	◎ 어린이집 동네 꾸미기			어린이집 동네 꾸미기의 기관, 가게, 학교 등 세우는 소품첨가		
	역할놀이영역	동네 가게놀이			우리 동네 매트판 이용하여 자동차 놀이하기		
	미술영역	구슬 그림 그리기 1)			공동작업: 어린이집 동네 꾸미기 2)		
	언어영역	위치를 알아요 3)		내가 사는 동네 이름 말하기		컴퓨터: 분주한 우리 동네 4)	
	수·과학영역	어린이집 동네에서 제일 많은 곳은 어디일까요?　◎ 과자 만들기			'내가 사는 동네' 그래프		
	조작영역	기관 퍼즐 맞추기 바느질하기(기관, 가게 등)		과자봉지 퍼즐	우리 동네 게임판		
	음률영역	「우리동네」 노래 가사 바꿔 부르기 노래:「동네 한 바퀴」 「그런 집 보았니」 5)					
대·소집단활동		융판동화:「동네가 생기게 된 이야기」 6) ◎ 신체표현: 동네 한 바퀴			견학:어린이집 동네 돌아보기 ◎ 게임: 달팽이집		
실외자유선택활동		어린이집 동네 산책하기		모래로 동네 꾸미기 우리 집에 왜 왔니?	어디까지 왔나?		
점심 및 낮잠		동화:「숲 마을 시계」 「요술 놀이터」			쉬운 책:「지금 무슨 시간일까?」		
기본생활습관		자기 주변에 떨어진 휴지 주워 휴지통에 넣기					

교육활동참고

1) 구슬 그림 그리기
   · 8절 정도 크기의 상자 또는 바구니에 종이를 깔고 물감을 묻힌 구슬을 넣은 후 상자를 기울여 구슬의 움직임에 따라 자유롭게 그림을 그려본다.

2) 어린이집 동네 꾸미기
   · 딱딱하고 견고한 전지 크기의 밑판에 도로를 표시해주고 여러 가지 크기의 상자를 이용하여 건물 꾸며 붙이기를 한다.

3) 위치를 알아요
   · 그림판의 위치를 보면서 알맞은 글자카드를 나열해본다.
   - 은행 왼쪽에는 어떤 집이 있을까?
   - 산 위에는 어떤 기관이 있니?
   - 어린이집 오른쪽에는 무엇이 있니?

4) 분주한 우리 동네 : 〈피코 스토리 웨어 「허클과 롤리는 바빠요」〉

5) 그런 집 보았니 : 〈김성균(1997). 김성균 동요집. 제 1집. 국민서관. p.72〉

6) 동네가 생기게 된 이야기

동네가 생기게 된 이야기

아무도 살고 있지 않는 곳에 집 한 채가 세워졌어요. 그리고 영희네가 그 집으로 이사와서 살기 시작했어요. 그러나 영희네는 너무 외롭고 심심했어요. 그러던 어느 날 영희네 집 옆에는 다른 집들이 하나, 둘, 셋 세워지기 시작했어요. 사람들도 이사 와서 영희네는 외롭지 않았어요. 친구가 생겼으니까요.

영희네 엄마는 저녁 식사 준비를 하십니다. 그런데, 야채가 모자랐어요. 영희네 동네에는 시장이 없어서 다른 마을까지 가서 사 와야 했습니다. '가까운 데서 야채를 살 수 있으면 좋을텐데….' 라고 영희 엄마는 생각했어요. 다른 사람들도 필요한 물건을 가까운 곳에서 사고 싶어했어요. 그래서 마을에는 커다란 시장이 생겼어요. 어느날, 마을에 아픈 사람이 생겼어요. 하지만, 누구도 그 사람을 고칠 수가 없었어요. 먼 동네에 계신

의사 선생님에게 가서 치료를 받았어요. 그래서 사람들은 마을에 의사 선생님을 모셔오자고 회의를 했어요. 마을에는 병원이 생겼어요. 이제 아픈 사람들은 언제나 병원에 갈 수 있게 되었어요.

영희네 마을 아이들은 매일 밖에서 뛰어놀기만 합니다. 어른들은 걱정했어요 "우리 아이들도 모여서 놀고 여러 가지를 배울 수 있는 곳이 필요해요." "맞아요. 그리고 예절도 배워야 해요." "그럼, 누가 아이들을 가르치죠?" 그래서 마을 사람들은 선생님을 모셔 오고, 유치원과 학교도 세웠어요.

그러던 어느 날, 마을에 도둑이 들어와 물건을 훔쳐갔어요. 사람들은 밤에 잠도 자지 않고 도둑을 지켰어요. 여러 날 잠을 못 자서 너무 지친 사람들은 도둑 걱정 없이 살고 싶었어요. 그래서 마을에는 경찰서가 세워졌어요. 그리고 사람들의 돈을 안전하게 맡아줄 은행도 세웠어요. 마을 사람들은 이제 안심하고 살 수 있었어요. 동네가 점점 커지면서 동네에서 일어나는 여러 가지 일을 돌봐주는 곳이 필요했어요. 그래서 마을에 동사무소를 만들고 동장님도 뽑았습니다. 동장님은 동네를 돌아다니면서 사람들의 불편한 점을 알아보고 편안하게 살 수 있도록 열심히 일을 하셨어요.

동네에는 점점 더 많은 가게들이 생기고 소방서, 우체국 등 사람들에게 도움을 주는 여러 가지가 생겨났어요. 이제 영희네 동네는 살기좋은 마을이 되었어요. 사람들은 더욱더 살기 좋은 마을을 만들려고 의논도 해요. 사람들이 쉴 수 있는 공원도 만들자고 했어요. 또 쓰레기가 없는 깨끗한 거리를 만들자고 하였어요. 영희네 동네 사람들은 매우 행복했어요.

출처: 명지전문대학 부속 명지유치원(1998). 5세 주제접근 통합 교육과정. 양서원.

주간보육계획안

소주제 : 어린이집 동네와 우리 동네를 알아보아요 Ⅱ(시장)　　　　　　　실시 기간 : 6월 2주

		월	화	수	목	금	토
등원 및 맞이하기		시장에서 본 것 이야기하기					
실내자유선택활동	쌓기놀이영역	대형 할인점 꾸미기		상자 블록으로 시장꾸미기			
	역할놀이영역	슈퍼마켓 놀이					
	미술영역	돈, 돈지갑 만들기		슈퍼마켓 놀이 소품 만들기 1)			모래종이그림
	언어영역	이웃 간의 예절　　　　　　　　손인형 동화:「할머니랑 시장 구경가요」2)		동시:「구멍가게」　　　가게 그림·간판 글씨 짝짓기		할인점에서 본 것 말하기	
	수·과학영역	동전 서열		얼마인가요	가게 물건 분류하기	가격표 놀이	
	조작영역	어디에서 만들어졌을까?		시장구경 3)　　가격표 놀이		시장보기 4)	
	음률영역	노래:「시장 잔치」5)	「시장」				
대·소집단활동		이야기나누기: 가게나 시장에서 지켜야 할 예의　　　친절한 행동과 불친절한 행동 시장의 역할 　　견학: 동네가게, 대형할인점 방문하기·물건사기 　　　　　　　　　　　　　　　　게임: 시장 바구니에 물건 나르기 손인형 동화:「할머니랑 시장 구경가요」					
실외자유선택활동		자전거타기 　　　　　　　◎ 모래주머니 넣기 여러 가지 물건으로 시장놀이(자전거, 스카이 씽씽 타고 배달하기)					
점심 및 낮잠		동화:「개미와 여치와 물총새」「개미 오누이」「할머니의 선물」					
기본생활습관		견학 시 질서 지키기		기관 방문 시 예의바르게 행동하고 인사하기			

교육활동참고

1) 슈퍼마켓 놀이 소품 만들기
   - 여러 가지 폐품통을 활용하여 놀이 소품을 만든다.
     (예: 과자통에는 신문지를 채우고, 음료수통에 색물감 물을 넣어 뚜껑에는 글루건을 발라 완성한다. 가격표시, 간판 등을 그려서 만든 후 역할놀이에 사용한다.)

2) 할머니랑 시장구경가요: 〈출처: 크레용 하우스〉

3) 시장구경
   ① 마닐라지에 가게 모양을 그리고 앞에 비닐로 주머니를 만든다.
   ② 상품 카탈로그에서 물건을 오려 카드용 종이에 붙인다.
   ③ 비닐 주머니에 상품 카탈로그에서 오린 물건을 가게의 특성에 맞게 넣어둔다.

4) 시장보기
   - 바구니 그림에 생선, 과일, 야채, 옷, 꽃가게에 붙어 있는 여러 가지 물건 중 사고 싶은 것을 떼어 붙인다.

5) 시장 잔치

시장잔치

김성균 요/곡

주간보육계획안

소주제 : 우리를 도와주시는 분들이 있어요 (은행)　　　　　　　실시 기간 : 6월 3주

		월	화	수	목	금	토
등원 및 맞이하기		등원하면서 만난 이웃 사람 이야기하기					
실내자유선택활동	**쌓기놀이영역**	기본 레고로 여러 가지 기관 만들기			은행 꾸미기		
	역할놀이영역	◎ 은행놀이					
	미술영역	신문지 구겨 찍기　　　　　　스탬프, 인주로 모양 찍어 그리기 　　　은행놀이 소품 만들기 　　　　　　내가 커서 되고 싶은 것 그리기(OHP 이용)					
	언어영역	컴퓨터상자: 여러가지 직업과 도구 　　　직업 사전 만들기 1)　　　　　　　　이웃 간의 예절 2) 　　　　　　　고마운 이웃					
	수 · 과학영역	◎ 직업과 도구　　　직업카드 뒤집기 　　　　　스탬프, 인주로 모양 찍어보며 특징 알기					
	조작영역	여러 가지 직업 퍼즐					
	음률영역	◎ 나의 직업은? 　　　노래:「나는 누구일까?」 3)　　「나는 될터이다」					
대 · 소집단활동		이야기나누기: 우리를 도와주시는 분들(여러 가지 직업) 　　　　　　우리 어린이집을 도와주시는 분들 은행이 하는 일 　　　　　　◎ 은행에 견학을 가요 　　　　　　　　　　　　노래:「저금」 4)					
실외자유선택활동		걷기　　　　모래주머니 던지기 　　　　　　비누거품 그림 그리기					
점심 및 낮잠		동화:「등대지기 아저씨의 점심」「여우 경찰관」「나는 커서」					
기본생활습관		공공기관에 갔을 때 예절 지키기 우리를 도와주시는 분들께 고마운 마음 갖기					

교육활동참고

1) 직업 사전 만들기
 ·내가 아는 직업에 대해서 여러 가지 정보들을 잡지나 책, 컷 자료 등에서 모아 책으로 묶어 직업 사전을 만들어본다.

2) 이웃 간의 예절
 ·다양한 폐품을 이용하여 지역사회 사람들의 모습으로 만든 테이블인형 또는 막대인형으로 예절과 질서에 관련된 내용을 첨가하여 인형극놀이를 해본다.

3) 나는 누구일까?

나는 누구일까

나 는 나 는 음 - - 음 아픈사람 오 셔 요
나 는 나 는 음 - - 음 바쁜사람 오 셔 요
나 는 나 는 음 - - 음 누구든지 오 셔 요

언 제든 지 아 프 면 나를찾아 오 셔 요
언 제든 지 바 쁠 땐 나를찾아 오 셔 요
예 뻐지 고 싶 을 땐 나를찾아 오 셔 요

4) 저금

저금

착 한일 을 했 다고 엄 마 가 주 신 돈
무엇 할 까 요 사 탕 살 까 요 과 자살 까
요 아 니 아 니 아 니죠 저 금해야 죠

주간보육계획안

소주제 : 우리 이웃에는 여러 기관이 있어요 (우체국)　　　　　　　　**실시 기간 : 6월 4주**

		월	화	수	목	금	토
등원 및 맞이하기		내가 가본 이웃 기관에 대해 이야기하기					
실내자유선택활동	**쌓기놀이영역**	우체국 구성하기		우리 동네 기관 구성하기			
	역할놀이영역	우체국놀이			다양한 우리 동네 기관 놀이		
	미술영역	우편 사서함 만들기 1)	우체국놀이 소품 만들기(엽서, 우표, 도장 등)				
	언어영역	편지 쓰기　　편지 읽기		편지봉투 짝짓기 2) 말하기: 어떻게 해야 할까? 3)			
	수·과학영역	◎ 무엇을 놓을까?　　　우표 관찰하기		편지 배달 게임 4)	돼지저금통과 동전 서열	저금하기 게임	
	조작영역	자석미로: 편지 배달하기 5)		같은 우표 찾기			
	음률영역	노래:「우체부 아저씨」「편지」가사 바꿔 부르기					
대·소집단활동		이야기나누기:　우리 이웃에는 여러 가지 기관이 있어요, 　　　　　　　　우체국놀이를 위한 역할 정하기 게임: 편지 부치기 6)　　　　동화:「숲마을 우체부」　　　신체표현: 나의 직업은 　　　　　노래:「우체부 아저씨」 　　견학: 우체국					
실외자유선택활동		◎ 모래 그림 그리기		우편 배달부 자전거 타기			
점심 및 낮잠		동화:「바다로 간 편지」　「민희야, 어딨니?」		작은 우편 배달부			
기본생활습관		공공기관에 갔을 때 예절 지키기					

교육활동참고

1) 우편 사서함 만들기
   · 과자 상자나 종이봉투를 이용해 우체국놀이에 사용될 편지꽂이를 만들고 꾸며준다. 이때 자신의 이름을 분명히 써준다.

2) 편지봉투 짝짓기
   ① 우편함은 뚜껑이 있는 구두상자를 빨간색으로 붙이고, 편지를 넣을 수 있도록 적당한 크기의 구멍을 낸다.
   ② 제시된 그림카드를 보면서 글자를 읽어본다.
   ③ 그 이름의 첫 글자와 같은 글자가 써 있는 봉투를 찾아 그림카드를 넣는다.
   ④ 그림카드와 봉투가 짝지워지면 우편함에 넣는다.

3) 어떻게 해야 할까?
   · 상황그림(편지를 부치려는 아이, 돈을 저금하려는 아이, 백화점에 있는 아이, 유원지에 있는 아이)을 제시하며 어떻게 해야 하는지 유아들과 이야기 나눈다.

4) 편지 배달 게임
   〈활동자료〉 여러 가지 모양이 붙어 있는 마분지로 만든 편지, 우체부 가방, 여러 가지 모양이 붙어 있는 집
   · 한 유아가 우체부가 되어 편지에 있는 모양과 문패 모양을 맞추면서 편지를 배달한다.

5) 편지 배달하기
   ① 투명 아크릴판 위에 중앙 부분을 중심으로 하여 여러 개의 미로를 색시트지로 만들어 붙인다.
   ② 미로의 끝부분에 여러 가지 색으로 집을 그려넣는다.
   ③ 편지카드를 그린 다음 오려서 코팅한다. 편지그림카드 뒷면에 둥근 자석을 붙인다.
   ④ 미로판 중앙에 편지 그림카드를 올려놓고 같은 색의 집을 찾아 자석막대를 이용해 편지를 배달한다.

6) 편지 부치기
   · 봉투를 들고 출발하여 중간 지점에서 준비된 풀과 우표를 붙인 후 목표물인 우체통에 넣고 돌아온다.

실내자유선택활동
쌓기놀이영역

어린이집 동네 꾸미기

6월 1주

활동목표	·어린이집 동네의 모습에 관심을 가진다.
	·어린이집 동네의 모습과 특징을 알아보고 동네를 구성해본다.

활동목표 · 어린이집 동네의 모습에 관심을 가진다.
· 어린이집 동네의 모습과 특징을 알아보고 동네를 구성해본다.

집단크기 소집단

활동자료 렉스 블록, 벽돌 블록, 조형활동에서 만든 각종 건물들을 구성할 수 있는 다양한 블록 자료들, 소품류(자동차, 나무, 사람, 가로등, 신호등), 도로나 건물의 사진자료

활동방법 1. 사전활동으로 동네 돌아보기 활동을 한다.
- 동네 돌아보기를 할 때 보았던 건물이나 도로를 사진으로 찍고 그 사진들을 블록 위에 붙여놓는다.
- 동네 돌아보기를 한 후 미술영역에서 동네에 있는 각종 건물들을 상자로 만들어본다.

2. 동네 돌아보기를 한 후 쌓기놀이영역에서 동네꾸미기를 제안한다.
- 어린이집 동네에서 보았던 것이 무엇 무엇이었니?
- 어린이집 동네를 꾸며보면 어떨까?
- 무엇을 만들면 좋을까?(길, 건물 등)
- 어떤 것을 이용해서 만들어 볼까?

3. 유아들이 다양한 쌓기놀이 자료들을 이용하여 우리 동네를 꾸민다.
- 어린이집 앞에는 무엇이 있었니?
- 길 옆에는 어떤 것이 있었니?
- 높은 건물은 어떻게 만들면 좋을까?

4. 소품을 적절한 곳에 배치하여 자유롭게 꾸민다.
- 신호등은 어디에 세울까?

5. 놀이 후 꾸며진 동네를 감상하고 실제로 놀이하며 서로의 의견을 교환한다.
- 무엇이 더 있으면 좋을까?
- 오랫동안 보려면 어떻게 해야 좋을까?

참　고 · 동네 꾸미기가 완성되면 사람인형 소품이나 자동차 등을 가지고 극화놀이로 확장할
　　　　수 있다.
　　　· 다른 지역과 다른 어린이집 동네만의 특징을 살려 꾸밀 수 있도록 한다.
　　　· 공간이 허락하면 유아들이 만든 것을 그대로 두어 다음날에도 놀이가 계속 이어질 수
　　　　있도록 한다.

실내자유선택활동
수·과학영역

과자 만들기

6월 1주

활동목표 · 음식을 만드는 즐거움을 경험한다.
· 열에 따른 물질의 변화 과정을 관찰하고 비교한다.

집단크기 소집단

활동자료 밀가루, 베이킹파우더, 버터, 달걀, 설탕, 소금, 건포도, 여러 가지 모양의 찍기틀, 밀대, 그릇, 전기 프라이팬, 도마, 집게, 포크

〈요리순서표〉

활동방법 1. 준비된 요리순서표를 보면서 재료, 도구, 만드는 방법에 대해 알아본다.
   - 그림을 보니 어떤 요리를 할 것 같니?
   - 그래, 맛있는 과자를 만들어보자.

2. 밀가루 반죽을 나누어준다.
   - 밀가루 반죽을 만져보니 느낌이 어떠니?
   - 밀가루 반죽을 잘 주무른 다음 밀대로 밀어보자.

3. 도마 위에 놓고 밀대로 민 후 여러 가지 모양의 찍기틀로 모양을 찍은 다음 반죽 위에 건포도로 모양을 꾸며본다.

4. 프라이팬에 전원을 연결한 후 유아들이 만든 과자를 올려놓고 중간불에 20분 정도 굽는다(오븐이 있는 경우 10~15분 정도). 기다리는 동안 과자가 구워질 때 나는 냄새와 색깔, 모양의 변화를 관찰하고 이야기한다. '과자'에 관한 책을 교사가 읽어줄 수도 있다.
    - 모양을 뜬 반죽을 만져보니 느낌이 어떠니?
    - 구워지면서 색깔이 어떻게 변하니?
    - 과자 냄새를 맡아보자, 어떤 냄새가 나니?

5. 과자가 다 구워지면 주변을 정리한 뒤 간식으로 만든 과자를 먹으면서 맛, 모양, 만들었던 과정에 대해서 이야기해본다.
    - 과자 맛은 어떠니?
    - 과자를 만들 때 어떤 점이 제일 재미있었니?
    - 어떤 모양의 과자를 빚었니?
    - 과자 모양은 너희가 처음 빚었던 모양과 같니?

대·소집단활동
신체표현

동네 한 바퀴

6월 1주

활동목표 · 노래말에 따라 동작을 한다.
· 여럿이 함께 박자에 맞추어 율동 게임을 해본다.

집단크기 대집단

활동방법 1. 아침 일찍 일어나 자기가 사는 동네를 돌아본 경험이 있는지 이야기 나누어 본 후 노
래말의 내용을 들려준다.
- 한 아이가 아침에 일찍 일어나서 아주 기분이 좋았대,
그래서 친구들과 바둑이에게 이렇게 소리쳤단다, "아이 상쾌해"
"얘들아, 우리 다같이 동네 한 바퀴를 돌자, 아침 일찍 일어나 동네 한 바퀴를 돌다보면
나팔꽃도 피어서 '얘들아, 안녕!' 하고 우릴 보고 인사를 해, 바둑아, 너도 같이 동네 한 바퀴 돌자"

2. 노래를 충분히 익힌 후 율동하는 방법을 유아와 함께 충분히 생각해 보고 마음껏 표
현해 본다.
- '다같이 돌자, 동네 한바퀴' 부분은 어떻게 하면 좋을까?

3. 율동하는 방법을 정한 다음 노래를 부르면서 교사를 따라 해본다.

4. 소집단으로 나누어서 한그룹이 먼저 한 후 순서를 바꾸어 춤춰본다.

참 고 · 율동의 예
① 다같이 돌자 동네 한 바퀴(유아들이 손을 잡고 큰 원을 만든 후 시계 반대 방향
으로 워킹 스텝을 하면서 돈다.)
② 아침 일찍 일어나 동네 한 바퀴(①과 반대 방향으로 돈다.)
③ 우리 보고 나팔꽃 인사합니다. (두 팔을 둥글게 하면서 머리 위쪽으로 올린 후 인
사를 한다.)
④ 우리도 인사하며(옆의 친구와 인사한다.)
⑤ 동네 한 바퀴(각자 제자리에서 뛰면서 한 바퀴 돈다.)
⑥ 바둑이도 같이 돌자(손을 놓고 제자리에서 서서 무릎을 네 번 친다.)
⑦ 동네 한 바퀴(각자 제자리에서 뛰면서 한 바퀴 돈다.)

동네 한 바퀴

윤석중 작사/프랑스 민요

대 · 소집단활동
게임

달팽이집

6월 1주

활동목표	· 달팽이집의 생김새에 관심을 가진다. · 규칙을 지켜 즐겁게 게임한다.
집단크기	중 · 소집단
활동자료	색테이프(빨간색, 파란색), 신호악기(탬버린), 빨강색 · 파랑색 카드 각 1장씩, 달팽이 머리띠 2개, 바구니 2개, 미니공 20개
활동방법	1. 달팽이집 모양을 색테이프로 바닥에 붙여서 달팽이집을 준비한다. - 바닥에 색테이프로 붙인 것이 무엇처럼 보이니? - 다함께 달팽이집 노래를 불러보자. 2. 게임방법에 대해 이야기한다. - 지금부터 너희들은 달팽이가 되고 이곳은 달팽이집이 되는 거야. - 한 명은 달팽이집 가운데서 서있고 다른 한 명은 달팽이집 끝에 서서 준비하고 있다가 선생님이 출발신호를 알리면 앉아 있는 친구들이 달팽이집 노래를 불러주고 게임하는 친구는 노래에 맞추어 달팽이집 선을 따라서 걸어가는 거야. - 둘이 서로 만나면 가위바위보를 하고 이긴 친구가 자기 팀 바구니에 미니 공을 넣는 게임이란다. 3. 두 편으로 나누어 앉는다. - 파란색 카드를 뽑은 유아는 파란색 선에 앉고, 빨간색 카드를 뽑은 유아는 빨간색 선에 앉기로 하자. 4. 게임할 때 지켜야 할 규칙을 유아들과 함께 정한다. - 출발선에서 신호 듣고 출발하기 - 친구와 부딪히지 않게 달리기 - 게임하는 친구들에게 응원하기 5. 게임 시범을 보여주고 게임을 한다.

6. 게임에 대해 평가를 한다.
  - 어느 팀 바구니에 공이 많이 들어 있는지 함께 세어보자.
  - 규칙을 잘 지키며 게임을 했니?
  - 응원하는 친구들은 어땠니?
  - 달팽이집 게임을 하니 어떤 점이 재미있었니?
  - 힘들었던 점은 무엇이니?
  - 게임을 더 재미있게 할 수 있는 방법은 무엇일까?

참   고 • 「떡장사 놀이」와 게임방법이 동일하다.

실외자유선택활동

모래주머니 넣기

6월 2주

활동목표	· 힘의 세기를 조절하여 물체를 던져본다.
	· 대 · 소근육 발달을 돕는다.

활동목표 · 힘의 세기를 조절하여 물체를 던져본다.
· 대 · 소근육 발달을 돕는다.

집단크기 　대 · 소집단

활동자료 　모래주머니, 다양한 크기의 대바구니

활동방법 　1. 모래주머니를 제시하여 유아들이 흥미를 갖고 마음껏 탐색하도록 한다.
　　　　　 － 이것은 무엇일까?
　　　　　 － 이 속에는 무엇이 들어 있을까?
　　　　　 － 한번 만져보자.

　　　　 2. 유아 나름대로의 방법으로 충분히 놀이하도록 한다.
　　　　　 － 이 모래 주머니로 어떤 놀이를 할 수 있을까?

　　　　 3. 다양한 크기와 높이의 대바구니를 처음에는 낮게 제시하여 모래주머니를 던져 넣어본다.
　　　　　 － 이번에는 이 대바구니에 모래 주머니를 넣어보자.
　　　　　 － 어떻게 하면 잘 넣을 수 있을까?

　　　　 4. 활동에 익숙해지면 대바구니의 높이를 각각 다르게 제시하고 모래주머니를 던져본다.
　　　　　 － 어떤 바구니에 모래 주머니가 많이 들어갔니?
　　　　　 － 왜 그럴까?
　　　　　 － 어떻게 하면 더 많은 모래 주머니를 담을 수 있을까?

참　고
- 유아들이 충분히 활동을 하고 나면 편을 나누어 게임으로 진행할 수 있다.
- 모래주머니 외에 콩이나 팥 등의 다양한 재료로 주머니를 만들어 활동해 볼 수 있다.
- 실외에서는 나뭇가지나 처마밑에 바구니를 달아 활동한다.

실내자유선택활동
역할놀이영역

은행놀이

6월 3주

활동목표	·은행에서 하는 일에 관심을 갖는다.
	·은행의 이용법을 알고 극놀이로 표현한다.

집단크기   소집단

활동자료   통장, 장난감 도장, 입·출금표, 번호표, 은행 간판, 연필, 인주, 컴퓨터, 모형돈

활동방법   1. 은행을 견학한 후나 예금을 하러 은행에 가보는 경험을 한다.

2. 은행견학을 통한 사전경험을 한 뒤에 유아와 은행놀이를 하기 위해 은행놀이에 필요한 소품을 알아본다.
   - 은행에는 무엇이 있었니?
   - 은행에서 본 사람들은 무엇을 하고 있었니?
   - 저금하기 위해서는 무엇이 필요하니?

3. 놀이에 필요한 소품과 환경을 구성한 뒤 유아와 역할을 의논하여 결정한다.
   - 은행에는 어떤 사람들이 있었니?
   - 은행원은 누가 할까?
   - 그 사람들은 무슨 일을 할까?
   - 기다리는 손님은 무엇을 하고 있을까?

4. 역할이 정해지면 유아와 놀이를 시작한다.
   - 저금하러 왔어요.
   - 대기표를 뽑으세요.
   - 도장이 필요해요.
   - 통장을 확인하세요.

5. 놀이가 진행되다가 유아가 다른 역할을 하고 싶어하면 은행놀이의 역할을 바꾸어 다시 진행한다.

6. 놀이가 다 끝나면 놀이영역을 정리해놓고 은행놀이를 평가한다.
  - 자, 은행문을 닫을 시간이 되었어요.
    모두 정리해 봅시다.
  - 은행놀이는 재미있었니?
  - 은행에 간 손님들은 예의바르게 순서를 지켰니?

참 고 · 은행을 견학한 후 놀이를 유도하면 더 효과적이다.
· 컴퓨터영역과 통합하여 컴퓨터의 사용도 함께 할 수 있게 한다.
· 현금 출납기, 은행 창구, 대기석, 잡지꽂이 등의 소품과 비품을 준비하여 은행영역을
  꾸밀 수 있다.

실내자유선택활동
수 · 과학영역

직업과 도구

활동목표	· 여러 직업의 종류와 역할에 대해 이해한다.
	· 게임의 규칙을 이해하며 즐긴다.

6월 3주

집단크기	소집단

활동자료	게임판, 돌림판, 말(여러 종류의 직업인)

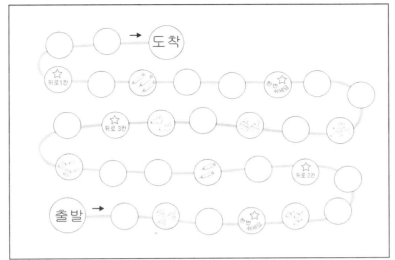
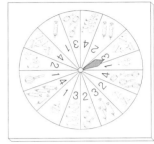

활동방법 1. 게임판에 관심을 보이는 유아에게 게임을 제안한다.
- 새로운 게임판이 생겼구나,
- 돌림판을 보자, 무슨 그림이 있니? 숫자도 쓰여 있구나,

2. 게임방법을 설명해주고 게임을 한다.
- 말과 순서를 정한다,
- 돌림판을 돌렸을 때 나온 도구를 사용하는 말을 가진 사람이 그 수만큼 앞으로 간다,
- 다른 모양이 나오면 그 모양의 말을 가진 사람이 앞으로 간다,
- 자기 말과 똑같은 그림이 있는 칸에 가면 그 수만큼 앞으로 간다,
- ☆표시에서는 지시를 따른다,

3. 게임에 흥미를 보이는 다른 유아와 함께 게임을 할 수 있도록 한다.

실내자유선택활동
음률영역

나의 직업은?

6월 3주

활동목표	·여러 가지 직업에 관심을 가진다.
	·신체를 이용하여 주변의 여러 가지 직업을 표현한다.
집단크기	중·소집단
활동자료	여러 가지 직업을 가진 사람 카드, 비밀상자
활동방법	1. 여러 가지 직업을 가진 사람이 그려진 그림카드를 보며 어떤 모습인지 이야기 나눈다.
	- 어떤 그림이 그려져 있니?
	- 어떤 일을 하는 사람일까?
	- 이 그림에 나와 있는 사람은 어떻게 움직이면서 일을 할까?
	2. 직업을 가진 사람 그림카드를 보며 자유롭게 흉내내본다.
	- 만약 너희가 ○○이라면 어떻게 움직일까? 표현해보자.
	3. 유아가 비밀상자 속에 있는 카드를 꺼내어 신체로 표현하면 다른 유아가 어떤 직업을 나타내는지 알아맞혀보는 활동으로 변형해볼 수 있다.
	- 카드 한 장을 꺼내 보겠니?
	- 어떤 직업을 나타내는지 친구들에게 말하지 않고 몸으로 표현해 볼 수 있을까?
	- 어떤 직업인지 아는 친구는 한번 알아맞혀보자.
참고	·부모님이나 조부모님 중 다양한 직업을 갖고 계신 분을 초대하여 이야기를 들어보거나 일하는 곳을 방문해본다.

은행에 견학을 가요

6월 3주

활동목표	· 은행에서 하는 일에 관심을 갖고 이해한다. · 공공장소에 가서 지켜야 할 예절에 대해서 안다.
집단크기	소집단
활동자료	은행 간판, 질문 목록지, 은행의 기능이 있는 그림 및 게시 자료, 카메라 등
활동방법	1. 은행으로 견학을 가기 전에 유아들이 가지고 있는 사전지식과 경험에 대해서 이야기를 나눈다. 　- 은행에 가 보았니? 　- 무슨 일로 갔었니? 　- 은행에서는 어떤 일을 할까? 　- 저금하고 돈을 찾는 것을 어려운 말로 예금과 출금이라고 한단다. 　- 은행에서는 예금과 출금만 할 수 있을까? 2. 이야기를 나누는 과정에서 유아들이 모르는 것과 궁금해하는 것들을 모아서 질문 목록을 만든다. 3. 견학가서 해야 할 일들에 대해서 유아들과 이야기를 나눈다. 　- 은행에 가면 제일먼저 무엇을 해야할까?(번호표 뽑기) 　- 예금을 하기 전에 무엇을 해야 할까?(입 · 출금표 쓰기) 　- 내 차례가 된 것을 어떻게 알 수 있을까?(번호판의 내 번호 확인하기) 4. 은행에서 지켜야 할 예절 걸어다니기, 작은 소리로 말하기, 제자리에서 기다리기 등에 대해 이야기를 나눈다.

참 고

· 유아들과 견학 후 정기적으로 예금하기 활동으로 확장해봄으로써 은행의 이용과 역할 이해에 도움을 얻는다.
· 사후활동을 위해 유아들과 은행에서 경험한 것(번호표 뽑기→입출금표 작성하기→기다리기→예금 및 출금 등)을 순서대로 사진을 찍어 교실에 게시해준다.

무엇을 놓을까?

활동목표   · 패턴의 규칙에 관심을 갖고 이해한다.
· 여러 기관과 기관에서 일하는 사람, 필요한 도구를 안다.

6월 4주

집단크기   개별

활동자료   패턴판 6장. 패턴카드 6장

〈만드는 방법〉

① 6개의 패턴판(30×7㎝)을 만든다.

② 패턴판 위에 기관에서 일하는 사람, 기관 건물, 도구 그림을 패턴에 맞춰 붙인다.

③ 일정한 패턴으로 가다가 한 자리씩 물음표(?)를 그려놓고 보슬이를 붙인다.

④ 코팅한 후 뒷면에는 하드보드지나 우드락을 붙여 단단하게 만든다.

⑤ 패턴카드는 ?자리에 들어갈 해당 그림의 갯수만큼 코팅하여 뒷면에 까슬이를 붙인다.

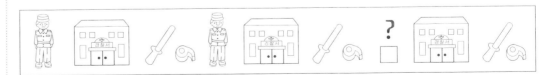

활동방법	1. 패턴카드를 보고 이야기를 나눈다.
	- 여기에 있는 그림 카드를 한번 보자, 어떤 것들이 있니?
	2. 패턴판의 그림을 따라 패턴을 놓아본다.
	- 여기에 있는 판을 보자, 어떤 그림이 있니?
	- 이 물음표 자리에는 어떤 그림이 오면 될지 생각해볼까?
	- 그림카드를 찾아서 올려보자,
참　　고	• 익숙해지면 유아가 스스로 패턴을 만들어볼 수 있도록 그림이 없는 패턴판을 제공한다.
	• 한 유아가 패턴을 만들고 다른 유아가 패턴에 따라 그림을 놓아볼 수 있다.

모래 그림 그리기

활동목표	· 견학가서 본 것들을 회상한다. · 가장 기억에 남는 것을 그림으로 그려본다.

6월 4주

집단크기	대집단
활동자료	도화지, 물풀, 모래

활동방법

1. 견학 활동에 대해 회상해본다.
   - 우리가 어디를 다녀왔지?
   - 어떤 것들을 보았니?
   - ○○물건은 언제 쓰는 걸까?
   - 어떤 분들이 계셨니?
   - 궁금한 점들은 다 알아보았니?

2. 모래와 물풀을 이용한 견학 그림을 그릴 것을 제안한다.
   - 모래를 이용해서 그림을 그려본 적이 있니?
   - 어떤 방법으로 그려 보았니?(어떤 방법으로 그릴 수 있을까?)
   - 모래와 물풀을 이용하여 그림을 그려보자.

3. 유아들에게 물풀을 각각 하나씩 나눠주고 풀을 이용하여 밑그림을 그린 후 모래를 뿌려 보도록 한다.
   - 어떤 것이 가장 기억에 남니?

4. 모래를 털어 그림을 나무와 나무 사이에 끈을 늘여 빨래집게를 이용하여 그림을 전시해 주고 감상한다.

5. 활동에 대해 전체 평가를 한다.
   - 모래를 이용해서 그림을 그려보니 어땠니?
   - 모래 그림 그릴 때 힘든 점은 무엇이었니?
   - 다른 그리기 도구와는 어떤 것이 다르니?
   - 무엇을 그린걸까?
   - 친구들의 그림을 볼 때는 어떻게 해야할까?
   - 나무줄에 달아 전시하니 어떠니?

참 고 · 견학장소에서 쉽게 구할 수 있는 자연물을 활용하여 견학지에서 직접 조형활동을 할 수 있다(예: 나뭇잎, 나뭇가지, 모래 등).

주제

건강한 생활

실시기간 : 7월 1주 ~ 7월 4주

▶ ## 전개방법

건강은 일상생활에서 빼놓을 수 없는 기본적인 것으로 어린이집 생활 전반에서 다루어져야 한다. 특히, 방학이 없는 어린이집의 유아들은 여름철에 공동생활에 따른 위생, 청결, 질병 등의 문제와 더위와 습기로 인한 불쾌감을 느낄 수 있으므로「건강한 생활」을 이 시기의 주제로 선정하였다.

유아들은 스스로의 건강과 안전을 돌보는 능력이 부족하므로 성인의 도움이 필요하다. 이 주제에서는 건강의 기초가 형성되는 유아기부터 자신의 건강을 유지하는 방법과 태도, 건강에 도움이 되는 것과 건강을 해치는 것을 알고 구분할 수 있도록 돕는다. 유아가 건강을 유지하기 위한 방법으로 고른 영양 섭취뿐만 아니라 다양한 운동의 종류와 방법에 대해 알아보고 실외놀이 활동시 다양한 운동을 해볼 수 있도록 한다. 또한 자신의 건강을 위해 스스로 노력해야 한다는 것을 인식하며 생활습관으로 익혀 나감으로써 건강한 사회인으로 성장할 수 있도록 돕고자 한다.

안전한 생활은 어린이집 실내외 공간에서의 안전 수칙과 내용, 태도 등을 조사와 토의·견학을 통해 유아들이 자신을 위험으로부터 안전하게 보호하는 방법을 알 수 있게 한다.

학기초에 다루었던 이닦기, 낮잠과 휴식, 손씻기 등 기본생활습관을 더욱 강조하고 목욕과 청소 등 위생과 청결에 관한 내용도 세심하게 계획하여 실행하며 가정의 협조를 요청한다.

건강하고 깨끗하게 생활하기 위해서는 위생이나 그 시기에 유행하는 질병에 대한 안내, 예방접종 시기 등을 가정통신문을 통하여 안내함으로써 가정에서 유아들의 건강에 각별히 유의할 수 있도록 한다. 또한 가정이나 골목길, 공원 등에서 지켜야 할 안전수칙과 방법, 태도를 부모들에게 안내하여 어린이집과 일관성 있는 활동이 이루어지도록 한다.

▶▶ 환경구성

	쌓기놀이영역	역할놀이영역	미술영역	언어영역	수·과학영역	조작영역	음률영역
실 내	· 단위 블록 · 종이벽돌 블록 · 공간 블록 · 병원 간판 · 목욕탕 간판 · 계산대 · 티켓(표)	· 인형 · 인형옷 · 고무대야 · 세제 모형 · 비누 모형 · 샴푸통 · 타월 · 빗 · 로션통 · 의사가운 · 간호사 모자 · 약 · 진료카드 · 청진기 · 반사경 · 주사기 · 약통 · X-ray · 압설자 · 붕대 · 반창고 · 링겔병 · 종이 · 필기구 · 체온계 · 신호등 · 자동차 · 횡단보도 · 주차장 표시	· 비눗물 · 한지 · 잡지 · 가위 · 풀 · 색도화지 · 색연필 · 매직 · 티슈 · 이쑤시개 · 수수깡 · 색깔풀 · 치약	· 그림책: 「치과의사 드소토 선생님」 「곰 아저씨는 치과의사」 · 그림글자카드: 세면 도구, 청소 도구 · 역할극 소품: 의사 가운, 반창고, 붕대, 아픈 그림 카드 · 탈 것 퍼즐 (교통기관) · 자석인형놀이 (교통놀이) · 글자 도미노: 교통 안전에 필요한 것들	· 곰팡이 실험 자료: 식빵, 우유, 밥 · 샬레 혹은 접시 · 필기도구 · 관찰 기록장 · 돋보기 · 병원과 아픈 곳 짝짓기 자료 · 병원의 종류, 여러 가지 도구와 기계에 관한 화보 · '안전하게 놀이해요' 자료 · 교통기관 수세기 자료 · 안전띠가 달린 자동차 모형 · 인형	· '손톱을 깎아 보세요' 자료 · '이를 닦아요' 자료 · '힘내라! 깔끄미' 자료: 그림카드 · 뚜껑 맞추기 자료 · 도로표지판 · 구슬 끼우기 자료	· 신체표현: 「목욕하기」 · 음악 테이프: (이블릭글레니, 에튀드 inc Op. 6) · 노래: 「배가 아파요」 「싹싹 닦아라」 「길을 건널때」 「신호등」 「손을 씻어요」 「모두 제자리」 · 여러 종류의 음악 · 스카프
실 외	· 치약 · 고무대야 · 수건 · 모의 '불' 자료 · 마스킹 테이프, 분필(선그리기 자료)	· 비눗물 · 샴푸통 · 주사기 · 모래		· 풀물감, 헌 책상, 앞치마 · 타월 · 안전도우미 완장 · 평균대		· 인형 · 비누 · 사이렌 · 자전거, 자동차	

주간보육계획안

소주제 : 깨끗하고 건강하게 생활해요　　　　　　　　　　실시 기간 : 7월 1주

		월	화	수	목	금	토
등원 및 맞이하기		깨끗한 얼굴과 손, 옷차림에 관해 이야기 나누기					
실내자유선택활동	쌓기놀이영역	단위 블록, 종이벽돌 블록으로 목욕탕 짓기				병원놀이를 해요	
	역할놀이영역	목욕탕 꾸미기		목욕놀이	◎ 병원놀이		
	미술영역	여러 가지 종이에 비누거품 찍어내기 병원 안의 사람들: 잡지에서 얼굴 오려붙이고 구성하기 　　　　　　　　　병원놀이 도구 만들기(의사, 간호사 모자, 약, 진료카드)					
	언어영역	동화:「치과의사 드소토 선생님」 「곰 아저씨는 치과의사」 ◎ 무엇을 갖고 갔나? 　　　　　　　　그림·글자 카드(세면 도구, 청소 도구) 역할극: 아픈 친구에게 어떻게 할까요? 　　　　　　　병원 디오라마					
	수·과학영역	곰팡이 실험　　　병원과 아픈 곳 짝짓기 　　　　　　　　　　　체온을 재어보세요 병원의 종류, 여러 가지 도구와 기계에 관한 화보 전시					
	조작영역	손톱을 깎아보세요		이를 닦아요		힘내라! 깔끄미!	
	음률영역	◎ 옷을 빨아보자　　　　　유아 체조 　　　　노래:「배가 아파요」[1]「싹싹 닦아라」					
대·소집단활동		이야기 나누기: 치과와 이닦기　　병원이 하는 일　　병원에서 본 것 그리고 이야기 나누기 왜 아팠을까?[2] ◎ 신체표현: 치약 되어보기　　게임: 엉덩이에 주사를 놓아요　◎ 노래: 손을 씻어요					
실외자유선택활동		비누방울놀이　　손가락 풀그림: 핑거 페인팅 　　　　　　인형 목욕시키고 소꿉놀이 용품 씻기　　　◎ 주사기로 그리기					
점심 및 낮잠		동화:「치우기를 싫어하는 아저씨」「쥐박사님의 진찰 시간」					
기본생활습관		간식, 식사 먹기 전에 손 씻기					

교육활동참고

1) 배가 아파요

배가 아파요

김성균 요/곡

여보세요 여보세요   배가아파요   밤새도록배가아파   쩔 쩔 매 다 가
여보세요 여보세요   배가아파요   밤새도록배가아파   쩔 쩔 매 다 가

아침되기 기다리다   겨우왔어요   어 서나좀고쳐   주 세 요
그러니까 뱃속에서   야단이났죠   아 픈주사한대   놓 세 요

2) 왜 아팠을까?
· 아픈 상황에 대한 그림카드와 예방에 관한 그림카드를 준비하여 예방하는 방법에 대해
  이야기를 나눈다.

주간보육계획안

소주제 : 골고루 먹어요   실시 기간 : 7월 2주

		월	화	수	목	금	토
등원 및 맞이하기		아침에 먹고 온 음식 이름 말하기					
실내자유선택활동	쌓기놀이영역	음식점 만들기		아이스크림 가게 만들기			
	역할놀이영역	음식점놀이(피자·아이스크림 가게) 배달놀이하기			밀가루 점토로 음식 만들기		
	미술영역	점토로 음식 만들기 잡지에서 음식 그림 오려 구성하기 1)	앞치마, 요리사 모자 꾸미기		과일, 야채로 구성하기 점토로 과일, 채소 만들기		
	언어영역	음식 메뉴판 만들기 요리책의 음식 이름	내가 좋아하는 음식책 만들기 만들어보기 음식 수수께끼				
	수·과학영역	좋아하는 음식 그래프 몸을 튼튼하게 하는 음식 나누기	밀가루 반죽 만들기 맛보기 ◎ 피자잔치 게임		포도게임		
	조작영역	음식 분류하기 음식퍼즐		토끼에게 먹이를 주세요			
	음률영역	노래:「냠냠」	마녀의 국 2) 신체표현: 국수는 요술쟁이 3) 동화듣고 연주하기		주방음악회		
대·소집단 활동		이야기나누기: 음식을 골고루 먹어요 견학: 주방 견학하기 ◎ 요리: 시금치·멸치·당근 주먹밥 만들기	◎ 노래:「빵가게 아저씨」 동극:「쥐꼬리를 단 당근」				
실외자유선택활동		시장 견학하기 모래로 음식 만들기 어린이집 동물 먹이주기 텃밭 관찰하고 물주기					
점심 및 낮잠		동화:「쥐꼬리를 단 당근」「도시락에 뭐가 들어 있지?」「여러 가지 음식 잘 먹지 않는 아이」					
기본생활습관		손씻기					

교육활동참고

1) 잡지에서 음식 그림 오려 구성하기
   · 잡지에서 나오는 음식 그림을 오려 종이에 붙인 후에 그림을 그려 넣으며 다양한 표현을 해본다.

2) 마녀의 국
   ① 요술 할머니가 국을 끓이는데 넣고 싶은 여러 재료를 넣고 끓이면 맛있는 국을 끓일 수 있다.
   ② 무엇을 넣고 싶은지 이야기해본다.
   ③ 끓은 국을 한 국자 마시면 자기가 되고 싶은 것으로 변신한다.
   ④ 변신한 모습을 몸으로 표현해본다.

3) 국수는 요술쟁이
   ① 마른 국수의 모양을 살펴본다.
   ② 국수를 끓는 물에 넣고 삶는 과정을 살펴본다.
   ③ 삶은 국수 모양을 살펴본다.
   ④ 마른 국수, 삶아지는 과정의 국수, 삶은 국수를 몸으로 창의적으로 표현해본다.
   · 끓는 물의 사용은 위험할 수 있으므로 국수 삶는 과정을 비디오로 찍어 관찰할 수 있다.

주간보육계획안

소주제 : 운동을 하면 건강해져요　　　　　　　　　　　실시 기간 : 7월 3주

		월	화	수	목	금	토
등원 및 맞이하기		건강하고 밝은 모습에 대해 표현해 주기					
실내자유선택활동	쌓기놀이영역	단위 블록으로 운동 경기장 꾸미기					
	역할놀이영역	음식 만들어 소풍가기 　　　　　　 운동경기 흉내내기 　　　 유람선 놀이 　　　 체육센터 놀이					
	미술영역	큰 상자 이용하여 배 만들기(공동작업) 　　　유람선놀이에 필요한 소품 만들기(티켓, 완장 등) 　　　　　　　　　　　　　　　체육공원 표지판 꾸미기 [1]					
	언어영역	운동경기 책 꾸미기 [2] 　　　　 운동 글자 낚시 　　　◎ 운동에 필요해요 　　　여러 가지 운동경기 수수께끼 　　　　　　　　　◎ 몸으로 말해요					
	수·과학영역	등산게임 　　　　운동선수와 운동기구 짝짓기 [3] 　　　　　　　　　　그림자놀이(OHP, 실물화상기)					
	조작영역	구멍 찾아 구슬 넣기 　　　　◎ 빨대 축구 　　　　　　여러 가지 공 퍼즐					
	음률영역	「어떻게 할까」 　　　　 나팔 동굴의 소리 요정					
대·소집단활동		이야기 나누기: 여러 가지 운동경기 사진보기(실물 화상기 이용) 　　　　　줄 뛰어넘기 　　　　　　　　게임: 풍선 배드민턴					
실외자유선택활동		공놀이 　　　　　　　물놀이 　　　　　　그림자놀이 모래발로 밟기(멀리뛰기) 　　　　거울놀이 　　◎ 현장학습: 등산하기					
점심 및 낮잠		동화:「숲 속 마을 운동회」「산책 후 낮잠자기」「숲에 올 땐 꼭 자전거를 타요」					
기본생활습관		규칙적으로 운동하기 　　　　　　　　　 규칙적인 생활하기					

교육활동참고

1) 체육공원 표지판 꾸미기
   · 체육공원에 있는 운동 표지판 모양을 제시하고 유아 나름대로 그려 꾸며보게 한다.

2) 운동경기 책 꾸미기
   · 잡지나 신문에 나오는 스포츠 장면을 같은 종류의 운동 경기끼리 오려붙여 이름을 붙이고 어떤 장면인지 이야기를 꾸며본다.

3) 운동 선수와 운동기구 짝짓기
   · 왼쪽에 각 내용마다 핀을 꽂아 고무줄을 걸어 짝이 되는 곳을 찾아 고무줄을 연결한다.

주간보육계획안

소주제 : **운동경기는 즐거워요**   실시 기간 : **7월 4주**

		월	화	수	목	금	토
등원 및 맞이하기		집에서 가져온 운동 경기 용품을 보고 이야기하기					
실내자유선택활동	쌓기놀이영역	축구장 꾸미기 1) 운동경기 흉내내기					
	역할놀이영역	운동 용품 가게놀이 2) 운동경기 중계하기					
	미술영역	라켓 만들기, 골프공 굴려보기, 인형 운동복 입히기, 운동경기 판화					
	언어영역	운동 신문 만들기 운동 수수께끼 운동경기 병풍게임 3) 동시:「줄넘기」					
	수·과학영역	내가 좋아하는 운동 그래프 ◎ 공무게 달기	스포츠 숨바꼭질 탁구 점수판	탁구공 삼목 게임 ◎ 농구게임			
	조작영역	자석 권투 게임	축구 주사위 운동 경기 퍼즐				
	음률영역	음악에 맞춰 리듬체조 하기	동작활동(긴장 이완 체조) 음악감상: 개선행진곡				
대·소집단활동		이야기 나누기: 내가 좋아하는 운동 견학: 스포츠 용품점 동시짓기: 운동은 즐거워요					
실외자유선택활동		미니 농구 골프하기 골대에 공넣기 물놀이 씨름하기					
점심 및 낮잠		동화:「공들의 자랑」 「아! 홈런이다」 「네 사람의 장사」					
기본생활습관		규칙적으로 운동하기					

교육활동참고

1) 축구장 꾸미기
   · 축구장의 설계도를 그리고 설계도의 내용에 따라 블록을 이용하여 구성해 본다.

2) 운동 용품 가게놀이
   · 잡지에서 오린 운동 용품 그림을 코팅하여 요플레통에 붙여 전시한다. 용품에 가격표를 만들고 돈과 계산기를 준비한다. 역할을 정하여 운동용품을 사고 파는 놀이를 한다.

3) 운동경기 병풍게임
   ① 병풍 모양 활동판을 나누어 갖는다.
   ② 뒤집기 카드를 그림이 보이지 않게 뒤집어 둔다.
   ③ 순서를 정한 후 첫 번째 유아가 카드를 한 장 뒤집는다.
   ④ 나온 운동 경기가 자기 병풍에 있으면 그 옆에 카드를 끼우고 없으면 다시 카드를 바닥에 내려놓는다.
   ⑤ 순서를 바꿔가며 반복하여 활동한다.
   ⑥ 병풍이 완성되면 끝난다.

병원놀이

활동목표	· 병원에 갔던 경험을 구체화시켜 극놀이로 표현한다. · 다양한 역할에 관심을 갖는다. · 언어 표현력을 높이고, 친구의 말을 이해하고 적절히 반응한다.

집단크기 소집단

7월 1주

활동자료 병원놀이 세트(혹은 실물자료)-청진기, 주사기, 혈압계, 체온계, 설압자, 가위, 핀셋, 붕대, 반창고, 약병, 페트병(혹은 식염수통)으로 만든 링거병, 의사 가운, 반사경, 시력 검사표, X-ray필름(실물), 약봉지, 진료카드(제작), 보험카드(제작), 처방전, 필기구, 간판, 체중계, 신장계, 병원 사진, 테이프, 스펀지 블록, 종이벽돌 블록, 흰 천

활동방법

1. 역할놀이영역에 준비해둔 다양한 자료들을 자연스럽게 탐색해 본다.
   - 여기는 어디인 것 같니?
   - 그래, 너희들도 병원에 가본 적이 있지?
   - 의사 선생님이 쓰는 여러 가지 물건들이 있구나.
   - 병원에는 어떤 사람들이 있니?

2. 병원놀이를 위해 필요한 것들을 이야기 나눈다.
   - 이제 우리반에서도 병원놀이를 해보자. 그러면 어떤 병원이 있다고 할까?
   - 병원놀이를 하려면 어떤 사람들이 있어야 하니?
   - 그러면 의사선생님이 진찰하는 곳은 어디에 만들까? 주사 맞는 곳은 어디에 만들까?
   - 또, 병원에는 어떤 곳이 있을까? 어디에 만들까?
   - 그런데 의사 선생님이 진찰하려면 무엇이 있어야 할까?
     (간호사, 접수, 수술실 등 필요한 도구나 사람에 대해 의논한다.)

3. 병원은 어떤 종류가 있는지, 또 병원 안에는 어떤 장소들이 있고 그 곳에서 무엇을 하게 되는지 이야기해본다.
   - 소아과, 치과, 안과, 이비인후과, 정형외과, 산부인과 등 진료 과목이 다르다.
   - 진찰실, 주사실 외에 접수하는 곳, 돈내는 곳, 식당, 입원실 등도 있다.

4. 역할을 분담하고 역할에 따라 자리를 정하고, 소품을 이용하여 놀이한다.

- 오늘 병원에 처음 왔는데요, 어디에서 접수를 하나요?

- 보험카드 있으세요?

- 여기 있어요, 저기 앉아 기다리세요.

- ○○○ 들어오세요.

- 안녕하세요, 우리 아이가 아파서요, 기침도 많이 하고 어젯밤에 계속 토했어요.
  입원해야 될 정도로 아픈가요?

- 먼저 X-ray를 찍어주세요.

5. 진찰하기, 주사맞기, 입원하는 놀이, 붕대와 반창고로 부상자를 치료하는 놀이, 시력검사 놀이, 신체검사 놀이 등 다양한 상황을 극화해본다.

참 고
- 병원놀이의 전개에 따라 약국놀이, 119구급대 놀이, 집놀이 등과 연결하여 놀이를 확장할 수 있다.
- 병원놀이, 119구급대 놀이, 동물원 놀이 등과 같이 일상적이지 않은 놀이가 진행될 때는 교사의 개입이 자주 일어나지만 유아들이 점차 놀이에 익숙해지면 교사는 유아들끼리의 상호작용이 빈번히 일어나도록 개입의 횟수를 줄여나간다.

실내자유선택활동
언어영역

무엇을 갖고 갔었나?

활동목표 · 친구의 말을 듣고 잘 기억한다.
· 정확한 문장으로 말한다.
· 상황에 알맞은 물건을 생각해낼 수 있다.

7월 1주 집단크기 소집단

활동방법 1. 유아들에게 게임 방법을 설명한다. 상황에 적절한 물건들을 덧붙여서 점점 길고 완전한 문장을 만드는 게임을 소개한다.
- 여기에 동그랗게 앉아보자, "무엇을 갖고 갔었나?"라는 게임을 해볼거야.
- 목욕탕에 먼저 가보도록 하자, 너희들, 목욕탕에 가본 일이 있니?
- 목욕탕을 가본 친구도 있고, 가보지 못한 친구도 있네. 그럼, 목욕을 할 때 어떤 물건을 쓰는지 한번 생각해 보자.
- 잠깐만, 머리 속으로 생각 해봐, 이제 그 물건들을 하나씩 게임으로 얘기할거야.
  먼저 선생님이 "나는 목욕탕에 갈 때 수건을 가지고 간다" 하고 말하면
  선생님 옆에 있는 친구는 잘 듣고 있다가 자기가 생각한 것을 덧붙여서 말하는 거야.
  ○○야, 너는 무엇을 생각했니?
- 샴푸요.
- 그래, 그러면 선생님이 말한 다음에 ○○가 "나는 목욕탕을 갈 때 수건과 샴푸를 가지고 간다"라고 말하면 되겠다.

2. 순서가 원활하게 돌아가도록 처음 몇 번은 유아의 이름을 불러주고 완전한 문장으로 말하도록 격려한다. 구성원이 3~4명이 넘지 않게 교사가 조절해주어야 한다.
- ○○는 무엇을 가지고 갈래?
- 스펀지요.
- 그럼, 처음부터 끝까지 말해보자. "나는 목욕탕을 갈 때…".
- 나는 목욕탕을 갈 때 수건과 샴푸와 …스펀지를 가지고 간다.
- 그럼, ○○이는?
- 나는 목욕탕에 갈 때 수건과 …스펀지와 물오리를 가지고 간다.

3. 같은 물건을 말하거나, 문장이 너무 길어 기억하지 못하면 게임을 끝낸다.

참　고 · 목욕탕 이외에도 소풍을 갈 때, 바다에 갈 때, 수영장에 갈 때 등의 활동을 해볼 수 있고, '무엇을 먹었나?' '무엇을 입었나?' '무엇을 하고 놀았나?' 등 다양하게 놀이할 수 있다.

· 조금 어린 유아들에게는 그림카드를 이용하거나 미리 물건들의 이름을 많이 말해 보게 한 다음 게임을 진행한다.

· 문장을 길게 덧붙이는 활동을 어려워 하면 "○○갈때 ○○을 가지고 간다"에 다양한 표현을 하며 이유를 말해 보는 게임으로 부터 시작해본다.

7월 1주

실내자유선택활동
음률영역

옷을 빨아보자

활동목표
· 노래의 기본 리듬을 익힌다.
· 기본 리듬을 손뼉으로 친다.
· 노래말 지시에 따라 리듬을 동작과 함께 표현해본다.

7월 1주

집단크기
소집단

활동자료
리듬 패턴 카드 6장, 인형옷이나 자기의 겉옷 하나, 빨래의 전과정을 그린 5개의 자석 그림카드, 노래「옷을 빨아보자」

〈리듬패턴카드〉

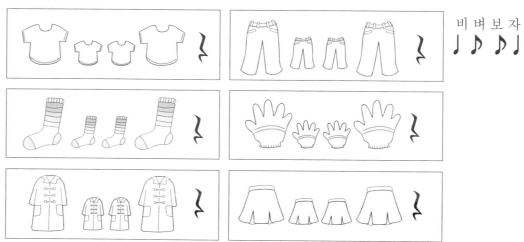

활동방법
1. 준비된 그림카드를 음률영역에 제시해 주고 관심있는 유아와 손으로 빨래하는 과정을 이야기해본다.
   - 손으로 빨래하는 것을 본 적이 있니?
   - 그림카드를 보면서 빨래하는 순서를 이야기해보자.
   - 빨래를 말리기 위해서는 어떻게 할까?
   - 구겨진 옷을 예쁘게 입기 위해서는 어떻게 할까?

2. 교사는 노래말에 따라 그림카드를 자석판에 붙이며 실제 옷으로 유아들이 직접 빨래 동작을 해본다(비비는 것, 꼭 짜는 것, 널어보는 것, 다림질하는 것, 개는 것).

3. 새 노래를 배운다.

4. '비벼보자' 부분의 리듬을 손뼉으로 쳐본다.

5. 노래말과 가락이 익숙해지면 리듬의 강약과 속도를 달리하여 다양하게 불러본다.
   – 가볍게 옷을 다리듯이 노래를 불러볼까?
   – 옷이 어디가 특히 더러워졌니? 우리 그 곳을 더 세게 빨아보자,
   – 물이 더 필요하니? 물을 조금 더 부어볼까? 한 번, 두 번…아이, 힘들다,
     이번에는 천천히 옷을 빨아보자,
   – 이 옷은 결혼할 때 입는 아주 가볍고 부드러운 옷이래, 어떻게 가꿔야 할까?

6. '비벼보자' 부분의 리듬을 모두 함께 손뼉으로 쳐본다. 이때 교사는 리듬카드를 보여주고 손바닥으로 리듬 치는 것을 보여준다. 리듬 패턴 카드를 음악영역에 내주어 유아가 개별적으로 자유롭게 리듬을 쳐보게 한다.

참　고
　　• 'ㅇㅇㅇ의 옷 '이라는 노래말 대신 유아의 개별 이름을 넣어 부르고 '옷' 대신에 '양말, 짧은 옷, 치마, 바지, 코트, 긴 바지, 신발, 장갑, 잠옷' 등 노래말을 다양하게 바꾸어 흥미를 유지시킨다.
　　　– 이번에는 승철이의 바지를 빨아보자, 이번에는 희수의 장갑을 빨아볼까?
　　• 실외놀이영역에서 실제로 옷을 빨아보는 경험을 해본다.

옷을 빨아보자

덴마크 민요 / 김명순 요

1. ㅇ ㅇ ㅇ 의 옷 을 　비 벼 보 자 　비 벼 보 자
비 벼 보 자 　ㅇ ㅇ ㅇ 의 옷 을 　비 벼 보 자
아　주 - 깨 끗　하　게

2.꼭 짜보자　　3.널어보자　　4.개켜보자　　5.다려보자

대·소집단활동
신체 표현

치약 되어보기

7월 1주

활동목표	· 신체를 이용하여 창의적으로 표현한다. · 사물의 움직임을 주의깊게 관찰한다.
집단크기	중집단
활동자료	치약, 칫솔 모형, 색테이프 - 스티로폼을 그림과 같은 크기로 잘라 솔 부분에 파란색 테이프를 세로로 붙인다.

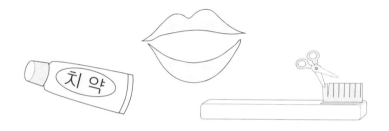

활동방법

1. 교실 바닥에 카펫 크기 정도의 입술과 치약 모양을 붙인다.

2. 10~15명의 유아들이 모여 치약과 칫솔을 보며 사용해본 경험에 대해 이야기 나눈다.
   - 치약을 짜본 적이 있니? 치약이 어떻게 나오니?
   - 녀희들이 치약이 되어 표현해 보겠니?
   - 조금 남은 치약은 어떻게 짜야 할까?
   - 칫솔을 어떻게 사용해야 이가 깨끗해질까?
   - 칫솔질을 하면 치약은 어떻게 될까?
   - 거품이 된 치약이 되어보겠니?
   - 칫솔질을 하고 난 후에는 어떻게 하지?

3. 교실 바닥에 준비된 자료를 소개하며 역할을 정하고 자리에 앉는다.
   - 누가 치약이 되어 보겠니?
   - 치약 짜는 어린이는 어디에 있어야 할까?
   - 칫솔을 누가 움직여주겠니?

4. 치약들의 움직임을 자유롭게 표현한다. 이때 교사는 다양한 언어적 개입으로 창의적
   표현을 돕는다.
   - 치약을 천천히 눌러보자,
   - 이번에는 꾹 짜 보자, 이제 조금만 짜보자,
   - 마지막 남은 치약이 왜 안 나올까? 꽉 누르자,
   - 입 속으로 치약이 들어갔구나, 힘차게 칫솔질을 하자, (칫솔을 움직이며)위로 아래로,
     치약 거품들이 춤을 추네, 이젠 이가 깨끗해졌구나, 물로 헹구어 내자,
     치약들이 밖으로 흘러 나오는구나!

참 고   · 사전활동으로 점심 식사 이후에 양치질하는 활동을 해볼 수 있다.

대 · 소집단활동
노래

손을 씻어요

7월 1주

활동목표	· 손을 씻는 올바른 방법을 안다. · 손씻는 과정을 몸으로 표현해 본다.
집단크기	대집단
활동자료	손씻기 그림 자료

활동방법   1. 「손을 씻어요」 노래를 부르며 도입한다.

2. 간식(혹은 점심)을 먹으러 가기 전에 해야 할 일을 물어보고 손씻는 순서를 동작으로
표현해 보기로 한다.

3. 각 과정을 동작과 함께 해보고, 잊기쉬운 부분이나 소홀하기 쉬운 부분을 올바른 방법
으로 재현하도록 격려한다.
- 손을 씻을 때 너희는 제일 먼저 무엇을 하니? 어떻게 하니?
- 옷을 걷어요, 이렇게요, 젖지 않게요.
- 옷이 젖지 않게 옷을 걷어보자, 물을 잡고 나서는 어떻게 할까?
수건은 어디있지? 닦고 난 수건은 어떻게 할까?

4. 동작표현이 끝난 후 직접 손을 씻으러 간다. 손씻기 노래에 이름을 넣어 불러줄 수 있다.

참 고   · 「손을 씻어요」 노래에 손 대신 발이나 몸, 머리 등의 단어를 넣어 부르고 각각을 동작
으로 표현해볼 수 있다.
· 언어영역에 그림동화 「이상한 안경」을 비치하고 함께 보면서 손씻기의 필요성에 대해
이야기해본다.

손을 씻어요

박경종 요 / 정혜옥 곡

손 을 손 을 씻 어 요   깨 끗 하 게 씻 어 요
손 을 손 을 씻 어 요   깨 끗 하 게 씻 어 요

고 사 리 같 은 예 쁜 손   깨 끗 하 게 씻 어 요
단 풍 잎 같 은 고 운 손   깨 끗 하 게 씻 어 요

개 구 장 - 이- 미 운 손   울 보 떼- 보- 미 운 손
장 난 꾸 러 기- 미 운 손   심 술 장- 이- 미 운 손

맑 은 물 에   뽀 득 뽀 득   우 리 모 두   씻 어 요
맑 은 물 에   뽀 득 뽀 득   손 을 손 을   씻 어 요

실외자유선택활동

주사기로 그리기

활동목표	· 새로운 도구로 그려보는 경험을 해본다. · 다양한 색의 혼합을 경험해볼 수 있다. · 눈과 손의 협응력 발달을 돕는다.
집단크기	소집단
활동자료	색물감, 물감 담을 통, 다양한 크기의 주사기, 전지 크기의 한지, 붓

7월 1주

활동방법

1. 실외놀이장의 담장에 큰 전지를 붙여주고 유아들과 물감을 이용해 그려보고 섞어보는 활동을 한다.
   - 어떤 색의 물감을 좋아하니?
   - 물감을 섞어서 그려본 적이 있지, 그때 어땠니?
   - 여러가지 색으로 그려보자,
   - 여러 가지 색을 섞어보자,
   - 색이 어떻게 변했니?

2. 주사기 물총에 색물감을 넣고 다양하게 그려보는 활동을 해본다.
   - 이 물감들(빨강, 노랑, 파랑, 초록, 흰색)을 주사기에 넣은 후 종이에 그려볼거야,
   - 와! 물감이 물총처럼 쏟아지네,

3. 색이 다른 주사기의 물감을 섞어보게 한다.
   - 와! 빨강과 노랑이 만나니까 주황색이 되었네,
   - 노랑과 파랑을 섞으면 어떻게 될까?

4. 개별 종이를 주어 각각 표현해 보도록 한다.

참　　고

· 완성된 그림을 말려서 여러 가지 모양으로 오려보는 활동으로 확장시킬 수 있다.
· 물감이 유아의 옷에 묻지 않도록 비닐옷을 준비한다.
· 다른 친구에게 물감을 쏘지 않도록 한다.

피자 잔치 게임

활동목표	·음식의 재료에 대해 관심을 갖는다. ·게임의 규칙을 지키며 즐긴다. ·기억력 증진을 돕는다.
집단크기	소집단
활동자료	피자판, 피자 재료 48개(6가지 색×8개씩)

7월 2주

〈피자판〉
① 판 위에 찍찍이를 8개씩 부착한다.
② 6조각의 피자판의 색깔을 모두 다르게 한다.

〈피자 재료〉
① 6조각의 피자 판과 같은 색깔로 8개씩 색칠한다.
② 색칠한 피자 재료 뒷면에 찍찍이를 부착한다.

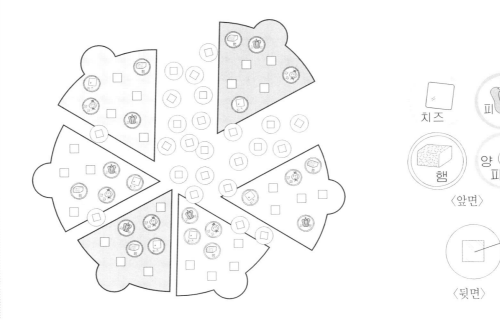

치즈　　피망
햄　　양파
〈앞면〉

찍찍이
〈뒷면〉

활동방법 1. 피자판을 수·과학영역에 준비해주고 관심 있는 유아 6명과 게임을 해본다.

2. 게임판을 보여주고 게임방법을 알아본다.
   - 여기 어떤 음식들이 있지?
   - 피자 조각을 하나씩 가져보자.
   - 재료는 모두 바닥에 뒤집어 놓아보자.
   - 누가 먼저 할까?
   - 피자 재료를 뒤집어 보고, 자신의 피자 조각과 같은 바탕색이면 가져가서 붙이고,
     아니면 다시 뒤집어 내려 놓는거야.

3. 자기 피자 판에 재료를 모두 붙이면 게임을 끝낸다.

대 · 소집단활동
노래

빵가게 아저씨

활동목표	· 노래의 강약, 장단을 표현해 본다.
집단크기	대집단
활동자료	뚱보 아저씨가 빵 만드는 것에 관한 융판자료, 그림 노래말 악보, 빵 만들 때 들리는 소리 녹음 테이프, 노래「빵가게 아저씨」

7월 2주

활동방법
1. 빵 만들 때 들을 수 있는 소리들을 녹음하여 하나씩 들려주며 무엇을 할 때 나는 소리 인지 알아맞혀보게 한다.
   - 녀희가 지난 번 요리할 때 녹음한 소리들이란다.
     이 소리가 무엇을 할 때 났던 소리인지 잘 생각해봐.

2. 빵가게 아저씨에 대한 이야기를 들려준다.
   - 옛날 어떤 동네에 맛있는 빵을 파는 빵가게가 있었어요.
     빵가게에는 배가 뚱뚱한 뚱보아저씨가 여러 가지 빵을 굽고 계셨어요.
     아저씨는 하루도 쉬지 않고 열심히 빵을 구우셨어요.
     아, 맛있는 빵 굽는 냄새. 우리, 빵가게 아저씨께 놀러가 볼까요?

3. 그림 노래말 악보를 보며 노래말을 읽어준 후 이야기와 연관지어본다.

4. 그림 노래말 악보를 보며 1절을 불러보고 점차 가사를 바꾸어 불러본다.
  – 아저씨가 길다란 빵을 구우셨대요.
  – 기다란 빵 구운 노래를 우리도 불러보자.
  – '기다란'에서는 빵의 모양처럼 아주 길게 불러볼 수 있겠니?

참　고
  · '기다란 기다란 기다란'에서 점점 길게 부르다가 '아주 긴 빵'에서는 최대로 길게 부른다. '동그란 빵, 부드러운 빵, 딱딱한 빵, 조그만 빵, 커다란 빵' 등으로 가사를 바꾸어보고 그에 따라 소리를 점점 크고 부드럽게, 딱딱하고, 조그맣게 등으로 불러본다.
  · 점점 크고, 작고, 길게 등으로 노래할 때 교사는 양 손으로 크기와 길이 등을 표현하여 유아가 시각적으로 좀 더 길고, 좀 더 작은 모습을 볼 수 있게 한다.
  · 그림 노래말 악보를 1절만 만들어 빵의 모양이 있는 부분에 고리를 걸거나 찍찍이를 붙여서 긴빵, 둥근빵, 작은 빵, 부드러운 빵 등을 쉽게 떼고 붙일 수 있게 한다.
  · 긴 빵이라 하더라도 빵을 다르게 배열하여 리듬 있게 부르게 한다.

빵가게 아저씨

뚱 뚱 뚱보 님　　빵 - 가게아 저 씨

뚱뚱뚱보님 뚱보아저 - 씨 기다란기다란
　　　　　　　　　　　동그란동그란

기다란기다란 아주 긴 - 빵을 구 웠습니다
동그란동그란 아주 둥근 빵을 구 웠습니다

대 · 소집단활동
요리

시금치 · 멸치 · 당근 주먹밥 만들기

활동목표 · 요리만들기를 즐긴다.

집단크기 소집단

활동자료 요리 순서표, 전기밥솥, 볼, 주걱, 시금치, 멸치, 당근, 소금, 참기름   **7월 2주**

〈요리 순서표〉
1. 밥을 큰 그릇에 담는다.
2. 잔멸치를 넣고 잘 섞는다.
3. 당근 다진 것을 넣고 잘 섞는다.
4. 시금치 다진 것을 넣고 잘 섞는다.
5. 섞은 재료를 뭉쳐 주먹밥을 만든다.
6. 멸치 · 시금치 · 당근 주먹밥을 접시에 담아 먹는다.

활동방법 1. 요리하기 전에 둥글게 모여 앉아서 주먹밥에 대해 이야기를 나눈다.
- 밥을 먹어 보았니?
- 어떤 밥이 제일 맛있었니? 어떤 밥이 먹기 힘들었니?

2. 주먹밥을 만드는 방법과 필요한 재료에 대해 이야기한다.
- 오늘은 여러 가지 밥 중에서 주먹밥 만들기를 해보자.
- 주먹밥을 만드는 데 어떤 재료와 도구가 필요한 지 살펴보자.
- 요리 순서표를 보면서 주먹밥 만드는 방법을 알아보자.

3. 교사와 유아는 손을 깨끗이 씻은 후 요리 순서표의 순서대로 요리해본다.

4. 뒷정리를 한다.

5. 만든 주먹밥을 먹어보고 만든 과정과 맛에 대해 이야기를 나눈다.
   – 주먹밥을 만들면서 어떤 점이 재미있었니?
   – 어떤 주먹밥이 맛있니?

참　고 ・소그룹별로 다양한 맛의 주먹밥과 여러 가지 모양의 주먹밥을 만들어서 주먹밥의 다양한 맛을 즐길 수 있다.
   예) 참기름과 간장을 넣은 주먹밥
      김가루에 무친 주먹밥
      계란 옷 입힌 주먹밥
      다식판으로 모양을 낸 주먹밥

운동에 필요해요

활동목표	·다양한 운동 용품의 종류를 안다 ·운동의 종류와 관련된 용품을 분류할 수 있다.
집단크기	소집단
활동자료	운동 그림판, 운동 용품 카드, 가위바위보 주사위 2~3개

7월 3주

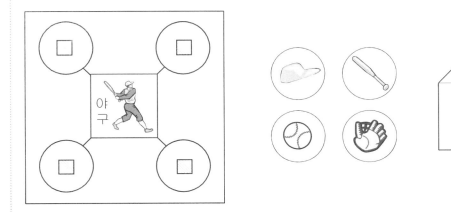

〈운동 그림판〉

① A4색지에 모양색지를 붙인다. 가운데 사각 색지에는 운동 종목(축구, 야구, 농구…)그
   림을 1가지씩 붙이고 코팅한다.

② 코팅한 그림을 하드보드지에 붙여 완성한다. 동그란 모양에 찍찍이를 붙인다.

〈운동 용품 카드〉

① 동그란 색지에 운동 용품 그림과 글씨를 하나씩 붙이고 코팅한다.

② 코팅한 운동 용품 카드 뒷면에 반대편 찍찍이를 붙인다.

〈주사위〉

·사각 주사위에 가위바위보 그림을 코팅해 붙인다.

활동방법　1. 준비한 자료를 제시해주고 관심을 갖는 유아와 운동을 할 때 필요한 것에 대해 이야기 한다.
　　　　　　　- 네가 좋아하는 운동은 어떤 것이니?
　　　　　　　- 축구를 할 때 무엇이 필요하니?
　　　　　　　- 어디서 하면 좋을까?

　　　　　　2. 운동 그림판에 있는 그림을 보며 이야기한다.
　　　　　　　- 그림판에는 어떤 그림이 있니?
　　　　　　　- 그림판에 있는 운동을 하려면 무엇이 필요할까?

　　　　　　3. 게임방법에 대해 알아본 후 게임을 한다.
　　　　　　　- 그림판을 하나씩 나누어 갖는다.
　　　　　　　- 각자 주사위를 던진다.
　　　　　　　- 가위바위보에서 이긴 유아는 운동용품 카드를 찾아 그림판에 붙인다.
　　　　　　　- 그림판에 그림카드를 다 붙이면 게임은 끝난다.

참　　고　· 운동 그림판과 용품카드를 다양하게 준비해준다.

실내자유선택활동
언어영역

몸으로 말해요

7월 3주

활동목표	·여러 운동 종목의 이름을 안다. ·여러 종류 운동의 특징을 몸으로 표현할 수 있다.
집단크기	소집단

활동자료 │ 여러 가지 운동 카드(야구, 축구, 농구, 태권도, 레슬링, 스키, 골프, 펜싱, 수영, 사이클, 마라톤, 유도 등), 삼각대

〈만드는 방법〉
① 잡지에서 오린 운동 그림을 사각 카드에 붙여 코팅한다.
② 하드보드지로 삼각대를 만들어 시트지로 싼다.
③ 사각 카드를 링에 연결해 삼각대에 끼운다.

활동방법

1. 언어영역에 준비된 자료를 제시해주고 관심을 보이는 유아와 함께 말을 하지 않고 그림을 설명할 수 있는 방법을 알아본다.
   - 이 그림카드에 무엇이 있는지 말을 하지 않고 설명하는 방법은 어떤 것이 있니?

2. 그림 카드를 보고 운동하는 그림을 신체로 표현해본다.
   - ○○야! 그림을 보고 몸으로 설명해보자.
   - 무엇을 하는 걸까?
   - 야구를 하고 있구나.
   - 네가 설명한 그림카드를 보여줄 수 있니?
   - 너희들이 이야기한 것처럼 야구를 하는 그림이구나.

3. 그림카드를 보고 다양하게 표현할 수 있도록 격려한다.

참　　고 │ ·운동과 관련된 경기나 운동기구 등의 카드를 다양하게 제시해 게임을 확장할 수 있도록 한다.

실내자유선택활동
조작영역

빨대 축구

7월 3주

활동목표 · 운동경기에 관심을 갖는다.
· 운동경기를 게임으로 즐길 수 있다.

집단크기 소집단

활동자료 축구판, 빨대, 미니 축구공, 점수판

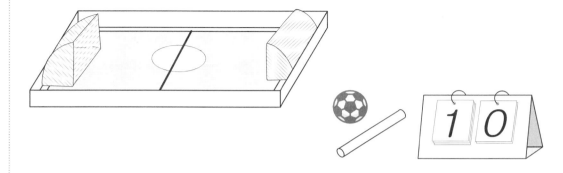

〈축구판〉
① 하드보드지로 사각 상자를 만들어 시트지로 싼다.
② 상자에 매직으로 축구장을 그린다.
③ 철사로 기둥을 세우고 망으로 싼 후 축구장을 붙인다.

〈미니 축구공〉
· 탁구공에 매직으로 축구공의 모양을 그린다.

〈점수판〉
① 하드보드지로 삼각대를 만들고 시트지로 싼다.
② 사각 숫자 카드를 코팅해 삼각대에 링으로 연결한다.

활동방법 1. 준비한 자료를 보여주며 축구를 해본 경험에 대해 이야기 나누어본다.
   - 축구를 해 본 적 있니?
   - 어디서 했었니?
   - 축구장은 어떻게 생겼었니?

2. 축구를 할 때 지켜야 할 규칙에 대해 알아본다.

   - 축구는 무엇을 사용하는 운동일까?

   - 공은 어디에 넣어야 점수가 날까?

3. 빨대 축구 게임 방법에 대해 알아보고 규칙을 지켜 게임을 한다.

   - 자기의 골대를 정한다,

   - 공을 축구장 가운데에 놓고 동시에 빨대로 불어 공을 움직인다,

   - 공이 상대편 골대에 들어가면 점수를 얻는다,

   - 점수를 얻으면 점수판의 점수를 바꾼다,

참   고 ┆ ・빨대를 여러 개 준비하여 새 것으로 사용 후 바꿔 쓸 수 있도록 한다.

현장학습

등산하기

활동목표	· 계절의 변화를 느낀다. · 등산이 몸에 주는 이로운 점을 생각해본다. · 인내심과 지구력을 기르고 성취감을 느낀다.
집단크기	대집단
활동자료	편안한 복장, 신발, 휴지, 물, 구급약, 수건
활동방법	1. 산에 오르기 전에 등산에 대해 이야기 나눈다. 　– 산에 오르는 것을 무엇이라고 할까? 　– 우리들이 산에 오르면 어떤 점이 좋아질까? 2. 등산을 하며 주변의 자연을 관찰하며 이야기 나눈다. 　– 산에 올라가는 길에는 무엇이 있니? 　– 나무의 색깔이 어떠니? 　– 봄에 보았을 때와 어떤 점이 달라졌니? 　– 새롭게 피어난 꽃은 없니? 　– 약수물이 있구나! 약수물도 마셔보자, 어떠니? 3. 등산 코스에 따라 설치되어 있는 체육공원이나 쉼터 등에서 놀이한다. 　– 이곳은 어떤 곳일까? 　– 이 운동기구의 이름은 뭘까? 　– 어떻게 하는 운동기구일까? 　– 이 운동기구로 운동을 할 때는 어떤 점을 조심해야 할까? 4. 운동기구를 이용하여 자유롭게 놀이한다. 5. 등산을 마친 후 느낌에 대해 이야기 나눈다. 　– 등산을 해보니 기분이 어떠니? 　– 매일매일 산에 오른다면 우리 몸이 어떻게 달라질까?

7월 3주

참　고　· 학기초부터 어린이집 가까운 산에 등산하기 활동을 계획하여 계절의 흐름(변화)이나
　　　　　주제에 관련된 활동을 전개할 수 있다.
　　　　　예) 자연관찰 - 나무 및 봄꽃 개화 정도의 변화 관찰
　　　　　　　　　　　- 가을 나무 및 단풍잎 관찰, 밤 따기
　　　　　　　요리 - 밤 송편 만들기
　　　　　　　미술 - 야외 스케치, 자연물 수집하여 꾸미기
　　　　　　　환경 - 쓰레기 줍기 등

실내자유선택활동
수·과학영역

공 무게 달기

활동목표	·공에 따른 무게를 측정하고 비교 할 수 있다. ·측정한 무게를 기록할 수 있다.
집단크기	소집단
활동자료	양팔 저울, 저울 추, 여러 종류의 공, 기록표, 필기도구, 스티커

7월 4주

공무게를 달고 기록하세요

⚽ 축구공 _____
○ 정구공 _____
🏀 농구공 _____
⚾ 야구공 _____
🏐 배구공 _____
○ 탁구공 _____

활동방법

1. 준비된 자료를 제시해주고 관심 있는 유아와 저울을 탐색해보고 저울의 특징을 알아 본다.
   - 이건 무엇일까?
   - 어떻게 사용하는 걸까?
   - 저울에 물건을 올려 놓으니까 바늘이 어느 수에 멈추었니?
   - 숫자를 읽어보자.

2. 여러 가지 공을 손을 이용하여 무게를 느껴본다.
   - 공을 손으로 들어보자.
   - 어떤 공이 무거울 것 같니?

3. 저울을 이용하여 공의 무게를 측정해본다.
   - 공을 저울에 달아보자. 숫자가 어떻게 바뀌었니?
   - 무게를 달았을 때 가장 무거웠던 공은?
   - 어떤 공이 가장 가벼웠니?

4. 공무게를 단 후 기록표에 추 양만큼 스티커를 붙여 비교해 본다.

참 고
·공의 종류를 다양하게 준비해주고 여러 종류의 운동 기구도 무게를 달 수 있도록 한다.
·저울에서 공이 굴러가지 않도록 저울에 세움대를 붙인다.

농구게임

활동목표   · 운동 경기에 관심을 갖는다.
　　　　　 · 수세기와 수의 순서를 알 수 있다.
　　　　　 · 규칙을 지키며 즐긴다.

집단크기   소집단

7월 4주

활동자료   게임판, 말, 주사위

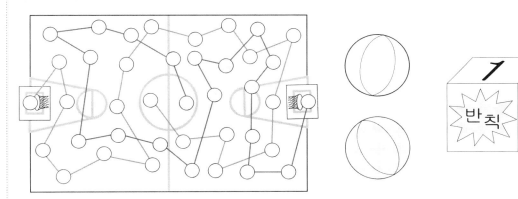

활동방법   1. 준비된 자료를 제시해주고 이야기해본다.
　　　　　　 – 무슨 게임일까?
　　　　　　 – 어떻게 하는 게임일까?

　　　　　 2. 게임방법을 알아보고 게임을 해본다.
　　　　　　 – 말과 순서를 정한다.
　　　　　　 – 주사위를 던져 나온 수만큼 앞으로 나아간다.
　　　　　　 – 주사위에서 '반칙'이 나오면 1칸 뒤로 간다.
　　　　　　 – 골대까지 도착하면 게임은 끝난다.

주제 **여름**

실시기간 : 7월 5주 ~ 8월 4주

▶▶ **전개방법**

여름이 되어 더워진 날씨, 달라진 옷차림, 새로운 과일, 음식, 더위를 이기기 위해 필요한 도구나 놀이, 여름철 질병으로부터 건강하게 보낼 수 있는 방법들을 통해 계절의 변화에 적응할 수 있는 직접적 경험을 제공하고자 「여름」의 주제를 선정하였다.

「여름」에서는 가까운 곳으로의 산책이나 야외학습을 통해 계절을 인식하고, 식물의 변화와 새로운 곤충을 발견해보는 활동을 통해 자연의 변화를 직접 관찰하고 느끼도록 한다. 또한 날씨 변화와 이에 적응하는 사람들의 생활변화를 탐색, 관찰하고 건강한 여름을 보내는 다양한 방법과 건강을 해치는 주변의 상황들을 슬기롭게 보내는 방법을 경험한다.

특히, 여름은 물을 이용한 놀이나 활동을 하기에 좋은 시기이다. 비 오는 날 우산을 쓰고 산책을 나가보거나 항해놀이, 배 만들어 띄워보기, 빨래하기놀이, 비누방울놀이, 물·모래 놀이, 얼음 과자 만들기 등의 놀이 활동을 통하여 물에 관한 여러 가지 정보를 제공하는 활동과 어린이집 내에 간이 수영장이나 물놀이대를 설치하여 마음껏 물놀이를 즐길 수 있는 활동들을 계획한다. 또한 물놀이시 안전교육을 실제적으로 병행할 수 있다.

여름은 방학이나 휴가, 여행 등의 경험이 많아지는 시기이므로 어린이집에서 운영되는 활동의 계획도 물·모래 놀이 등 편안하고 자유스러우며 여유로운 하루일과 운영을 하는 것이 바람직하다.

휴가철을 맞아 유아들이 가족과 지내거나 친척집을 방문하거나 여행을 다녀오는 경우가 많으므로 가족과의 협력이 더욱 강조되는 시기이다. 가족과 함께 여행에서 모아온 여러 가지 자료나 물건, 동·식물 채집한 것 등을 전시하여 가족과의 경험을 어린이집으로 통합하고 연결하여 활동을 확장 실시할 수 있다.

환경구성

	쌓기놀이영역	역할놀이영역	미술영역	언어영역	수·과학영역	조작영역	음률영역
실 내	·렉스 블록 ·레고: 　해적선놀이 　잠수함놀이 ·수영장놀이 ·비닐 튜브 ·비닐 공 ·색안경 ·산과 바다 　꾸미기 관련 　된 소품들 ·종이벽돌 블록 ·우레탄 블록 ·단위 블록	·부직포 인형 ·여러 가지 　인형 옷 ·여름과일 모형 ·여러 가지 　여름옷 ·구두 ·운동화 끈 ·실 ·비닐 끈 ·여러 가지 　밀가루 반죽 ·수수깡 ·솜공 ·나무젓가락 ·종이컵 ·플라스틱 스푼 ·동극: 　「빗물웅덩이」 　자료 　동극띠 ·빗자루 ·걸레 ·쓰레받기 ·빈 샴푸통 ·비누(곽) ·큰 거울 ·목욕용 의자 ·타월 ·수건	·양초 ·물감 ·크레파스 ·유성매직 ·아세테이트지 ·색지 ·색종이 ·당근 ·무 ·감자 ·오이 ·스펀지 ·붓 ·코팅지 ·낚싯줄 ·식용유 ·염색 물감 ·복사용지 ·마블링 물감 ·우레탄 솔 ·칫솔, 신발솔 　등 다양한 솔 ·요구르트통 ·플라스틱 　우유통 ·재활용 접시 그릇 ·콩 ·수수깡 ·쌀 ·마카로니 ·페트병 ·실 ·나무젓가락 ·클립 ·마분지 ·자석 ·나뭇잎	·여름물건 　짝짓기 카드 ·아이스크림 　카드 ·화보: 　「여름곤충」 　「수돗물이 　오기까지」 ·형용사 　글씨카드 ·그림보고 　이야기하기 　그림자료 ·컴퓨터상자 ·자석그림판 ·칠판 ·추상적 무늬 있는 　그림카드 ·끈 ·글자 끈잇기 　그림 ·글자카드 ·순서 찾고 　이야기 꾸미기 　그림자료 ·그림동화: 　「가보고 　싶은곳」 　「마술맷돌」 　「바닷가생물」 　「아이스크림과 　늑대 친구들」 　「비는 왜 내릴 　까요?」 　「토끼무늬 　노랑장화」 　「심부름」	·여름 날씨 　달력 ·여러 종류 　나뭇잎 ·숫자 바퀴 자료 ·실험자료 　(얼음, 고무줄, 　비닐봉지, 　온도계, 양파, 　컵, 콩나물, 　콩, 시루, 기름, 　설탕, 밀가루, 　주스 가루 녹는 것, 　녹지 않는 것) ·비 내리기 실험 　(쟁반, 분무기) ·곰팡이 실험 ·수조 ·종이 ·클립 ·자석 ·플라스틱 조각 ·고무조각 ·스티로폼 조각 ·탁구공 ·골프공 ·소금 ·모래 ·설탕 ·커피 ·자갈돌 작은 것 ·흙 ·게임: 　「고리끼우기」 　「인어공주 　게임」 　「물고기 낚시」	·계절 퍼즐 　맞추기 ·물건 맞추기 　퍼즐 ·포도알 맞추기 ·물놀이 도구 　패턴판 ·해저 탐험 　게임판 ·자석 물고기 　낚시 놀이	·음악 테이프: 　비발디 4계 중 　「여름」 　베토벤 　교향곡 6번 중 　「1악장」 　쇼팽의 　「빗방울 전주곡」 　조지윈스턴 　「Summer」 중 　「Living in the 　country」 ·노래: 　「여름」 　「수박」 　「얼음과자」 　「여름 냇가」 　「과일의 노래」 　「우산」 　「시냇물」 　「잠자리」 　「바윗돌 　깨뜨려」 　「빨래하기」 　「소라」 　「새파란 바다」 　「참 재미 있었지」 　「이슬비 　내리는」 　「해야 해야」 ·노래: 　「트위스트」 　「빨래하기」 　「저 실 바늘을 　따라」 　「빗방울의 　여행」

	쌓기놀이영역	역할놀이영역	미술영역	언어영역	수·과학영역	조작영역	음률영역
실 내			· 투명 테이프 · 풀잎 · 인형눈 · 이쑤시개 · 모루 · 꽃모양부직포	「별주부전」 「견우와직녀」 「캥거루 　간호사」 · 테이블 동화: 「빗물 웅덩이」 · 동시: 「해야 해야」 「여름」 「비가 와도」 「바다」 「여름바다」 「시냇가에서」 「여름 낮」 · 여름의 소리 　(물, 비, 천둥, 　매미) · 산에서 들을 　수 있는 소리	· 수박밭 만들기 · 여름 과일 · 화채 만들기 　순서표 · 매미 껍질 · 여름 과일 씨앗 · 촉감막대 · 촉감판 · 눈가리개 · 모양대로 　놓기 자료 · 패턴대로 놓기 　(물놀이 도구) · 여름과일 끈 　끼우기 · 모양대로 　놓기 자료 · '얼음과자' 　요리 순서표 「수박 잔치」 「문어 다리 　채우기」 「6이 되면 　가져가기」		「바닷속 세상」 · 물컵 연주, 　조개껍데기 　타악기 연주
실 외	· 확대경　　　　　　　· 우산, 양산　　　　　· 빨대, 세제　　　　　　· 여름철 곤충(실물) · 물놀이 도구: 페트병, 비닐컵, 빈 주스 깡통, 송곳 수로놀이: PVC관, 고무호스, 물통 · 모래놀이 도구들, 어린이용 풀장, 물총놀이(약병, 샴푸통, 마요네즈 용기) · 양동이 널빤지, 빈 캔, 훌라후프 터널, 돌멩이, 페인트 붓 · 시장(가게)놀이 물품, 소꿉 놀잇감						

주간보육계획안

소주제 : 여름은 더워요　　　　　　　　　　　　　　실시 기간 : 7월 5주

		월	화	수	목	금	토
등원 및 맞이하기		입고 온 여름옷에 대해 이야기 나누기					
실내자유선택활동	쌓기놀이영역	렉스 블록으로 만들기					
	역할놀이영역	인형옷 갈아입히기 　　　　　　　동극:「빗속에서 생긴일」					
	미술영역	해님 얼굴 꾸미기 [1)]　　　햇빛가리개 만들기　비밀그림 (크레파스 양초물감) 　　　　비오는 날 그리기 [2)]　　　선공 판화 찍기 [3)] 　　　　　　　　　　　　　　　　　　　　비옷 만들기					
	언어영역	동시:「여름 낮」　　　　　　　　　동극:「검둥이 삼보」 　　　　반대말 카드놀이　　　　　연상놀이 [4)]					
	수·과학영역	여름 날씨 달력, 그늘과 양지 온도 재기　　　더운물 찬물 비교해보기 ◎ 요리: 여름 과일 화채 만들기　　숫자바퀴 맞추기 [5)]					
	조작영역	카드뒤집기: 여름　　　　나뭇잎 짝짓기 [6)] 　　　　　　　　　　　수박 열렸네 [7)]					
	음률영역	음악감상: 쇼팽의 빗방울 전주곡　　비발디 사계 중「여름」 신체표현: 빗방울의 여행					
대·소집단활동		이야기나누기: 여름이 되었어요,　　　　　여름비가 왔어요 　　　　동극: 빗물 웅덩이 　　　신체표현: 비오는 날(스카프)　　　동화:「빗물 웅덩이」					
실외자유선택활동		해님 얼굴로 꾸미기　　◎ 그림자 잡기 놀이　　　양산 쓰고 산책하기 　　분수놀이　　비오는날 우산 쓰고 빗소리 들어보기　　　비온 뒤 모래 밟아보기					
점심 및 낮잠		동화:「개구쟁이 여름님」「요술쟁이 구름」 　　　　　　　　　그림책:「비는 왜 내릴까요」					
기본생활습관		여름철에 적절한 옷차림하기					

교육활동참고

1) 해님 얼굴 꾸미기
 ① 해님을 표현하고 싶은 색깔(따뜻한 느낌의 색깔)의 색종이를 3가지 정도 고른다.
 ② 색종이의 크기가 점점 작아지게 그린 후 그린 것을 오리고 큰 것부터 차례로 겹쳐서 붙인다.
 ③ 다른 색종이로 햇살도 만들어 붙인다.
 ④ 사인펜으로 더 꾸미고 싶은 모양을 그리거나 색칠한다.
 ⑤ 일회용(재활용)접시에 붙여서 벽면 장식으로 이용할 수 있다.

2) 비 오는 날 그리기
 ① 교사가 미리 흰 도화지 위에 옅은 물감으로 위에서 묻혀 아래로 흘러 내리게 하여 비 오는 모습처럼 만든 다음 말린다.
 ② ①을 나누어주고, 비 오는 날의 여러 장면을 표현해보게 한다.

3) 선공 판화 찍기
 ① 다양한 모양의 선공 판화판을 준비한다.
 ② 선공 판화판 위에 종이를 올려놓고 스펀지・붓・롤러・솜방망이 등을 이용하여 선 모양을 찍어본다.

4) 연상놀이
 ・형용사가 적혀 있는 그림과 글자를 같이 써넣은 카드(시원하다, 덥다, 깨끗하다, 지독하다 등)를 보고 유아들과 함께 연상되는 말을 표현해본다.
 ・그림을 모아서 '덥다 책' 등으로 만들 수 있다.

5) 숫자바퀴 맞추기
 ・물건 개수-글자-숫자를 함께 맞추어 본다. 크기가 다른 원판 3개를 연결하여 만든다.
 ・3판의 내용을 맞출때는 색깔이 일치하게 만들어 주면 쉽게 맞출 수 있다.

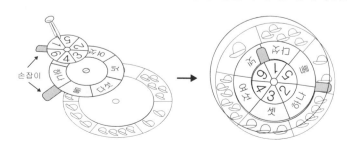

6) 나뭇잎 짝짓기
  ① 여러 모양의 실물 나뭇잎을 코팅해 만든 카드와 나뭇잎의 윤곽선을 따라 그린 그림카드를 짝지어본다. 또는 같은 나뭇잎을 찾아 짝지어 본다.
  ② 산책에서 모아온 나뭇잎을 말려 이용할 수도 있다.

7) 수박 열렸네
  ① 2명의 유아가 수박밭이 그려진 게임판을 1개씩 나눠가지고 순서를 정한다.
  ② 주사위를 던져 나온 숫자만큼의 수박을 수박밭에 붙인다.
  ③ 주사위를 던져 태극기그림(한 면은 태극기 그림)이 나오면 어떻게 할지 의논하고 결정한다(예: 한 번 더 주사위 던지기, 친구의 수박 하나 가져오기 등).
  ④ 수박이 다 없어지면 게임이 끝난다.

주간보육계획안

소주제 : 건강한 여름을 보내요　　　　　　　　　　　　　실시 기간 : 8월 1주

		월	화	수	목	금	토
등원 및 맞이하기		깨끗하게 씻기					
실내자유선택활동	쌓기놀이영역	목욕탕 만들기		유람선놀이			
	역할놀이영역	목욕놀이		◎ 아이스크림 가게 놀이			
	미술영역	나팔꽃 출석판 만들기 1)	야채도장 찍기		풀물감 놀이	부채 만들기	
	언어영역		과일 따오기 2)		카드 수수께끼	연상놀이	
	수·과학영역	촉감맞히기 3)	여름 과일(과일의 겉과 속) 번호따라 그리기 4)		곰팡이 실험(식빵, 밥, 우유) ◎ 요리: 복숭아 얼음과자		
	조작영역	여름 용품을 찾아서 5)	포도알 먹기				
	음률영역	손유희: 목욕을 해요	노래:「시장 잔치」	「얼음과자」		신체표현: 빗방울의 여행 6)	
대·소집단활동		이야기나누기: 여름철 날씨와 우리 생활 과일 가격표 놀이		게임: 파리잡기	시원하게 보내요 동시:「여름 바다」		
실외자유선택활동		◎ 솔그림	나뭇잎으로 꾸미기 7)		얼음땡놀이		
점심 및 낮잠		동화:「빨간 부채 파란 부채」					
기본생활습관		찬 음식은 적당히 먹기					

교육활동참고

1) 나팔꽃 출석판 만들기
   - 나팔꽃이 핀 동산의 풍경을 배경 그림으로 만들고, 색지로 나팔꽃을 접어 배경판에 붙인다.
   - 나팔꽃을 활짝 피게 하면 왔다는 표시이고, 나팔꽃을 오므리면 집에 간다는 표시로 사용할 것임을 이야기한다.
   - 자기 나팔꽃에 사진을 붙이고 이름을 쓴다.

   〈나팔꽃〉

   ① 분홍색, 연보라색 색지를 원형(지름 8~9)으로 유아 수만큼 오린다.
   ② 가운데 부분에 흰색 종이를 별 모양처럼 오려붙인다.
   ③ 원을 4번 접어서 펼치면 8등분 된 금이 나타난다.
   ④ 그림처럼 중심각이 90°인 부채꼴 모양이 되도록 접는다.
   ⑤ 90°인 부채꼴 모양으로 접은 나팔꽃의 뒷면에 풀칠을 하여 배경 그림판에 조화롭게 붙인다.
   ⑥ 배경 그림판에 붙어 있는 나팔꽃이 피었다가 지는 것처럼 조작하기 위해서 까슬이를 붙인다.

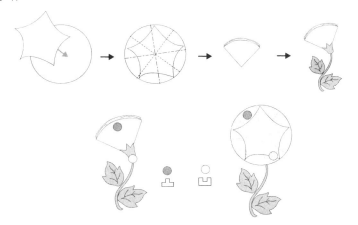

2) 과일 따오기
   ① 출발선 맞은편에 스티로폼으로 과일밭을 만들어 과일들을 꽂아놓는다.
   ② 출발선에서 바구니를 들고, 신호에 맞추어 뛰어가서 좋아하는 과일을 1개만 담아온다.
   ③ 담아온 과일을 쟁반에 담고, 무슨 과일을 가져왔는지 이야기해본다.

3) 촉감 맞히기
   - 눈을 가리고 먼저 촉감막대를 만져본 후 여러 가지 촉감이 나는 재료(털 헝겊, 셀로판지, 얼음, 밀가루, 고무인형 등)가 있는 판에서 같은 촉감이 나는 것을 고른다.

4) 번호따라 그리기

    · 번호대로 점을 이어 그리면 그림이 완성된다.

     (예: 물고기·배 등 폐쇄형 그림)

5) 여름 용품을 찾아서

    ① 유아 2명이 말과 순서를 정한다.

    ② 주사위를 던져 나오는 수만큼 이동한다.

    ③ 여름용품이 나오면 화살표를 따라 이동한다.

    ④ 도착 지점에 오면 게임이 끝난다.

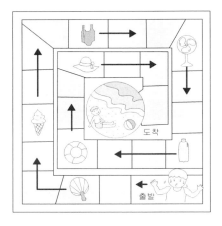

6) 빗방울의 여행:〈홍용희 외(1998). 유아를 위한 동작교육의 이론과 실제. 다음세대. 참조〉

빗방울

7) 나뭇잎으로 꾸미기

    ① 왕관: 나뭇잎을 반으로 접어 이쑤시개를 꽂아 둥근 형태로 연결시킨 후, 뿅뿅이나 모루로 장식한다.

    ② 얼굴: 모양과 크기가 다양한 나뭇잎에 모루, 인형·눈 등의 재료를 이용하여 인물, 물, 물고기 등을 재미있게 표현한다.

주간보육계획안

소주제 : 물놀이는 즐거워요 I　　　　　　　　　　　　실시 기간 : 8월 2주

		월	화	수	목	금	토
등원 및 맞이하기		가지고 온 수영복과 물놀이 도구에 대해 이야기하기					
실내자유선택활동	쌓기놀이영역	수영장 만들기		성 쌓기 항해하는 놀이			
	역할놀이영역	수영장 놀이		세탁놀이 다림질하기(옷 건조시키기)			
	미술영역	◎ 배만들기	여름 T셔츠 꾸미기 [1] 수영복 가방 만들기		비누거품 그림 그리기 마블링		
	언어영역	동시:「시냇가에서」	이야기꾸미기: 물을 아껴 써요	카드 수수께끼		여름 물건 짝짓기 카드 놀이	
	수·과학영역	실험: 물에 뜨는 것 가라 앉는 것 게임: 문어 다리 채우기		수박 잔치	물의 증발 [2]		
	조작영역	여름 관련 퍼즐	그림과 수 관계 짓기	물놀이 도구 패턴판	여름 그림·글자 맞추기 게임	해저 탐험	
	음률영역		입은 소리상자에요	신체표현: 빨래하기	긴 소리. 짧은 소리 [3]	물컵 연주	
대·소집단활동		이야기나누기: 물놀이와 지켜야 할 약속 게임: 시냇물 건너기		물의 순환 노래:「물놀이」		동시짓기:「물놀이」	
실외자유선택활동		도구를 이용한 물놀이		봉숭아 물들이기 게임: 물 나르기 [4]		물총 서바이벌 소꿉 놀잇감 닦기 [5]	
점심 및 낮잠		동화:「해바라기와 나팔꽃」	「홍내쟁이 그림자」		「별주부전」	「날개 달린 물고기」	
기본생활습관		물놀이 후 몸 깨끗이 닦기					

교육활동참고

1) 여름 T셔츠 꾸미기
  - T셔츠는 1주일 전에 가정에 알려 미리 모아서 이름을 쓴 후 마분지를 끼워 준비해둔다.
  - 염색 물감과 붓을 사용하여 그리고, 마른 후에 다려 입을 수 있도록 유아들에게 돌려준다.

2) 물의 증발
  ① 약간 오목한 접시 2개에 같은 양의 물을 붓고, 한쪽 접시의 위를 투명 랩으로 덮는다.
  ② 햇빛이 잘 드는 창가에 2개의 접시를 놓는다.
  ③ 이틀 정도 지난 후에 2개의 접시에 남아 있는 물의 양을 비교해본다.

3) 긴 소리, 짧은 소리
  ① 길게·짧게 소리내는 방법을 생각해 본 후, 소리를 내어본다(동물 소리, 자연물 소리, 기계 소리 등).
  ② 둥글게 서서 긴 소리에 맞춰 한 방향으로 참새 또는 코끼리 걸음으로 걸어가다가 짧은 소리가 나면 제자리에 서거나 뒤돌아 멈추는 놀이를 한다.

4) 물 나르기
  - 2개 팀으로 나눈 후 출발선에서 물을 1컵 떠서 양동이로 달려가서 부은 후 어느 팀이 물이 쏟아지지 않고 잘 부었는지 50cm자로 물 깊이를 재어본다.

5) 소꿉 놀잇감 닦기
  - 스펀지로 닦기, 물로 헹구기, 행주로 물기 닦기 등을 준비하고 역할을 분담한다.
  - 활동 전에 세제와 물로 비눗물을 만들고 헹굼 물을 준비해둔다.

주간보육계획안

소주제 : 물놀이는 즐거워요Ⅱ   **실시 기간 : 8월 3주**

		월	화	수	목	금	토
등원 및 맞이하기		여름철 놀이에 대해 알아온 것 이야기해보기					
실내자유선택활동	쌓기놀이영역	여러 가지 탈것 만들기			터널 여행		
	역할놀이영역	여행가기 놀이		시장놀이			
	미술영역	시장놀이와 관련된 자료 만들기 부채 만들기		얼음 그림	낚싯대와 물고기 만들기(실, 클립, 자) 물고기 꾸미기		
	언어영역	가방을 만들어주세요 막대동화:「빨간 부채, 파란 부채」				오징어의 눈 1)	
	수·과학영역	번호 따라 그리기 관찰: 물에 녹는 것	가게놀이 퍼즐 게임	◎ 실험: 물돋보기	물에 뜨는 것 가라앉는 것		
	조작영역	나의 여행 계획	바닷속 생물		자석 물고기 낚시		
	음률영역	얼음과자 깡충놀이 2) ◎ 물소리	바닷속 세상		달팽이를 밟지 마세요 3) 그림을 이용한 음표 익히기		
대·소집단활동		이야기나누기: 여름 휴가 동안 가보았던 경험 나누기 게임: 산·바다·강 신체표현: 바닷속 세상			바다 이야기		
실외자유선택활동		◎ 수로 공사 놀이 게임: 달팽이를 밟지 마세요		물자국 놀이 4) 물에 뜨는 것과 가라앉는 것		물총 쏘기	
점심 및 낮잠		동화:「여우표 튼튼 칫솔」 그림책:「가보고 싶은 곳」		「마음대로 의자」		「무지개 나라」	
기본생활습관		스스로 옷 갈아입기					

교육활동참고

1) 오징어의 눈
  ① 오징어 그림판과 바닥판을 제시하고 관심을 보이면 놀이방법에 대해 이야기한다.
  ② 바닥판에 오징어 그림판을 올려놓고 이리저리 움직여본다.
  ③ 전·후·좌·우로 오징어 그림판을 움직이며 구멍에 나타난 글자와 그림을 확인해본다.

2) 얼음과자 깡충놀이
  ① 실내의 넓은 바닥(공간)에 얼음 과자 모양을 시계 모양으로 시간 자리에 붙인다. 이때 3, 6, 9, 12에는 얼음과자 2개, 그 외에는 1개씩 얼음과자 모양을 붙인다.
  ② 얼음과자가 2개 있는 곳에 양 발을 대고 선다.
  ③ 음악에 맞춰 얼음과자가 1개 있는 곳에서는 한 발로 뛰고, 얼음 과자가 2개 있는 곳에서는 양 발로 뛴다.

3) 달팽이를 밟지 마세요
  ① 노란색 솜공을 달팽이라 상상하고 교실에 작은 노란색 솜공을 여기저기 흩어놓는다.
  ② 작은 노란색 솜공을 달팽이라고 한다면, 어떻게 걸어야 할지 물어본다.
  ③ 만일 달팽이를 밟게 되면, 어떤 소리를 낼지 상상해보고 표현해 보게 한다.
    (예: "이크", "아야")

4) 물자국 놀이
  · 물 담을 통, 다양한 크기의 페인트 붓, 사다리를 그림 그리기 적합한 벽 근처에 준비한다.
  · 페인트 붓에 물을 적셔 벽돌이나 콘크리트 벽에 칠하고 변하는 과정을 관찰한다.
  · 물 자국의 증발과정을 관찰하거나 마른 후 다시 칠해보기를 반복하며 관찰한다.
  · 나무 줄기 등에도 물을 칠할 수 있고, 붓 대신 물총이나 분무기를 사용할 수도 있다.

주간보육계획안

소주제 : 여름 여행을 다녀왔어요　　　　　　　　　　　　　　**실시 기간 : 8월 4주**

		월	화	수	목	금	토
등원 및 맞이하기		여행 가본 경험 이야기하기					
실내자유선택활동	쌓기놀이영역	여행 가는 길 만들기		산과 바다 꾸미기			
	역할놀이영역	여행준비 놀이(집 정리 · 정돈하기)					
			바닷가로 놀러가는 놀이(바다 낚시 놀이)			여행 떠나기	
	미술영역	여행놀이 소품 만들기(모자, 색안경, 가방)			아름다운 숲 속 꾸미기 [1]		
			바다 생물 스펀지도장 찍기			바닷속 꾸미기	
	언어영역	그림책(과학앨범):「바다 물고기」「바닷가 생물」					
			여행에서 가져온 물건 · 사진 보며 이야기 나누기(그림 그려서 책 만들기)				
		듣기: 산에서 들을 수 있는 소리			숫자쓰기: 우리 집 전화번호		
	수 · 과학영역	조개 껍데기 · 돌멩이 만져보기			바닷속 생물,		
			매미껍질		벌레들 관찰하고 그려보기		
		실험: 물에 녹는 것. 녹지 않는 것(기름, 소금, 밀가루, 주스 가루)					
			손가락 숫자책 만들기		물고기 낚시	물의 흡수	
	조작영역	수박씨 붙이기　'어디를 여행했나요' 그래프 [2]					
		◎ 해저탐험		조개껍데기 짝짓기		기차여행	
	음률영역	조개껍데기 타악기 연주 [3]	◎「새파란 바다」		여행하는 동안 무슨 소리를 들었나요?		
		신체표현: 나는 파도예요					
대 · 소집단활동		이야기 나누기: 여행을 다녀왔어요			바다		
		노래:「참 재미있었지」		◎ 신체표현: 바닷속 세상			
		게임: 징검다리 놓아 건너기			동시짓기:「즐거웠던 여름 여행」		
			실험: 물이 얼고 녹는 과정 알아보기				
실외자유선택활동		훌라후프 터널 통과하기 [4]		돌멩이 꾸미기	땅따먹기	멀리 뛰어요	
		◎ 물고기 건지기			여름에 더 건강해요		
점심 및 낮잠		동화:「견우와 직녀」		「캥거루 간호사」		「마술 맷돌」	
		동시:「바다」					
기본생활습관		물 · 모래 놀이 후 손과 발 깨끗이 씻기					

교육활동참고

1) 아름다운 숲 속 꾸미기
   · 숲 속에 가본 경험을 이야기하고, 숲 속 꾸미기 방법에 대해 이야기한다.
   ① 얇은 8절 도화지를 나뭇잎 모양으로 자른다.
   ② 물을 묻힌 스펀지로 도화지를 살짝 문지른다.
   ③ 붓에 물감을 묻혀 도화지에 떨어뜨린다.
   ④ 입김으로 분 다음 잘 말린다.
   ⑤ 유아들이 게시판에 자유롭게 나뭇잎과 꽃잎을 배열하여 아름다운 숲 속을 꾸민다.

2) '어디를 여행했나요' 그래프
   · 산, 바다, 강, 시골집 등으로 그래프를 만든다.
   · 그래프 종이를 살펴보고 방학 동안 다녀온 곳에 대해 이야기 나눈다.
   · 여행을 다녀온 곳에 사진 복사물을 붙이거나 이름을 쓸 수 있다.

	어디를 여행했나요?				
장소	산	바다	놀이동산	강	다른 의견을 적을 수 있는 여분의 칸
어린이					

3) 조개껍데기 타악기 연주
   · 막대기를 두드렸을 때 어떤 소리가 나는지, 조개 껍데기마다 소리가 어떻게 다른지 들어본다.
   · 1개만 두드릴 때와 2개 동시에 두드릴 때, 세게 또는 약하게 두드릴 때 등 여러 가지 방법으로 두드려본다.
   · 노래를 부르며 조개껍데기를 두드린다.

4) 훌라후프 터널 통과하기
   · 훌라후프 터널 2개를 준비하여 바닥에 고정시킨다.
   · 두 편으로 나누어 앉은 후 게임을 진행한다
   · 터널을 통과하여 반환점을 돌아오게 한다.
   · 장애물(스펀지 블록)을 준비하여 장애물을 넘은 후 훌라후프 터널을 통과하는 게임을 할 수 있다.

여름 과일 화채 만들기

7월 5주

활동목표	· 여름 과일의 종류, 모양, 맛, 색을 탐색한다. · 요리활동을 즐긴다.
집단크기	소집단
활동자료	여름 과일들(수박, 참외, 복숭아, 자두 등), 설탕, 얼음, 사이다, 플라스틱 칼, 도마, 스푼, 커다란 그릇, 요리 순서표

> 〈요리순서표〉
> ① 수박은 반으로 잘라 스푼으로 떠서 그릇에 담는다.
> ② 참외는 껍데기를 벗겨 속의 씨를 제거한 다음 자른다.
> ③ 복숭아, 자두도 적당한 크기로 잘라 그릇에 담는다.
> ④ 여러 가지 과일이 담긴 그릇에 사이다와 설탕을 넣어서 잘 섞는다.

활동방법

1. 유아가 언제 요리를 할지 결정하여 요리 순서표에 표시한다.

2. 유아 4~5명씩만 우선 순서대로 손을 씻고, 앞치마를 입고 과학영역에 모여 앉는다.
   - 손을 씻고 앞치마를 입고 과학영역에 모여보자.

3. 어떤 요리를 하는지 활동자료과 요리 순서표를 살펴본다.
   - 여름에 나는 과일들을 이용한 요리를 하려고 한단다.
   - 요리 순서를 함께 알아보자.
   - 과일 화채를 만들어보자.

4. 각 과일의 모양과 색깔을 탐색해보며 깨끗이 씻는다.
   - 이 과일은 무엇이니?
   - 색은 어떠니?
   - 만져보자. 느낌이 어떠니?
   - 냄새를 맡아보자. 어떤 냄새가 나니?
   - 과일들을 씻어올 수 있겠니?

5. 요리 과정 중에 탐색할 수 있도록 다양한 질문들을 하면서 유아들과 함께 화채를 만든다.
  - 수박을 스푼으로 뜨니 어떤 모양이 되었니?
  - 과일들의 속색깔은 어떠니?
  - 참외(자두 등)를 자를 때 어떤 소리가 나는 것 같니?
  - 냄새도 맡아보자, 어떤 냄새가 나니?

6. 화채를 맛보면서 느낌, 맛 등을 말로 표현해본다.
  - 너희가 만든 요리를 먹어보니 맛이 어떠니?
  - 이 요리의 이름은 무엇이니?
  - 화채 안에 어떤 과일이 들어 있니?
  - 골고루 다 먹어보렴, 맛이 조금씩 다 틀리구나,
  - ○○는 우리가 만든 과일화채에서 무슨 맛이 나니?
  - 이 과일 화채에 이름을 붙여보자,
  - 과일 화채를 요리하고 먹어보니 어떤 기분이 드니?

참 고
· 요리하는 재료를 집단별로 다르게 선택해서 다양한 화채를 만들어본다. 이때 다른 과일이나 주스, 우유, 사이다 등을 선택할 수 있다.
· 과일을 썰면서 과일 속의 냄새, 모양, 색깔을 관찰하여 말로 표현해볼 수 있는 충분한 시간과 기회를 준다.
· 과학영역에 과일을 잘라 전시해 주어 과일의 겉과 속을 비교해보는 활동을 사전에 해 볼 수 있다.

그림자 잡기 놀이

7월 5주

활동목표	・그림자놀이를 즐긴다. ・민첩성을 기른다.
집단크기	소집단

활동방법

1. 햇볕이 좋은 날 실외놀이영역에 나무, 그네, 미끄럼, 자전거 등 여러 사물의 그림자를 살펴보며 그림자의 변화를 관찰하고 관심을 보이는 유아들과 이야기를 한다.
   - 여기 나무 밑에 그림자를 보자, 미끄럼의 그림자는 어느쪽에 나타나 있니?
   - 자전거의 그림자를 살펴보자, 선생님의 그림자는 어떠니?
   - 너희들의 그림자는 어떤 모양이니?

2. 그림자가 생기는 곳과 그림자가 생기지 않는 곳의 차이를 적절하게 질문하거나 지적해 본다.
   - 햇볕이 난 곳에 갔을 때 그림자가 생기는 구나,
   - 그늘에 들어가면 그림자는 어떻게 되니?

3. 그림자에 대한 탐색을 충분히 한 후 그림자 잡기 놀이를 제안한다.
   - 우리가 달려가면 그림자는 어떻게 되니?
   - 술래를 정하고 나머지 친구들은 도망가면 술래는 도망가는 친구의 그림자를 쫓아가 밟으면 술래가 잡히는 게임이란다,
   - 잡힌 친구가 술래가 되어 다시 도망가는 친구들의 그림자를 찾으러 가면 되는 게임이야,
   - 그림자가 밟히지 않도록 빨리 도망가자,

4. 그림자놀이가 활발해지도록 선생님이 먼저 술래가 되어 친구들을 찾으러 다녀본다.

참　고

・손거울을 이용하여 벽면에 빛을 반사하여 그 빛이 움직이는 대로 쫓아가는 활동도 함께 할 수 있다.

실내자유선택활동
역할놀이영역

아이스크림 가게 놀이

8월 1주

활동목표	・재료를 이용하여 다양하게 표현할 수 있다. ・자신의 경험을 극놀이로 표현한다.
집단크기	소집단
활동자료	다양한 색깔의 밀가루 반죽, 수수깡, 여러 가지 솜공, 자른 모루, 나무젓가락, 종이컵, 아이스크림 스푼, 아이스크림 가게 간판, 계산대, 필기구, 여러 가지 아이스크림 사진 〈밀가루 반죽〉 ・밀가루1½컵, 식용류¼컵, 물¼컵, 식용색소
활동방법	1. 역할놀이영역에 여러 가지 여름 음식과 과일, 아이스크림 등의 사진 화보를 게시한다. 2. 여러 가지 색의 밀가루 반죽을 제시하며, 아이스크림을 만들어보자고 제안한다. 　- 정말 더운 날씨구나, 이렇게 더운 날씨에는 뭐가 먹고 싶니? 　- 아이스크림? 시원하고 맛있겠다, 　　우리 여기 있는 여러 가지 색 밀가루 반죽으로 맛있는 아이스크림을 만들어보자, 　- 아이스크림을 어떻게 만들면 좋을까? 　- 아이스크림 가게 놀이를 하려면 어떤 것이 필요할까? 3. 밀가루 반죽, 수수깡, 솜공, 모루 등을 이용해서 다양한 아이스크림을 만들고 이름도 붙여보도록 격려한다. 나무젓가락을 이용해 아이스 바도 만들 수 있다. 　- 우리가 만든 아이스크림으로 아이스크림 가게 놀이를 하면 어떨까? 　- 아이스크림 가게 놀이를 하려면 어떤 것이 필요할까? 　　(종이컵, 아이스크림 스푼, 아이스크림 가게 간판, 계산대, 지갑과 돈, 가격표, 여러 가지 　　아이스크림 사진 등) 　- 어떻게 준비하면 좋겠니? 　- 아이스크림가게 이름은 무엇으로 할까?

4. 역할놀이에 필요한 소품이 만들어지면 역할을 정하고 놀이를 시작한다.

   아이스크림 가게놀이에 교사가 적극적으로 돕는다.

   – 가게 주인은 누가 할까?

   – ○○아이스크림 있어요? 얼마예요?

5. 활동 후 아이스크림 가게 놀이에 대해 이야기 해 본다.

참　　고　　· 막대동화「꿀꿀이의 아이스크림 가게」를 언어영역에 비치하고 동극으로 해볼 수 있다.

             · '얼음과자 만들기' 요리활동과 연계하여 이루어질 수 있다.

실내자유선택활동
수·과학영역

복숭아 얼음과자

활동목표 · 요리 활동을 즐긴다.
· 온도에 따른 물체의 변화를 안다.

집단크기 소집단

8월 1주

활동자료 우유, 설탕, 복숭아, 얼음틀, 큰 그릇, 계량컵, 계량 순가락, 주전자, 냉장고, 소꿉칼

〈요리 순서표〉

활동방법　1. 준비된 재료와 요리 순서표를 보며 이야기 나눈다.
　　　　　　 – 복숭아는 무슨 색이니? 어떤 모양이니?
　　　　　　 – 껍질을 만져보니까 느낌이 어떠니?

　　　　　　2. 복숭아 껍질을 벗긴 후 씨를 빼고 조각내어 자른다.

　　　　　　3. 우유와 설탕을 그릇에 넣고 저은 후 주전자에 담는다.

　　　　　　4. 얼음 용기에 복숭아 조각을 담고 우유를 붓는다.

　　　　　　5. 냉동실에 넣고 얼린다.

　　　　　　6. 얼음 과자를 나누어 먹으며 이야기 나눈다.
　　　　　　 – 우유를 냉동실에 넣었더니 어떻게 변했니?
　　　　　　 – 얼음과자를 만져보니 느낌이 어떠니? 맛은 어떠니?

참　　고　·다양한 샤벳 모양 용기를 준비해주면 매력적인 모양의 얼음과자를 만들어 먹을 수 있다.

실외자유선택활동

솔그림

활동목표	· 다양한 도구를 통한 표현기법을 경험한다. · 소근육의 발달을 돕는다.
집단크기	개별 · 소집단
활동자료	다양한 솔(칫솔, 맛사지솔, 목욕솔, 운동화 세탁솔, 빨래솔, 김 솔, 구두솔 등), 전지, 물감 (4~5가지 색), 물감 접시
활동방법	1. 실외의 적당한 곳에 미술활동 영역을 마련한다. 이때 그늘진 나무밑이나 발코니, 텐트 　등의 영역을 이용한다. 그리고 책상을 준비하여 전지를 붙여 놓는다. 2. 다양한 솔과 물감접시 등을 미술활동 영역에 준비해주고 재료를 자유롭게 탐색해본다. 　- 솔을 만졌을 때 어떤 느낌이었니?(딱딱한, 부드러운, 거친 등의 느낌) 　- 또 이 솔을 손바닥에 대어볼 수 있을까? 어떤 느낌이니? 　- 집에서 엄마나 아빠가 사용하셨던 이 솔을 본 적 있니? 　- 어디에 쓰는 솔일까? 3. 활동방법에 대해 이야기한다 　- 솔에 물감을 묻혀 그려보자. 4. 솔에 물감을 묻혀 종이에 자유롭게 그리거나 문질러 표현한다. 　- 솔에 물감을 묻혀 그리니 느낌이 어떠니? 5. 한 가지 솔을 이용해 여러 가지 색깔로 다양하게 표현해 보도록 격려한다. 또한 다양 　한 솔을 이용해 활동한다. 　- 비가 내리는 것처럼 그려보자. 　- 종이에 톡톡 찍어보자. 　- 또 다른 모양을 그려보자. 　- 다른 솔을 이용하여 그려보자. 무늬가 다르게 나타나는구나. 　- 그려진 모습이 무엇처럼 보이니?

6. 완성된 그림을 나뭇가지나 빨래 건조대에 말릴 수 있도록 하고 감상해본다.

참　　고　· 작품 게시를 위한 배지(바다 속 꾸미기 등)로 사용하거나 만들기에 활용한다.
　　　　　· 즐겁고 유쾌한 배경음악을 들려준다.
　　　　　· 물놀이와 함께 준비하여 수영복을 입고 활동해볼 수 있다.
　　　　　· 종이를 책상에 붙이는 대신 벽이나 바닥에 붙여서 할 수도 있다.

실내자유선택활동
미술영역

배 만들기

8월 2주

활동목표	·여러 가지 재료를 사용하여 창의적으로 만들기를 한다.
	·재료의 성질을 탐색하고 예상해본다.

집단크기   소집단

활동자료   플라스틱 통(요구르트 통, 우유통, 샴푸 통, 샌드위치 곽 등), 종이 우유곽(500, 1000㎖ 용기를 반으로 자른 것), 스티로폼 용기(사발면 통, 4각 접시, 스티로폼 조각), 계란판(조각으로 자른 것), 빨대, 수수깡, 본드, 가위, 투명 테이프, 코팅지, 여러 가지 종이(복사지, 코팅 용지, 광고전단지, 신문지, 두꺼운 마분지 등), 배 화보나 배 모형, 유성 매직, 펀치

     - 모든 통은 깨끗이 씻어 말려놓고, 우유곽은 반으로 잘라놓는다.

     - 돛을 만들 수 있도록 세모나 네모 모양의 본이나 조각들을 준비한다.

활동방법   1. 여러 종류의 배를 화보나 배 모형을 보면서 탐색해보고, 배와 관련된 경험에 대해 이야기 나눈다.

     - 배를 본 적이 있니?

     - 어디에서 보았니?

     - 어떤 모양의 배였니? (모양, 크기 등)

   2. 준비한 여러 가지 자료를 보여주고 자기 생각대로 배를 만들어 볼것을 제안한다.

     - 어떤 것으로 배를 만들고 싶니? 다양하게 배를 만들어 보자.

     - 네가 원하는 배를 여러 가지 재료로 꾸며 보자.

〈만들기의 예〉

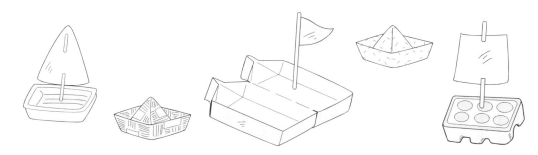

3. 완성된 배를 감상하며 서로의 아이디어를 감상한다.

- 넌 어떤 배를 만들었니?

- 네가 생각한 대로 잘 만들어졌니?

- 사람들마다 서로 다른 생각들을 할 수 있구나.

- 참 좋은 생각들을 해냈구나.

4. 완성된 배를 물통에 띄워 배 띄우기 놀이를 한다.

참 고

· 배 모형은 쌓기놀이영역의 항해놀이에 사용한다.

· 실외놀이에서 뱃놀이를 할 때 배에 여러 가지를 담아 띄워보거나, 종이의 질에 따라 종이가 어떻게 젖는지, 바람이 어떻게 불어야 배가 움직이는지 살펴본다.

· 선풍기나 부채를 이용해 바람을 만들고 배의 움직임을 살펴본다.

실내자유선택활동
수·과학영역

물돋보기

활동목표	·물 속에서는 물체가 다르게 보인다는 것을 안다. ·사물을 자세히 관찰하는 태도를 기른다.
집단크기	소집단
활동자료	지름 10㎝ 정도의 깡통 2개(혹은 유리병 2개), 투명 랩, 돋보기, 프리즘, 연필이나 그림 카드, 레고 블록의 사람 모양 장난감(동일한 것 2개)

〈만드는 방법〉
① 유리병 하나는 윗부분에 랩을 약간 느슨하게 씌우고, 다른 병은 팽팽하게 씌운다.
② 랩의 가장자리는 투명 테이프로 고정시킨다.

활동방법	1. 사전 활동으로 물 속에 물건을 넣고 관찰해본다. 2. 물 속에서 물체를 보았을 때 어떻게 보이는지에 대하여 이야기 나눈다. 3. 여러 가지 사물을 유리병 속에 넣고 투명컵을 씌워 관찰해본다. 　- 유리 병 속에 장난감을 넣고 투명 랩을 씌우면 어떻게 보일까? 4. 동일한 사물을 유리병 속에 넣고 위에서 랩을 통해 보면 어떻게 보일지 예측해보게 한다. 　- 장난감을 유리병 속에 넣고 위에서 랩을 통해서 보니 어떻게 보이니? 　- 랩을 씌우기 전과 씌운 후 장난감이 어떻게 보이니?

5. 2개의 유리병 중 느슨하게 랩이 씌워진 부분에 물을 약간 붓고 물체를 넣고 관찰한다.
   - 랩을 씌우기 전과 씌운 후에 장난감이 어떻게 보이니?

6. 물을 부은 랩을 통해서 사물을 보면 어떨지 예측해 보고, 또 돋보기를 사용해서 본 사
   물과는 어떻게 다른지 또는 같은지 비교해본다.
   - 랩 위에 물을 부으니 물건이 어떻게 보이니?
   - 돋보기로 봤을 때와 어떻게 다르니?

7. 다양한 물건들을 물 돋보기에 넣고 어떻게 보이는지 다양하게 관찰해본다.

참   고   · 수 · 과학영역에 돋보기와 관련된 책을 제공하여 자유로운 실험이 이루어도록 한다.

실내자유선택활동
음률영역

물소리

활동목표	·다양한 소리를 변별해본다.
집단크기	소집단
활동자료	일상생활에서 접하는 여러 상황 중에서 물에 의해 소리가 나는 장면의 그림, 각 그림에 어울리는 소리를 녹음한 테이프, 리듬악기 1개

8월 3주

파 도

시 냇 물

폭 포

수 돗 물

활동방법

1. 물에 의해 소리가 나는 장면의 그림을 보여주고, 어떤 소리가 날지 추측해본다.
   - 어떤 그림이니? 이 그림에서는 어떤 소리가 날까?
     (유아들이 목소리로 다양하게 시도해 볼 시간을 준다.)

2. 녹음된 소리를 들려주고 어떤 장면의 소리인지 알아맞힌다.
   - 선생님이 소리를 하나 들려줄텐데 그 소리를 잘 들어보고 어떤 그림의 소리인지 생각해보자.
   - 이번엔 다른 소리를 들려줄텐데 이 소리에 어울리는 그림은 어떤 것인지 생각해 보자.

3. 유아들이 장면에 맞게 목소리로 소리를 내어보는 활동을 한다.

4. 원하는 유아가 나와 목소리로 소리를 내고 다른 유아들이 그 소리에 맞는 그림을 알아 맞혀보게 한다.

수로 공사 놀이

활동목표	· 물과 힘과 움직임을 경험하고 관찰한다.
	· 협동하여 놀이하는 태도를 기른다.
집단크기	대 · 소집단
활동자료	PVC(짧은 원통, 길게 반으로 자른 것, T나 ㄱ자 연결관), 고무호스, 물통, 모래놀이 도구들

8월 3주

활동방법　1. 모래놀이 하는 유아들 주변에서 호스를 수도꼭지에 연결하여 수도를 틀어 물이 흘러 나오는 모습을 볼 수 있게 한다.

2. PVC 파이프나 수로를 유아들이 모래밭에 다양하게 배열할 수 있도록 충분히 시간과 기회를 주고 호스로 물을 대어 물의 흐름을 관찰할 수 있게 한다.
 - 물이 왜 이쪽으로 흐를까? 왜 이곳으로 흐르지 않을까?
 - 어떻게 하면 이쪽으로도 물이 흐르게 할 수 있을까?

3. 물통에 담겨진 물과 PVC관을 타고 흐르는 물을 관찰하게 하여 적절하게 상호작용한다.
 - PVC관을 타고 물이 잘 흘러가니?
 - 물통에 담겨진 물과 PVC관을 타고 흐르는 물이 어떻게 다르니?
 - 물이 저끝까지 가려면 PVC관을 어떻게 연결해야 할까?

참　　고　· 수로 공사 놀이를 댐 공사, 하수도공사 놀이 등으로 변형하거나 확장시킬 수도 있다.

실내자유선택활동
조작영역

해저 탐험

활동목표	· 규칙을 지켜 게임을 한다.
	· 수세기 활동을 해본다.
집단크기	개별 · 소집단
활동자료	바닷속 그림 게임판, 여러 가지 해조류 및 물고기 그림자료, 주사위

8월 4주

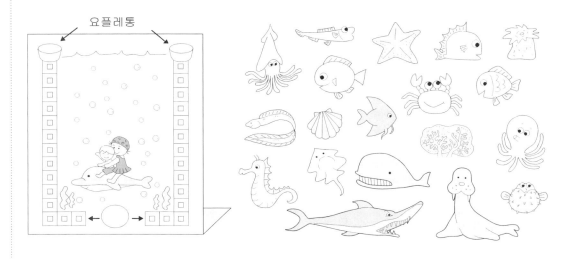

요플레통

〈게임판〉

① 하드보드지의 1/3 아랫부분을 접어 세운다.

② 하드보드지 위에 빈 바닷속 풍경을 그리고 보슬이 12개를 띄엄띄엄 붙인다.

③ 양쪽에는 13칸의 사다리를 그리고 칸마다 보슬이를 붙인다.

④ 맨 위에 시트지로 싼 빈 요플레통을 붙인다.

〈그림자료〉

· 여러 종류의 해조류와 물고기를 그려서 오리고 뒷면에는 까슬이를 붙인다.

〈말〉

· 바다를 탐험하는 유아의 모습으로 말을 만든다.

활동방법   1. 바다 속 그림 게임판에 여러 가지 해조류 및 물고기를 붙여 제시하고 이야기한다.
- 이곳은 어디일까?
- 무슨 그림들이 있니?

2. 활동 방법에 대해 이야기하고 게임을 시작한다.
- 이 게임판을 이용하여 재미난 게임을 해보자,

〈놀이규칙〉
① 순서를 정한다.
② 주사위를 던져서 나온 숫자만큼 물 밑으로 내려간다.
③ 끝까지 내려오면 해조류를 1마리 잡고 올라와 빈 요플레통에 담는다.
④ 해조류나 물고기가 없어지면 게임이 끝난다.

3. 각자 가져온 물고기나 해조류의 수를 세어보고 비교해본다.
- 각자 잡은 물고기를 세어보자,
- 누가 더 많이 잡았니? 몇 개 더 잡혔을까?

참   고   ·물고기와 해조류의 수를 더 많이 제공해줄 수 있다.

실내자유선택활동
음률영역

새파란 바다

8월 4주

활동목표	· 의복의 모양, 색깔 등의 특징을 안다.
	· 주어진 정보를 기억한다.
	· 박자, 음정, 노래말을 안다.

집단크기 소집단

활동자료 「새파란 바다」 악보, 칸막이(교실 교구장)

새파란 바다

작자미상

새 파 란 바 다 를 건 너 서 누 군가 배 타고 가 버 렸어 요

어 떠한차 림을 한 어 린 일 까 요 어 떠한 옷을입은 어 린 일 까 요

활동방법

1. 유아들을 동그란 원으로 앉힌다.

2. 모두 눈을 감고 「새파란 바다」 노래를 부른다.

3. 노래하는 동안 교사는 한 유아를 칸막이 뒤로 데리고 가 숨긴다.

4. 노래가 끝나면 모두 눈을 뜨고 누가 숨었는지 알아맞힌다. 이때 이름을 말하지 않고 그 유아가 무슨 색과 무슨 모양의 옷을 입었는지, 양말색과 머리 모양은 어땠는지 등을 설명하며 알아맞혀본다.

5. 친구들의 설명이 모두 끝난 후 숨은 유아의 이름을 제일 마지막으로 이야기한다. 이름을 말하면 숨은 유아가 나와 모습을 보이고 앉아 있던 유아들과 함께 옷색깔, 머리 모양 등 자신들이 말했던 것이 맞는지 확인해본다.

대 · 소집단활동
신체표현

바닷속 세상

활동목표
- 바닷속 생물들의 생김새와 움직임에 관심을 갖는다.
- 바닷속 생물들의 움직임을 신체로 창의적으로 표현해본다.

집단크기 소집단

활동자료 바닷속 생물 사진, 머리띠(문어, 조개, 해파리, 게, 불가사리, 물고기, 상어),
동화「상어보다 더 무서운 것」을 녹음한 테이프, 카세트

8월 4주

활동방법

1. 바닷가에 가본 경험에 대해 이야기 나눈다.
   - 바닷가에 가본 적이 있니? 그런데 깊은 바닷속에는 어떤 것들이 살고 있을까?

2. 준비한 바닷속 생물 사진을 보여주며 이야기를 나누고, 그 생물의 움직임을 표현해본다.
   - 이것을 본 적이 있니? 이것의 이름이 뭔지 아니? 어떻게 움직일까?

3. 동화「상어보다 더 무서운 것」의 테이프를 들려주고 이야기를 나눈다.
   - 지금 본 사진들에 나왔던 바닷속 생물들이 나오는 재미있는 이야기를 들려줄게, 잘 들어보자.
   - 어떤 부분이 가장 재미있게 느껴졌니?
   - 이 동화를 너희들이 직접 동극으로 꾸며보자.

4. 유아들과 역할을 정하고, 각 역할이 필요한 소품을 나눠준 후 테이프의 이야기를 들으
   면서 바닷속 생물들의 움직임을 각각 자유롭게 표현해본다.
   - 상어(다른 바다 생물)는 어떻게 움직일까?
   - 음악을 듣고 바닷속 생물들의 움직임을 표현해 볼 수 있겠니?

5. 테이프의 내용을 들으며 각 등장인물의 이야기를 신체로 표현해보게 한다.

6. 유아들이 보이는 재미있는 생각과 행동에 대해서 평가하고, 배역을 바꿔서 해본다.
   - 어떤 부분이 가장 재미있었니?
   - 표현하는데 어려운 점은 없었니?

참　고
- 놀이실에 바닷속 배경을 꾸며놓고 유아들이 자유롭게 뛰어다니면서 표현할 수 있도록 한다.
- 사전활동으로 바닷속 생물의 움직임이나 생태가 나오는 비디오 테이프나 책을 보는 활동을 할 수 있다.

상어보다 더 무서운 것

깊은 바닷속. 그 곳은 아주 신비로운 곳이에요. 산호가 많아 산호마을이라 불리는 이 곳에는 친구들이 모두 사이좋게 살고 있었어요. 먹물을 뿜어내며 8개의 긴 다리로 친구들을 휘어감아 깜짝 놀라게 하는 장난꾸러기 문어, 발을 내놓고 있다가 누가 가까이 오면 깜짝 놀라 뚜껑을 닫아 버리고 모래 속에 숨어버리는 겁 많은 조개, 투명인간처럼 몸이 투명해서 잘 안 보이지만 화가 나면 침을 쏘는 심술쟁이 해파리, 옆으로 기어가면서 커다란 집게발을 자랑하는 게. 그리고 바닷속의 별이라며 별 모양을 자랑하면서 천천히 움직이는 불가사리 그리고 귀엽고 예쁜 작은 물고기들이 살고 있지요. 햇살이 따뜻한 어느 날이었어요. 여느 때처럼 바닷속 친구들은 헤엄을 치고, 장난도 치고, 숨기도 하고, 물 위로 올라갔다 내려갔다 하면서 놀고 있었어요.

(음산한 분위기의 죠스 음악)
그런데 갑자기 사방이 조용해 졌어요. 기분이 이상해요. 그래서 옆을 보니… 앗! 상어다!!
문어는 울퉁불퉁한 바위 뒤로 숨었어요. 조개는 모래를 마구 급하게 파서 모래 속으로 숨었어요. 해파리는 투명한 몸을 해초 사이에 숨겨서 해초 속에는 아무것도 없는 것처럼 보였어요. 게도 조개를 따라 모래 속으로 숨었어요. 불가사리는 바위에 붙어서 죽은 듯이 꼼짝 안 하고 있었어요.
저런! 작은 물고기들은 숨을 곳이 없었어요. 해초 속에 숨어도 상어가 따라오고, 물 위로 올라가도 따라오고, 이리저리 방향을 바꾸어 도망가도 따라오고 큰일 났네요.

(긴박해지는 죠스 음악)
상어가 큰 입을 벌리고 다가왔어요. 작은 물고기들은 소리를 질렀어요.
"누가 좀 도와주세요!" "친구들아, 도와줘!"
숨어 있던 친구들은 이 소리를 듣고 가만히 있을 수 없었어요.
바위 뒤에 숨어 있던 문어가 먹물을 뿌렸어요. 상어는 작은 고기들이 어디 있는지 볼 수가 없었어요.
그때 불가사리 2마리가 달려들어 상어의 눈을 가렸어요. 뒤를 이어 해초 사이에 숨어 있던 해파리는 순식간에 헤엄쳐 달려와 상어 배를 그 무서운 침으로 쏘았어요.
게는 모래 속에서 나와 상어의 입을 집게발로 물었어요.
덩치가 크지만 겁 많은 조개는 용기를 내어 상어의 꼬리를 꽉 물고 놓지 않았어요.
상어는 너무나 무서웠어요.
"이 곳에는 나보다 힘센 무서운 괴물이 살고 있어. 다시는 이 곳에 안 올거야."
상어는 엉엉 울면서 도망갔대요.

(밝고 경쾌한 음악)
산호마을은 다시 아무 일도 없었던 것처럼 평화로워졌어요. 예전처럼 산호마을 친구들은 다 함께 모여 재미있게 놀았어요. 문어는 너무 기뻐서 다리 빨판으로 친구들을 꽉 껴안고서 즐겁게 춤을 추었답니다.

실외자유선택활동

물고기 건지기

활동목표	• 도구를 이용해 목표물을 건져내본다. • 구멍을 통해 물이 빠져 나오는 것을 관찰해본다.
집단크기	소집단
활동자료	국자 낚싯대, 물조리개, 바닷속 생물 모형, 바구니

〈국자 낚싯대〉
① 아이스크림통 바닥에 송곳을 이용하여 구멍을 여러 개 뚫는다.
② 구멍을 뚫은 아이스크림 통에 나무막대 혹은 나무젓가락을 끼운 후 고무줄을 감아 고정시킨다.

〈바닷속 생물 모형〉
• 종이에 물고기를 그려 코팅하거나 색고무로 물고기 모양을 오린 후 유성매직을 이용하여 꾸민다.

활동방법	1. 작은 욕조에 물을 절반 정도 담은 다음 꾸민 물고기를 띄워놓는다. 물에 담가도 괜찮은 소형 장난감 혹은 바닷속 생물 모형을 함께 넣어주어 연못을 만든다.
	
	2. 작은 연못이 된 욕조를 유아들과 함께 탐색해본다.
	  - 여기에 무엇이 있니?
	  - 별같이 생긴 것도 있구나, 이름을 아는 친구 있니?
	  - 그래, 불가사리야.
	
	3. 구멍이 뚫린 국자나 물조리개로 물고기를 건지면 어떻게 될지를 예측해본다.
	  - (국자를 보여주며) 이걸로 물고기를 잡을 수 있을까?
	  - ○○가 물고기를 잡았구나, 그런데 물은 어떻게 되었지?
	  - 물이 어디로 빠져 나갔을까?
	
	4. 물이 구멍으로 빠져나가는 모습을 관찰하며 물고기 건지기 놀이를 한다.

5. 건져올린 물고기를 바구니에 담고 세어본다.

참　고 ・사전활동으로 바닷속에 사는 생물 관찰하기, 블록으로 바다 만들어 낚시하기 등의 활동을 해볼 수 있다.
・쌓기놀이영역에서 블록으로 바다와 배를 만든 후 봉투로 만든 물고기나 색고무로 만든 물고기에 클립을 끼워서 자석 낚시대와 함께 제공하여 낚싯놀이로 연결시킬 수 있다.

교통기관

실시기간 : 8월 5주 ~ 9월 2주

▶▶ 전개방법

우리 생활 속에서 「교통기관」은 매우 다양하고 변화가 많으며 늘 접하거나 그 이용이 생활화되어 있다. 유아의 생활 속에서도 역시 교통기관은 많은 흥미와 즐거움을 제공하는 친근한 소재다. 유아들은 생활하는 가운데 부모와 함께 교통수단을 직접 이용해볼 기회가 많을 뿐만 아니라 유아들이 다양한 교통기관을 쉽게 관찰하며 활동하고 있다. 교통기관을 올바르게 이해하고 과학적 탐구력을 가지며 안전하게 이용할 수 있도록 도와주고자 이 주제를 선정하였다.

늘 생활 속에서 아침·저녁으로 이용하는 교통기관과 유아들이 쉽게 접하며 즐기는 자전거를 비롯한 다양한 교통수단의 종류와 특성을 알도록 돕는다. 이를 이용하는 데 있어서 교통안전 규칙을 지키도록 하고, 교통의 변천과정과 편리함을 이해하도록 활동한다. 구체적 활동으로는 다양한 폐품으로 탈것들을 다양하게 구성해보기도 하고 자신이 탔던 교통기관의 승차권을 수집해볼 수도 있다. 자전거 타기와 자전거 면허따기, 운전사놀이, 자동차 정비소 놀이, 교통경찰 놀이나 119긴급 구조대 놀이 등을 전개해봄으로써 더욱 흥미로운 활동이 전개할 수 있도록 한다. 이때 유아들과 전철이나 기차여행을 함께 하거나, 비행기나 배 등의 다양한 교통기관을 이용한 유아들의 여행경험을 이야기해볼 수도 있다.

특히 유아들이 직접 조작할 수 있는 자전거에 대해 탐색하고 자전거와 연관된 동시, 노래 부르기 활동들을 경험하고 자전거 면허시험 보기 활동을 제공하여 사회적인 경험으로 확장한다. 이와 함께 교통기관과 도로를 이용할 때 안전한 방법을 함께 의논해보고, 어린이집 실외놀이장의 자전거 길을 이용하거나 어린이집 근처 도로의 신호등 건너기나 교통공원 가보기 등의 활동으로 연계해봄으로써 유아들이 안전한 생활습관을 지닐 수 있도록 도와줄 수 있다.

교통수단의 변화에 대한 활동 중에는 유아들이 미래의 교통에 대해 예상해보는 활동을 통해 유아들이 미래 지향적인 사고를 할 수 있게 하고, 교통에 관련된 직업과 역할을 알아보고, 이에 감사하는 마음을 가지게 한다. 특히 교통공원 가기나 지역사회의 교통 경찰관을 초청하여 유아들이 궁금해하는 것들을 토의해 봄으로써 교통에 관련된 사람들의 역할을 알며 감사하는 마음을 가질 수 있다.

▶ 환경구성

	쌓기놀이영역	역할놀이영역	미술영역	언어영역	수 · 과학영역	조작영역	음률영역
실 내	· 일렉트릭 레고 시스템 · 만든 케이블카 · 종이인형 · 표를 만들 종이 · 고가도로와 주차탑에 대한 그림자료	· 메뉴판 · 음식으로 사용할 반죽 · 모형 음식 · 식당차 놀이 자료 · 비행기놀이: 파일럿의 모자와 제복, 비행기계 기판 모형, 조종대, 음식을 싣고 운반하는 카터, 잡지, 이어폰, 안내 방송을 알리는 마이크, 안전띠 · 교통경찰 놀이: 경찰복, 신호막대, 신호등, 음주 단속기, 노란색 카드, 빨간색 카드, 자동차 모양의 상자, 핸들, 안전띠	· 바퀴 무늬가 분명한 자동차 · 스펀지 · 먹지 · 검정색 · 파란색 빨간색의 ㅁ△○ 종이 · 여러 가지 크기의 상자 · 꼬치 막대 · 필름 뚜껑 · 빵끈 · 마분지 · 셀로판지 · 사과상자나 라면상자 같은 큰 상자 · 색종이 · 우유곽 · 리본 테이프 · 나무젓가락	· 막대인형 만들기 자료 · 여러 교통 기관과 승차권: 기차표, 비행기표, 지하철표, 토큰, 회수권, 유람선표 등 · 여러 가지 탈것에 대한 소리 녹음자료 · 동화: 「이사 가는 들쥐네」 「말괄량이 기관차 치치」 「우리나라 로켓」 · 그림동화: 「햇빛 섬을 찾아서」 · 앞치마 동화: 「뼁뼁 긴급구조 헬리콥터」 · OHP 동화: 「기차를 타고」 · 게임: 「무엇을 타고 어디에 갈까요?」 · 동극: 「아기곰의 자동차」	· 자동차가 만들어지는 과정에 대한 화보 · 질감이 다른 경사면 실험: 모래 종이, 타월, 수수깡, 널빤지 · 자석을 붙인 고양이와 클립을 붙인 쥐그림 20개 · 공 · 육 · 해상의 교통기관 변천에 대한 화보 · 도로 표지판에 관한 그림 · 안전 실험 자료: 자동차, 인형, 안전띠 대용의 끈 등 · 장난감 자동차 · 각종 차의 화보 사진이나 카탈로그	· 레고 시스템 중 '국제 항공 센터' '119소방 본부' · 일대일 대응 도로 표지판 자료 · 자동차 차고에 넣기 게임자료	· 음률 테이프: 「탈것이 되어 보세요」 「운전 해보세요」 「스카프 춤추기」 「손뼉치기」 「오케스트라」 · 악기 · 색깔대로 계이름을 표시한 악보 · 실로폰 · 노래 「더 빠른 것 더 느린 것」 「신호등」 「길을 건널 때」 「간다간다」 「통통배」 · 음악감상 CD및 테이프: 「코시크스의 우편마차」 프로코피에프의 「증기 기관차」 · 빨간색 깃발, 초록색 깃발 · 기차의 경적 소리가 녹음 된 테이프 · 녹음기 · 훌라후프
실 외	· 교통경찰놀이: 교통경찰 모자, 음주운전 단속기, 메모지와 펜, 선그라스, 호루라기, 장갑, 자전거 또는 자동차, 마스킹 테이프로 표시된 횡단보도 등 · 주유기　　· 줄넘기 줄　　　· 비행기와 낙하산　　· 타이어 · 자전거길　　· 씽씽카　　　· 롤러 브레이드　　· 자전거 · 자동차　　· 공사중 표지판　· 위험 표지판　　· 횡단보도 · 분필이나 쇳가루로 신호 그리기　· 반환점						

주간보육계획안

소주제 : 자전거 타기는 즐거워요　　　　　　　　　　실시 기간 : 8월 5주

		월	화	수	목	금	토
등원 및 맞이하기		2개의 바퀴를 가진 것에 대해 말해보기					
실내자유선택활동	쌓기놀이영역	자전거 길 구성하기					
	역할놀이영역		자전거 판매소 놀이			◎ 자전거 수리 센터 놀이	
	미술영역	자전거 관찰하고 그리기		다양한 재료로 자전거 꾸미기 선전판 달기		◎ 내가 발명했어요 자전거 면허증 만들기	
	언어영역	자전거 부품 이름알기		동시감상:「우리 식구 자전거」 '차' 자로 시작하는 말찾기		동화: 미래의 자전거는 자전거 면허 시험 규칙 만들기 1)	
	수·과학영역	◎ 자전거 관찰하기		체인의 움직임 관찰하기 크고 작은 자전거 바퀴		자전거 바퀴에 바람 넣기 고장난 자전거 2)	
	조작영역		자전거 퍼즐 맞추기	자전거 타기 게임			
	음률영역	탈것이 되어보세요			◎ 신체표현: 자전거가 되어보세요		
대·소집단활동		이야기나누기: 자전거 관찰한 것 발표하기 노래:「자전거」		자전거 주차장을 만들려면 ◎ 동시:「바퀴가 하나」 자전거 주차장 간판 만들어 완성하기			
실외자유선택활동		자전거 바퀴 굴리기 게임: 자전거 심부름하기		굴렁쇠 굴리기	세 발 자전거 동생 태워주기 ◎ 자전거 면허시험		
점심 및 낮잠		동화:「누구의 자전거일까?」					
기본생활습관		친구와 차례 지켜 자전거 타기		자전거 길에서 반대 방향으로 타지 않기			

교육활동참고

1) 자전거 면허 시험 규칙 만들기
   · 자전거 면허 시험을 보기 전에 유아와 함께 시험의 방법과 규칙 등에 대해 생각해보고, 모아진 생각들을 종이에 적어 붙이거나 보드에 써본 뒤 언어영역에 게시해준다.

2) 고장난 자전거
   ① 자유선택활동 시간에 과학영역에 고장난 자전거 부품을 비치하고 완성된 자전거 그림과 부품 이름 카드를 붙여놓는다.
   ② 고장난 자전거를 탐색하며 부속품의 쓰임과 이름에 대해 이야기한다.
   ③ 그림카드를 보며 자전거 부품을 조립한다.
   ④ 유아가 자신감을 갖고 조립할 수 있도록 격려한다.

주간보육계획안

소주제 : 여러 가지 탈 것이 있어요　　　　　　　　　　　　**실시 기간 : 9월 1주**

		월	화	수	목	금	토
등원 및 맞이하기		등원할 때 내가 타고 온 것에 대해 이야기해보기					
실내자유선택활동	**쌓기놀이영역**	자동차길 만들기		도로 표지판 놀이		레고 시스템 국제공항센터 주차장 꾸미기	
	역할놀이영역	교통놀이 하기		유람선 타기			
	미술영역	화보에서 여러 가지 탈것 오리기		교통 신호 만들기		주유기 만들기	승차권 만들기
	언어영역	자동차 홍보책 보기	◎ 교통놀이	소리 듣고 카드 찾기	◎ 교통기관 글자 집게		승차권 모으기
	수·과학영역	자동차 관찰하기	빠른 것 느린 것 순서대로 놓기	경사면에 자동차 굴리기	자동차 차고에 넣기 [1]	◎ 자동차 번호판	
	조작영역	자동차 퍼즐 만들기　주차를 해요			어디로 갈까?	교통기관 빙고	
	음률영역	노래:「큰 트럭 작은 트럭」	「간다 간다」		신체표현: 탈것이 되어보세요		
대·소집단활동		◎ 노래:「큰 트럭 작은 트럭」　　「더 빠른 것, 더 느린 것」 이야기나누기: 탈것의 종류 및 기능 알기 동화:「이사하는 들쥐네」					
실외자유선택활동		후프로 연결하여 기차놀이　　자동차 관찰하기 [2] 　　　　　　　　　　　　　주유소놀이					
점심 및 낮잠		비디오 시청:「토이 스토리」 　　　음악 감상:「코시크스 우편 마차」					
기본생활습관		대중교통 이용시 규칙 잘 지키기					

교육활동참고

1) 자동차 차고에 넣기
 · 우유곽으로 만든 자동차 차고에 번호를 표시하고, 여러 개의 미니 자동차에도 번호를 표시한다.
 · 같은 번호의 차고에 미니 자동차를 주차시킨다.

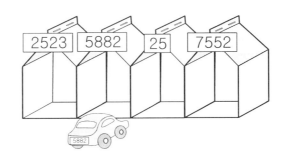

2) 자동차 관찰하기
 · 소그룹별로 교사의 차나, 기관의 차량을 이용하여 내부 구조를 살펴보거나 간단한 조작(와이퍼 움직이기, 헤드라이트 켜기, 본네트 열어보기, 창문 내리기, 백미러 조정하기, 경적 눌러보기, 워셔액 나오게 하기 등)을 통해 달라지는 모습을 본다.

주간보육계획안

소주제 : **교통안전을 지켜요**　　　　　　　　　　　실시 기간 : **9월 2주**

		월	화	수	목	금	토
등원 및 맞이하기		자신이 본 교통 표지판에 대해 이야기하기					
실내자유선택활동	**쌓기놀이영역**	교통 공원 꾸미기			고가도로와 주차탑 구성하기		
	역할놀이영역	교통경찰놀이	버스·자동차 놀이		인형 안전띠 매기	자동차정비소 놀이	
	미술영역	폐품으로 교통 공원 꾸미기			기본 도형으로 꾸미기(○,□,△)		
	언어영역	교통표지판 도미노	글자 도미노: 교통안전에 필요한 것들			동시:「신호등」	
	수·과학영역	경사면 비교하기	자동차 차고에 넣기		도로 표지판 일대일 대응하기 인형 안전띠 매기 1)	레고 시스템 경찰관 놀이	
	조작영역	교통안전퍼즐	주차를 바르게 해요			◎ 교통 표지판 세우기	
	음률영역			내가 먼저 가야 해요			
대·소집단활동		◎ 이야기나누기: 안전한 생활	교통 공원 견학하기 현장 학습: 전철을 타요			교통 공원 그리기	
실외자유선택활동		신호등놀이	안전한 거리 만들기 2)		건널목 건너기	전철 타보기(버스 타보기)	
점심 및 낮잠		동화:「말괄량이 기관차 치치」「코보가 길을 잃었어요」					
기본생활습관		교통기관 안전하게 타고 내리기					

교육활동참고

1) 인형 안전띠 매기
- 장난감 자동차에 인형을 태우고 한대의 자동차는 인형에 안전띠를 매고 다른 한 대는 안전 벨트를 매지 않는다.
- 자동차를 세게 밀어 벽에 부딪혔을 때 인형이 어느 위치에 있는지 비교해 본다.

2) 안전한 거리 만들기
〈활동자료〉 나무토막, 단위 블록, 나뭇가지, 소형 자동차, 신호등, 교통신호, 표지판, 나무, 교통 경찰 모형, 사람 모형
① 나무토막으로 모래를 밀어서 길을 만든다. 나뭇가지를 나란히 꽂아 가로수를 만든다.
② 단위 블록으로 건물을 세운다.
③ 횡단 보도와 신호등과 교통 신호 표지판을 놓는다.
④ 신호등(초록, 빨강)을 보고 자동차나 사람이 건넌다.

실내자유선택활동
역할놀이영역

자전거 수리 센터 놀이

활동목표	• 자전거의 구조에 관심을 갖는다 • 자전거에 관심을 갖고 탐색한다.
집단크기	소집단
활동자료	고장난 자전거, 드라이버, 나사 등의 장난감 도구 세트, 자전거 바람 넣는 기계, 장갑, 작업복, 다양한 바퀴, 자전거 수리하는 모습이나 자전거, 오토바이 가게 화보
활동방법	1. 제시된 자료에 관심을 보이는 유아들에게 자연스럽게 놀이를 제안한다. 　－ 어머! 고장난 자전거가 있네. 　－ 혹시 여기가 자전거 수리 센터인가요? 　－ 이 자전거 수리 센터 이름이 뭔가요? 2. 수리 센터 간판 달기, 역할 정하기를 하며 놀이한다. 　－ 이 자전거 바퀴에 바람이 빠진 것 같네? 　－ 누가 주인이세요? 　－ 수리하는 기사님은 몇 분이세요? 3. 다양한 도구를 이용하여 자전거 수리를 해볼 수 있도록 돕는다. 　－ 어떤 도구들을 사용해서 고치는지 궁금한데요, 구경해도 될까요? 4. 도구를 안전하게 사용하도록 격려한다. 　－ ○○는 사용한 드라이버를 친구가 다치지 않도록 잘 정리해 놓는구나! 　－ 손잡이가 있는 도구는 사용할 때만 들고 다니도록 하자.
참　　고	• 자전거 수리 센터 및 판매소를 견학한 후 놀이를 하면 더 효과적이다. • 쌓기놀이영역과 통합하여 목공놀이 세트를 함께 이용할 수 있도록 제시해준다. • 수리 센터 간판과 작업복 꾸미기, 자전거 광고지 등도 유아와 함께 제작하여 역할놀이 　영역에 제공해준다.

내가 발명했어요

활동목표	· 다양한 바퀴 모양을 이용하여 창의적으로 표현해본다. · 다양한 바퀴 모양이 있음을 안다.
집단크기	개별
활동자료	바퀴 모양이 인쇄된 도화지(8절지, 4절지), 교통기관이 많이 있는 잡지나 카탈로그, 미술영역 기본자료(크레파스, 사인펜 물감, 물감 접시, 가위, 풀 등), 크기가 다양한 바퀴 모양의 도장(플라스틱 우유통, 요구르트통 밑면에 모루를 붙여 만듦)

8월 5주

활동방법	1. 미술영역에 유아가 잘 볼 수 있는 곳에 자료를 놓아두어 유아가 관심을 보이면 시작한다. 　- 이것으로 무엇을 해볼 수 있을까?, 　- (바퀴 도장을 들고) 종이에 찍어볼까? 　- 어떤 모양이 나왔니? 2. 바퀴를 이용하여 유아가 생각하는 탈것들을 정해보도록 한다. 　- ○○는 이 바퀴를 가지고 무엇을 그리고 싶니? 　- 만약 캥거루가 자전거를 타고 싶다면 어떤 자전거를 그렸을까? 　- 이것을 이용하면 어떤 재미난 그림을 그릴 수 있을까? 3. 잡지도 활용해보도록 한다. 　- 잡지에서 바퀴만 오려서 꾸며볼 수 있을까?

4. 유아의 재미난 표현을 격려해준다.
   - ○○는 바퀴가 6개나 되는 자전거(트럭, 자동차)를 만들었구나!
   - 자전거가 날개를 달았네, 이 자전거의 이름은 있니?

5. 표현이 다소 서툰 유아도 격려해준다.
   - 바퀴 옆에 이렇게 줄을 그으니까, 혼자서도 너무 잘 굴러갈 것 같구나.

6. 유아가 자신의 그림을 말로 표현해주면 그 내용을 글로 써주고 유아 스스로 그림을 전시할 곳을 찾아보도록 한다.
   - 다른 친구들이 볼 수 있는 곳에 붙여보자.

참　고 　· 집단 활동시간에 그림을 보여주고 소개하기 시간을 갖는다.
　　　　· 말로 표현하고 싶어하지 않는 유아에게는 강요하지 말고 유아의 그림 구성이나 사용한 재료 등에 대해 긍정적으로 반응해준다.

자전거 관찰하기

활동목표	· 자전거의 각 부분의 이름을 안다. · 자전거의 기능에 대해 알아본다.
집단크기	개별 · 소집단
활동자료	자전거, 관찰 기록지

8월 5주

활동방법

1. 과학영역을 확장하여 자전거를 내어주고 세밀하게 관찰한 후 자전거의 각 부분에 대해 이야기한다.
   - 이 부분을 무엇이라고 할까?
   - 자전거에 이 부분은 어떤 일을 하는 것일까?

2. 자전거를 관찰하고 탐색한다.
   - 자전거는 어떻게 굴러갈까?
   - 가고 있는 자전거를 멈추려면 어떻게 하면 될까?

3. 자전거를 충분히 관찰해보고 그림으로 그려본다.
   - 자전거를 자세히 관찰해보고 그림으로 그려보자.

4. 자전거의 각 부분의 이름이 있는 사진 자료를 만들어 유아들이 관찰한 것과 함께 전시하여 비교할 수 있도록 한다.

실내자유선택활동
음률영역

자전거가 되어보세요

8월 5주

활동목표	·자전거의 종류에 대해 안다. ·자전거의 움직임을 창의적으로 표현할 수 있다.
집단크기	소집단
활동자료	여러 종류의 자전거(외발 자전거, 두 발 자전거, 세 발 자전거…) 그림카드, 녹음기, 음악테이프

활동방법

1. 자신이 타본 자전거에 대해 이야기나눈다.
    - 너희들은 어떤 자전거를 타보았니?
    - 바퀴가 몇 개니?
    - 자전거를 탈 때 어떻게 움직이니?

2. 자전거의 움직임을 신체로 표현해 본다.
    - 자전거가 빨리 달릴 때는 어떤 모습일까?
    - 뒤로 가는 자전거가 되어보자.

3. 그림카드를 보고 여러 가지 자전거가 되어 움직여본다. '외발자전거'일 때는 혼자서, '두 발 자전거'는 두 명이, '세 발 자전거'는 세 명이 짝이 되어 움직여본다.
    - 두 발 자전거가 언덕을 내려오고 있어요.
    - 빨리 달리던 세 발 자전거가 갑자기 멈췄어요.
    - 쌩쌩 달리던 자전거 바퀴가 떨어져 나갔어요.

4. 음악과 함께 교사는 가지고 있던 자전거의 움직임이 다양한 카드를 하나씩 제시한다.
    - 선생님이 보여주는 카드의 그림처럼 자전거가 되어볼 수 있겠니?
    - 음악을 들으며 자전거가 되어볼까?

참　고
·그림카드는 유아들이 표현하는데 지루함이 없도록 속도를 조절해 제시한다.
·유아들이 동작에 열중해 지시카드를 보지 못할 경우가 있으므로 악기를 이용해 동작카드가 바뀌었다는 신호를 보내거나 언어로 상황을 알려줄 수 있다.

바퀴가 하나

활동목표 · 동시를 즐겨 듣는다.
· 바퀴의 수에 대해 인식한다.
· 주고 받는 말놀이를 즐긴다.

집단크기 대집단

활동자료 동시판, 그림 융판자료

8월 5주

〈만드는 방법〉
① 4절지에 동시 내용을 적는다.
② 아버지, 두 발자전거, 바퀴 2개, 동생, 세 발자전거, 바퀴 3개, 자동차, 바퀴 4개, 굴렁쇠,
바퀴 하나를 그림자료로 만들고 뒷면에 까슬이를 붙인다.

③ 기본판의 글씨 위에 보슬이를 붙인다.

> **바퀴가 하나**
>
> 1. 아버지가 타시는 자전거
>   바퀴가 둘
> 2. 동생이 타는 자전거
>   바퀴가 셋
> 3. 쌩쌩쌩 잘도 달리는 자동차
>   바퀴가 넷
> 4. 내가 잘 굴리는 굴렁쇠
>   바퀴가 하나

활동방법

1. 융판자료를 붙이면서 동시의 내용에 관한 질문을 한다.
   - 자전거를 누가 타는 것을 보았니?
   - 그렇구나, 아빠가 타시는 자전거구나.
   - 바퀴가 몇 개 있니?

2. 유아의 대답을 동시 형태로 읊어준다.
   - 아빠가 타는 자전거 바퀴가 셋

3. 동시와 관련된 다른 질문들을 하면서 동시를 완성시킨다.
   - 또 누가 자전거를 타니?
   - 또 다른 자전거도 있니?
   - 그것은 바퀴가 몇 개일까?
   - 쌩쌩쌩 빨리 달리는 것은 무엇일까?

4. 융판에 게시된 그림자료를 짚어가며 동시를 읊어준다.

5. 동시판을 보여주면서 함께 읽어본다.
   - 우리가 이야기한 것들이 여기에 적혀 있어, 한번 읽어보자.

6. 유아와 교사가 나누어서 읽어본다. 유아가 읽는 부분을 손으로 짚어준다.
   - 선생님이 '아빠가 타는 자전거' 하고 읽으면 너희가 바퀴부분을 읽어줄 수 있겠니?

7. 교사와 유아, 유아와 유아가 역할을 바꾸어서 읽어본다.

참　　고

• 그림자료를 동시판에 붙이며 활동한 후 언어영역에 게시하여 활용한다.

실외자유선택활동

자전거 면허 시험

활동목표	・자전거의 올바른 이용법을 안다. ・자전거 운전면허시험 놀이를 통해 자전거 타기에 흥미를 갖는다.
집단크기	소집단
활동자료	유아용 자전거 2~3대, 코스 표시용 깃발, 운전면허 시험장 간판, 코스별 표지판, 운전면허증, 신호등

8월 5주

네발 자전거   Driver's License

자전거 운전면허증

경기 010-123456-90

성 명 : 김 채은
주 소 : 경기도 의왕시
              내손동
면허일 : 2003. 9. 19

삼 성 어 린 이 집

활동방법

1. 사전에 운전면허증이 어떻게 사용되는지 이야기 나눈 후 운전면허 시험장 간판 및 운전면허증 등을 유아와 함께 제작하고 운전면허 시험장을 꾸민다.

2. 운전면허 시험장에 대해 이야기 나눈다.
   - 운전면허 시험장에선 무엇을 할까?
   - 왜 운전면허 시험을 볼까?

3. 자전거 운전 방법과 합격 기준에 대해 알아본다.
   - 코스를 안전하게 통과하려면 어떻게 운전해야 할까?
   - 어떤 모양의 길이 있니?
   - 자전거 운전면허에 합격하기 위해서는 어떻게 해야 할까?

4. 자전거 운전면허 시험 놀이시 주의해야 할 점을 알아본다.
   - 자전거를 함부로 타거나 장난을 하면 어떻게 될까?
   - 자전거 운전면허 시험장에서 지켜야 할 규칙을 정해보자.

· 신호를 지키지 않으면 떨어집니다.
· 자전거 길 밖으로 바퀴가 나가지 않아야 합니다.
· 횡단 보도 앞에서는 일단 멈추고 기다려야 합니다.

참 고
· 자동차 운전면허 시험장을 견학한 후 놀이를 유도하면 더욱 효과적이다.
· 운전면허 시험장 놀이는 자전거를 타고 이동하므로 각 코스별 공간을 넓게 배치하여 안전하게 놀이할 수 있도록 해준다.
· 실외 놀이시 자전거를 탈 때 면허증을 소지하고 탈 수 있도록 전개한다.

교통놀이

활동목표	・경험한 것, 생각한 것, 느낀 것을 말한다. ・언어 표현력을 기른다.
집단크기	소집단
활동자료	투명 아크릴판(40×60×30㎝), 손잡이 자석 2~3개, 놀이용 미니카 4~5개, 세울 수 있는 사람(경찰관, 아주머니, 아저씨, 유아 등), 상자로 만든 집, 건물 모형, 나무 모양 등

〈투명 아크릴판〉

・아크릴판 위에 마닐라지나 색지로 자동차길을 오려붙인 다음에 집, 건물, 나무 모양 등을 그리거나 세운다.

〈놀이용 미니카〉

・놀이용 미니카 밑에 둥근 자석을 붙인다.

〈세울 수 있는 사람〉

・사람 모양 그림을 두꺼운 종이에 붙여 세우고 밑면에 둥근 자석도 붙인다. 이때 극의 방향이 놀이용 자동차에 붙인 자석과 같게 한다.

〈손잡이 자석〉

・자력이 강한 둥근 자석을 필름통에 붙여 손잡이를 만든다. 사람과 자동차에 붙인 자석 밑면과 다른 극이 위로 오게 한다.

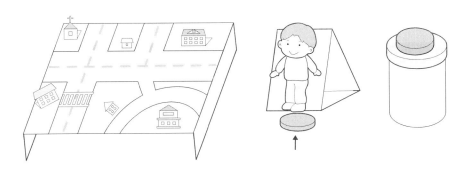

활동방법

1. 준비한 자료를 살펴본다.

2. 아크릴판 위에 세울 수 있는 사람들을 올려놓고 손잡이 자석을 이용하여 움직여본다.

3. 사람들을 이용하여 이야기를 구성해본다.
   - 은행은 어디로 가야 하나요?
   - 나는 길을 건너려고 해요, 어디에서 건너면 될까요?

4. 다양한 언어 표현이 나오도록 장면을 바꾸어 제시하고 유아가 충분히 표현할 수 있는 시간을 준다.

교통기관 글자 집게

활동목표 ·여러 교통기관의 이름을 안다.
·같은 글자를 변별할 수 있다.

집단크기 소집단

활동자료 교통기관 원판 그림, 글자 집게

9월 1주

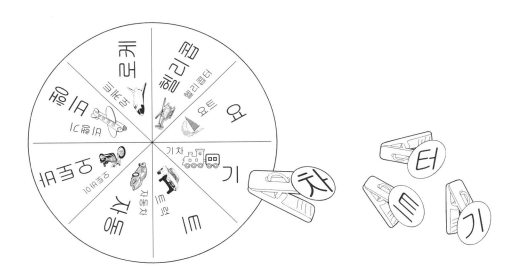

〈만드는 방법〉
① 잡지에서 탈것의 종류를 오려 원판(레코드판) 색지에 붙여 코팅한다.
② 코팅한 원판(레코드판)에 하드보드지를 붙여놓는다.
③ 빨래집게에 코팅한 글자를 본드로 붙이고 투명 테이프로 싼다.

활동방법

1. 교통기관 원판 그림의 이름을 말하여 본다.
   - 판에 어떤 그림들이 있니?
   - 그림 아래의 글자는 뭐라고 쓰여져 있을까?
   - 그림 옆에 글자를 읽어볼래?
   - 어떤 글자가 빠졌을까?

2. 빠진 글자를 집게 글자에서 찾아 판에 꽂으며 이름을 만한다.
   - 빠진 글자와 같은 글자가 어디에 있니?
   - 빠진 글자 집게를 판에 꽂아보자.

3. 판에 글자가 완성되면 단어를 읽어본다.

4. 꽂은 집게의 글자가 그림 아래의 글자와 맞는지 비교해본다.

5. 차례로 글자를 찾아 꽂아본다.

6. 활동이 끝나면 집게를 빼서 정리한다.

자동차 번호판

활동목표 · 같은 수와 글자를 변별할 수 있다.

집단크기 소집단

활동자료 모형 자동차 10개, 주차장판, 자석막대, 사인펜, 천 지우개

〈주차장판〉

① 색지에 주차장 그림과 번호판을 만들어 붙여 코팅한다. 이때 번호판에 숫자는 적지 않는다.

② 코팅한 그림판에 사각다리를 사방에 붙인다.

9월 1주

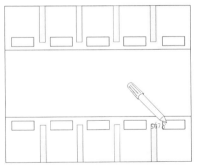 

〈모형 자동차〉

① 자동차 모형 그림을 주차장 수만큼 코팅한다.

② 자동차 뒷면에 자석을 붙인다.

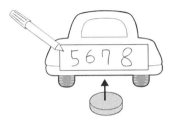

〈자석막대〉

· 아크릴 막대에 원자석을 3개 정도 붙인다.

활동방법 | 1. 주차장 판을 수영역에 놓아둔다. 유아들이 관심을 보이면 주차장 판을 탐색하며 이야기 나눈다.
- 무슨 그림일까?
- 자동차를 어떻게 움직이면 될까?
- 막대를 그림판 아래에 놓고 모형 자동차를 그림판 위에 올려놓고 움직이니까 어떻게 되었니?

2. 주차장 번호판에 사인펜으로 쓰고 싶은 번호를 써놓는다.

3. 자동차 번호판에도 주차장에 있는 번호가 같은 번호를 쓴다.
- 주차장에 쓰여 있는 번호를 읽어보자.
- 자동차에도 같은 숫자를 쓸 수 있겠니?

4. 자석막대를 이용해 자동차를 같은 번호를 찾아 주차한다.
- 자동차는 어떤 주차장에 주차해야 할까?

5. 주차를 한 후 자동차와 주차장의 번호가 일치하는지 알아본다.

6. 놀이가 끝난 후 천 지우개로 자동차와 주차장의 번호판 숫자를 지우고 정리한다.

참　　고 | ·번호판 숫자를 먼저 제시하여 같은 번호판을 찾는 활동이 익숙해지면 유아 스스로 숫자를 써보고 찾아보는 활동으로 연결할 수 있다.

대 · 소집단활동
노래

큰 트럭 작은 트럭

활동목표	· 리듬 패턴을 문답식으로 주고 받는다. · 크고 작은 장난감의 크기에 따라 리듬 패턴의 소리 크기를 변화한다.
집단크기	대집단
활동자료	크고 작은 장난감(트럭, 자동차, 버스, 오토바이, 헬리콥터 등), 음악 테이프

활동방법	1. 교실 내에 있는 장난감 트럭(자동차, 버스, 헬리콥터 등)을 보여주며 트럭의 경적 소리
	나 달릴 때 나는 소리는 어떻게 다른지에 대해 이야기를 나눈다.
	  – 트럭이 소리내는 것을 들어본 적이 있니?
	  – 큰 트럭이 내는 소리는 어떨까?
	  – 작은 자동차가 내는 소리는 어떨까?
	  – 군인 헬리콥터의 소리는 어떨까?
	
	2. 「크고 작은 트럭」 노래를 불러본다.
	
	3. 노래가 익숙해지면 유아들을 2개 집단으로 나누어 한 쪽은 큰 팀, 다른 쪽은 작은 팀
	으로 정한다.
	
	4. 큰 팀은 노래의 굵은 글씨체의 '붕붕붕' 소리를 내고, 작은 팀은 보통 글씨체 '붕붕
	붕' 소리를 문답식으로 2번 주고받으며 부른다.
	  – 선생님이 큰 트럭을 높이 들면 큰 팀이 큰 소리로 '붕붕붕'을 부르고
	    작은 트럭을 들면 작은 팀이 작은 소리로 '붕붕붕'을 부르는 거야.

참　　고	· 가사를 버스, 오토바이, 헬리콥터로 바꾸어 불러보고 묻고 대답하는 역할을 바꾸어 불 러 본다. 트럭은 '붕붕붕'으로 하고 오토바이나 헬리콥터는 '부르릉'이나 '타타타' 등 으로 교통기관에 따라 소리도 바꾼다. · 노래 부르기가 익숙해지면 확장 활동으로 리듬 악기를 사용한다. 각 집단의 유아중 3 ~4명에게 리듬 악기를 주고 '붕붕붕' 부분에서 다른 유아는 모두 노래를 멈추고 악 기를 가진 친구들만 큰 소리 · 작은 소리의 '붕붕붕'을 리듬으로 문답한다.

9월 1주

큰 트럭 작은 트럭

김명순 요 / 최혜리 곡

1. 크고작은 트럭이   지나갑니 다   모두가 소리내며   지나갑니 다.
2. 크고작은 버스가   지나갑니 다   모두가 소리내며   지나갑니 다.
3. 크고작은 오토바이   지나갑니 다   모두가 소리내며   지나갑니 다.
4. 크고작은 헬리콥터   지나갑니 다   모두가 소리내며   지나갑니 다.

부릉 - 부릉 -   부릉 - 부릉 -   부릉 - 부릉 -   부릉 - 부릉 -
붕붕붕 붕붕붕   붕붕붕 붕붕붕   붕붕붕 붕붕붕   붕붕붕 붕붕붕
타타타 타타타   타타타 타타타   타타타 타타타   타타타 타타타
두두두 두두두   두두두 두두두   두두두 두두두   두두두 두두두

크 고 작 은 트 럭 이   지 나 갑 니   다
크 고 작 은 버 스 가   지 나 갑 니   다
크 고 작 은 오 토 바이   지 나 갑 니   다
크 고 작 은 헬 리 콥터   지 나 갑 니   다

교통 표지판 세우기

활동목표	·교통표지판의 의미를 안다. ·상황에 맞게 교통표지판을 세울 수 있다.
집단크기	소집단
활동자료	교통기관 그림판, 교통표지판 세움대, 모형 자동차
활동방법	1. 교구를 제시해두고 관심을 보이는 유아들과 탐색해본다.

9월 2주

　　　　　- 찻길에 자동차가 가고 있구나? (터널을 가리키며) 무엇이 있니?

　　　　　- 산에서 돌이 떨어지는 곳은 어디니?

　　　　　- 자동차가 달리다가 기찻길에서는 어떻게 해야하니?

　　　　　- (교통표지판을 보며)교통 표지판에 무엇이 표시되어 있니?

　　　　2. 표지판을 놓아야 할 장소를 찾아서 놓아본다.

　　　　　- 터널을 표시하는 표지판은 어디에 있니? 터널이라는 것을 어떻게 알릴 수 있을까?

　　　　　- 여기에 있는 표지판들을 알맞은 장소에 놓아보자.

　　　　3. 유아들이 표지판을 세우고 자동차 놀이를 할 수 있도록 격려한다.

참　고	·표지판, 미니카, 사람 모형, 나무 모형 등 다양한 소품을 준비하여 극놀이로 확장할 수 있도록 한다.

대·소집단활동
이야기나누기

안전한 생활

활동목표	·교통기관 이용시 안전한 방법을 안다. ·교통규칙을 이해한다. ·안전한 도로 생활을 한다.
집단크기	대·소집단
활동자료	입체적인 그림자료(그림배경, '공을 주우려 뛰어가는 아이'의 그림과 '다치는 장면'의 그림자료), 인형, 인형을 태울 수 있는 바퀴 달린 자동차, 인형을 고정시킬 수 있는 끈

〈만드는 방법〉

① 그림자료는 도로와 횡단보도, 육교, 지하도를 배경으로 그린다.

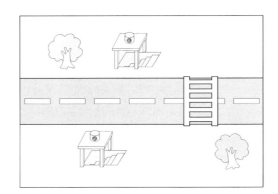

② 꼬마전구와 셀로판지, 건전지를 이용하여 신호등을 만들고 육교를 만든다.

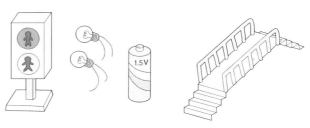

③ 공을 잡으려고 뛰어가는 그림, 꼬마 그림을 따로 그려서 코팅자료로 만들어 두꺼운 입체물(성냥갑, 우드락, 스티로폼 등)에 붙인다.

④ 자동차도 그림을 그려서 위의 자료처럼 입체적으로
붙일 수 있게 한다.

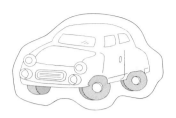

활동방법

1. 유아들과 그림자료를 보고 어떤 그림인지 어떻게 이용하는 것인지 이야기를 나눈다.
 - 이렇게 찻길 위에 사람들만 건널 수 있게 만든 것을 육교라고 해.
   또 지하도처럼 땅 속을 지나서 갈 수도 있구나.
   그럼, 횡단보도는 언제 건널 수 있을까?
 - 만약에 빨간 불이 들어왔을 때 건너면 어떻게 될까?

2. 손을 들고 길을 건너갈 아이의 그림을 보여주며 무엇을 하려는지 이야기해 본다. 또
   신호등을 파란불로 바꾼 후 자동차가 보도 앞에 선 상황 그림에 붙이고 상황을 이야
   기해 본다.

3. 공을 잡으려고 뛰어나가는 그림을 붙이고, 어떤 그림이고 어떻게 될지 이야기한다.
 - 이 아이는 무엇을 하려고 그럴까?
 - 공을 잡으려고 뛰어요.
 - 찻길로 나간 공을 잡으려고 뛰어나가면 어떻게 될까?

4. 교사는 자동차와 아이가 부딪히는 상황을 흉내내고 다치는 아이의 그림을 붙인다.

5. 교사는 유아들과 어떻게 하면 좋을지 이야기 해본다.

6. 교통기관을 사용할 때, 특히 자동차를 탔을 경우에 어떻게 해야 하는지 이야기를 나눈다.
 - 너희들은 어떤 것을 타봤니?
 - 여러 가지 탈 것들을 많이 타보았구나. 그럼, 우리가 자동차를 탈 때 어떻게 앉아 있어야 될까?
 - 그러면 우리가 자동차를 탔을 때 안전띠를 매지 않으면 어떻게 되는지 알아보자.

7. 교사는 준비한 인형을 장난감 자동차에 태우고 세게 굴리다가 갑자기 세운다. 인형이
   어떻게 되었는지 유아들에게 물어본다. 다음에는 인형을 자동차에 끈으로 묶고 세게
   굴리다가 갑자기 멈춰본다. 처음에 했던 상황과 비교해본다.

8. 유아들과 교통안전 수칙을 만들어보고 게시할 수도 있다.

주제 **동물**

실시기간 : 9월 3주 ~ 10월 1주

▶▶ 전개방법

「동물」은 모든 유아들에게 매우 흥미로운 대상이다. 집에서 기르는 애완동물에서부터 동물원에 있는 동물과 공룡에 이르기까지 모든 동물은 유아들에게 끊임없는 호기심과 관심을 불러일으키는 주제이다. 동물을 직접 기르고 가까이 접해보는 경험을 통해 생명의 존엄성을 갖도록 이 주제를 선정하였다.

유아들의 흥미를 중심으로 「동물」 주제에서는 유아들이 여러 가지 동물들의 생김새, 움직임과 소리, 먹이, 특성, 사는 곳 그리고 사람과의 관계 등을 알아볼 수 있도록 계획한다. 또 직접적인 경험을 위해 동물원이나 농장견학을 전개한다. 집에서 기르는 동물을 데리고 와서 보여주거나 어린이집에서 직접 동물을 길러보는 경험을 계획할 수도 있다. 동물원이나 애완동물 센터를 견학할 때는 이야기 나누기나 견학가기 놀이와 같은 사전활동을 하고 견학 후에 유아의 경험을 구체적으로 표상할 수 있는 그림 그리기나 동물원 구성하기, 토의하기 등의 사후활동을 실시한다.

개나 고양이, 토끼, 다람쥐, 새, 거북이 등의 동물들은 직접 기르면서 생김새, 먹이, 행동특성, 성장 등을 관찰하고 기록해봄으로써 과학적 관심을 지속시킬 수 있다. 동물을 기르는 일은 유아들에게 동물에 대한 흥미를 불러일으키고 동물을 사랑하고 보호하는 마음을 갖도록 해준다. 유아가 스스로 동물을 돌보면서 책임감과 성취의 경험, 동물과의 애정적 교감이라는 정서적 경험도 함께 가질 수 있다. 환경을 구성할 때는 유아들이 가족과 함께 갔던 동물원 사진이나 잡지, 화보들을 게시하여 흥미를 유발한다.

가정과 연계하여 가정에서 기르고 있는 애완동물을 소개하거나 기르는 방법에 대한 정보를 부모로부터 얻어볼 수 있다. 또한 부모와 함께 가까운 동물병원이나 애완동물 가게, 동물원 등의 현장학습을 계획하거나 유아들이 소그룹별로 알고 싶은 내용을 정하여 이야기거리를 구체적으로 알아보고 발표하는 활동을 계획할 수 있다. 주말을 이용하여 어린이집에서 기르는 토끼, 다람쥐 같은 애완동물을 부모님의 허락을 받은 가정에 보내어 가족과 함께 돌봐주는 활동을 실행해보아도 좋다. 이때는 동물을 돌보는 방법, 지켜야 할 규칙 및 약속에 대한 상세한 지침을 제시해주는 것이 필요하다.

▶ 환경구성

	쌓기놀이영역	역할놀이영역	미술영역	언어영역	수 · 과학영역	조작영역	음률영역
실 내	· 단위 블록 · 종이벽돌 블록 · 공간 블록 · 동물 나무인형 · 가족 나무인형 · 동물 모형 · 공룡 모형	· 동물 가족 놀이 동물 가면 · 병원놀이 세트 · 동물 헝겊인형 · 공룡 가면	· 동물 모양 도장 · 동물 모양 마분지 · 색도화지 · 동물 그림 · 동물 무늬 카드 · 헝겊 · 털실 · 단추 · 지점토 · 나무젓가락 · 이쑤시개 · 동물 가면 마분지틀 · 여러 가지 야채 · 양말 · 솜 · 펀치 · 종이컵 · 요구르트병 · 모루 · 우드	· 동물 수수께끼 삼각대 · 동물 움직임 말하기 · 동물 퍼펫 인형 그림판 · 듣기 테이프: 동물 소리 · '동물원 찾아 가기' 게임판 · 동물 이름 말하기 · 자음, 모음 · 동물카드 · 글자판 · 공룡책 만들기 · 그림동화: 「누구의 알 일까요?」 「나 여기서 살아도 돼요」 · 그림책: 「나무 숲 속 코끼리 코는 왜 길까?」 · 동시: 「코끼리」	· 어미 · 새끼 짝짓기 게임카드 · '거북이 등에 숫자를 써봐요' 카드게임 · '동물이 사는 곳 분류하기' 카드게임 · '동물 크기대로 집 찾아주기' 카드게임 · '공작새 꼬리가 더 예뻐요' 카드게임 · 동물도감 · 공룡이 화석이 되기 까지의 자료 · 공룡 머리와 꼬리 짝짓기 · 공룡화보 · 공룡책 자료 · '공룡섬을 찾아서' 게임	· 동물퍼즐 · 공룡퍼즐 · 같은 공룡을 찾아라 · 공룡 끈 끼우기 · 빠진 부분 그림 그려넣기 · '부분과 전체 짝짓기' 카드게임 · 동물 모양 바느질	· 동물 모양 리듬악기 · 동물그림카드 · 음악 테이프: 「동물의 사육제」 「강아지 왈츠」 「피터와 늑대」 · 발자국 그림 · 신체표현: 동물카드, 큰 주사위 · 노래: 「작은 동물원」 「숲 속의 음악가」 「새들의 결혼식」 「쥐라기 공원」 「밟아보세요」 · 여러 가지 크기의 깡통 · 동물그림
실 외	· 팥주머니 · 공룡 모형 · 탱탱볼		· 공룡 알 · 줄 · 상자(사자 그림으로 꾸미기)			· 동물 모형 · 모래놀이기구 세트	

주간보육계획안

소주제 : 내가 좋아하고 사랑하는 동물이 있어요 실시 기간 : **9월 3주**

		월	화	수	목	금	토
등원 및 맞이하기		배경음악으로 생상의 「동물의 사육제」 듣기					
실내자유선택활동	**쌓기놀이영역**	단위블록과 레고블록을 이용하여 동물 농장 꾸미기					
	역할놀이영역	동물가족놀이		동물병원놀이			
	미술영역	동물 모양 찍기	동물 가면 만들기			야채로 여러 가지 동물 만들기 1)	
	언어영역	동물화보 전시	화보 보며 동물 이름 읽어보기 동물 수수께끼 2)			동물 움직임 말하기	
	수 · 과학영역	◎ 엄마를 찾아주세요 여러 가지 알 관찰하기 3)		거북이 등에 숫자를 써 봐요	거북이 기르고 관찰하기	요리활동: 계란요리	깡통글자
	조작영역	빠진 부분 그림 그려넣기			부분과 전체 짝짓기		
	음률영역	노래:「나는 숲속의 음악가」 깡통북 연주하기 4)	「새들의 결혼식」		「동물농장」 ◎ 느린 달팽이와 빠른 새앙쥐		
대 · 소집단활동		이야기 나누기: 집에서 기를 수 있는 동물　　집에서 기르는 애완동물 데리고 와서 소개하기 　　　　　　　　　　◎ 동물과 주말을 함께 지내요 ◎ 동시:「코끼리」　　　　　　　　　◎ 동극:「내 달걀을 찾아주세요」 　　　　　신체표현: 동물이 되어 보자　　팥주머니 가지고 움직여보기					
실외자유선택활동		손유희:「코끼리와 거미줄」　　「고양이와 쥐」 신체표현: 새들의 결혼식 ◎ 게임: 오리 오리 거위　　구불구불 뱀 넘어가기					
점심 및 낮잠		음악감상: 생상의 「동물의 사육제」　　동화:「누구의 알일까요?」 그림책:「나무 숲 속」					
기본생활습관		애완 동물 보살펴주기					

교육활동참고

1) 야채로 여러 가지 동물 만들기
   - 여러 가지 야채와 채소, 이쑤시개, 나뭇가지, 아크릴 물감, 재활용품을 이용하여 여러 가지 동물을 꾸며본다.

2) 동물 수수께끼
   - 하드보드지를 이용하여 삼각대를 만들어 시트지로 싼다.
   - 동물카드와 동물 이름이 써 있는 카드를 고리를 이용하여 삼각대에 걸어놓는다.
   - 그림카드와 글자카드를 함께 이용하여 수수께끼 놀이를 한다.

3) 여러 가지 알 관찰하기
   - 메추리알, 달걀, 오리알 등을 관찰하여 그 차이점을 알고 요리 활동으로 연결해서 활동을 한다.

4) 깡통북 연주하기
   - 크기가 다른 깡통을 시트지로 싸고, 여러 가지 동물 그림을 코팅한 후 깡통의 크기에 따라 알맞은 동물 그림을 깡통에 부착한다.
   - 동물 흉내를 내며 깡통북을 연주한다.

주간보육계획안

소주제 : 동물원에는 여러 동물들이 있어요　　　　　　　　실시 기간 : 9월 4주

		월	화	수	목	금	토
등원 및 맞이하기		동물 그림·사진 보며 이야기하기					
실내자유선택활동	**쌓기놀이영역**	동물 모형과 단위 블록으로 동물원 만들기					
	역할놀이영역	동물원놀이					
	미술영역	동물 무늬 감상하기　　동물 모양 콜라주(헝겊, 털실, 단추 이용) 　　　　　　지점토로 동물원에서 본 동물 만들기　　동물 손인형 만들기 [1]					
	언어영역	여러 가지 동물 소리 듣기 [2] 　　　　　　　　　동물원 찾아가기 동화:「곰사냥을 떠나자」　　　　　　　　동물 이름 알기					
	수·과학영역	동물이 사는 곳 분류하기　　동물 크기대로 집 찾아주기 　　　　공작새 꼬리가 더 예뻐요　　내가 좋아하는 동물 그래프					
	조작영역	동물 모양 바느질하기					
	음률영역	작은 동물원, 산중 호걸 노래 부르며 악기 연주하기 ◎ 노래:「동물의 하품」　　　노래:「곰 잡으러 간단다」[3] 　　　　　　　　누구일까?(동물 손인형 이용)					
대·소집단활동		이야기나누기: 동물원에서 볼 수 있는 동물들 ◎ 음악동화:「피터와 늑대」 　　　　　　　동물원 견학 신체표현: ◎ 동물 분장하기　◎ 동물들의 움직임　　비디오 시청: 동물의 세계					
실외자유선택활동		모래로 동물이 사는 곳 꾸미기　　　　　　동물 손인형 만들기 　　게임: 캥거루 멀리뛰기　　사자의 입 속에 케이크를 넣어주세요 　동물원에서 본 것 그리기					
점심 및 낮잠		그림책:「코끼리 코는 왜 길까?」「동물의 옷을 만드는 사람」 앞치마 동화:「동물의 회사」「누구의 집일까?」　　◎ OHP 동화: 올빼미 염색집					
기본생활습관		동물들을 사랑하는 마음을 가져요					

교육활동참고

1) 동물 손인형 만들기
    ① 종이컵 2개를 부직포로 싼 다음, 2개의 종이컵이 연결되는 부분이 입이 되도록 뒷부분을 테이프로 연결한다.
    ② 컵의 앞면에 얼굴을 꾸미고 윗면의 종이컵 중간 부분에 주름 빨대를 붙여 움직인다.
    · 노래「나는 누구일까요?」음률 활동에 연결하여 활동을 한다.

2) 여러 가지 동물 소리 듣기
    · 동물 소리가 담긴 테이프와 동물 그림이 그려져 있는 그림카드를 함께 제시하여 동물의 소리를 듣고 동물카드를 찾는다.

3) 곰 잡으러 간단다
    ①「곰사냥을 떠나자」그림책을 자유놀이나 대집단 시간 등에 자주 읽어주어 노래의 이야기를 알게 한다.
    ② 노래말을 그림책과 연관지어 본다. 노래말을 읽어준다.
    ③ 1절이 익숙해진 후 2, 3절 등을 익힌다.
    ④ 다양한 방법으로 노래를 반복하여 부를 기회를 주어서, 자연스럽게 노래를 익히도록 한다.
    ⑤ 노래가 익숙해지면 사각사각, 첨벙첨벙, 철벅철벅 등의 리듬을 손뼉으로 치고 익숙해지면 목소리로 따라한다.
    ⑥ 노래말에 따라 앉아서 사각사각, 첨벙첨벙, 철벅철벅 등의 리듬을 몸으로 표현해보며 리듬을 몸으로 익혀본다.

곰 잡으러 간단다

페루 곡 / 김명순 요

주간보육계획안

소주제 : 지금은 살지 않는 동물이 있어요 (공룡)　　　　　　　　**실시 기간 : 10월 1주**

		월	화	수	목	금	토
등원 및 맞이하기		좋아하는 동물 흉내내며 교실로 들어오기					
실내자유선택활동	**쌓기놀이영역**	공룡집 짓기　　　　　　　　◎ 공룡 꾸미기(공룡 모형, 신문지, 공룡 사진이나 그림)　　　쥐라기 공원 꾸미기					
	역할놀이영역	공룡 가족 놀이　　　　아기공룡 둘리 역할극(둘리, 또치, 도우너, 길동아저씨)　OHP를 이용해 공룡되어 놀이하기					
	미술영역	공룡 비밀 그림　　　동물옷 꾸미기(신문지, 비닐 등)　　　　　◎ 양말 공룡 만들기　　　　　　　　　　　　　　　　　　　공룡뼈 구성하기 [1]					
	언어영역	공룡 친구를 만나요 [2]　　　　공룡이름 빙고 게임　　이야기 꾸미기: 내가 만약 공룡이라면　　　　공룡책 만들기(공룡 화보책)					
	수·과학영역	공룡이 화석이 되기까지 [3]　　친구하고 싶은 공룡 그래프　　공룡 꼬리와 머리 짝짓기　　◎ 아기공룡 미코의 모험　　　　　　　　　　　　　　　　　　공룡섬을 찾아서					
	조작영역	공룡 퍼즐　　같은 공룡을 찾아라　　　　　　　　　　　공룡 끈 끼우기					
	음률영역	노래:「공룡을 찾아서」　　　　「내가 좋아하는 공룡」　　　　「밟아보세요」					
대·소집단활동		이야기 나누기: 왜 공룡이 사라졌을까?　　앞치마 동화:「나 여기서 살아도 돼요」　　게임: 공룡알 옮기기　　동시:「공룡 마을」　신체표현: 알에서 깨어나는 공룡 [4]					
실외자유선택활동		모래로 공룡알 만들기　　　양말 공룡으로 인형극하기　　게임: 공룡에게 먹이주기　　옛날 동물 베껴내기　　신체표현: 공룡이 되어보세요					
점심 및 낮잠		동화:「브레멘의 음악대」「아기공룡 미코의 모험」「너무 배가 고픈 공룡」					
기본생활습관		동물을 사랑하는 마음기르기					

교육활동참고

1) 공룡뼈 구성하기
   · 여러 가지 공룡 모양의 종이를 준비해둔다. 공룡 모양의 종이에 연필로 뼈의 위치를 그린다.
   · 나무젓가락과 본드를 이용해 공룡의 뼈를 구성해본다.

2) 공룡 친구를 만나요
   · 주사위에 공룡 이름의 첫 글자를 쓴다.
   · 주사위를 던져 나오는 공룡의 첫 글자로 시작되는 공룡 칸에 말을 옮긴다.

3) 공룡이 화석이 되기까지
   · 유아들에게 그림자료를 보여주면서 무슨 그림인지 생각나는 대로 얘기 해 보도록 한다.
   · 그림자료를 순서대로 놓고 유아에게 그림을 연결시켜 생각해보고, 이야기해본다.

4) 알에서 깨어나는 공룡
   · 「공룡 시대 비디오」 알에서 아기공룡이 태어나는 모습을 보면서 이야기 나눈 후 노래 「아기공룡 알을 깨고」를 들려준다.
   · 공룡이 알에서 태어나는 모습을 음악에 맞춰 표현해본다.

실내자유선택활동
수·과학영역

엄마를 찾아주세요

활동목표 · 규칙을 지키며 게임을 즐긴다.
· 게임을 통해 수세기를 할 수 있다.

집단크기 소집단

활동자료 활동판, 병아리말, 주사위

9월 3주

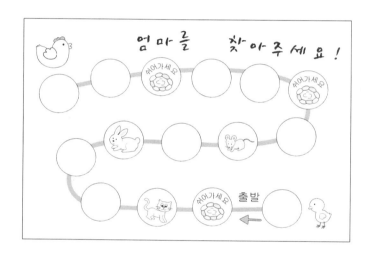

〈만드는 방법〉
① 게임판에 배경 그림을 붙여 코팅한다.
② 코팅한 게임판에 하드보드지를 붙여 완성한다.
③ 병아리 그림을 코팅해 세움대를 붙인다.
④ 네모 주사위에 숫자만큼 쌀 모양의 그림을 붙여 완성한다.

활동방법　1. 게임판의 그림을 보며 이야기 나눈다.
- 게임판에 어떤 그림들이 있니?
- 병아리가 누굴 찾고 있을까?
- 어미 닭에게 가려면 어떻게 해야 할까? 2. 게임 방법에 대해 알아보고 게임을 한다.
- 어떻게 하는 게임일까?
- 주사위를 던져 말이 고양이나 토끼 쥐가 있는 동물에 도착하면 어떻게 할까?
　(뒤로 한 칸 간다.)
- 연못이 나오면 어떻게 해야 할까?(물을 먹고 쉬어간다.)

3. 게임을 한다.
- 순서를 정해 게임을 한다.
- 주사위를 던져 나온 수만큼 말을 움직인다.
- 말이 어미 닭까지 오면 게임이 끝난다.

참　　고　・대・소집단 활동 시간에 병아리 가면을 쓰고 쥐・토끼・고양이 장애물을 넘어 엄마
닭에게 도착하는 게임으로 연결시킬 수도 있다.

실내자유선택활동
음률영역

느린 달팽이와 빠른 새앙쥐

9월 3주

활동목표	• 동시 속에 나오는 동물의 특성에 관심을 갖는다.
	• 느리고 빠른 음악을 듣고 리듬을 몸으로 표현해본다.
집단크기	대집단
활동자료	동시 자료 「느린 달팽이와 빠른 새앙쥐」 음악 테이프

〈김명순, 조경자(1998). 유아를 위한 음악교육의 이론과 실제. 다음세대. 음률활동 테이프 참조〉

느린 달팽이와 빠른 새앙쥐

느리게 느리게 아주 느리게
작은 달팽이가 한 마리 기어간다.
느리게 느리게 아주 느리게
정원의 담장 위로

빠르게 빠르게 아주 빠르게
작은 생쥐 한 마리가 달려간다.
빠르게 빠르게 아주 빠르게
집 안을 온통 헤매며

활동방법

1. 빠르게 움직이는 동물과 느리게 움직이는 동물들에 대한 이야기를 나눈다.
   - 느리게(빠르게) 움직이는 동물은 어떤 것이 있을까?
   - 어디서 그 동물들을 보았니?
   - 보았을 때 그 동물들이 얼마나 느리게(빠르게) 움직였었니?

2. 유아들에게 「느린 달팽이와 빠른 새앙쥐」 동시를 들려준다. 동시 중 '느리게 느리게 아주 느리게' 부분과 '빠르게 빠르게 아주 빠르게' 부분은 매우 느리게 또는 매우 빠르게 속도 변화를 주어가며 읊어준다.

3. 동시 내용에 따라 유아는 양 손바닥을 사용하여 빠른 리듬과 느린 리듬에 맞춰 바닥 치기를 한다.
   - '느리게 느리게'는 어떻게 바닥을 쳐야 될까?
   - '빠르게 빠르게'는 어떻게 칠 수 있겠니?
   - '조금 더 느리게 더 느리게 더 느리게'는 어떻게 손바닥으로 칠 수 있을까?

4. 동시가 익숙해지면 유아를 2개 집단으로 나누어 한 집단은 달팽이, 다른 집단은 새앙 쥐가 되어 움직여본다.
   - 동시에 따라 이제는 우리가 달팽이와 새앙쥐가 되어보자.
   - 달팽이(새앙쥐)가 되고 싶은 유아는 달팽이(새앙쥐)를 읽을 때 동그라미 안으로 들어왔다 나가면 된단다.
   - 다른 달팽이를 만나서 함께 가기도 하네.
   - 가다가 하늘도 쳐다보고 쉬어 가기도 하는구나.

참 고
- 1연을 읊을 때는 한 집단의 유아들만 앞으로 움직이며 기어나온다. 다른 집단의 유아들은 달팽이의 느린 동작을 관찰한다. 1연을 읊는 것이 끝나자마자 준비된 매우 느린 음악을 틀어주어 충분히 움직이는 경험을 갖게 한다.
- 달팽이 집단 유아의 움직임이 끝나면 2연을 읊어주며 빠른 동작을 표현해보게 한다. 2연이 끝나자마자 준비된 빠른 음악을 틀어주어 충분히 움직이는 경험을 갖게 한다.

대·소집단활동
이야기 나누기

동물과 주말을 함께 지내요

활동목표	·우리가 집에서 기르는 동물들의 특징을 안다.

·동물들을 아끼고 사랑하는 마음을 갖는다.

·동물을 돌보는 방법을 구체적으로 경험한다.

집단크기 | 대·소집단

9월 3주

활동방법

1. 유아들이 등원하지 않는 주말 동안 어린이집에서 기르는 동물들은 어떻게 지낼지에 대해 이야기해본다.
 - 너희들이 어린이집에 오지 않는 주말에는 동물들이 어떻게 지낼까?
 - 먹이는 누가 줄까?
 - 우리가 매일 돌봐주어야 하는 동물에는 어떤 것이 있니?
 - 매일 돌봐주어야 하는 동물들을 어떻게 하면 좋을까?

2. 어린이집에서 기르는 동물을 집에 데려갈 때의 주의점에 대해 알아본다.
 - 모두 데리고 가고 싶어하는데 순서를 어떻게 정할까?
   (부모님의 허락을 받은 후 유아들이 원하는 순서로 결정한다.)
 - 어떤 방법으로 데리고 가야 할까?
 - 집에 데리고 가서 돌볼 때 조심해야 할 것은 무엇이니? 먹이는 얼마나 주어야 하니?
 - 동물의 집 청소는 어떻게 하지?

3. 토끼 등 동물을 돌볼 때의 주의점을 알아보고 그 내용을 유아들이 적어 코팅하여 동물장에 붙여 준다.
 - 토끼 먹이는 ○○○만 주어야 한다.
 - 토끼는 목욕시킬 때 귀에 물이 들어가지 않도록 조심하여야 한다.

참 고

·주말에 동물과 함께 지낸 유아는 다음날 동물과 즐겁게 지낸 일을 소개할 수 있도록 한다.

·집으로 데려가기 전에 부모님의 허락을 받고 주의할 점을 적어서 함께 보낸다.

대 · 소집단활동
동시

코끼리

활동목표	· 동시를 감상한다. · 코끼리의 특성에 관심을 갖는다. · 코끼리를 나타내는 의태어를 익힌다.
집단크기	대집단
활동자료	동시 자료 - 코끼리의 코, 귀, 꼬리를 와이핀으로 움직일 수 있게 만든다.

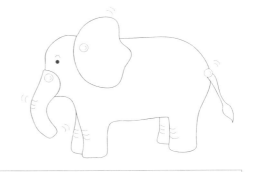

코끼리		
코끼리 커다란 몸	코끼리 커다란 몸	코끼리 커다란 몸
꼬리 좀 봐요	귀 좀 봐요	코 좀 봐요
아주 작아요	아주 커요	아주 길어요
꼬불 꼬불 꼬불	흔들 흔들 흔들	꾸불 꾸불 꾸불

〈코끼리 모양판〉
① 하드보드지(54×37cm)를 코끼리 모양으로 자른다.
② 코, 귀, 꼬리를 와이핀으로 움직일 수 있게 부착한다.
③ 코끼리 몸통에 동시「코끼리」를 적는다.

〈동시 기본판〉
① 색지(54×37cm)에 '코끼리' 동시의 내용을 쓴다.
② 글자를 붙이는 곳에 보슬이를 붙인다.

〈글자 카드〉
· 카드 위에 글자를 쓰고 뒷면에 까슬이를 붙인다.

활동방법 | 1. 그림판을 사용하여 「코끼리」 동시를 들어본다.

2. 동시를 여러 번 낭송해보고 익숙해지면 동시를 변형해본다.
  - 꼬불꼬불한 꼬리 대신 어떤 꼬리가 있을까?
  - 커다란 몸 대신 어떤 몸이라고 할 수 있을까?

3. 글자 카드에는 어떤 내용이 있는지 알아본다.
  - (글자 카드를 보면서) 여기에는 무엇이라고 쓰여 있니?

4. 유아들이 직접 원하는 단어 카드를 붙이며 동시를 재구성하여 낭송한다.

참 고 | ·언어영역에 코끼리 모양의 종이를 준비해두어 유아들이 생각하는 코끼리에 대한 이야 기를 동시로 나타낸다.

내 달걀을 찾아주세요

활동목표	·동화를 듣고 극화해 봄으로써 표현력을 기른다. ·동극을 바른 태도로 관람하고 즐긴다. ·동화의 내용, 등장하는 동물의 움직임 등을 적절하게 표현해본다.
집단크기	소집단
활동자료	동극용 머리띠, 막대동화자료(꼬꼬아줌마, 말, 참새, 염소, 돼지, 생쥐, 병아리), 동화 대본

9월 3주

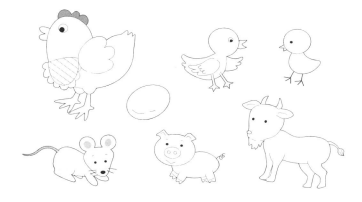

활동방법

1. 유아들과 함께 동극이 무엇인지 이야기한 후 동극을 할 것임을 알린다.
   - 들었던 동화를 앞으로 나와서 표현해보면 어떨까?
     이런 것을 무엇이라고 하는지 아니?

2. 들려주었던 동화를 막대동화자료를 이용하여 다시 한번 회상한다.

3. 등장인물이 기다릴 수 있는 곳을 표시해주기 위해 의자를 놓아주거나 블록 등을 이용하여 무대를 꾸민다.

4. 등장인물이 누구였는지 이야기하고 배역을 정한다.

5. 각자에게 필요한 소품이 있으면 준비한다.

6. 동화대로 동극을 한다.

7. 동극을 한 후 등장인물을 맡은 유아는 각자 자기 소개를 한다.

8. 구경하는 유아들은 동극을 감상한 뒤 느낌을 이야기한다.
   – 무엇이 재미있었니? 어떤 것이 속상했니? 어떤 것을 고치면 좋겠니?

9. 평가의 내용을 첨가하거나 회상해 가면서 재공연한다.

내 달걀을 찾아주세요

"꼬꼬댁!" 꼬꼬 아줌마가 달걀을 낳아서 품고 있었어요.
그런데 어느날 달걀이 또르르 구르더니 그만 없어졌어요.
　꼬꼬아줌마: "큰일났네, 어디 갔지?"
여기저기 찾아 다니다가 염소 할아버지를 만났어요.
　꼬꼬아줌마: "꼬꼬댁- 안녕하세요? 내 달걀을 보셨나요?"
　염소할아버지: "음메- 내 아이스크림 위로 툭 떨어지더니 창 밖으로 또르르 굴러갔지."

꼬꼬아줌마는 다시 찾아다녔어요. 그러다가 처마에 있는 아기참새를 보았어요.
　꼬꼬아줌마: "꼬꼬댁- 안녕? 내 달걀을 보았니?"
　아기참새: "쩍쩍쩍- 창문을 따라 또르르 마당으로 굴러갔어요."
　꼬꼬아줌마: "그래, 고맙다."
꼬꼬아줌마는 또 달걀을 찾아 마당으로 갔어요.

이번에는 마당에서 낮잠 자던 돼지 아줌마를 만났어요.
　꼬꼬아줌마: "돼지 아줌마, 내 달걀을 보셨나요?"
　돼지아줌마: "꿀꿀꿀- 내 꼬리를 따라 뱅그르르 돌더니 창고로 굴러갔지."

바로 이때 꼬꼬아줌마는 달걀이 쥐구멍 속으로 쏘옥 들어가는 것을 보았어요.
그러자 그 구멍에서 생쥐가 튀어 나왔어요.
　생쥐: "찍찍- 꼬꼬아줌마, 큰일났어요! 달걀이 깨어졌어요."
　꼬꼬아줌마: "네?"
깜짝 놀란 꼬꼬아줌마가 쥐구멍 속을 들여다보았어요. 그랬더니 쥐구멍 속에서 소리가 들렸어요.
　병아리: "엄마, 삐악삐악!-"
달걀이 예쁜 아기병아리가 되어서 아장아장 걸어나왔어요.
꼬꼬아줌마는 달걀 대신 병아리를 얻게 되어서 무척 기뻤대요.

실외자유선택활동

오리 오리 거위

활동목표　·게임 규칙을 이해하고 지킨다.

·대근육 발달을 돕는다.

·감각에 반응하여 민첩하게 움직인다.

집단크기　대·소집단

활동방법　1. 원으로 모여앉아 게임 방법을 설명한다.

– 술래가 원 바깥쪽으로 걸어가면서 친구들의 머리를 하나씩 짚으며 "오리, 오리…"라고

말하다가 한 친구의 머리를 짚으며 "거위"라고 말하고 도망가는거야.

앉아 있던 그 유아는 즉시 일어나서 술래를 쫓아가야 하는데 술래가 잡히지 않고 원을

한바퀴 돌아 거위가 된 유아의 자리에 앉으면 쫓아오던 유아가 새로운 술래가 되는 거란다.

– 술래가 잡히면 어떻게 할까?

2. 유아들이 규칙을 잘 이해하지 못하거나 술래를 하고 싶어하는 유아가 없을 경우 교사

가 먼저 술래가 되어 게임을 시작한다.

참　　고　·주제에 따라 오리, 거위 대신 다른 동물들의 이름이나 다른 사물의 이름으로 바꾸어

게임 할 수 있다.

·원으로 앉아 있는 유아들이 노래를 부르고 술래가 앉아 있는 유아의 등 뒤에 수건을

떨어뜨리는 방법으로 수건 돌리기 게임을 할 수 있다.

9월 3주

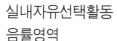

실내자유선택활동
음률영역

동물의 하품

활동목표
· 음의 장단, 특히 긴 음을 사용해 노래를 불러본다.
· 동물들의 하품하는 모습을 다양한 소리와 동작으로 표현해본다.

집단크기
소집단

활동자료
하품하고 있는 동물 그림카드나 각 동물의 하품하는 장면을 찍은 영상자료,
〈김명순, 조경자(1998). 유아를 위한 음악교육의 이론과 실제. 다음세대. 음률활동테이프 참조〉

9월 4주

활동방법
1. 유아들과 하품에 대하여 이야기를 나눈다.
 - (교사가 하품하는 동작을 보이며) 선생님이 지금 무슨 행동을 했을까?
   이렇게 할 때는 언제일까?
 - 졸릴 때는 또 어떻게 하니?
 - 동물들은 우리처럼 졸릴 때 어떻게 할까?

2. 동물들이 하품하고 있는 그림을 보거나 비디오를 시청한 후 동물들의 하품에 대한 이
 야기를 나눈다.
 - 만약 하마(참새, 뱀 등)가 하품을 한다면 어떻게 할까?

3. 「동물의 하품」에 대한 노래를 배운다.

4. 노래가 익숙해지면 '아-' 부분에서 동물들의 하품하는 긴 음 동작을 표현한다.
 - 하마와 생쥐가 하품할 때 어떻게 다른지 흉내내 보자.
 - 뿔이 큰 사슴은 아주아주 졸립대요, 아-주- 졸립대요.
 - 이제 곧 잠이 올 것 같아, 더- 졸립네요.

참　고
· 내가 졸릴때는 어떻게 하는지로 가사를 바꾸어 '나는 나는 생각 많은 ○○○'로 바꾸
 고, '○○○' 부분은 자기 이름을 넣도록 한다. '생각 많은' 부분은 자기를 가장 잘 표현
 하는 다른 단어로 바꾸어도 좋다.

동물의 하품

김명순 요 / 이숙현 곡

1.　　　　　입 이 아 주　큰 하 마
2.　　　　　아 주 작 은　새 앙 쥐
3. 나 는 나 는　뿔 이 아 주　큰 사 슴　　　아 주 졸 려 요
4.　　　　　몸 이 아 주　긴 - 뱀
5.　　　　　몸 이 가 벼　운 참 새

아 이 졸 려　잠 자 러 가 야 지　아 이 졸 려　아 이 졸 려

대 · 소집단활동
음악동화

피터와 늑대

활동목표	·동화를 색다른 방법으로 감상한다. ·이야기에 따라 각 악기의 음색 차이를 경험한다.
집단크기	대 · 소집단
활동자료	프로코피에프의 「피터와 늑대」 음악동화 테이프(워너뮤직코리아, 1995), 녹음기, 융판동화 로 꾸며진 「피터와 늑대」의 자료, 악기들의 사진 또는 그림(바이올린, 첼로, 오보에, 클 라리넷, 플루트, 호른, 바순, 팀파니), 융판

활동방법	1. 교사는 동물들에 대한 이야기를 음악으로 나타낸 사람이 있음을 소개하고 작곡가와
	  줄거리를 간단히 소개한다.
	
	2. 이 이야기는 아름다운 음악이 함께 있는 것임을 알린다. 악기로 사람과 동물을 표현할
	  수 있다는 것을 설명해주고, 등장인물을 각각 어떤 악기로 표현했는지 악기 사진을 보
	  며 간단히 알아본다.
	
	3. 음악 동화를 감상한다.
	  – 듣고 나니 느낌이 어떠니?
	  – ○○의 소리와 ○○의 소리는 어떻게 달랐지?
	
	4. 다시 한 번 음악과 그림동화를 감상한 후 느낌을 이야기 나눈다.
	  – 그림동화를 보며 음악을 들으니 어떠니?
	  – 음악만을 들었을 때와 어떤 점이 다르니?
	
	5. 음악 동화가 끝난 후 음률영역에 비치하여 유아들이 개별적으로 녹음된 음악 동화를
	  감상 할 수 있도록 한다.

참　　고
- 유아들이 음악을 들으면서 어떤 동물이 연상되는지 어떤 이야기가 떠오르는지 그림으로 그려볼 수 있는 활동으로 확장할 수 있다.
- 음악을 들으면서 유아들은 몸으로 표현한다.
  - 역할을 정해서 표현해본다.
  - 교사가 곡의 중간중간 해설을 해준다.

대 · 소집단활동
신체표현

동물 분장하기

활동목표	· 여러 동물들의 특징에 관심을 갖는다. · 동물들의 움직임을 자유롭게 표현해본다.
집단크기	중집단
활동자료	여러 동물들의 그림자료, 동물 소리가 녹음된 테이프, 페이스 페인팅, 물감 붓

9월 4주

활동방법

1. 그림자료를 보며 이야기 나눈다.
   - 어떤 동물의 그림일까?
   - 어떤 소리를 낼까?
     (녹음기의 소리를 들어보고 동물 소리를 흉내내어 본다.)
   - ○○는 어떻게 걸어다니니?

2. 페이스 페인트를 이용해 내가 표현하고 싶은 동물을 정하고 그 특징을 선생님이 그려준다.
   - 네가 그려보고 싶은 동물은 무엇이니?
   - 그 동물은 어떻게 생겼니?
   - 너의 얼굴에 그 동물의 얼굴을 물감으로 그려보자.
     (거울을 보며 동물의 특징을 얼굴에 그려본다.)
   - (그려진 얼굴을 같이 관찰하며) 어떤 모습으로 변했니?

3. 얼굴 분장뿐만 아니라 몸의 특징 부분을 소품으로 꾸며본다.

4. 음악에 맞추어 분장한 동물이 되어 음악에 맞추어 움직여본다.

참　　고 ·분장시 붓 외에 손가락이나 면봉 등을 이용해 그려보도록 한다.

대 · 소집단활동
신체표현

동물들의 움직임

활동목표	· 동물들의 움직임에 관심을 갖고 표현해본다.
집단크기	대 · 소집단
활동자료	노래「어떻게 할까」, 동물이 등장하는 영상 자료
활동방법	1. 노래말에 나오는 동물들의 움직임을 비디오로 시청하며 각 동물들이 어떻게 움직이고 있는지에 대해 이야기를 나눈다.

9월 4주

        - 코끼리가 걸을 때 코는 어떻게 움직였니?

        - 아기곰은 물 속에서 어떻게 했니?

        - 아기 돼지는 엄마돼지를 보고 어떻게 했니?

2. 노래의 동물 이름 부분을 비디오에서 본 동물로 바꾸고 유아들과 이야기를 하여 행동을 바꾼다.

        -「어떻게 할까」노래를 한번 불러보자,

        - 아까 어떤 동물을 보았지?

         그렇구나, 그러면 '코끼리' 대신 '아기곰' 으로 바꾸면 어떻게 부를 수 있을까?

        - ' 아기곰' 은 무엇을 하고 있었니?

        - 그러면 어떻게 노래말을 바꿀 수 있을까?

         (예: 풍덩풍덩 풍덩풍덩 헤엄치는구나, 쭈쭈쭈쭈 쭈쭈쭈쭈 젖먹는구나.)

3. 노래의 가사를 비디오에서 본 2~3종류의 동물 이름과 움직임으로 바꾸어 부른 후, 그 동물의 움직임을 유아가 상상하며 자유롭게 표현해보게 한다. 또 유아가 표현하고 싶은대로 가사를 변형해 본다(예: 자고 있구나, 먹고 있구나, 하품하고 있구나, 놀고 있구나, 싸우고 있구나, 울고 있구나 등).

        - 이번에는 '아기 곰' 이 또 어떻게 하고 있을 것 같니?

        - '아기 돼지' 는 무엇을 하고 있을까?

참　　고 　·처음에는 비디오를 3~5분 정도만 시청하고 난 후 노래 가사를 변형하여 모든 유아들이 같은 동물에 대해서 다양한 동작들을 자유롭게 표현하도록 격려한다. 이때 동물 비디오의 내용은 친근한 동물들이 특징적 행동을 하고 있는 것으로 선정한다.
　　　　 ·노래를 미리 자유선택활동 시간에 틀어주어 익숙하게 한다.

어떻게 할까

점심 및 낮잠
OHP동화

올빼미 염색집

활동목표	·동화를 감상한다. ·새들의 색깔과 습성에 관심을 갖는다.
집단크기	대집단
활동자료	OHP 프로젝터, OHP 동화「올빼미 염색집」자료, 녹음기, 테이프(올빼미 카나리아, 까마귀 소리가 녹음된 것), 그림카드 - OHP필름에「올빼미 염색집」이야기를 그린다. 네임펜과 유성매직을 이용한다.

활동방법	1. 녹음기로 올빼미, 카나리아, 까마귀 소리를 들려주고 어떤 동물의 소리인지 생각해본다.
	   - 이 소리는 어떤 동물의 소리일까?
	   - 그럼, 힌트를 하나 줄게, 이 동물은 낮에는 잠을 자고 밤에 활동하는 새야.
	   - 그래, 이 소리는 바로 올빼미(그림카드 제시)의 소리야, 그럼, 다른 소리도 들어볼까?
	   - 이 새는 몸은 까맣지만 까치와 달리 날개에 하얀 색이 있어.
	
	2. 동화의 내용을 들여준다.
	   - 우리가 이제부터 볼 동화에는 우리가 소리를 들어본 여러 가지 새들이 나온단다.
	     이제 볼까?
	
	3. OHP동화 자료를 한번 더 보여주고 활동을 마친다.

참고	·언어영역에 다양한 새소리가 녹음된 테이프를 비치하여 유아들이 들어보고 흉내내보거나, 어떤 새의 소리인지 그림 글씨 카드에서 찾아보게 한다. ·OHP를 이용하여 그림자놀이를 해볼 수 있고, 여러 가지 색 셀로판지를 겹쳐보며 색이 섞이고 변하는 것을 관찰해볼 수 있다.

올빼미 염색집

1) 올빼미 염색집이 있었습니다.
   새들에게 좋아하는 색을 칠해주는 집이었습니다.

2) 카나리아가 와서 말했습니다.
   "나는 노란색으로 칠해주세요."
   "예, 알겠습니다."
   노란 카나리아는 기분이 좋아서 돌아갔습니다.

3) "나는 힘찬 색으로 칠해주세요."
   독수리가 말했습니다.
   "예, 알겠습니다."
   독수리도 새로운 날개의 색에 만족하며
   날아갔습니다.

4) "나를 아주 화려하게 만들어주세요."
   "예, 알겠습니다."
   공작은 거울을 보며 아주 기뻐했습니다.

5) 어느날 까마귀가 와서 말했습니다.
   "나는 멋지게 칠해주세요"
   "어떤색이 좋을까요?"
   "잠깐, 잠깐요.
   이렇게 무늬를 넣어주는 것이 좋겠어요."
   "예, 알겠습니다."

6) "아니에요. 파랑으로, 아니 분홍으로, 아니 아니,
처음처럼 빨강으로 칠해주세요"
까마귀가 자주 주문을 바꿨으므로 올빼미는
이렇게 칠했다, 저렇게 칠했다, 몹시 바빴습니다.
그런데 까마귀는 원하는대로 이색 저색
칠하다보니 마침내 까마귀는……

7) 이런 색이 되고 말았습니다.
"아-, 이일을 어떻게 하지?" 올빼미는 쩔쩔맸지만
달리 어떻게 할 방법이 없었어요.
"에잇, 모르겠다!"
올빼미는 어쩔 수 없이 까마귀를 까맣게
칠해버렸습니다. 그리고 시치미를 떼고 말했습니다.

8) "보세요. 그 누구도 닮지 않은 멋지고 새로운
색깔입니다."
거울을 본 까마귀는 화가 머리끝까지 났습니다.

9) "새까만 색이 멋지다고?"
까마귀는 올빼미를 부리고 쪼아 가게에서
쫓아냈어요.

10) 그때부터 올빼미는 까마귀를 피해서 낮에는
숨어살게 되었습니다. 새들은 색깔을
다시 칠할 수 없게 되었지요.
물론 까마귀도요.

공룡 꾸미기

활동목표 ·공룡의 생김새에 관심을 갖는다.
·여러 가지 모양의 블록을 창의적으로 구성해본다.
·친구들과 의논하고 협동하는 과정에서 의사를 표현하고 의견을 조정해본다.

집단크기 소집단

활동자료 공룡 화보 또는 공룡 그림책, 단위 블록

활동방법 1. 언어영역에 비치된 공룡 화보나 공룡 그림책을 보며 여러 가지 생김새에 대해 이야기
한다.
- 브라키오 사우르스는 목이 아주 길구나.
- 우리, 티라노도 한번 볼까? 설명을 읽어볼게.

2. 관찰한 공룡 모양을 쌓기놀이영역에서 꾸며보기로 한다.
- 우리가 본 공룡들을 나무 블록으로 한번 만들어 볼까?
(만들고 싶은 공룡을 정하고 친구들과 함께 블록으로 만들어본다.)
- 스테고 사우르스는 어떤 공룡인지 책에서 찾아보도록 하자. 어떻게 생겼니?
(공룡이나 화보를 참고하도록 격려한다. 만드는 과정에서 무게, 균형 등에 관한 실험적인
경험을 할 수 있다.)

참   고 ·레고 블록이나 로봇 블록 등 다른 블록류를 이용할 수 있다.
·미술영역에서 세우는 공룡을 만들어보고 연장하여 공룡 전시장을 볼 수 있다.

10월 1주

실내자유선택활동
미술영역

양말 공룡 만들기

활동목표	·양말을 이용하여 다양한 공룡을 만들어본다. ·공룡의 특징을 이해하고 창의적으로 표현할 수 있다.
집단크기	소집단
활동자료	헌양말, 솜, 눈알, 여러 가지 색깔의 부직포, 우드락, 신문지, 화장지, 모루, 본드, 여러 가지 폐품(병뚜껑, 빨대, 종이컵, 휴지관, 요구르트병 등)

〈공룡전시관 꾸미기〉
① 여러 가지 화분의 식물을 준비해준다.
② 조화와 공룡 모형도 준비한다.
③ 종이벽돌 블록을 이용하여 전시장의 틀을 꾸며둔다.

활동방법

1. 여러 종류의 공룡 모형, 사진자료, 책 등을 전시해둔다. 공룡을 만들기 위한 재료를 보며 이야기 나눈다.
    - 양말로 어떻게 공룡을 만들수 있을까?
    - 어떻게 생겼는지 자세히 보자.

2. 자신이 만들고 싶은 공룡을 그려본다.
    - 어떤 공룡을 만들어보고 싶니?
    - 종이에 한번 그려보자.

3. 다양한 재료를 이용하여 공룡을 만들고 꾸며본다.
    - 이 양말로 공룡을 만들어볼 거야.
    - 양말속에 무엇을 넣으면 공룡처럼 서있을 수 있을까?
    - 공룡의 긴꼬리는 무엇으로 만들면 좋을까?
    - 공룡의 돌기는 무엇으로 만들면 좋을까?

10월 1주

4. 아이들과 함께 양말 속에 솜, 화장지, 신문지 등을 넣고 교사가 글루건으로 마무리해준 뒤 유아들과 함께 만든 작품에 대해서 이야기를 나눈다.
   - 각각의 공룡에 어울리는 이름을 지어주자.
   - 친구가 만든 공룡의 재미있는 점은 무엇이니? 한번 찾아볼까?

참　　고
  · 공룡 전시관 꾸미기를 하여 어린이집의 모든 사람들이 구경할 수 있게 한다.
  · 양말로 만든 공룡으로 역할놀이영역에서 공룡놀이를 할 수 있다.

실내자유선택활동
수·과학영역

아기공룡 미코의 모험

활동목표	·읽기에 대해 관심을 갖는다. ·지시를 이해하고 지시대로 따른다. ·규칙을 지키며 게임을 즐긴다.
집단크기	소집단
활동자료	게임판, 주사위, 말(공룡 모양), 게임 설명용 책

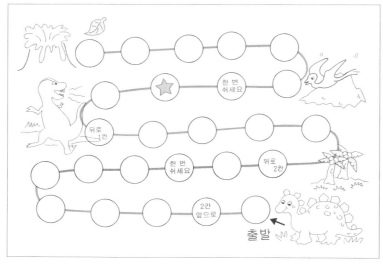

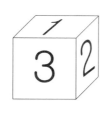  

활동방법 1. 아기 공룡 미코의 이야기를 들려준 후 게임판을 탐색한다.

2. 게임방법에 대해 이야기 나눈다.

3. 게임방법에 따라 게임을 한다.

〈게임방법〉
1. 순서를 정하세요.
2. 주사위에 나온 숫자만큼 자기 공룡을 움직이세요.
3. 가다가 ★을 먹을 수 있는 경우에는 두 칸 더 나갈 수 있어요.

아기공룡 미코의 이야기: 황금 나뭇잎을 찾아서

　먼먼 옛날. 공룡 나라에는 아기공룡 미코가 살고 있었습니다. 친구들과 넓은 초원을 뛰어 놀며 맛있는 열매와 나뭇잎을 먹고 무럭무럭 자라나던 미코는 정말 행복했습니다.
　그러던 어느 날. 언제나 자상하고 따뜻하게 미코를 보살펴주시던 엄마 공룡이 갑자기 편 찮으셔서 자리에서 일어나지 못하게 되었습니다.

　미코가 아무리 열심히 간호를 해도 엄마 공룡의 병세는 갈수록 나빠져만 가고, 미코의 걱정도 날로 커져갔습니다.
생각 끝에 미코는 마을에서 가장 현명하고 나이드신 할아버지 공룡을 찾아갔습니다.
"엄마의 병을 낫게 하려면 제가 무슨 일을 할 수 있을까요? 말씀해주세요, 할아버지."

"너의 어머니의 병세에는 딱 한 가지 약밖에는 없단다. 황금 나라의 황금 나뭇잎이 그것이 지. 그러나 그 곳까지 가려면 괴물 공룡, 뜨거운 화산, 깊은 웅덩이, 동나무 숲을 지나야 한 단다. 어린 네가 그것을 무사히 지나 황금 나뭇잎을 가지고올 수 있을지….
만약에 네가 그 곳에 가겠다면 내가 너에게 지도를 주마."

　이렇게 해서 미코는 할아버지 공룡이 준 지도를 들고 먼 동쪽 황금 나라에 황금나뭇잎을 구하러 떠났습니다.

주제 가을

실시기간 : 10월 2주 ~ 10월 4주

▶▶ 전개방법

「가을」은 무더운 여름과 추운 겨울의 사이에 있는 계절로 다양한 감각적 경험과 심미감을 제공할 수 있는 좋은 시기이다. 따라서 높은 하늘, 낙엽, 서늘한 날씨 등을 느껴보며 그에 따른 적절한 옷차림 등 가을의 변화에 관심을 갖고 관찰하는 태도를 길러 계절 변화에 대한 이해와 적응능력을 길러주고자 이 주제를 선정하였다.

가을에는 곡식과 열매가 익고, 동·식물은 겨울 준비에 따른 많은 변화를 갖게 된다. 따라서 유아들과 실외놀이장이나 가까운 야외로 나가서 나뭇잎의 생김새나 색깔의 변화, 가을 곤충과 열매 등에 관심을 가짐으로써 계절에 대한 감상과 이해를 도울 수 있다. 주변 나무의 형형색색의 단풍, 가로수의 변화 등을 실제 관찰하고 사진이나 슬라이드로 찍어 상세히 탐구해보면서 과학적 관심뿐 아니라 심미감을 높여줄 수 있다. 가을이 되어 볼 수 있는 자연의 변화는 봄, 여름, 가을을 지나면서 지속적으로 관찰하여 그 변화에 관심을 가질 수 있도록 돕는다.

특히 가을이 되어 추수한 여러 가지 곡식과 과일을 관찰하고 수확해보는 경험을 갖거나 이를 이용한 요리활동 등을 전개해볼 수 있다. 지역사회의 농장 견학, 과수원 돌아보기, 논과 밭에 가서 수확물 거두기 등의 현장학습이 포함될 때 매우 가치 있는 활동이 된다.

추석 명절을 통해 우리나라 고유의 문화를 구체적으로 경험할 수 있는 좋은 시기이다. 그러므로 한복 입어보기, 추석 음식 먹어보기, 송편빚기, 민속놀이, 강강수월래 등의 활동을 해봄으로써 전통적인 우리의 음식과 문화를 자연스럽게 익혀나갈 수 있는 기회를 갖게 한다.

▶ **환경구성**

	쌓기놀이영역	역할놀이영역	미술영역	언어영역	수 · 과학영역	조작영역	음률영역
실 내	· 가을산 · 들 꾸미기 소품: 은행나무, 잠자리, 국화, 단풍나무, 밤나무, 감나무, 사과나무, 코스모스 그림, 메뚜기, 농장, 트랙터, 울타리 · 동극: 「코끼리의 추수」 · 종이벽돌 블록 · 가을 농촌 풍경 그림: 참새, 농기구, 배나무, 고구마밭, 허수아비 · 단위 블록 중 Y형, 작은 삼각형, 사각형 · 신체부 그림 · 좁고 긴 통 2개 · 투호살 10개 · 마스킹테이프 · 점수판 · 스티커	· 부직포로 만든 가을 곡식과 열매 모양 · 털실, 돗바늘 · 밀가루 점토를 이용해 유아들이 만든 떡 · 계산기 · 바구니, 떡을 진열할 상자 또는 선반 간판 · 거울 · 한복 · 고무신 · 밀짚모자 · 가을 의류 · 대광주리 · 다양한 가을 과일 모형	· 나뭇잎 · 칫솔 · 안개그림용 채 · 다리미 · 도화지 · 색상지 · 색연필 · 크레파스 · 나뭇잎 · 돌 · 나무 껍질 · 솔방울 · 도토리 · 수수 · 팥 · 조 · 콩 · 쌀 · 여러 종류의 통 · 투명 테이프 · 다양한 모양의 스티커 · 유성매직 사인펜 · 한지 · 물감 · 나뭇잎	· 화보: 가을철의 자 연과 벌레, 벼가 쌀이 되기까지 · 수수께끼: 가을 · 동시: 「고추잠자리」 「송편」 「바사삭 바사삭」 · 동화: 「의좋은 형제」 「해님 달님」 「솔이의 추석 이야기」 · 동극: 「코끼리의 추수」 · 동시짓기: 「가을」 · 글자 카드 자료	· 도토리, 수세기통 · OHP 여러 가지 나뭇잎 · 사과 · 배 · 감 · 대추 · 밤 · 도토리 · 떡 찾아가기 게임판 · 풀잎따기 게임판 · 「야채 샐러드」 요리 순서표 · 양팔저울 실험	· 나뭇잎 도미노 카드 · 계절퍼즐 · 과일퍼즐 · 글자퍼즐 · 젓가락 · 그릇 · 대추 · 민속놀이 짝짓기 · 한복퍼즐 · 곡식 패턴 · 달퍼즐	· 노래: 「가을」 「그네」 「도토리」 「허수아비」 · 음악 테이프 및 CD: 비발디의 사계 「가을」 전래동요 「달아 달아」 · 북 · 장구 · 징 · 소고 · 곡식 마라카스
실 외	· 여러 가지 나뭇잎 · 가을꽃 · 열매 · 비닐	· 종이띠 · 어른의 셔츠 · 옥수수	· 테이프 · 모자 · 삽		· 물감 · 지푸라기 · 톱밥		· 나뭇가지 · 수수깡 · 작은 돌멩이

주간보육계획안

소주제 : 가을의 변화를 느껴보아요(나뭇잎과 색)　　　　　　　실시 기간 : 10월 2주

		월	화	수	목	금	토
등원 및 맞이하기		등원하면서 보았던 계절의 변화(나뭇잎, 하늘, 날씨)에 대해 이야기하기					
실내자유선택활동	**쌓기놀이영역**	가을 산·들 꾸미기(은행나무, 국화, 밤·감·사과 나무, 코스모스 그림 첨가)					
	역할놀이영역	가을 농장 놀이 1)　　　　　　　　　부직포 바느질(가을곡식, 열매모양)					
	미술영역	꾸미기: 손바닥 단풍으로 가을동산 꾸미기　　◎ 나뭇잎 다림질　　　　　　안개 그림 2)					
	언어영역	수수께끼: 가을　　　　가을철의 자연과 벌레 화보　　동시:「고추잠자리」　　동화:「의좋은 형제」					
	수·과학영역	가을에 볼 수 있는 것　　　가을 과일 강판에 갈아보기·맛보기　　　　도토리 수세기					
	조작영역	퍼즐: 가을이 왔어요　　　◎ 나뭇잎 도미노 카드　　　같은 나뭇잎 모으기 3)					
	음률영역	노래:「가을」「나뭇잎」　　신체표현: 낙엽의 여행　　　음악감상: 비발디의 사계 중「가을」					
대·소집단활동		이야기나누기: 계절의 변화(자연환경, 날씨, 옷차림)　　　　신체표현: 색깔 호키포키 ◎ 동극:「단풍잎의 가을밤」 ◎ 신체표현: 낙엽의 여행　　　공동작업: 가을의 풍경 4)					
실외자유선택활동		옥상놀이터에서 가을날씨 느껴보기 ◎ 자연물 베끼기 모래판에 여러 가지 나뭇잎 찍기 나뭇잎 왕관 만들기　물감으로 벽화 그리기					
점심 및 낮잠		동화:「가을이 왔어요」「내 그림자」　「메뚜기야 뛰어라」　「꼬마 또롱이의 여행」					
기본생활습관		계절에 맞는 옷차림 하기					

교육활동참고

1) 가을 농장 놀이
   - 역할놀이영역에 풍성한 가을의 농장 분위기가 나도록 환경을 꾸며주고 농부의 역할을 해 보게 한다.
   - 만든 허수아비, 농기구, 블록으로 만든 동물 우리, 동물 인형 등으로 꾸며준다.

2) 안개 그림
   - 종이 위에 나뭇잎, 열매의 단면을 원하는 형태로 놓고 칫솔에 물감을 찍어 체에 문지른 후 나뭇잎, 열매 등을 떼어낸다.

3) 같은 나뭇잎 모으기
   - 주워온 다양한 모양과 크기의 나뭇잎을 모아 말린 후 코팅한 것을 '나뭇잎 놓는 판'에 나뭇잎을 분류하여 놓아본다.

4) 가을의 풍경
   - 가을 동산 돌아보기 후 유아들이 보고 경험한 것을 간단히 이야기하고 주워온 나뭇잎, 열매 등을 이용하여 구성한다.

주간보육계획안

소주제 : **곡식과 열매들이 많아요**   실시 기간 : **10월 3주**

		월	화	수	목	금	토
등원 및 맞이하기		자기가 입고 온 옷차림에 대해 이야기하기					
실내 자유 선택 활동	**쌓기놀이영역**	가을 농촌 풍경 꾸미기					
	역할놀이영역	가을 곡식 케이크 만들기 1)			가을 농촌의 생활		
	미술영역	종이상자로 구성하기		곡식 마라카스 만들기(재활용품 이용)		곡식 콜라주 2)	
	언어영역	'벼가 쌀이 되기까지' 순서대로 말하기 동극:「코끼리의 추수」		들녘에서 들은 소리 말하기 동시:「바사삭 바사삭」		동시짓기:「가을」	
	수 · 과학영역	실험: 야채 염색하기 3)	◎ 곡식으로 재보기 게임: 풀잎 따기		가을 과일속 탐색하기 ◎ 요리: 야채 샐러드		
	조작영역	게임: 해님 달님		가을 과일 · 글자 퍼즐 젓가락으로 대추 집어보기			
	음률영역	음률: 춤추는 쌀알 4) 곡식 마라카스로 연주하기		음악에 맞추어 놋다리 밟기 노래:「도토리」「허수아비 아저씨」			
대 · 소집단활동		이야기나누기: 가을의 곡식과 채소 ◎ 추수 견학: 가을 농촌(추수) ◎ 사과 소스 만들기 게임: 참새와 허수아비			공동작업: 허수아비 꾸미기 호두 껍데기로 만든 배 띄워보기		
실외자유선택활동		동대문을 열어라 여우야 여우야 메뚜기야 뛰어라 수수깡 꽂은 모래판으로 추수하기 호두 껍데기로 만든 배 꾸미기					
점심 및 낮잠		동화:「빨간 풍선 파란 풍선」「코끼리의 추수」「콩나비의 추수」					
기본생활습관		농부아저씨에게 고마운 마음 갖기					

교육활동참고

1) 가을 곡식 케이크 만들기
  · 밀가루 점토와 가을에 볼 수 있는 여러 가지 곡식들로 케이크를 만든다.

2) 곡식 콜라주
  ① 작은 모양판(골판지 오린 것, 종이컵, 우유팩, 원형 뚜껑, 일회용 접시 등)에 어떤 모양으로 붙일지 펜으로 모양을 그린다.
  ② 판에 본드를 칠한 후 곡식을 붙여 꾸민다.
  ③ 리본이나 끈을 달아 장식한다.

3) 야채 염색하기
  · 야채를 잘라서 식용색소를 푼 물에 담가두고 관찰한다.

4) 춤추는 쌀알
  ① 작은 북 위에 쌀알을 올려놓고, 유아 몇 명에게 북을 쳐보게 하여 쌀알이 움직이는 것을 관찰한다.
  ② 노래에 맞춰 쌀알을 작은북에서 떨어뜨리지 않게 치며 탐색해본다.
  ③ 탐색 과정 후에 언어적 상호작용으로 관찰한 내용을 표현한다.
  ④ 자신들이 관찰한 것을 이야기 한 다음 북 위의 쌀알의 움직임을 표현한다.
  ⑤ 마스킹 테이프를 이용해 지름 2m의 동그라미로 북을 만들어 바닥에 붙이고 쌀알이 될 유아를 정한다.
  ⑥ 쌀알이 된 유아들은 원 속에 들어가 북을 치는 정도에 따라 다양하게 움직여본다.
  ⑦ 유아들 중에서 북을 칠 연주자를 정해 북을 연주하게 하고 그 북 소리에 맞춰 다른 유아들도 움직여 보게 한다.

주간보육계획안

소주제 : **추석이에요**   실시 기간 : **10월 4주**

		월	화	수	목	금	토
등원 및 맞이하기		친척 댁에 다녀온 이야기하기					
실내자유선택활동	**쌓기놀이영역**	비석치기 1)	성묘가는 길 만들기				투호 던지기
	역할놀이영역	송편 만들기	큰절하기	한복 입어보기		떡살 무늬 찍기	떡가게 놀이 2)
	미술영역	한복에 꾸미기		한지 물들이기		추석지낸 후 그림 그리기	
	언어영역	동화:「해님 달님」「솔이의 추석 이야기」	동시:「송편」	◎ 색깔 글자		사진 보며 차례 지내는 이야기하기	
	수·과학영역	게임: 떡 찾아가기	실험: 양팔저울 재어보기(밤, 대추)	요리: 송편빚기 3)		◎ 게임: 사방치기	
	조작영역	민속놀이 짝짓기	달 퍼즐	곡식 패턴	게임: 음식 상차리기 한복 퍼즐 맞추기		
	음률영역	노래:「추석」 국악기놀이	「그네」		손유희:「인절미와 총각김치」 전래동요 감상:「달아 달아」		
대·소집단활동		옥수수로 사람 모양 꾸미기 이야기 나누기: 추석은 어떤 날일까? 4)	게임: 씨름		동극:「솔이의 추석 이야기」		
실외자유선택활동		◎ 팥주머니 나르기 고리던지기	사방치기		강강술래	닭싸움놀이	
점심 및 낮잠		융판동화: 사과 이야기 동화:「콩나비의 추수」	「강강수월래」 5)		「선녀와 나뭇꾼」		
기본생활습관		잡곡밥 가리지 않고 골고루 먹기					

교육활동참고

1) 비석치기
- 쌓기놀이영역 카펫 위에 색테이프로 선을 만든 후 그 위에 단위 블록을 놓는다.
- 팥주머니를 이용하여 다양한 방법(굴리기. 신체의 각 부분에 올리기 등)으로 단위 블록을 맞추어 넘어뜨리는 활동이다.

2) 떡가게 놀이
- 밀가루 점토와 떡살 무늬판을 내어주고 여러 가지 떡을 만들어 돈, 계산기 등 가게놀이 세트를 내어주어 떡가게 놀이를 한다.

3) 송편빚기
① 추석 음식에 대하여 이야기 나눈다.
② 추석에 먹는 음식 중에 송편 만들기를 제안한다.
③ 준비된 재료들을 알아본다.
④ 송편 빚는 과정에 대해 요리 순서표를 보며 이야기한다.
⑤ 찜통에 솔잎을 깔고 송편을 가지런히 놓아 주방에 보내 삶아온다.
⑥ 만든 송편을 먹어보고 만든 과정과 맛에 대해 이야기 나눈다.

4) 추석은 어떤 날일까?
- 추석 1주일 전부터 우리나라의 옛 물건을 전시하고 추석과 민속놀이, 우리나라의 옛 생활 모습 등에 관한 것이나 가을에 추수하는 곡식이나 과일을 과학영역에 전시하는 등 유아들이 환경 속에서 추석을 이해할 수 있도록 구성한 후 이야기 나눈다.

5) 강강수월래
- 강강수월래 노래를 들어본 후 노래말을 바꾸어서 불러본다.
- 음악에 맞추어 다양한 방법(옆으로, 달팽이처럼)으로 움직여본다. 이때 교사는 리듬막대 혹은 북을 쳐주면서 천천히 노래를 불러준다.

나뭇잎 다림질

활동목표	·나뭇잎의 모양과 색깔에 관심을 갖는다.
집단크기	개별
활동자료	여러 가지 나뭇잎, 다양한 크기와 재질의 종이(한지, 모조지, 도화지, 복사용지, 트레이싱지 등), 크레파스, 다림질 도구, 신문지 - 나뭇잎은 2~3일 전에 가을동산을 둘러보고 다양한 나뭇잎을 주워 헌 잡지에 끼워 둔다.

활동방법

1. 준비된 자료를 보여주며 활동에 대해 소개한다.
   - 여기에 무엇이 놓여져 있니?
   - 이것들을 이용해 어떻게 활동할 수 있을까?
   - 다리미를 이용해 나뭇잎의 모양을 찍어내어 보자.

10월 2주

2. 활동순서를 보면서 활동방법에 대해 이야기한다.
   - 나뭇잎 다림질의 순서를 알아보자.

〈나뭇잎 다림질〉

1. 나뭇잎을 선택하여 뒷면을 크레파스로 칠하거나 크레파스
   부스러기를 뿌린다.
2. 색칠한 면이 위로 가도록 놓는다.
3. 찍을 종이를 덮는다.
4. 신문지로 덮고 위를 다림질한다.
5. 이름을 쓴다.

---

3. 활동시 주의점과 활동하는 영역에 대해 이야기 나눈다.
   - 활동하면서 어떤 점을 주의해야 할까?
     (다림질 책상에 너무 가까이 오지 않는다, 다림질 책상 가까이에서 밀거나 장난치지 않는다.)
   - 다림질 할 때는 어떻게 해야 할까? (선생님께 도움을 청한다.)

4. 다림질 후 나뭇잎의 모양이나 색깔를 관찰한다
  - 종이에 나타난 나뭇잎의 모양이 어떠니?
  - 무늬가 잘 나타났니?

참 고

· 너무 마른 나뭇잎은 크레파스로 색칠할 때 부서지므로 활동 2~3일 전에 준비하는 것이 좋다.
· 다림질을 했던 나뭇잎을 비닐로 코팅하여 유성펜으로 그리거나, 동시를 쓰는 활동에 재이용해도 좋다.
· 교사가 큰 나무를 준비하여 붙인 곳에, 유아들이 나뭇잎을 오려서 함께 꾸미기를 공동 작품화하여 전시해도 좋다.

나뭇잎 도미노 카드

활동목표	· 나뭇잎의 생김새에 관심을 가진다. · 세부적 관찰력을 기른다.
집단크기	개별
활동자료	여러 가지 나뭇잎(단풍잎, 은행잎, 플라타너스 잎 등). 그림 도미노카드 20장

10월 2주

활동방법　1. 나뭇잎(단풍잎, 은행잎, 플라타너스 잎 등)에 대한 수수께끼를 내어서 나뭇잎을 맞춰본다.

－ 나는 부채 모양이예요, 노란색 옷을 입었어요, 나는 무슨 나뭇잎일까요?

－ 나는 가을에 볼 수 있고, 바닥에 굴러다니기도 해요,

－ 잎모양이 둥글고 길게 생겼어요,

－ 나는 빨간색으로 물들고 다섯 손가락을 쫙 핀 것 같아요,

2. 도미노카드를 1장씩 차례차례 소개한다.

－ 선생님이 1장에 나뭇잎 그림이 2개씩 있는 카드를 보여줄 거야,

3. 도미노카드를 놓아보는 활동을 설명하고 해본다.

－ 이 카드 그림 옆에 같은 그림이 있는 다른 카드를 찾아서 놓아보는 거야,

－ 같은 그림을 찾아볼까?

－ 계속해서 같은 카드를 찾아 연결해 보자,

참　　고　· 사전에 나뭇잎 관찰이나 줍기 활동을 통해 나뭇잎을 충분히 탐색한다.

대 · 소집단활동
동극

단풍잎의 가을밤

활동목표	· 동화를 듣고 상상력을 기른다.
	· 창의적으로 표현한다.
집단크기	중 · 소집단
활동자료	단풍잎, 단풍잎이 든 풍경 그림, 동극(아기단풍잎, 참새, 다람쥐, 토끼, 곰 등)의 등장인물 머리띠, 동화

10월 2주

활동방법

1. 주위 자연 환경의 변화(단풍이 든 풍경)에 대해 이야기 나눈다.
   - 단풍잎은 왜 떨어질까?
   - 단풍잎을 보면 어떤 느낌이 드니?

2. 동화를 들려준다.

3. 동화를 들은 후 동화 자료를 이용하여 동화 속의 대사를 회상해보며 간단한 동작을 유아들과 해본다.
   - 아기 단풍잎이 제일 먼저 누구를 만났니?
   - 참새는 아기곰에게 무엇이라고 말했니?
   - 그 다음에 단풍잎은 누구를 만났니?
   - 다람쥐는 단풍잎에게 무엇이라고 말했니?

4. 간단하게 무대를 정하고 필요한 소품을 정한 후 교실 내의 물건을 사용하여 무대를 꾸민다.
   - 동극을 하려면 무엇이 필요할까?
   - 단풍나무는 무엇으로 할까?
   - 숲 속은 어디로 할까? 무엇으로 꾸미면 좋을까?

5. 배역을 정한다.
   - 이 이야기에는 누가 나왔었니?
   - 동극을 하려면 모두 몇 명이 있어야 할까?

6. 배역을 정한 후 각 유아는 자기소개와 인사를 하고 동극을 한다.
  - 지금부터 ○○반 어린이들의 '단풍잎의 가을밤' 동극을 시작하겠습니다.

7. 동극에 대한 평가를 한다.
  - 동극에서 재미있었던 것은 무엇이었니?
  - 무대에 나와서 동극을 하는 사람은 어떻게 해야 할까?
    (목소리, 태도, 표정 등에 대해 이야기한다.)
  - 동극을 보는 사람들은 어떠니?
  - 두 번째 동극을 할 때는 어떻게 하면 재미있을까?

8. 동극하고 난 후 정리한다.

참   고
  · 유아들이 동화의 내용을 다르게 꾸며 보게 한다.
  · 동극에 쓰였던 소품을 역할놀이영역에 내주면 실내자유선택활동 시간에 유아들이 자유롭게 동극을 해볼 수 있다.
  · 동극활동을 위해서 동화를 한번 듣고 바로 동극을 꾸미는 데는 어려움이 있으므로 다른 형태의 동화로 여러 번 들려주어 유아들이 동화의 내용에 익숙해질 수 있도록 한다.

단풍잎의 가을 밤

햇볕이 쨍쨍 비치는 따뜻한 여름이 지나고, 바람이 살랑살랑 불어오는 가을이 되었어요.
숲 속의 나뭇잎들이 빨갛게, 노랗게 물들기 시작했어요.
가을이 깊어 가고 바람이 불자 빨갛게, 노랗게 물들었던 나뭇잎들이 하나둘씩 떨어지기 시작했어요.
예쁜 단풍나무에 달려 있던 엄마, 아빠, 아기단풍잎들도 모두 떨어졌어요.
차가운 바람을 따라 단풍잎들은 모두모두 흩어져서 아주 멀리 날아가게 되었어요.
아기단풍잎은 엄마아빠 단풍잎과 헤어져서 너무너무 슬펐어요. 아기단풍잎은 엄마아빠 단풍잎을 찾아 이리저리 여행을 떠났어요.

아기단풍잎은 가을 하늘을 멋지게 날고 있던 참새를 만났어요.
  참새: 아기단풍잎아! 그렇게 슬픈 얼굴을 하고 어디로 가는 길이니?
  아기단풍잎: 엄마아빠 단풍잎을 찾아 여행을 가는 길이야. 같이 가지 않겠니?
  참새: 미안해. 난 우리 집을 지으러 가야 해.

참새는 훨훨 날아서 떠나갔어요.

아기단풍잎은 계속해서 여행을 했어요. 숲 속에서 알밤을 먹고 있는 다람쥐를 만났어요.

  다람쥐: 아기단풍잎아! 그렇게 슬픈 얼굴을 하고 어디로 가는 길이니?

  아기단풍잎: 엄마아빠 단풍잎을 찾아 여행을 가는 길이야. 같이 가지 않겠니?

  다람쥐: 미안해. 난 알밤을 모으러 가야 해.

다람쥐는 쪼르르르 뛰어서 숲 속으로 사라졌어요.

바람은 더 차갑게 불었지만 아기단풍잎은 쉴 수가 없었어요.

이번에는 토끼를 만났어요.

  토끼: 아기단풍잎아! 그렇게 슬픈 얼굴을 하고 어디로 가는 길이니?

  아기단풍잎: 엄마아빠 단풍잎을 찾아 여행을 가는 길이야. 같이 가지 않겠니?

  토끼: 미안해. 난 채소밭을 가꾸러 가야 해.

토끼는 깡총깡총 뛰어서 채소밭으로 갔어요.

아기단풍잎은 다리도 아프고 힘도 들었어요. 그리고 숲 속도 점점 더 어두워졌어요.

이번에는 곰을 만났어요.

  곰: 아기단풍잎아! 그렇게 슬픈 얼굴을 하고 어디로 가는 길이니?

  아기단풍잎: 엄마아빠 단풍잎을 찾아 여행을 가는 길이야. 같이 가지 않겠니?

  곰: 미안해. 난 고구마를 캐러 가야 해.

곰은 숲 속으로 사라졌어요.

이제 아기단풍잎은 너무너무 지쳤어요. 배도 고프고 날씨도 점점 추워졌어요.

힘들고 지친 아기단풍잎은 숲 속의 단풍나무 밑에서 잠이 들었어요.

바람은 더 세게 불었고 무섭기도 했어요.

그런데 바로 그때 거센 바람을 따라 엄마단풍잎이 날아왔어요.

엄마단풍잎은 아기단풍잎을 꼭 안아주었어요.

밤이 더 깊어지자 어디선가 커다란 단풍잎이 날아와 엄마단풍잎과 아기단풍잎을 따뜻하게 감싸 주었어요. 바로 아빠단풍잎이었어요.

아무리 바람이 세게 불어와도 이제는 조금도 춥지 않았어요.

가을 밤, 하늘의 별님이 반짝반짝 예쁘게 단풍잎들을 비추어 주었어요.

그래서 단풍잎들은 따뜻하고 행복하게 가을밤을 보냈어요.

낙엽의 여행

활동목표 · 낙엽의 여러 가지 움직임을 창의적으로 표현한다.

집단크기 소집단

활동자료 비발디의 사계 중「가을」음악 테이프

활동방법 1. 유아들과 함께 공원이나 실외놀이장에서 나무에 달린 나뭇잎과 바람이 불 때 나뭇가
지에서 떨어지는 낙엽의 모습을 관찰한다. 또 떨어진 낙엽을 밟아보고 던져보고 굴려
보는 등의 활동으로 낙엽 소리와 느낌을 경험한다.

10월 2주

2. 관찰된 여러 가지로 떨어지는 낙엽의 모습에 대해 이야기를 나눈다.
   - 나무에 달린 나뭇잎의 모습은 어떠니?
   - 바람이 살랑살랑 불어올 때 나뭇잎의 움직임은 어떠니?
   - 나뭇가지에 매달려 있다가 떨어지는 나뭇잎은 어떤 모습이니?
   - 바람이 아주 세게 불 때는 나뭇잎은 어떻게 될까?
   - 바람이 불면 땅에 떨어진 나뭇잎은 어떻게 될까?

3. 다양한 상황의 낙엽을 몸으로 표현해본다.
   - 누가 나무와 나뭇잎이 되어볼까? ○○가 나무가 되어보자,
   - ○○, ○○, ○○가 나뭇잎이 되어 표현해 보자,
   - 나무에 달린 나뭇잎이 되어보자,
   - 바람이 살랑살랑 불어옵니다,
   - 나뭇잎이 흔들흔들 움직입니다,
   - 바람이 세차게 불어옵니다,
   - 나뭇잎이 가지에서 떨어집니다, 나뭇잎이 굴러갑니다,

4. 녹음된 음악을 들어본다.
 - 음악을 들으니 어떤 느낌이 드니?

5. 음악에 맞추어 낙엽의 다양한 모습을 표현한다.
 - 바람이 불어오면 낙엽이 어떻게 될까,
 - 굴러가는 낙엽이 되어보자,
 - 세찬 바람이 불어오는구나,
 - 나뭇가지에 매달려 흔들리는 나뭇잎이 되어보자,

참 고   · 감상하는 유아들이 바람 소리를 내어주고 그 소리에 맞춰 움직여보기도 한다.

자연물 베끼기

활동목표	· 자연물의 아름다움을 감상한다. · 자연물에 호기심을 갖고 탐색한다. · 사물에 대한 세부적인 관찰력을 기른다.
집단크기	소집단
활동자료	다양한 크기의 도화지(복사지, 얇은 색상지), 색연필, 크레파스, 나뭇잎·나무껍질·돌·솔방울 등의 자연물
활동방법	1. 실외(가을 동산)를 돌아보며 여러 가지 자연물을 관찰하고 모아본다. 　- 나뭇잎 색 살펴보기, 나뭇잎의 잎맥 살펴보기, 나무 껍질 만져보기, 돌이나 바위 만져보기 　　등의 활동을 자유롭게 탐색한다. 　- 가을 동산에 오니 어떤 느낌이 드니? 뭐가 있니? 　- 나무껍질을 만져보니 어떤 느낌이 드니? 　- ○○들도 많이 있구나, ○○들의 모양들이 어떤지 살펴보자. 2. 관찰한 것에 대해 이야기 나눈다. 　- 어떤 모양의 나뭇잎이 있었니? 　- 나뭇잎을 만져 보니 느낌이 어떠니? 3. 자연물 베끼기 도구와 방법을 소개한다. 　- 여기 있는 나뭇잎의 모양과 나무껍질의 무늬를 종이에 베껴보자. 　　(자연물을 이 도화지에 어떻게 베껴 볼 수 있겠니?) 　- 너희들이 베껴 내고 싶은 자연물을 찾아보자. 4. 자연물 베끼기를 한 작품을 감상하고 느낌을 표현한다. 　- 무엇을 베껴 낸 것일까? 　- 실제 나뭇잎(자연물)과 너희가 한 것을 비교해 보자. 어떠니? 　- 베끼기 한 것으로 무엇을 하면 좋을까?(나무 꾸미기 등)

10월 2주

참　고　• 실외에서 모을 수 있는 자연물들을 물감이나 스탬프로 찍는 판화 활동을 한다.

• 베끼기 한 작품과 실제 자연물의 짝짓기 활동을 한다.

• 여러 가지 작은 자연물들을 모아 투명 일회용 도시락에 투명 테이프로 붙여 자연물 콜라주를 만들 수 있다.

실내자유선택활동
수·과학영역

곡식으로 재보기

활동목표	·그릇의 모양과 크기에 따른 양의 차이를 비교해본다. ·예측하고, 실험하고, 결과를 통해 검증하는 과학적 태도를 갖는다.
집단크기	소집단
활동자료	계량컵(일정하게 양을 잴 수 있는 컵), 모양이 확연하게 차이가 나는 그릇들, 곡식 그래프 용지

	얼마나 들어갈까요? 예 측	얼마나 들어갔나요? 결 과

활동방법	1. 곡식 담기, 쏟기 놀이를 하고 있는 유아들에게 그릇의 모양에 대한 관심을 갖도록 유도한다. 　- 여러 종류의 그릇들이 있구나, 어떤 모양들인지 얘기해 볼까?

2. 담기·쏟기를 다양한 모양의 그릇들을 가지고 경험해보도록 한다.
- 어떤 그릇에 더 많이 들어갈까?
- (계량컵을 내보이며) 이 컵으로 이 그릇들을 가득 채우려면 각각 몇 컵씩 담아야 할까?
- 각 그릇들을 다 채우려면 이 컵으로 몇 컵 정도 담아야 할지,
  너희들의 생각을 이 곡식 그래프 용지에 먼저 표시해볼래?
- 너희들의 생각이 조금씩 다르구나, 그럼, 우리 함께 직접 담아보는 활동을 통해 알아보자,

3. 곡식을 계량컵에 직접 담아보는 활동을 한다. 원하는 유아가 있으면 유아가 계량컵으로 그릇을 채워보도록 한다.
- 누가 이 컵으로 그릇에 곡식을 채워볼까?
  (원하는 유아가 채우는 동안 나머지 유아들과 교사는 함께 컵의 수를 센다.)
- 이 그릇은 이 컵으로 몇 컵을 넣었더니 가득 찼니?

4. 나머지 그릇들도 직접 담아가며 확인한다.

5. 곡식 그래프 용지에 표시된 결과를 예측한 내용과 비교해보며 이야기 나눈다.

참 고
· 1장 또는 여러 장 복사해서 사용한다.
· 그릇의 종류는 어린이집에서 제시해줄 그릇 모양을 그려넣어 사용한다.

야채 샐러드

활동목표 ·팔과 손을 원활하게 사용한다.
·채소와 과일의 색·맛·냄새에 관심을 갖는다.

집단크기 소집단

활동자료 계절에 나는 과일, 채소(감자, 당근, 오이, 양배추 등), 달걀, 마요네즈, 큰 그릇, 빵칼, 도마, 수저, 땅콩, 건포도, 소시지

〈요리 순서표〉

10월 3주

활동방법 1. 준비된 재료를 충분히 탐색하고 관찰한다.
　　　　－ 채소들은 어떤 색일까? 과일은 어떤 색일까?
　　　　－ 네가 좋아하는 과일(채소)은 무엇이니? 왜 좋아하니?
　　　　－ 맛이 어떤지 말로 표현해 보자.

2. 준비된 재료, 지시문에 따른 순서를 유아들과 함께 살펴본다.

3. 익혀서 먹어야 할 것과 그냥 날것으로 먹어도 될 재료를 나누어본다.

4. 감자와 달걀은 부엌에서 충분히 삶고, 당근은 살짝 삶는다.

5. 유아들에게 준비된 채소를 골고루 나누어주고, 빵칼을 이용하여 적당한 크기로 썰도록 한다.

6. 다 썰어진 재료와 감자, 달걀을 큰 그릇에 담은 후 마요네즈를 넣고 섞는다.

7. 요리를 할때 유아에게 적절한 질문을 하면서 상호작용한다.

참　고 　· 샐러드를 만든 후 간식 시간에 먹도록 한다.
　· 빵칼을 사용할 때 안전에 유의하게 한다.
　· 요리 재료를 충분히 탐색해본다.

대 · 소집단활동
이야기나누기

추수

활동목표   · 추수 과정을 알아본다.
            · 농사 짓는 분들에게 고마운 마음을 가진다.

집단크기   중 · 소집단

활동자료   벼, 쌀, 밥, 추수 과정이 담긴 그림자료

10월 3주

① 모종하기

② 모심기(모내기)

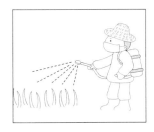
③ 비료 뿌리기

④ 잡초 제거하기

⑤ 추수하기

⑥ 탈곡하기

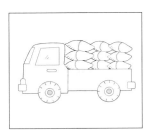
⑦ 가게로 실어가기

⑧ 밥먹기

활동방법   1. 벼이삭을 제시하며 이야기 나눈다.
　　　　　　　－이것이 무엇이니?
　　　　　　　－이런 것을 본 적 있니? 어디에서 보았니?
　　　　　　　－벼 껍질 속에 무엇이 있을까?

　　　　　2. 쌀을 제시하며 이야기 나눈다. 이때 벼 껍질 안에 쌀이 있다는 것을 보여 준다.
　　　　　　　－쌀로 무엇을 만들어 먹을까?
　　　　　　　－쌀로 만든 음식에는 무엇이 있을까?

　　　　　3. 쌀이 어떻게 만들어지는지 알아본다. 추수하는 그림을 보여주며 유아들에게 이야기 들려준다.
　　　　　　　－무엇을 하고 있는 모습이니?

　　　　　4. 우리가 밥을 먹기까지 수고해주신 분들에게 감사하는 마음을 갖도록 한다.
　　　　　　　－우리가 밥을 먹기까지 수고해 주신 분은 누구일까?
　　　　　　　－그분들에게 어떤 마음을 가져야 할까?

참　　고   • 농부아저씨를 초청해서 이야기를 듣는다.
　　　　　 • 기본생활습관 활동을 병행한다(예: 밥 남기지 않고 먹기).
　　　　　 • 우리 농산물을 사랑하는 마음과 태도를 갖게 한다.
　　　　　 • 어린이집 주변의 가까운 논으로 현장학습을 연계하여 실시한다.
　　　　　　실제 논농사의 과정을 모내기부터 계속적으로 반복하여 현장학습을 실시하는 것은 식물의 성장을 이해하는 데 도움이 크다.

대·소집단활동
요리

사과 소스 만들기

활동목표
- 사과나 설탕이 팬에서 익는 과정을 관찰한다.
- 사과 소스를 친구들과 함께 만들고 맛본다.
- 칼이나 도마 같은 도구의 바른 사용법을 안다.

집단크기 소집단

활동자료 순서표, 뚜껑이 있는 팬, 사과, 물이나 주스, 계피가루나 레몬즙, 숟가락, 빵이나 과자, 칼, 도마

〈요리 순서표〉

10월 3주

활동방법

1. 요리 순서표를 붙여놓고 재료를 준비한다. 이때 칼이나 도마는 유아가 사용하기에 적합하고 안전한 것으로 준비한다.

2. 하고 싶은 유아들은 요리하기 전에 손을 씻고 준비한다.

3. 순서표와 재료들을 보면서 설명한다.
   - 여기 어떤 것들이 준비되어 있니?
   - 오늘은 사과를 잼처럼 부드럽게 만들어서 빵이나 과자에 발라먹는 사과 소스를 만들어 볼거란다. 어떻게 해야 이 큰 사과가 부드러운 소스로 될 수 있을까?

4. 유아들과 함께 소스 만드는 방법을 예측해본다.

5. 뚜껑을 덮고 약한 불에서 끓이면서 열을 받아서 생기는 변화와 걸리는 시간에 대하여 이야기 나눈다.
  - 사과와 설탕이 어떻게 될까?
  사과 소스가 맛있게 되려면 몇 분 정도 걸리는지 알아보자.

6. 2분 경과 후와 5분 경과 후의 소스를 각각 덜어내어 비교해본다.

7. 뚜껑을 열고 포크로 찍어 부드럽게 되었는지 보고 계피가루를 넣어 섞는다.
  - 다 끓었는지 볼까? 사과가 어떻게 됐니?
  - 색깔은 어떻게 되었니?

8. 다 만들어진 사과 소스를 빵에 발라 먹으면서 맛에 대해 이야기 나눈다.

참　　고
  ・사전활동으로 가을에 수확하는 여러 곡식 중 사과에 대해 알아본다.
  ・사과의 종류, 맛 표현하기, 사과속 알아보기, 사과를 먹을 수 있는 방법 등에 대해 이야기해 본다.

색깔 글자

활동목표
· 가을에 볼 수 있는 사물에 대해 관심을 갖는다.
· 글자의 모양을 변별할 수 있다.

집단크기 개별

활동자료 이등분 그림카드 11쌍(단풍잎, 은행잎, 도토리, 솔방울, 귀뚜라미, 감, 밤, 사과, 배, 벼, 허수아비)

활동방법

1. 색깔 글자가 있는 판의 그림을 보며 이야기를 나누면서 글자에 관심을 갖게 한다.
   - 여기에 무엇이 있니?
   - 어떤 그림들이 보이니? 이름이 무엇일까?

2. 검은 글자가 있는 판을 보며 다른 점과 같은 점을 이야기 나눈다.
   - 이번엔 이 카드를 볼까?
   - 방금 전에 보았던 카드와 다른 점이 있니?
   - 그럼, 같은 점도 있니?

3. 서로 같은 글자가 있는 판끼리 맞추어서 큰 판을 만든다.
   - 이 두 가지의 카드를 가지고 어떻게 할 수 있을까?
   - 같은 글자가 써 있는 것끼리 맞추어서 하나를 만들어보자.

참　고
· 그림들은 실물 사진이나 세밀화로 사실감이 있는 것이 좋다.

실내자유선택활동
수·과학영역

사방치기

10월 4주

활동목표	·거리와 방향에 따라 힘을 조절하는 능력을 기른다.
	·전통놀이에 관심을 가진다.
집단크기	개별
활동자료	단추에 끈을 연결하여 만든 사방치기판, 한복 입은 사람 그림이 붙여진 말, 활동 방법표, 태극무늬 말판(게임판)

〈게임판〉

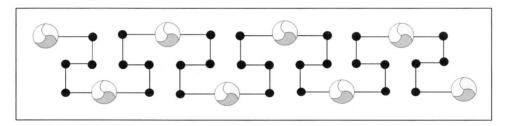

〈사방치기판〉

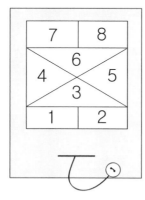

〈말〉

활동방법	1. 준비된 놀이자료를 소개한다.

2. 놀이자료를 보고 어떻게 놀이할 수 있을지 다양하게 생각해본다.
  - 어떤 놀이를 할 수 있을 것 같니? ○○가 생각한 방법대로 놀이해 보자.

3. 어떻게 놀이하는 것인지 알아보고 놀이해본다.
   - 놀이방법을 알아보고 해보자,

   〈게임방법〉
   ·말을 나누어 가진다.
   ·순서를 정한다.
   ·단추를 시작선에 놓고 손가락으로 튕긴다.
   ·단추가 멈춘 곳의 숫자만큼 말을 움직인다.
   ·말이 태극무늬에 도착하면 한번 더 한다.

4. 놀이에 참여했던 유아는 새롭게 참여하는 친구들에게 순서를 양보하고 놀이방법을 설명하며 함께 참여한다.

참   고   ·실외놀이영역에서 사방치기 기본판을 준비해주어 유아들이 직접 몸을 움직이면서 놀이 할 수 있도록 한다.

실외자유선택활동

팥주머니 나르기

활동목표 ·신체활동에 즐거운 마음으로 참여한다.
·규칙을 지킬 수 있다.

집단크기 중·소집단

활동자료 팥주머니, 신호악기(큰북), 팥주머니 담을 바구니 2개(50×30㎝), 팥주머니를 담아서 나를 수 있는 바구니 2개(지름 30㎝의 원형바구니), 점수판 또는 바구니, 점수용 그림 또는 가을 관련 실물

10월 4주

활동방법 1. 출발선과 반대편에 바구니 2개를 준비하여 게임 준비를 한다.

2. 2명씩 가위바위보하여 2개 편으로 나누어 앉는다.

3. 유아들에게 게임 방법을 소개한다.
   - 각각 2명의 유아가 바구니 하나를 양쪽에서 잡고 목적지 쪽의 바구니에 들고가 바구니에 담긴 팥주머니를 붓고 돌아오는 게임을 해보자.

4. 게임 방법과 규칙을 이야기한 후 게임을 한다.
   - 출발선에서 신호를 듣고 출발하기
   - 약속한 방법대로 팥주머니 나르기
   - 팥주머니를 떨어뜨렸을 때는 그 자리에서 팥주머니 넣어서 다시 시작하기
   - 친구와 함께 조심해서 천천히 걸어가서 팥 주머니 떨어뜨리지 않기
   - 자기 자리에서 응원하기

5. 게임을 마친 유아가 돌아오면 약속을 잘 지키며 빨리 돌아온 친구 편의 점수판에 점수를 준다.

6. 게임에 대해 전체 평가를 한다.
   - 규칙을 잘 지킨 편은 어느 편일까?
   - 빨리 돌아온 사람이 많은 편은 어느 편일까?

- 자기 자리에 앉아서 잘 응원한 편은 어느 편일까?

- 친구와 함께 팥주머니 나르기 게임을 하니 어떠니?

- 힘들었던 점은 무엇이었니?

참　고　· 2명의 유아가 팥주머니를 함께 들고 올 수 있도록 조금 크고 넓적한 바구니을 준비한다.

· 일대일 게임을 해본 후에 실시해도 되며 정해진 선에서 '팥주머니 던져넣기 게임', '목적지에서 팥주머니를 바구니에 담아오기' 게임 등으로 변형하여도 된다.

주제 우리나라

실시기간 : 11월 1주 ~ 11월 4주

▶▶ 전개방법

유아들에게 우리나라의 전통문화나 풍습에 관한 것들은 다소 생소하고 어려운 개념일 수 있으나 명절이나 집안 행사, TV극 등 생활 속에서 직·간접으로 접할 수 있는 관심거리이다.

「우리나라」 주제는 우리나라의 상징물, 생활문화, 음식문화, 전통놀이 주제를 통해 추상적인 개념보다는 실생활 속에서 접할 수 있는 경험을 중심으로 모든 주제가 통합되도록 운영한다. 수집한 우리 옛 물건들을 전시해놓고 유아가 우리의 것을 직접 관찰하거나 사용해볼 수 있는 기회를 제공하고, 여러 가지 음식과 떡의 종류를 알아본다. 떡 요리 해보기, 떡을 이용한 생일잔치하기, 한복 입어보기, 절하기, 전통 부엌에서 놀이해보기, 전통동요 부르기, 전통놀이하기, 우리 고유의 악기 탐색해보기 등의 활동을 해본다. 또한 미술, 춤, 놀이, 요리 등을 실제로 해보면서 우리의 것을 느껴보도록 하며, 가정 및 지역사회와의 긴밀한 협조체계를 이뤄 좀더 실제적이고, 생동감 있는 교육활동을 전개한다.

우리나라 고유의 것을 알고 즐기며 우리것에 대한 자긍심과 좋아하는 마음을 가질 수 있도록 생활 속에서 다양한 환경과 활동을 제시해주고 지역사회의 민속촌, 박물관, 한옥집, 민속 공연장, 풍물패 공연장, 민속물건 가게 등을 방문하거나 초청하여 공연을 즐기거나 실제로 활동해볼 수 있도록 한다.

▶▶ 환경구성

	쌓기놀이영역	역할놀이영역	미술영역	언어영역	수·과학영역	조작영역	음률영역

실
내
	·종이벽돌 블록
	·나무 블록
	·레고 블록
	·공간 블록
	·단위 블록
	·탑이나 고궁
	  사진자료
	·우리나라
	  옛날 가옥 사진
	·세계
	  여러나라의
	  국기 모형대
	·세계 여러
	  나라의 집 모형
	·나무·사람·
	  동물 모형
	  사진, 그림
	·여러 나라의
	  민속 의상
		·태극기
		·깃봉
		·깃대
		·국기함
		·멍석
		·사모
		·관대
		·족두리
		·한복
		·한삼
		·상
		·병풍
		·꽃가마
		·박스로
		  제작한 말
		·사기 그릇
		·뚝배기
		·놋그릇
		·쇠젓가락
		·숟가락
		·밥상
		·등잔
		·멧돌
		·조리
		·담뱃대
		·키
		·안경집
		·항아리
		·모형 아궁이
		·모형 장작불
			·크레파스
			·도화지
			·붓
			·이젤
			·가위
			·풀
			·물감
			·펀치
			·찍기판
			·권총본드
			·전통 문양 본
			·전통 떡살판
			·화선지
			·먹지
			·하드보드지
			·켄트지
			·세계의 명화나
			  건축물
			·발명품의
			  사진이나 모형
			·태극기 그림
			  종이
			·색모래
			·검은 마분지
			·종이컵
			·검은 노끈
			·리본 테이프
			·라면 용기
			·꼬치 막대
			·이쑤시개
			·무
			·가지
			·당근
				·우리 나라와
				  다른 나라의
				  전통 음식,
				  집, 생활도구,
				  놀이 도구
				  등의 그림책
				  이나 그림
				  카드, 잡지,
				  달력
				·여러 나라의
				  관광 안내 책자
				·상품 카탈로그
				·도서:
				  전래 동화
				  그림책
				  위인전
				  전래 동요집
				  세계의 화집
				·탈춤, 농악,
				  부채춤 등의
				  우리나라
				  민속춤
				  비디오 테이프
				·'정말 멋쟁이'
				  게임판
				·'김치' 게임판
				·'맛있는 떡'
				  게임판
				·얼씨구나
				·'제기차기'
				  게임판
					·모형 동전과
					  화폐
					·물뿌리개,
					  샬레, 자석,
					  부채 등의
					  각종 실험
					  도구
					·요리 순서표
					·우리나라
					  요리 모형(떡,
					  김치,불고기)
					·우리나라
					  지도판
					·무궁화꽃
					·한복
					·양복
					·시루
					·부채
					·돗자리
					·발
					·멧돌
					·홉
					·됫박
					·말
					·쌀
					·콩
					·솔방울
					·밤
					·도토리
					·모조지
					·떡사진
					·색종이
					·거울
						·퍼즐: 우리나라
						  지도, 태극기,
						  민속 의상,
						  여러 나라 사람,
						  세계는 하나
						·각종 도미노
						  카드: 무궁화,
						  태극기, 한복,
						  고무신, 지도,
						  초가집,
						  기와집 등의
						  그림 카드
						·패턴책:
						  각국의 글씨,
						  사람, 집, 음식
						·부직포, 가위,
						  마닐라지
						·국악기,
						  양악기 사진
						·나무젓가락,
						  팥, 콩, 그릇
						·쌀, 깨, 콩,
						  빈 그릇,
						  3가지 크기의
						  숟가락,
						  젓가락,
						  스펀지
						  (밤 크기), 밤
						  (곡식 옮기기)
						·옆전, 창호지,
						  제기, 책받침,
						  부채, 탁구채
							·민속악기:
							  아쟁, 거문고,
							  피리, 징,
							  꽹과리, 장구,
							  소고
							·음악감상
							  테이프및 CD:
							  국악, 전통
							  음악, 놋다리
							  밟기 등의
							  춤곡
							·노래:
							  「우리 나라」
							  「인절미」
							  「어디까지
							  왔나?」
							  「이거리 저거리
							  각거리」
							  「팽이」
							  「김치김 서방」
							  「인절미와
							  총각 김치」
							  「숫자 풀이」
							  「우린
							  그렇지 않아」

실 외	·유물 탐사 놀이: 깨진 도자기 조각, 망가진 옛날 물건 조각, 삽, 나뭇가지, 접착제 ·전통 문양 찍기틀　　　　　　　　　·씨름: 샅바　　　　　　　　　　　　　·조리질하기: 조리 ·깃대 세우기: 나무젓가락　　　　　·사방치기: 말놀이판 그림, 납작한 돌(또는 네모난 나무토막), 장구 ·무지개떡 만들기: 물감물, 모래, 여러 모양 그릇　　　　　　　·떡장사 놀이: 깡통, 납작한 나무토막						

주간보육계획안

소주제 : 우리나라를 나타내는 것이 있어요 I　　　　　　　　　　**실시 기간 : 11월 1주**

		월	화	수	목	금	토
등원 및 맞이하기		놀이실에 게시된 태극기, 무궁화 보고 이야기 나누기					
실내자유선택활동	**쌓기놀이영역**	고유의 건축물 지어보기(고궁, 탑)					
	역할놀이영역	태극기 보관하기			신랑 각시 놀이 1)		
	미술영역	◎ 태극기 모래 그림		색한지로 무궁화 꾸미기		모빌 만들기(버선, 장고, 갓 등의 모양)	
	언어영역	스무고개(수수께끼놀이) 옛날 것과 오늘의 것		무궁화 꽃 피우기 게임 2)	◎ 동극:「해님 달님」	여럿이서 글자 만들기	
	수·과학영역			무궁화 꽃 관찰하기		우리나라 여행가기 3)	
	조작영역	우리나라를 나타내는 것들 도미노		한복 직조짜기	우리나라 지도 퍼즐　태극기 퍼즐		
	음률영역	노래:「우리나라」 ◎「숫자풀이」			전래동요:「어디까지 왔나」		
대·소집단활동		이야기나누기: 우리나라를 나타내요(무궁화, 태극기, 애국가, 한글) 게임: 태극기와 무궁화		소고치고 우리나라 물건 붙이고 돌아오기 ◎ 신체표현: 몸으로 만드세요			
실외자유선택활동		무궁화꽃이 피었습니다 ◎ 제기차기 모래 지도 만들기				꼬마야 꼬마야	
점심 및 낮잠		동화:「태극기를 만든 사람」 「우리말을 만드신 임금님」 「방귀 잘 뀌는 며느리」					
기본생활습관		우리나라 꽃, 국기, 노래를 사랑하는 마음 갖기					

교육과정 운영의 실제 - 우리나라 | 363

교육활동참고

1) 신랑 각시 놀이
  • 족두리, 한복, 고무신, 혼례상, 긴 천 등의 전통혼례 용품을 준비하여 전통 결혼식 놀이를
   한다.

2) 무궁화 꽃 피우기 게임
  ① 지도판을 각자 나누어 갖고 우리나라의 땅 모양을 관찰해 본다.
  ② 우리나라 지도판에 주사위를 던져 나온 수 만큼 무궁화 꽃을 붙인다.

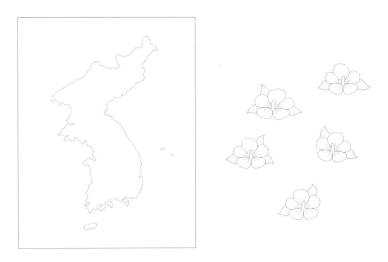

3) 우리나라 여행가기
  • 우리나라 지도에 표시된 관광지에 주사위 수만큼 태극기를 꽂아 모든 관광지를 여행하는
   게임이다.
  • 태극기의 깃봉 색을 다르게 구분한다.

주간보육계획안

소주제 : 우리나라를 나타내는 것이 있어요Ⅱ　　　　　　　**실시 기간 : 11월 2주**

		월	화	수	목	금	토
등원 및 맞이하기		놀이실에 전시된 우리나라의 전통 물건 보며 이야기 나누기					
실내자유선택활동	쌓기놀이영역	우리나라의 집 꾸미기(대궐, 기와집, 초가집 등)				탑 만들기	
	역할놀이영역	한복입고 절 해보기 1)		◎ 전통 부엌에서 소꿉놀이하기	옛날 옛날에(옛날의 전통 생활모습 표현해보기)		
	미술영역	족두리 만들기	갓·상모 만들기		탑 만들기(야채 이용) 2)		
	언어영역	이 소리 들리니		동시:「정말 멋쟁이」			
	수·과학영역	어떤 옷이든 어울려요		◎ 부채로 날리기	우리나라 옛날 물건들 관찰하기(시루 부채, 돗자리, 발, 멧돌 등)		
	조작영역	한복 직조짜기		◎ 내 자리를 찾아주세요	짝지어보세요 국악기와 양악기		
	음률영역	노래:「우리나라」　　「이거리 저거리 각거리」 신체표현: 전통 음악 듣고 한삼춤 추기					
대·소집단활동		이야기 나누기: 우리나라 옷과 집 게임: 탑 쌓기		우리나라의 옛날 생활 갓과 상모의 달리기 시합 음악감상: 국악기 연주			
실외자유선택활동		유물 탐사 놀이		앙감질 발 바꾸기 모래판에 전통 문양찍기			
점심 및 낮잠		동화:「춤추는 도끼」　　「샌님과 호랑이」　　「까치를 부르는 아이」					
기본생활습관		우리나라 고유의 물건을 사랑하는 마음 갖기					

교육활동참고

1) 한복입고 절 해보기
   · 한복을 바르게 입는 법과 한복을 입었을 때의 바른 태도를 알아보고 큰절하는 방법을 알아본다.

2) 탑 만들기
   · 그림자료나 사진자료를 통해 여러 가지 탑의 모양을 관찰한 후 다양하게 자른 야채와 이쑤시개를 이용해 구성해본다.

주간보육계획안

소주제 : 우리나라 음식이 있어요　　　　　　　　　　　**실시 기간 : 11월 3주**

		월	화	수	목	금	토
등원 및 맞이하기		여러 가지 떡 그림을 보며 이야기 나누기					
실내자유선택활동	**쌓기놀이영역**	떡방앗간 만들기			가마솥 만들기		
	역할놀이영역	밀가루 반죽 놀이 (떡살 무늬 찍기, 떡 썰어 보기, 송편 만들기 등)				떡가게 놀이	
	미술영역	숟가락으로 구성하기 1)		음식 모빌 만들기		떡 만들어 상차리기 2)	
	언어영역	동시:「김치」		「맛있는 떡」 나는 야채입니다			
	수·과학영역	가족 위한 상차리기		된장·고추장·간장 맛보기 곡식 담아보기 3)	◎ 내가 좋아하는 떡 그래프		
	조작영역	김치를 먹으면 튼튼해져요 4)	항아리에 넣어주세요 5) 젓가락으로 팥·콩 옮겨담기		떡 빙고 게임		
	음률영역	◎ 노래:「인절미와 총각김치」			「김 서방」		
대·소집단활동		이야기나누기: 우리나라 고유의 음식이 있어요(김치, 떡)			◎ 이야기나누기: 생일떡 꾸미기		
		게임: 김치를 담가요		할아버지·할머니께 옛 이야기 듣기			
		◎ 요리: 경단 만들기			◎ 신체표현: 몸으로 경단 빚기		
실외자유선택활동		조리질하기　　무지개떡 만들기			떡장사놀이 6)		
점심 및 낮잠		동화:「무엇이 잘못되었습니까?」　　「해님 달님」　　「된장 속으로 간 무」 　　「반달떡이 된 철이」　　「황소 잃고 감을 얻은 욕심쟁이」					
기본생활습관		음식 골고루 먹기					

교육활동참고

1) 숟가락으로 구성하기
   · 도화지에 숟가락 모양의 색종이나 일회용 숟가락을 붙여 창의적으로 구성한 후 추가 그림을 그린다.

2) 떡 만들어 상차리기
   · 밀가루 반죽으로 여러 가지 모양 찍기판이나 다식판을 이용하여 다양한 모양의 떡을 만들어 그늘에서 말린 후 니스를 발라 역할놀이영역에 활용한다.

3) 곡식 담아보기
   · 홉, 됫박, 말 등의 옛날 측정 기구를 사용해 곡식이나 솔방울, 밤, 도토리 등을 재어서 담고 작은 단위와 큰 단위를 비교해보고 제시된 양만큼 재어보는 경험을 한다.

4) 김치를 먹으면 튼튼해져요
   ① 말을 나누어 갖는다.
   ② 순서를 정한다.
   ③ 주사위를 던져 나온 김치 이름의 글자 수대로 칸을 세어 말을 놓는다.
      (예:배추김치 – 2칸, 동치미 – 3칸, 오이소박이 – 1칸)
   ④ 핫도그, 사탕, 아이스크림이 나오면 1칸 뒤로 간다.
   ⑤ 마늘, 고추가 나오면 2칸 앞으로 간다.
   ⑥ '튼튼한 어린이'에 도착하면 게임이 끝난다.

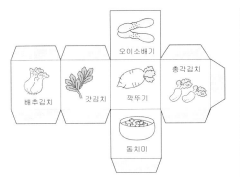

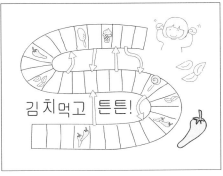

5) 항아리에 넣어주세요

· 항아리 그림판을 유아가 나눠갖고, 돌림판을 돌려 나온 수만큼 김치 재료 그림카드를 항
아리에 채워담고, 김치 재료가 다 없어지면 항아리 속의 카드를 세어본다.

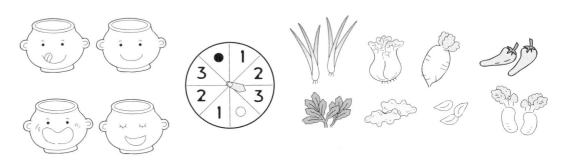

6) 떡장사놀이

① 떡으로 사용될 수 있는 놀잇감을 찾은 후 그림과 같이 달팽이 모양의 선을 준비한다.

② 2개 팀으로 나누어 각 팀 1명씩 달팽이 모양 선 안·밖 끝점에 서서 선을 따라 달린다.

③ 두 유아가 만나면 가위바위보를 하고 이긴 유아가 떡을 산다.

주간보육계획안

소주제 : **전통놀이를 즐겨보아요**   실시 기간 : **11월 4주**

		월	화	수	목	금	토
등원 및 맞이하기		전시한 우리나라 고유의 물건 및 놀이기구 관찰하기					
실내자유선택활동	쌓기놀이영역	적목으로 옛날의 탈것 만들기(가마, 말, 수레 등)				전통 부엌 만들기	
	역할놀이영역	춤추는 무대 가마타기		아궁이에 불때기 [1]			
	미술영역	딱지 접기 [2]	팽이 만들기	전통무늬 넣기		제기 만들기	
	언어영역	끝말 이어가기		동시: 「얼씨구나 차차차」		우리 악기 얼씨구	
	수·과학영역	팽이의 색 혼합 관찰하기		전통 놀이기구 관찰하기		구슬 수로 [3]	
	조작영역	◎ 곡식 옮기기	민속놀이		놀이 그림자 도미노	제기 차기	
	음률영역		◎ 노래: 「팽이」 신체표현: 강강수월래		「숫자풀이」 놋다리 밟기	손놀이	
대·소집단활동		이야기나누기: 옛날에는 어떤 놀이를 했을까요? 　　　　게임: 윷놀이　　투호놀이　　　제기차기　　　사방치기 신체표현: 나는 어떤 놀이를 하고 있을까요?					
실외자유선택활동		◎ 사방치기	씨름하기 대문놀이 [4]		숨바꼭질	깃대 세우기 [5]	
점심 및 낮잠		동화: 「윷가락 이야기」「경일이의 연날리기」「사자의 줄다리기」「사물악기와 도깨비」					
기본생활습관		차례 지켜 놀이하기					

교육활동참고

1) 아궁이에 불때기
   · 박스와 하드보드지로 제작한 모형 아궁이에 모형 장작불(나무 블록, 불꽃 모양, 그림)로 불을 때며 전통 부엌놀이를 한다.

2) 딱지 접기
   · 신문지, 잡지를 이용해 딱지를 접어본다.

3) 구슬 수로
   · 수로 놀이판에 구슬을 굴려본다.

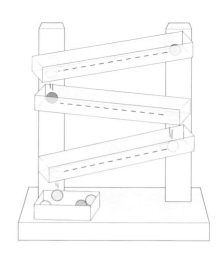

4) 대문놀이
   ① 그림자료를 제시해주고 노래의 내용을 이야기해준다.
   ② 녹음한 테이프로 노래를 여러 번 들어본다.
   ③ 피아노 반주에 맞춰 교사와 함께 불러본다.
   ④ 유아가 1명씩 나와 그림자료를 조작하여 함께 불러본다.
   ⑤ 역할을 나누어 문답식으로 불러본다.
   ⑥ 문지기를 정하고 나머지 유아들은 길게 한 줄로 서서 문 앞에 기다린다.
   ⑦ 2명의 유아가 손을 맞잡아 대문을 만들고 나머지 유아들이 노래를 부르며 지나가는 놀이를 해본다.

대문 놀이

전래동요 / 김숙경 곡

문 지 기 문 지 기 문 열 어 라 -　　　열 쇠 없 어 못 열 겠 네

어 떤 대 문 에　들 어 갈　까 -　　　동 대 문 을 들 어 가
　　　　　　　　　　　　　　　　　　서 대 문 을 들 어 가
　　　　　　　　　　　　　　　　　　남 대 문 을 들 어 가
　　　　　　　　　　　　　　　　　　북 대 문 을 들 어 가

문 지 기 문 지 기 문 열 어 라 -　　　덜 컹 덜 컹 열 렸 다

5) 깃대 세우기

　· 모래 더미 위에 나무젓가락을 꽂고 차례대로 모래를 걷어낸다.
　· 모래를 걷어내다가 깃대를 쓰러뜨린 유아는 벌칙을 받는다.

실내자유선택활동
미술영역

태극기 모래 그림

11월 1주

활동목표	• 우리나라를 나타내는 태극기를 알고 친밀감을 갖는다.
	• 색모래의 촉감을 느껴본다.
집단크기	소집단
활동자료	태극기 밑그림이 그려진 도화지, 물풀, 색모래(빨강, 파랑, 검정)

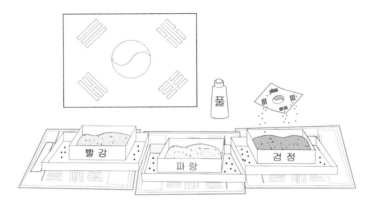

활동방법 1. 태극기를 다른나라 국기와 함께 게시해주고 유아와 이야기 해본다.

- 우리나라 국기를 찾아볼 수 있겠니?

- 우리나라 국기는 어떤 모양이니? 어떤 색깔이니?

2. 색모래의 촉감을 느껴보고 사용방법을 알아본다.

- 색모래의 느낌이 어떠니?

- 색모래는 어떻게 하면 종이에 붙을까?

- 색모래로 태극기를 만들어보자.

3. 밑그림의 4괘와 태극 모양에 풀칠을 하고 색모래를 뿌려 태극기를 만들어본다.

- 모래를 잘 눌러보자. 모래가 잘 붙었으면 종이를 들고 휴지통에 대고 남은 모래를 털어보자.

- 어떤 모양이 나왔니?

참   고 • 풀이 마르면서 모래가 떨어지므로 세워서 전시하기보다는 눕혀서 전시해주는 것이 좋다.

• 실외의 조용한 곳에서 실시하면 좋다.

실내자유선택활동
언어영역

해님 달님

활동목표
· 맡은 역할을 언어와 행동으로 표현해본다.
· 동극을 관람할 때의 바른 태도를 기른다.

집단크기
소집단

활동자료
엄마·오빠·여동생·호랑이 가면, 동극띠, 한복, 호랑이, 꼬리, 순서표

11월 1주

활동방법
1. 동극자료를 제시해주고 동극을 하고 싶어하는 유아들과 모여 줄거리를 이야기해본다.
  – '해님 달님' 이야기에는 누가 나왔는지 생각이 나니?
  – 호랑이는 엄마를 어떻게 했니?
  – 오빠와 여동생은 어떻게 했지?
  – 호랑이는 그래서 어떻게 됐니?

2. 등장 인물, 해설자, 관객 등 역할을 정한다. 원하는 배역이 많으면 순서를 정해서 순서표에 적고, 인원수에 따라 매표소, 매점 직원까지 확장할 수 있다.

3. 동극을 하기 위해 필요한 것을 알아보고 무엇을 이용해서 어떻게 만들지를 의논해서 꾸민다.
  – 우리가 '해님 달님' 동극을 하려면 무엇이 더 필요할까?
  – 오빠와 동생이 올라가는 나무는 무엇으로 만들까?

4. 동극을 위한 소품과 무대가 준비되면 동극을 시작한다. 처음에는 교사가 해설과 대사를 해주고 따라 해보도록 한다. 익숙해지면 유아 스스로 대본과 똑같지 않더라도 자기 말로 해 본다.

5. 동극을 구경하는 유아의 관람 태도에 대해 이야기해본다.
   - 동극을 할 때 구성하는 친구들은 어떻게 해야 할까?
   - 끝나면 친구들 한테 어떻게 해줄까?

6. 줄거리가 다 끝난 뒤에 한 사람씩 소개하고 마무리한다.

7. 다시 시작하기 전에 방금 한 동극에 대해 같이 이야기해본다.

참 고
- 언어영역에 막대동화「해님 달님」과 연결하여 계획한다.
- 동극을 하기 전 미술영역에서 동극 가면을 만들어 사용할 수 있다.
- 동극을 다시 시작하기 전에 만들어진 무대를 다음 공연에 참여하는 유아들이 변형해서 사용할 수 있다.

해님 달님

해 설: 옛날 옛날 어느 마을에 두 남매가 어머니와 함께 살고 있었어요.
어느날, 어머니는 산 너머 이웃마을로 일을 하러 갔어요.
어머니: 얘들아, 오늘은 엄마가 맛있는 떡을 가지고 올 테니, 문단속 잘하고
사이좋게 놀고 있거라.
해 설: 저녁 때가 되자 어머니는 서둘러 집을 향해 떠났어요.
그런데 어두운 산길에서 갑자기 커다란 호랑이 한 마리가 '어흥' 하며
나타났어요.
호랑이는 어머니의 손에 들려 있는 떡을 빼앗아 먹었어요.
떡을 다 먹은 호랑이는 마침내 어머니까지 잡아먹고 말았어요.
호랑이는 죽은 어머니의 옷으로 갈아입고 아이들이 있는 집으로 갔어요.
어머니가 돌아가신 줄도 모르는 두 남매는 어머니가 오실 때만 기다리고
있었어요.
잠시 후, 달그락거리며 문고리를 만지는 소리가 들렸어요.
호랑이: 얘들아. 엄마가 왔다. 문열어라.
오 빠: 엄마인지 아닌지 문틈으로 손을 내밀어보세요.

해　설: 그런데 이게 웬일이에요? 문틈으로 보인 손은 뾰족한 발톱에 털이 덥수룩한 호랑이의 손이었어요. 깜짝 놀란 남매는 뒷문으로 도망을 쳤어요.
　　　　그리고는 재빨리 우물 옆의 큰 나무 위로 올라갔어요.
　　　　두리번거리던 호랑이는 우물 속에 비친 오누이를 발견했어요.

호랑이: 얘들아, 너희들 그 우물 속에는 어떻게 들어갔니?

해　설: 어리석은 호랑이는 오누이가 우물 속에 있는 줄로 알았던 거예요.
　　　　여동생은 호랑이의 하는 짓이 하도 우스워서 그만 '깔깔' 웃고 말았어요.
　　　　호랑이는 약이 바짝 올랐어요.

호랑이: 얘들아, 그 높은 나무 위에는 어떻게 올라갔니?

오　빠: 참기름 바르고 올라왔지.

해　설: 호랑이는 오빠의 말대로 참기름을 바르고 나무에 기어오르려고 했어요.
　　　　하지만 계속해서 미끄러질 뿐이었지요.

여동생: 아이, 저 바보. 도끼로 찍고 올라오면 될텐데….

해　설: 이 말을 들은 호랑이는 도끼를 들고 나왔어요.
　　　　그리고는 한발 한발 가까이 다가왔어요. 겁에 질린 남매는 하느님께 간절히 기도했어요.

남　매: 하느님, 저희를 죽이시려거든 썩은 동아줄을 내려주시고, 살리시려거든 튼튼한 동아줄을 내려주세요.

해　설: 남매는 하늘에서 내려온 동아줄을 타고 하늘로 올라갔어요.
　　　　약이 오른 호랑이는 하느님께 기도를 했어요.
　　　　그런데 그만 말을 거꾸로 해서 썩은 동아줄을 내려달라고 했어요.
　　　　호랑이는 줄이 끊어져서 수수밭으로 떨어져 죽고 말았어요.
　　　　하늘로 올라간 남매에게 하느님이 말했어요.

하느님: 너희는 해와 달이 되어서 세상을 밝게 비추도록 하여라.

해　설: 밤이 무서운 동생은 해가 되었고, 오빠는 달이 되어 온 세상을 밝게 비추게 되었어요.

실내자유선택활동
음률영역

숫자 풀이

활동목표	· 우리나라의 전래동요를 불러보며 즐긴다.
	· 음을 잘 듣고 노래말을 맞춰 정확하게 불러본다.
	· 노랫말을 관찰하여 언어적인 연관성을 발견해낸다.

집단크기	대집단

활동자료	그림이 있는 노래말

쎄쎄쎄

1. 하나 하면 할머니가 지팡이를 짚는다고 잘잘잘
2. 둘-하면 두부장수 두 -부를 판-다고 잘잘잘
3. 셋-하면 새색시가 거-울을 본-다고 잘잘잘
4. 넷-하면 냇가에서 빨-래를 빤-다고 잘잘잘
5. 다섯 하면 다람쥐가 알-밤을 깐-다고 잘잘잘
6. 여섯 하면 여학생이 공-부를 한-다고 잘잘잘
7. 일곱 하면 일꾼들이 나-무를 벤-다고 잘잘잘
8. 여덟 하면 엿장수가 깨 -엿을 판 -다고 잘잘잘
9. 아홉 하면 아버지가 장-보러 간-다고 잘잘잘
10. 열-하면 열무장수 열 -무를 판- 다고 잘잘잘

활동방법	1. 그림 노래말을 제시해주고 관심을 보이는 유아들과 전래동요를 들어보고 노래말을 읽어
	본다.
	– 들어보니까 어떠니?
	– 이 노래를 전래동요라고 하는데 옛날부터 우리나라 아이들이 부르던 노래란다.

2. 노래말에 대해 이야기 나눈다.
   – 이 노래에는 어떤 것이 있니?
   – 어떤 숫자가 있는지 한번 읽어볼까? 어떤 그림이 있는지 보자.
   – 이렇게 숫자와 그림으로도 노래말을 나타낼 수가 있구나.
     그런데 왜 하나 하면 할머니가 나오고, 둘하면 두부장수가 나올까?
   – 숫자의 첫 글자와 그림의 첫 글자가 비슷하거나 똑같게 만든 노래구나.
     하나의 '하' 와 할머니의 '할', 둘과 '두부장수' 의 '두', '셋' 과 '새색시' 의 '새' 가 비슷한
     말로 시작되네. 아주 재밌다.

3. 노래말을 다시 들어본 후 음에 맞추어 노래해본다.

4. 전래동요를 다 배운 후 노래말에 맞는 몸동작을 같이 정해본다. 노래말을 들려주고 한
   부분씩 동작을 생각대로 표현해보고 다시 노래에 맞추어서 표현해보는 방법으로 자연
   스럽게 반복한다.
   – 노래말을 몸으로 흉내내볼 수 있겠니?
   – '할머니가 지팡이를 짚고서 '잘잘잘' 은 어떻게 나타냈으면 좋겠니?

참 고
- 미술영역에서 '숫자 이용해서 그림 그리기' 활동으로 연결해본다.
- 언어영역에서 숫자 모양대로 노래말을 써보거나 '하' 자로 시작하는 말찾기, '둘' 자로
  시작하는 말찾기 놀이를 해보고 생각해낸 말을 동시로 지어본다.
- 유아들이 지은 동시로 노래말을 바꾸어 불러본다.

대 · 소집단활동
신체표현

몸으로 만드세요

활동목표   · 비이동 동작을 할 수 있다.
　　　　　　· 신체를 이용하여 다양한 글자 표현을 할 수 있다.

집단크기   대 · 소집단

활동자료   한글 자음(ㄱ~ㅎ)과 모음(ㅏ~ㅣ)카드, 그림과 글자가 함께 있는 그림 글자 카드

활동방법   1. 한글 자음 · 모음 카드를 보여주고 몸으로 글자 모양을 만들어보자고 제안한다.
　　　　　　　　- ㄱ자 모양은 몸을 어떻게 해야 할까?
　　　　　　　　- 둘이서 ㄱ을 만들어볼까?

　　　　　　2. 나머지 글자들에 대해서도 만들 수 있는 방법을 차례대로 유아들과 의논해보고 만들
　　　　　　　어 본다.
　　　　　　　　- ○은 몸을 어떻게 해야 할까?

　　　　　　3. 글자 만들기에 참가하지 않은 유아들은 만들어진 글자 모양을 카드에 적힌 글자 모양
　　　　　　　과 비교하고 이야기해본다.
　　　　　　　　- 이 카드와 어떤 점이 다르니?
　　　　　　　　- 누가 제일 똑같이 만들었을까?

　　　　　　4. 같은 글자를 여러 가지 방법으로 만들어본다.

　　　　　　5. 그림 글자 카드를 제시하고 카드에 적힌
　　　　　　　글자를 여러 유아들이 함께 만들어본다.

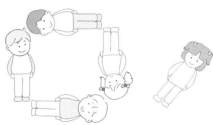

제기차기

활동목표	・다양한 신체 부위와 사물을 이용하여 제기차기를 경험한다. ・속도, 높이, 힘에 변화를 주며 뛰는 활동을 경험한다.

집단크기 소집단

활동자료 제기차기를 할 수 있는 물건들(제기, 책받침, 얇은 책, 부채, 탁구채 등)

활동방법 1. 제기를 제시해주고 제기의 용도에 대해 이야기해본다.
- 이것을 본 적 있니?
- 언제 해보았니?
- 어떻게 하는 것이니? 누가 나와서 해보자.

2. 발 이외에 우리 몸의 다른 부분을 이용하여 제기차기를 해본다
- 제기차기를 발이 아닌 어떤 곳으로 할 수 있을까?(손, 손등, 무릎 등)
- 그래 우리가 생각한 방법으로 한번 해보자.

3. 우리 주위의 어떤 사물을 이용하면 제기차기를 쉽게 할 수 있겠는지 생각해보고 책받침, 얇은책, 부채, 탁구채 등을 이용하여 제기차기를 해본다.
- 어떤 물건으로 제기를 찰 수 있을까?
- 그래, 이제 우리가 준비한 물건으로 해보자.

4. 여러 가지 신체의 부위나 사물을 이용하여 제기차기를 하면서 튀어오르고 떨어지는 제기의 모습을 주의깊게 관찰하고 관찰한 것을 신체로 표현한다.
- 오른손이 제기라고 생각하고 움직여보자.
- 왼발이 제기라고 생각하고 움직여보자.
- 온 몸이 제기라면 너는 어떻게 움직이겠니?

5. 한 사람은 제기차는 사람이 되고 다른 사람은 제기가 되어 움직여본다. 제기차는 사람의 힘과 속도에 변화를 주어가며 책받침 등으로 제기를 차면, 제기가 된 유아는 제기가 움직이는 모습을 관찰하며 튀어오르는 속도와 높이에 변화를 주며 움직여본다.

참　　고 · 미술영역에서 제기를 만드는 활동과 연결시켜 하면 더욱 좋다.

· 1~3번까지를 첫 번째 활동으로 전개하고, 4~5까지의 활동을 두 번째 활동으로 나누어 실시 하는 것이 바람직하다.

실내자유선택활동
역할놀이영역

전통 부엌에서 소꿉놀이하기

활동목표
· 옛날에 사용했던 물건에 관심을 갖고 탐색한다.
· 지금과 비교해보고 상상놀이를 즐긴다.

집단크기
소집단

활동자료
옛날 부엌 사진, 옛날에 부엌에서 사용했던 여러 가지 물건(사기그릇, 뚝배기, 놋그릇, 쇠 젓가락, 숟가락, 아궁이, 밥상 등), 제작한 아궁이 모형, 전통소꿉놀이 가구, 메주, 키, 조리, 조롱박, 한복

11월 2주

활동방법
1. 준비된 자료를 제시해주고 관심을 보이는 유아와 옛날 부엌의 사진을 보면서 이야기 해본다.
   - 옛날에는 부엌에서 이런 물건들을 썼단다.
   - 그런데 이 물건은 무엇을 할 때 쓰는 것일까?
   - 지금은 어떤 것을 이용하지?
   - 옛날 사람들은 어땠을까?

2. 준비된 자료를 이용하여 옛날 부엌으로 구성해본다.
   - 아궁이는 어디에 만들까?
   - 그릇들은 어디에 둘까?

3. 부엌이 구성되면 한복을 입고 전통 부엌에서 소꿉놀이를 해본다.
   - 우리도 옛날 사람들처럼 부엌에서 밥도 하고 상도 차려서 먹어볼까?
   - 옛날 음식에는 무엇이 있을까?
   - 아궁이에 불을 때고 밥을 지어보자.

참 고
- 민속촌에 다녀온 후 옛날 집을 구성해보도록 자료를 준비해준다.
- 부엌뿐만 아니라 옛날의 주거 형태(안방, 사랑방 등) 자료를 제시해주고 역할놀이영역에 구성해보고 역할놀이를 해보게 한다.

부채로 날리기

활동목표	·바람의 세기에 따른 물체의 움직임을 관찰한다. ·소근육을 조절하며 부채를 사용한다.
집단크기	소집단
활동자료	부채, 다양한 종류의 물체(종이, 휴지, 천, 비닐, 솜, 쿠킹호일 등)
활동방법	1. 과학영역에 제시된 부채와 다양한 종류의 조각을 살펴보며 이야기 해본다. 　– 부채는 언제 사용할까? 2. 한 물체를 선택하여 부채로 부치면 어떻게 될지 이야기해본다. 　– 휴지를 부채로 부치면 어떻게 될까? 　– 이번에는 무엇을 놓고 부쳐볼까? 　– 어떤 것이 제일 멀리 날아갈까? 3. 부채를 다양한 방법으로 부쳐 날리는 모습의 변화를 관찰한다. 　– 살살 부쳐보자, 세게 부쳐 볼까? 　– 위에서 아래로 세게 부쳐 볼까? 　– 둘이 함께 부채를 부치면 어떻게 될까? 　– 세게 부치면 어떻게 날아가니?
참　　고	·여러 가지 종류의 부채로 부쳐보고 비교해볼 수 있다. ·과학영역 바닥에 기준선을 그어놓고 일정 횟수만큼 부채를 부쳐 물체가 날아간 거리를 색테이프로 표시하고 비교해보는 활동을 할 수 있다. ·미술영역에서 부채를 만들어 실험할 수 있다.

11월 2주

실내자유선택활동
조작영역

내 자리를 찾아주세요

활동목표	• 세밀한 부분을 살펴봄으로써 관찰력을 높인다. • 우리나라 고유의 그림에 관심을 갖는다.
집단크기	소집단
활동자료	우리나라 민화 그림 및 풍속도(기마도 등), 그림 내용에 해당되는 조각 그림, 밑그림을 넣을 TV모양틀

활동방법

1. 민화 그림자료를 TV모양틀에 끼워 제시하고 관심 있는 유아와 이야기해본다.
   - 무엇을 하는 그림이니?
   - 이 그림은 옛날 사람들이 그린 기마도라고 해.

2. 밑그림을 잘 살펴보면서 어떤 그림인지 충분히 이야기해본다.
   - 말이 몇 마리니?
   - 활 쏘는 사람은 어느 쪽에 있니?

3. 밑그림 위에 조각 그림을 찾아 맞추어본다.
   - 무엇을 맞추었니?
   - 이 조각은 어디에 있었을까?

4. 다 맞춘 그림을 보면서 유아와 이야기해본다.
   - 이 그림의 내용은 어떤 내용이니?
   - 이 그림의 사람들은 무엇을 하고 있는 것 같으니?

참고
• 민화 그림은 사진자료를 이용하거나 화보를 스캔하여 작업하여 사용한다.

내가 좋아하는 떡 그래프

활동목표	·여러 가지 떡의 종류에 관심을 가진다. ·내가 좋아하는 떡을 선택하여 그래프에 표시해본다. ·그래프에 나타난 수를 비교해본다.
집단크기	소집단
활동자료	여러 가지 떡이 담긴 접시, 스티커, 모조지(전지 크기) - 다양한 종류의 떡 그림이나 사진을 게시한다.

11월 3주

활동방법
1. 여러 가지 떡을 조그맣게 잘라 맛을 볼 수 있게 접시에 담고, 그 앞에 떡이름을 붙여 놓는다.
   - 이런 떡들을 본 적이 있니? 먹어보자, 어떤 맛이니?
   - 이 떡의 이름은 무엇일까?
   - 이 중에서 가장 맛있는 떡은 무엇이었니?

2. 유아가 가장 좋아하는 떡이 무엇인지 이야기해보고 그래프로 나타내보자고 제안한다.
   - 너희들이 가장 많이 좋아하는 떡을 알아볼 수 있는 방법이 있을까?
   - 여러가지 떡 중에서 너희들이 가장 맛있다고 생각하는 떡은 무슨 떡일까?
     떡 이름 위에 자기 이름 스티커를 붙여 표시해보자.

3. 제시한 떡그래프에 좋아하는 떡을 찾아 이름 스티커를 붙여본다.
   - 스티커에 자기 이름을 써서 가장 좋아하는 떡에 붙여보자.
   - ○○는 ○○을 가장 좋아하는구나.
   - 왜 좋아하니?

5. 그래프의 내용을 보며 이야기 나눈다.
   - 스티커가 가장 많이 붙여져 있는 떡은 어떤 떡이니?
   - 이름 스티커가 가장 적게 붙어 있는 떡은 무엇이니?

6. 교사와 유아가 그래프를 놓아둘 자리를 정한 후 게시해주어 비교해볼 수 있도록 한다.
   - 무지개떡보다 송편을 친구들이 더 좋아하네.
   - 우리 친구들이 세 번째로 좋아하는 떡은 어떤 것일까?

인절미와 총각김치

활동목표	· 음률과 율동을 즐긴다. · 노래를 통해 음식의 생김새를 알 수 있다.
집단크기	소집단
활동자료	노래 가사판, 그림자료, 피아노

활동방법	1. 그림자료를 제시해주고 인절미와 총각김치에 대해 이야기 나눈다.
	  - (인절미 사진을 보여주며) 이 떡의 이름은 뭘까? 이 떡을 먹어본 적 있니?
	  - (총각김치 사진을 보여주며) 이 김치의 이름은 뭘까? 김치를 먹어본 적 있니? 맛이 어땠니?
	
	2. 노래판을 보며 노래말을 알아본다.
	
	3. 교사는 피아노로 음을 반주하며 정확히 노래를 들려준다.
	  - 선생님의 피아노 소리를 들어보자,
	
	4. 한 음으로 불러본다.
	  - '랄랄라' 로 불러보자,
	
	5. 노래말을 넣어 불러본다.
	  - 노래말을 넣어 불러보자,
	
	6. 교사와 유아가 함께 다양하게 반복하여 불러본 후 율동을 만들어 해본다.
	  - '여러분 인절미가 시집간대요' 는 율동을 어떻게 만들면 좋을까?

참　　고	· '인절미'와 '총각김치' 대신 친구들의 이름을 넣어 불러볼 수 있다. · 노래판 제작시 글씨를 모르는 유아를 위하여 그림자료를 활용하여 제작한다.

11월 3주

인절미와 총각김치

여 러분인절미가 시집 간 대 요　팥고 물과 콩고물로　화장 을하 고
여 러분총각김치 장가 간 대 요　새 빨간 고추물에　목욕 을하 고

동 그란쟁반위에 올라 앉아서　시 집 을간다 네　입 속 으 로
기 다란나무위에 올라 앉아서　장 가 를간다 네　입 속 으 로

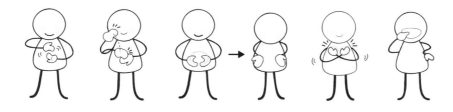

생일떡 꾸미기

활동목표 · 우리나라 고유의 떡에 관심을 갖는다.
· 맛의 느낌을 말로 표현해본다.

집단크기 소집단

활동자료 여러 가지 떡(인절미, 시루떡, 절편, 꿀떡, 가래떡, 바람떡, 송편), 떡 그림, 사진자료

활동방법 1. 교사와 유아가 동그랗게 모여 앉아 우리나라의 떡에 대해 이야기해본다.
　　　　　　　 – 알고 있는 떡 이름을 말해볼 수 있겠니?
　　　　　　　 – 너희들이 좋아하는 떡은 무슨 떡이니?

11월 3주

　　　　　　2. 떡의 이름을 알아보고 먹어본 경험을 이야기해본다.
　　　　　　　 – 이 그림(사진) 속의 떡은 이름이 뭘까?
　　　　　　　 – 이 중에서 너희들이 먹어본 떡은 어떤 것이니?
　　　　　　　 – 맛은 어땠니?

　　　　　　3. 준비한 떡의 이름을 알아보고 먹어보며 느낌을 말해본다.
　　　　　　　 – 와! 고소한 냄새가 나는 이 떡들은 이름이 뭘까?
　　　　　　　 – 이 중에서 너희들은 무엇을 먹어보았니?

　　　　　　4. 간식영역에 떡과 떡 이름 카드를 정리해주고 원하는 떡을 가져가서 간식으로 먹도록 해준다.
　　　　　　　 간식을 가져갈 때는 떡 이름과 개수를 말하면서 가져간다.

　　　　　　5. 간식을 먹고 난 후 생일케이크 대신 여러 가지 떡을 이용하여 생일 떡을 꾸며본다.

참   고 | ·떡 만들기(요리), 떡 만들어 상차리기, 떡 먹고 돌아오기 등의 활동으로 확장할 수 있다.

대 · 소집단활동
요 리

경단 만들기

활동목표
· 경단이 우리 고유의 떡이라는 것을 안다.
· 경단 만들기에 필요한 여러 가지 재료의 이름을 알아본다.
· 고물에 따라 맛이 달라짐을 느껴본다.

집단크기 소집단

활동자료 찹쌀가루, 수수가루, 팥이나 흑임자 고물, 카스테라, 콩가루, 전기밥솥, 뜨거운 물, 쟁반, 채, 소금,

〈요리 순서표〉

1. 익반죽한다.

2. 빚는다.

3. 경단이 익으면 건져낸다.

4. 고물을 묻힌다.

활동방법 1. 우리나라 고유의 음식인 떡에 대한 이야기 나누기 활동 후 경단 만들기를 제안한다.
　　 - 우리가 알아본 떡에는 어떤 것들이 있었는지 생각나니?
　　 - 그 중에서 찹쌀 경단을 만들어보려고 한단다.
　　 - 요리하기 전에는 어떤 준비를 해야할까?

　　 2. 깨끗이 손을 씻고 각자 앞치마와 요리 모자를 착용한다.

　　 3. 요리에 필요한 재료의 모양과 이름을 알아보고 필요한 도구도 알아본다.
　　 - 이 곡식의 이름은 팥이란다.
　　　 팥을 익혀 가루를 낸 것을 여기 가루 중에서 찾아볼 수 있겠니?
　　 - 이 채는 어떨 때 쓰는 물건일까?
　　 - 소금은 왜 필요할까?

4. 요리의 순서를 알아보고 경단의 새알을 빚는다.

　새알은 반죽을 나누어 5개씩 빚어보고 경단가루는 원하는 것을 묻혀서 먹도록 자유롭게 제안해 본다.

〈요리 순서표〉

① 수수와 찹쌀가루에 소금과 뜨거운 물을 부어 익반죽한다.

② 반죽을 조금씩 떼어서 새알만하게 빚는다.

③ 전기밥솥의 물이 끓으면 경단을 넣는다.

④ 새알 반죽이 물 위로 떠오르면 쇠조리로 건져낸다.

⑤ 팥이나 흑임자 고물, 카스테라, 콩가루에 묻혀 먹는다.

---

4. 직접 만든 경단을 먹어보고 느낌을 이야기 해본다.

－떡을 직접 만들어보니 어떠니?

－어떤 고물에 묻히는 것이 맛있었니?

참　고　·뜨거운 물에 익반죽해야 하므로 교사가 반죽을 하고 뜨거운 물에 데지 않도록 유의한다.

대 · 소집단활동
신체표현

몸으로 경단 빚기

활동목표
· 신체를 통한 창의적 표현력을 기른다.
· 지시에 따라 움직인다.
· 구르기의 동작을 할 수 있다.

집단크기
소집단

활동자료
경단 만드는 재료(찹쌀가루, 물, 깨, 콩가루, 그릇 등), 경단 요리 활동자료

활동방법
1. 경단 빚기의 요리 경험 후 경단 새알이 되어 경단이 만들어지는 과정을 회상하며 이 야기 나눈다.

2. 경단 만드는 과정을 몸으로 표현한다.
 - 모두 다 찹쌀가루가 되어보자.
 - 물을 넣어 반죽할 때 뭉쳐지는 찹쌀가루를 표현해보자.
 - 자꾸 반죽을 하여 크고 둥근 덩어리가 되었다. 모두 한 덩어리의 반죽이 되어보자.
 - 조금씩 떼어냈다.
 - 손바닥에 넣고 비볐더니 반죽이 길게 늘어났다. 어떤 모습일까?
 - 하나씩 손바닥에 넣고 굴려 둥글게 만들었다. 표현해보자.
 - 뜨거운 물에 넣어 삶아 낸 말랑말랑하고 으느적거리는 새알이 되어보자.
 - 깨 쟁반에 굴렸다. 콩가루 쟁반에 굴렸다. 새알이 되어 가루가 묻어가는 과정을 표현 해보자.
 - 접시위에 차곡차곡 쌓아 놓았다. 어떻게 될까. 표현해보자.

3. 몸으로 경단 빚기를 한 느낌에 대해 이야기 나눈다.

참고
· 구체적인 지시어를 주어 수 개념이나 방향 개념을 길러줄 수도 있다.
 - 깨 쟁반에 3번 굴렸다.
 - 콩가루 쟁반에 오른쪽으로 굴렸다.
 - 왼쪽으로 2번 굴렸다.
 - 큰 반죽을 세 덩이로 나누었다.

11월 3주

실내자유선택활동
조작영역

곡식 옮기기

활동목표	• 우리나라에서 나는 여러 가지 곡식을 탐색해본다. • 숟가락과 젓가락을 사용하여 소근육 발달에 도움을 준다.
집단크기	개별
활동자료	팥, 콩, 밤, 대추, 호두, 스펀지 조각, 빈 그릇, 크기가 다른 숟가락 3개
활동방법	1. 여러 가지 곡식을 제시해주고 관심을 보이는 유아와 이야기해본다. 　　－ 여러가지 곡식들을 만져보자. 　　－ 느낌이 어떠니? 　　－ 색깔이 모두 다르네? 　　－ 어떤 음식에 들어가는 걸까? 　　－ 먹어본 사람도 있니? 　　－ 맛은 어땠니? 2. 숟가락과 젓가락을 이용해 여러 가지 곡식을 떠서 옮겨본다. 　　－ 제일 큰 숟가락으로 곡식을 옮겨볼까? 　　－ 좀더 작은 숟가락으로 옮길 수 있겠니? 　　－ 이번엔 젓가락으로 스펀지 조각을 옮겨볼까? 3. 익숙해지면 흘리지 않고 곡식을 옮겨보도록 한다.

11월 4주

팽이

활동목표	・우리나라 전래놀이에 관심을 가진다. ・노래를 즐겁게 부른다.
집단크기	소집단
활동자료	노래 가사판, 피아노, 팽이
활동방법	1. 팽이를 가지고 놀아본 경험에 대하여 이야기 나눈다. 　– 팽이를 가지고 놀아본 적이 있니? 　– 팽이놀이 하면서 가장 재미있을 때는 언제야? 2. 노래 자료를 보며 노래말을 들어본다. 　– 여기 있는 노래판을 보며 노래말을 들어보자. 3. 선생님의 노래를 들어본다. 　– 선생님이 노래를 들려줄게. 　– 피아노로 어떤 노래인지 다시 한 번 들어보자. 4. 노래말을 넣어 불러본다. 　– 이번에는 노래말을 넣어 불러보자. 5. 활동을 평가한다. 　– 노래말 중에 가장 재미있는 부분은 어디야?
참　　고	・유아가 노래말을 보고 가사에 맞는 그림을 그려본 후 그림카드를 가지고 노래를 불러 　볼 수 있다. ・팽이노래에 맞춰 유아들이 표현하는 동작을 구성하여 춤을 만들어보는 활동으로 확장 　할 수 있다.

11월 4주

팽이

이춘희 요 / 임원식 곡

뱅글뱅글 돌아가는 팽이보세 요

윙윙소 리 듣기좋아 자꾸때리 니

배가아 퍼 못견디어 엉엉울다 가

한 참 돌 고 어 - 지러 워

쓰 - 러 - 집 니 다 -

실외자유선택활동

사방치기

활동목표
· 장단에 따라 몸을 조정하여 움직일 수 있다.
· 앙감질을 할 수 있다.
· 방향 바꾸기 등 신체 조절 능력을 기른다.

집단크기 소집단

활동자료 말놀이판 그림, 납작한 돌, 장구
- 실내에서 할 경우 돌 대신 네모난 나무토막을 이용해도 좋다.

활동방법 1. 놀이판을 준비하고 사방치기 놀이를 제안한다.
– 이 놀이는 사방치기라고 하는 우리나라 옛날 놀이란다.

2. 땅바닥에 말놀이판을 그린다. 교실에서는 아래 그림과 같이 말놀이판을 펴놓는다.
– 우리 같이 해볼까?

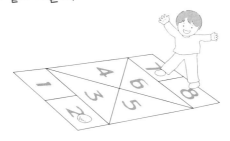

3. 교사가 먼저 활동을 보여준다.
– 교사는 돌을 '1'에 떨어뜨린다.
– '2', '3', '6'은 한 발로 가고, '4/5', '7/8'은 양 발로 딛는다.
– '7/8'에서 뒤로 돌아 같은 방법으로 되돌아오다가 '2'에 멈춰서서 돌을 집는다.
– '2'에서 '8'까지 같은 방법으로 진행한다.

4. 외발을 짚을 때는 '덩', 양 발을 짚을 때는 '덕쿵'으로 소리내주기로 약속하며 선생님은 장구를 쳐준다.

5. 발뛰기가 익숙해지면 뛰는 박자에 장구로 장단을 쳐주며 속도를 조절해준다.

주제 세계 여러나라

실시기간 : 12월 1주 ~ 12월 2주

▶▶ 전개방법

세계는 교통과 정보통신의 발달로 인하여 하나의 생활권이 되었고 유아들도 TV나 인터넷을 통해 우리나라와 다른 나라의 생활에 대해 자연스럽게 접할 수 있다. 우리나라와 연관하여 지구상에 있는 각기 다른 문화와 생활풍습을 앎으로써 지구상의 다문화를 이해하게 되고 미지의 세계에 대한 막연한 호기심을 보다 구체적이면서 폭넓은 사고로 확장시켜주고자 「세계 여러나라」 주제를 선정하였다.

「우리나라」 주제와 마찬가지로 생활 속에서 의·식·주와 관련된 다양한 문화를 경험할 수 있도록 놀이 형식으로 제시해주어 유아들이 거부감 없이 타문화에 대해 관심을 갖고 즐길 수 있도록 운영한다. 세계 여행놀이 등을 통해 세계 여러 나라의 문화에 관심을 갖게 한다.

이 주제는 가정과 연계하여 각 가정에서 여러나라를 여행하며 찍었던 사진이나 기념품 등을 협조 받을 수 있다. 또한 각 나라의 대사관이나 민속 박물관, 각 나라의 풍물 전시회 등을 견학하거나 인터넷, TV, 여행 가이드 안내 책자, 내셔널 지오그라피 같은 VTR 자료 등을 통해 간접 경험을 제공하는 방법으로 관심을 확장시킬 수 있다.

▶ 환경구성

	쌓기놀이영역	역할놀이영역	미술영역	언어영역	수·과학영역	조작영역	음률영역

실
내
	·비행기 사진을
	  붙인 블록
	·활주로 표지판
	·활주로 표시등
	·격납고 지붕
	·모형 안테나
	·공항의 여러
	  기관 표지판:
	  환전소,
	  이착륙 안내판,
	  비행기 탑승구,
	  도착 장소,
	  출구, 비행기
	  표 파는 곳,
	  공항 버스
	  타는 곳,
	  방송실 등
	·하드보드
	  상자
	·관광명소 사진
		·민속 의상과
		  장신구:
		  한복, 족두리,
		  나막신,
		  기모노 등
		·세계의 민속
		  놀이 기구:
		  팽이, 연,
		  썰매 등
		·세계의 가면
		·세계의 집:
		  텐트, 상자로
		  만든 기와집,
		  이글루 등
		·음식 메뉴판
		·음식 모형
		·세계 여행놀이
		  자료:
		  여권, 돈,
		  비행기표,
		  카메라, 모자,
		  배낭, 여행
		  안내 책자 등
			·숟가락 모양
			  색종이
			·신문지
			·병뚜껑
			·송곳
			·도토리
			·칼
			·오이
			·가지
			·성냥개비
			·못
			·잡지
			·여행 카탈로그
			·각 나라의
			  고유 문자가
			  복사된 종이
				·풍속도
				·글자카드
				·야채 그림
				·야채로 만든
				  음식 사진 책
				·여러 나라의
				  집 그림
				·민속 의상을
				  입은 세계의
				  어린이 그림
				·그림막대
				·세계 여러 나라
				  사람의 사진
				·지시카드
				·상자
				·기본판
				·얼굴카드
				·여러 나라의
				  인사말
				  녹음 테이프
				·국기
				·글자카드
					·세계 지도
					·지구본
					·세계 여러 나라
					  사람의 사진
					·전신 거울
					·손 거울
						·여러 나라의
						  국기 그림
						  카드
						·목공놀이판
						·세계 여러
						  나라의 집
						  그림카드
						·골프공 핀
						·나무 망치
						·색분필
						·팥주머니
						  형태의 피자
						  재료
						·세계 여러
						  나라 화가의
						  그림
						·조각 그림
							·다양한 악기
							·악기 그림
							·소리 탐색 카드
							·세계 민속음악
							  자료:
							  아리랑,
							  무당춤, 발레,
							  아프리카 춤 등
							·여러 가지
							  춤 사진
							·여러 나라
							  말이 쓰여진
							  수화 그림
							·노래:
							  「생일 노래」
							·각 나라 말로
							  된 생일노래
							  테이프

실 외	·타잔 놀이: 밧줄, 타이어 등 ·어느 나라로 갈까요?: 끈, 푯말, 비행기표, 나라 이름, 국기판						

주간보육계획안

소주제 : 세계 여러 나라에 대하여 알아보아요 I　　　　　　　**실시 기간 : 12월 1주**

		월	화	수	목	금	토
등원 및 맞이하기		세계 여러 나라의 친구들 사진, 국기 등의 화보 보며 이야기 나누기					
실내자유선택활동	**쌓기놀이영역**	단위 블록을 이용해 여러 나라의 건물 지어보기　　세계 건축물 사진 보고 짓기 옷가게 만들기(여러 나라 의상 첨가)					
	역할놀이영역	미용실놀이 1)　　가발 쓰고 외국인 흉내내기 세계 여러 나라의 민속의상 입고 놀이하기 2)					
	미술영역	여러 나라 국기 그리기 3) ◎ 전통의상을 꾸며보아요					
	언어영역	누구일까요?　글자 기차　　　　　　　　　　　　몽타주 만들기 4) 　동화:「이야기 이야기」　　　　「세계 여러 나라의 집 이야기」 　　　「모두 함께 살아요」　　　　「태양으로 날아간 화살」 공동작업: 여러 나라의 옷 책 만들기 5)					
	수·과학영역	세계의 집 찾아가기　　　◎ 요리: 프렌치 토스트 　　　어떤 옷이든 어울려요　　　세계 여러 나라 패턴카드					
	조작영역	카드뒤집기　만국기 게임　뚝딱뚝딱 집을 만들어요 멋지게 꾸며 보세요 6)					
	음률영역	소리를 그려보아요　　　여러 나라의 민속음악 감상　　민속 춤추기 7) 노래:「열 꼬마 인디언」					
대·소집단활동		이야기나누기: 세계 여러 나라의 집 이야기(공통점과 차이점)　세계 여러 나라의 옷 　　　　◎ 신체표현: 반갑게 인사해요　◎ 게임: 세계는 하나 동극:「꼬마 삼보」					
실외자유선택활동		어느 나라로 갈까요 움집을 지어라					
점심 및 낮잠		동화:「바다 건너 저쪽」「서커스의 밤」「우리 집에 놀러오세요」					
기본생활습관		겉옷과 소지품을 정리해요					

교육활동참고

1) 미용실놀이
   - 다양한 색깔의 가발 또는 교사가 털실 등으로 제작한 부분 머리카락을 이용하여 유아들이 자유롭게 미용실놀이를 하며 다양한 머리색, 모양 등에 관심을 갖게 한다.

2) 세계 여러 나라의 민속의상 입고 놀이하기
   - 여러 나라 의상 중 특징적인 소품 등을 제작하거나 가정과 연계하여 부모님들의 소장품 등을 제공 받아 실시한다.

3) 여러 나라 국기 그리기
   - 일정한 크기로 교사가 미리 그려준 여러 나라의 국기본을 제시하여 유아들이 색칠 한 후 조작영역에서 '만국기 게임'으로 활용한다.
   - 유아들이 직접 그린 다양한 국기는 교실 안에 줄을 이용해 전시해준다.

4) 몽타주 만들기
   - OHP필름을 이용해 얼굴의 각 부분을 그린 후 다양한 피부색의 얼굴 위에 조합해본다. 단 머리색, 눈의 색, 입술 모양 등을 다양하게 제공하여 여러 인종이 나올 수 있도록 한다.

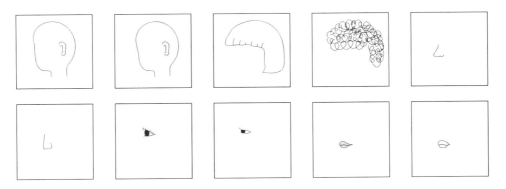

5) 여러 나라 옷 책 만들기
   - 교사가 인터넷 또는 여행용 잡지책 등에서 얻은 다양한 의상 자료를 이용해 나라별로 분류하고 민속 의상, 장신구를 오려붙여서 꾸민 뒤 책으로 묶는다.

6) 멋지게 꾸며보세요
  · 속옷 차림의 세계 여러 나라의 어린이 그림을 그리고 OHP필름에 여러 나라의 고유의상,
   모자, 신발을 각각 5종류씩 그려서 15개의 카드를 만들어 다양하게 구성하며 놀이한다.

7) 민속 춤추기
  〈홍유희 외(1998). 유아를 위한 동작활동의 이론과 실제. 다음세대. 음률활동 테이프 참조〉
  ① 여러 가지 춤의 사진이나 영상자료를 감상한 후 이야기 나눈다.
  ② 사진이나 영상자료 속의 동작에 대해 이야기 나눈다.
  ③ 민속 음악을 1가지씩 들으며 이야기 나눈다.
  ④ 음악을 들으며 가장 잘 어울릴 것 같은 춤 사진을 골라본다.
  ⑤ 고른 사진에 맞는 민속음악을 다시 들려주고 흥겹게 춤을 춰 보도록 한다.

주간보육계획안

소주제 : 세계 여러 나라에 대하여 알아보아요Ⅱ　　　　　　　**실시 기간 : 12월 2주**

		월	화	수	목	금	토
등원 및 맞이하기		세계 여러 나라의 인사말로 인사하며 맞이하기					
실내자유선택활동	쌓기놀이영역	비행기 기내 만들기(조종길, 객실, 화장실, 식당 등)			블록을 이용해 춤출 수 있는 무대 만들기		
	역할놀이영역	세계 여행 놀이(모자, 배낭, 여행, 안내책자, 여권 등)			다양한 식기 도구를 이용한 소꿉놀이 (접시, 밥공기, 소쿠리, 목기, 젓가락, 포크, 나이프 등)		
	미술영역	세계 여행에 필요한 물건 만들기(여권, 돈, 비행기표, 카메라 등)		냅킨 만들기		춤추는 막대인형 만들기 [1]	
	언어영역	여러 나라의 인사말 듣기 동화:「우리 집 감자 요리」		탈춤 동시짓기 「어떤 음식일까요?」		「론포포와 해님 달님」	
	수·과학영역	세계 여행 게임		거울에 비춰진 글자 [2]		부분 그림 맞추기	
	조작영역	내가 배우고 싶은 춤		피자 만들기	춤추는 사람을 찾아주세요 [3]		
	음률영역	손짓으로 노래해요 [4] 비디오 테이프를 이용해 춤 따라하기 노래:「우린 그렇지 않아」	어떤 춤이 어울릴까요?		세계의 막대인형 춤추기·움직이기 「작고 작은 세상」		
대·소집단활동		이야기나누기: 세계 여러 나라의 민속춤　　　포크와 나이프로 먹어요 　　　다른나라의 사람들은 어떤 음식을 즐겨 먹을까?　먹는 방법이 달라요 [5] 신체표현: 아프리카 흑인춤 　　　　　　　　　　　　　　◎ 요리: 우리반 달걀 요리					
실외자유선택활동		뱅뱅 돌아라 　　　간단한 포크댄스 춰보기					
점심 및 낮잠		동화:「땅콩과 땅콩 버터」　「알 수 있어요」　　　「즐거운 로저」					
기본생활습관		바르게 인사해요					

교육활동참고

1) 춤추는 막대인형 만들기
 · 다양한 춤모양의 인형(종이본)을 유아에게 제공하고 그에 적당한 의상을 유아들이 직접
  그리거나 잡지에서 오려 붙여 막대인형을 완성한다.
 · 완성 후 음률영역에서 음악에 맞춰 인형을 움직여본다.

2) 거울에 비춰진 글자
 · 좌·우가 뒤바뀐 글자카드를 거울에 비춰보고, 무슨 글씨인지 읽어본다.

3) 춤추는 사람을 찾아주세요
 · 춤추는 그림(농악, 하와이안 댄스 등)의 기본판과 춤추는 사람 카드를 만들어 같은 동작
  의 사람을 찾아본다

4) 손짓으로 노래해요
 · 생일축하(HAPPY BIRTHDAY)를 여러나라 말로 불러보고, 수화 동작을 익혀 손짓으로
  도 노래를 불러본다.

5) 먹는 방법이 달라요
 · 다양한 인종들이 음식을 먹을 때 먹는 도구 등이 서로 다르며 어떻게 먹는지를 알아본다
  (손, 젓가락, 포크, 나이프 등).

실내자유선택활동
미술영역

전통의상을 꾸며보아요

활동목표
·여러 나라의 다양한 전통의상에 관심을 갖는다.
·다양한 재료를 이용해 의상을 직접 꾸며보는 경험을 해본다.

집단크기 소집단

활동자료 세계 여러나라의 전통의상 본, 모루, 뿅뿅이, 리본 테이프, 색종이, 금·은색 끈, 털실, 색연필, 사인펜, 조각 천, 목공용 본드, 긴 면봉, 본드용 접시, 가위, 전시용 줄과 집게

활동방법
1. 교사는 유아들이 관심을 갖을 수 있도록 미술영역 벽면에 세계 여러 나라의 의상을 입은 아이들의 화보나 사진을 전시하여 준다.
   - 꽃 그림이 많은 치마를 입고 있는 친구가 있네.
   - 이 친구의 옷은 우리가 입은 옷이랑 어떤 점이 다르니?
   - 우리가 입는 한복이랑은 어떤 점이 다를까?
     어떤 점이 비슷하니?

2. 전시되어 있는 사진 속의 옷을 보면서 특징이나 길이, 색, 질감 등에 대해 자연스럽게 이야기하며 유아들에게 자신이 만들고 싶은 옷을 선택해보게 한다.
   - ○○는 여러 친구들의 옷 중에서 어떤 옷이 가장 입고 싶니? 왜 그런 생각을 했니?
   - 옷은 어떤 색깔이니?
   - 어떤 무늬가 있니?
   - 그럼, ○○가 입고 싶어 하는 옷을 한번 만들어 볼까?

3. 교사는 유아들 자신이 선택한 옷을 직접 만들 수 있도록 다양한 재료와 옷본을 책상 위에 제공해주고 끝까지 완성할 수 있도록 한다.
   - 네가 선택한 옷을 만들려면 어떤 것들을 붙여 주면 될까?
   - 네가 만든 옷은 여기 입은 친구의 옷과 많이 비슷하구나.

12월 1주

4. 유아들이 만든 다양한 옷을 미술영역 벽면이나 전시용 판에 줄과 집게를 이용해 전시해 주거나 쌓기놀이영역에서 옷가게놀이와 연계하여 놀이하도록 한다.

- 와~ 정말 근사하게 만들었네.
- 다른 친구들도 네가 만든 것을 볼 수 있도록 줄에 걸어두자.
- 우리, 쌓기놀이영역에서 옷가게를 만들어서 놀이를 하려고 한단다.
  우리 반 친구들이 만든 옷을 옷가게에서 팔려고 하는데 너도 같이 해보겠니?

참　　고 · 유아 자신이 만든 옷에 교사는 유아의 얼굴 사진을 복사 또는 스캔을 받아 붙여주어 옷을 입은 듯한 모습으로 전시해줄 수도 있다.

프렌치 토스트

활동목표 ·음식이 만들어지는 과정을 안다.
        ·열에 따른 물질의 변화 과정을 관찰하고 비교한다.

집단크기 소집단

활동자료 식빵, 우유, 식용유(버터 혹은 마가린), 순가락, 집게, 거품기

〈요리 순서표〉

1. 달걀을 깨뜨린다.

2. 달걀, 우유, 소금을 넣고 섞는다.

3. 식빵을 4등분 한다.

4. 식빵에 달걀물을 입힌다.

5. 프라이팬에 굽는다

6. 설탕을 뿌리고 접시에 담는다.

12월 1주

활동방법 1. 준비된 재료의 이름을 알아보고 이 재료로 어떤 요리를 할 수 있는지 생각해본다.

2. 식빵 한쪽을 4등분한다.

3. 달걀을 잘 푼 후에 우유와 소금을 섞는다.

4. 3에 식빵 조각을 넣어 골고루 묻힌다.
   - 지금 식빵이 어떻게 되고 있니?
   - 색깔은 어떻게 달라졌니?

5. 프라이팬에 식용유를 두르고 달걀을 묻힌 식빵을 굽는다.
   - 어떤 냄새가 나니?
   - 어떤 소리가 들리니?
   - 식빵이 굽기 전과 어떻게 달라졌니?

6. 프렌치 토스트에 딸기잼을 바르거나 설탕을 뿌려서 먹어보고 맛을 이야기해본다.

참　　고 ・요리 과정 중에 쓰인 여러 가지 도구의 이름을 회상하기 과정에서 되짚어 알아본다.

대 · 소집단활동
신체표현

반갑게 인사해요

활동목표 · 세계 여러 나라의 인사말에 관심을 갖고 표현해본다.
· 음악에 맞추어 이동하면서 게임에 적극적으로 참여한다.

집단크기 대 · 소집단

활동자료 세계 여러 나라의 인사말 카드, 카세트, 각국의 인사말이 녹음된 테이프

12월 1주

활동방법 1. 각 나라의 인사 나누는 방법에 대하여 이야기한다.
　　　　　 – 친구들을 만나면 어떻게 인사하니? 다른 나라 사람들도 우리처럼 인사할까?
　　　　　 – 다른 나라 사람들이 서로 인사하는 모습을 본 적이 있니?

2. 녹음 테이프를 유아들에게 들려준다.
   – 이 친구들은 어느 나라 사람인 것 같니?
   · 한국 – 고개 숙이며 "안녕하세요"
   · 에스키모 – 코를 비비며 "부댄니"
   · 중국 – 양 팔꿈치를 잡고 허리를 굽히면서 "니하우마"
   · 인도 – 손에 입을 대었다 떼면서 "살라모아"
   · 하와이 – 한 사람이 상대방의 목을, 한 사람은 상대방 허리를 감싸안고
            왼쪽 뺨을 비비며 "알로하"
   · 이스라엘 – 서로 양팔을 펼쳐 어깨를 주무르며 "샬롬"

3. 음악을 들으면서 움직이다가 음악이 멈추면 교사가 제시하는 카드를 보고 옆의 친구
   와 인사를 나눈다.

참   고 · 대집단 활동시간에 세계 여러 나라의 인사말에 대해 이야기를 나눈 후 게임을 해본다
         · 「세계 아침인사(윤현진 곡)」 노래에 맞추어 해볼 수도 있다.

세계는 하나

활동목표	·세계에는 여러 나라가 있음을 안다. ·나라마다 국기가 있고 그 국가들이 서로 다르다는 것을 안다.
집단크기	대 · 소집단
활동자료	스티로폼 지구 혹은 모래 상자, 세계 여러 나라 국기, 바구니 점수판

활동방법

1. 스티로폼을 둥근 모양으로 세워서 출발선 맞은편에 놓고 작업 시간에 만든 만국기를
   바구니에 담아 출발선에 두고 양편으로 마주보고 앉는다.

2. 준비물을 보고 어떤 게임을 할 수 있을지 이야기 나눈다.
   - (만국기 바구니에서 국기를 골라) 너희들이 만든 국기와 스티로폼 지구로 게임을 하려고
     한단다.

12월 1주

3. 게임방법과 규칙을 정한다.
   - 출발선에서 자기가 꽂고 싶은 나라의 국기를
     바구니에서 1개 꺼낸다.
   - 신호를 듣고 출발해서 스티로폼 지구에 국기를 꽂고
     돌아온다.
   - 국기를 바르게 꽂고 먼저 돌아온 편에게 태극기를
     1개씩 붙여준다.

   ○
   스티로폼 지구

   만국기 바구니
   □   □

4. 게임에 대한 평가를 한다.
   - 몇 개의 국기를 붙였는지 세어볼까?
   - 게임 해보니 어떤 점이 즐거웠니?

참　고
·사전활동으로 유아가 스스로 관심 있는 나라의 국기를 만들어본다.
·게임 후 조작영역에 두어 조작할 수 있다.
·응원 점수 등을 주어 두 팀의 점수차이를 조절할 수 있다.

대 · 소집단활동
요리

우리 반 달걀 요리

12월 2주

활동목표	· 같은 재료를 이용하여 다양한 음식을 만들 수 있음을 안다. · 재료의 변화과정을 관찰한다.
집단크기	소집단
활동자료	「우리 집 감자 요리」동화책, 달걀, 프라이팬, 냄비, 접시(큰 접시, 개인 접시), 포크, 유아들과 함께 만든 요리 순서표, 여러 가지 달걀 요리 사진, 요리사 모자, 앞치마 - 「우리 집 감자 요리」동화를 들려 주고 같은 재료지만 여러 나라의 생활 방식에 따라 다양하게 요리할 수 있음을 알게 한다.
활동방법	1. 유아들과 함께 재료를 선정한다. 　- 감자를 이용해서 만든 요리가 굉장히 다양하구나? 　　우리 반에서도 한 가지 재료를 사용해서 여러 가지 요리를 해보면 어떨까? 　- 어떤 재료를 사용하면 좋을지 생각해 보자. 　- 우리 반 아이들이 모두 좋아하며 먹을 수 있는 재료면 좋겠지? 　- 달걀을 이용해서 만들 수 있는 요리에는 무엇이 있을까? 　　달걀 프라이, 달걀찜, 삶은 달걀, 스크램블 에그, 오믈렛, 달걀 샐러드, 달걀 국. 　- 달걀로 만들 수 있는 요리가 이렇게 많구나? 　　이 중에서 우리는 어떤 요리를 해보면 좋을까? 2. 유아들과 함께 '우리 반 달걀 요리'를 하기로 정하고 유아가 만들고 싶은 달걀 요리를 선택하여 4~5그룹으로 나눈다. 달걀 요리를 4~5가지로 선정한다. 3. 각 그룹별로 하고 싶은 요리의 종류를 선택한다. 4. 각 그룹별로 정한 요리의 순서를 알아보고 요리 순서표를 함께 제작한다. 5. 각각의 달걀 요리를 만들 그룹이 정해지고 안전 수칙에 대해 충분히 이야기를 한 후 활동을 진행한다.

6. 요리시 불을 사용할 경우에는 유아들과 안전 수칙에 대해 충분히 이야기를 한 후 활동을 진행한다.
   - 달걀 요리를 하려면 불을 사용해야 하는데 우리는 어떤 것을 주의해야 할까?

7. 여러 가지 달걀 요리를 만드는 과정에 교사는 적절히 개입하여 상호작용한다.
   - 달걀을 기름에 볶으니까 어떻게 되었니?
   - 달걀을 물에 풀면 어떻게 될까?
   - 냄새가 어떠니?

8. 각 그룹에서 만든 요리를 커다란 접시에 담아 한곳에 세팅한다.

9. 여러 가지 요리를 골고루 조금씩 개인 접시에 덜어서 요리된 형태와 냄새, 맛의 차이를 비교하며 이야기 나눈다.
   - 스크램블 에그의 냄새는 어떠니?
   - 달걀찜은 어떤 맛이니?
   - 요리하기 전의 달걀 모양과 요리를 한 뒤의 달걀 모양이 어떻게 되었니?

참 고 · 요리의 재료는 닭고기, 쇠고기, 돼지고기, 감자, 달걀 등 다양한 요리가 가능한 것으로 선정한다.

주제 겨울

▶▶ **전개방법**

우리나라의 기후는 사계절이 뚜렷하여 계절마다 사람들의 생활과 자연변화가 매우 크다.「겨울」주제에서는 추운 날씨, 눈, 얼음, 찬바람, 고드름 등의 자연현상들을 유아의 생활주변에서 쉽게 관찰할 수 있어 자연스럽게 활동전개의 출발점이 될 수 있으며 이를 통해 자연을 관찰하는 태도를 길러줄 수 있다.

얼음을 직접 만들어보고 녹여보는 활동이나 빨개진 볼을 손바닥으로 만졌을 때의 느낌 등 겨울을 맞아 볼 수 있는 다양한 현상들에 대해서 직접 관찰과 실험을 해보거나 책, 컴퓨터 등을 통해 이에 관한 지식을 알아볼 수 있다. 이렇게 알게 된 자료들은 사진집이나 화보로 만들어 게시하여 다른 교수 자료들과 함께 겨울에 관한 활동자료로 활용할 수 있다.

겨울에 할 수 있는 얼음실험, 눈사람 만들기, 눈싸움놀이, 눈·얼음 관찰하기 등의 겨울철 활동을 통해 추운 겨울에 할 수 있는 놀이를 즐기고 옷차림의 변화나 집에서 하는 겨울 준비와 관련된 생활 속의 활동 등을 연관지어 건강하게 겨울을 보내도록 한다.

겨울철놀이의 안전을 다루면서 특히 불조심 주제를 다룰 수 있다. 이때 구체적이고 짜임새 있는 사회극 놀이의 경험을 제공하는 소방서 견학과 소방서 놀이를 통해 겨울을 안전하게 보낼 수 있도록 도와준다. 겨울 동안은 추운 날씨 때문에 신체활동을 적게 하게 되므로 짧은 시간이라도 규칙적으로 대근육 활동과 간단한 운동을 할 수 있도록 계획하여 유아들의 몸과 마음을 건강하게 유지할 수 있도록 돕는다.

겨울방학이나 휴가를 맞이하여 가정과의 협력을 강조하며 특히, 규칙적인 생활과 건강을 도울 수 있는 겨울철 운동과 가정에서 지켜야 할 불조심이나 안전한 놀이 규칙 등을 강조한 가정과의 연계를 강조하면서 활동을 전개해나간다.

▶ 환경구성

	쌓기놀이영역	역할놀이영역	미술영역	언어영역	수·과학영역	조작영역	음률영역
실 내	· 흰종이로 싼 단위 블록 · 공간 블록 · 렉스 블록 · 할로우 블록 · 피노키오 블록 · 로또 블록 · 종이벽돌 블록 · 사슴 뿔 · 산타놀이에 필요한 산타 옷과 수염 · 선물 주머니 · 에스키모인들의 생활 화보	· 두꺼운 모직옷 · 털옷 · 모자 · 장갑 · 목도리 · 귀마개, 털신, 털양말 · 반죽과 면솜을 섞어 놓은 솜반죽 · 계산기 · 연필 · 다양한 소꿉 그릇과 도구들 · 장갑으로 만든 인형 · 인형에게 입힐 작은 털모자, 장갑, 목도리 · 다양한 색깔의 털실 · 가위 · 두꺼운 종이 · 병원놀이 세트 · 소방서 놀이: 소방관 옷과 모자, 장갑, 장화, 호스, 무전기, 지도, 사이렌, 소방관용 산소 마스크, 산소통, 들것, 소화기	· 흰색 도화지나 얇은 종이 · 가위 · 크레파스 · 전기 프라이팬 · 포스터 물감 · 붓 · 색얼음 · 얼음틀 · 물 · 도화지 · 여러 가지 색깔의 털실 · 여러 가지 색깔의 천 조각 · 색종이 · 큰 상자와 작은 상자 · 다양한 색의 도화지 또는 색지 · 빨대 · 빨간색 도화지 · 흰색 솜 · 작은 솜공 · 종이컵 · 플라스틱 눈 · 투명 테이프 · 도화지 · 크레파스 · 물감 · 붓 · 물감을 넣어둔 분무기	· 겨울철 풍경, 겨울철의 사람의 생활, 동물의 생활, 겨울철 놀이, 겨울철의 안전, 불조심 등의 겨울과 관련된 그림판 사진자료 · 겨울 철새들의 소리가 녹음된 테이프 · 동시: 「겨울」 · 양말 속 옷의 선물 게임판 · 쓰기자료: 결따라 쓰기 (ㄱ~ㅁ) · 동화: 「겨울 이야기」 「눈오는 날」 「아기토끼호퍼」 「나도 아프고 싶어」 「소방원이 될테야」 「코끼리의 재채기」 「산타 할아버지 의 선물」 「크리스마스」 「북극에 간 아기 곰 라르스」	· 여러 가지 모양의 얼음 · 소금 · 책받침 · 여러 가지 천조각 · 색종이 조각 · 온도계 · 실험 후 기록할 수 있는 기록지 · 눈과 얼음에 대한 사진 화보 · 확대경 · 김장 빙고 게임 · 불끄기 게임 · 성탄선물 게임 · 「산타가 선물 주러가요」 게임 · 김장 담그기 요리 순서표 · 미리 절여둔 배추 · 양념 · 위생비닐장갑 · 접시 · 요리자료	· 겨울에 볼 수 있는 것 퍼즐 · 눈 모양 맞추기 퍼즐 · 탱그림 · 게임: 친구를 꾸며주세요, 계절 연상카드, 사계절 분류 그림 카드 게임, 춤추는 피겨선수, 별 꾸미기, 눈사람 수세기, 다양한 형겊 짝짓기 · 크리스마스 트리 만들기	· 방울악기 · 탬버린 · 캐스터네츠 · 실로폰 · 종 · 마라카스 · 트라이 앵글 · 놋쇠그릇 · 음악감상 CD및 테이프: 「고요한 밤 거룩한 밤」 차이코프스키 의 호두까기 인형 중 「눈요정들의 춤」 비발디 사계 중「겨울」 · 노래: 「하얀 나라」 「하얀 눈」 「루돌프 사슴코」 「흰눈 사이로」 「고드름」 「겨울 바람」 「꼬마눈사람」 · 얼음 손가락 게임 (압설자, 크고작은물건, 모래시계, 점수판)

	쌓기놀이영역	역할놀이영역	미술영역	언어영역	수·과학영역	조작영역	음률영역
실 내		·트리 ·트리를 꾸밀 수 있는 다양한 장식 소품들 ·유아들이 미술영역에서 제작한 소품 ·산타 수염 ·모자 ·옷 ·주머니	·수수깡 ·깡통 ·냄비 ·빨간 고추 ·큰 단추 ·나뭇가지	·헝겊 글자책, 끝말 이어가기 어떻게 해야 할까요 ·겨울과 관련된 수수께끼자료 ·퀴즈게임 ·양말 속의 선물 게임 ·산타 할아버지의 선물 게임 ·팽이 글자 게임 ·손가락 인형: 「잃어버린 장갑」			
실 외	·모자·장갑 끼기, 곰의 겨울 준비 ·분필과 사방치기에 쓸 말		·온도계 ·고무줄			·관찰기록지 ·제기	

주간보육계획안

소주제 : **겨울이 왔어요**   실시 기간 : **12월 3주**

		월	화	수	목	금	토
등원 및 맞이하기		겨울노래 들으며 날씨 변화에 대해 이야기하기					
실 내 자 유 선 택 활 동	쌓기놀이영역	얼음집 짓기 1)		남극 탐험대 놀이 2)			
	역할놀이영역	겨울 나들이 놀이		눈과자 가게 놀이		장갑인형놀이	
	미술영역	◎ 눈 모양 오리기		털실, 헝겊 꼴라주		◎ 색깔 얼음으로 그림 그리기	
	언어영역	'겨울' 수수께끼	겨울철새들의 소리 듣기 동시:「겨울」 3)	퀴즈게임		◎ 끝말 단어 잇기	
	수 · 과학영역	눈, 얼음 사진 화보보기	◎ 재미있는 얼음 실험 ◎ 요리: 김장 담그기	김장 빙고 4)		온도계 실험	
	조작영역	겨울에 볼 수 있는 것 퍼즐 맞추기 다양한 헝겊 짝짓기	눈 모양 맞추기 사계절 분류 카드게임		친구를 꾸며주세요		
	음률영역	노래:「하얀 나라, 하얀 눈」	리듬악기 합주하기	신체표현: 바람이 되어보세요 5)			
대 · 소집단활동		◎ 이야기나누기: 겨울철 자연의 변화	신체표현: 발 방향대로 걷기 이야기나누기: 김장 담그기에 대해서	눈이 되어보세요	게임: 눈사람 경주		
실외자유선택활동		◎ 바람 느껴보기 게임: 모자 · 장갑끼기	입김 만들어보기 ◎ 발자국 따라 걷기	눈사람 만들기 얼음땡놀이			
점심 및 낮잠		동화:「겨울이야기」	「눈오는 날」	「아기토끼호퍼」			
기본생활습관		옷걸이에 외투 바르게 걸기					

교육활동참고

1) 얼음집 짓기
   · 단위 블록이나 종이벽돌 블록을 흰 모조지나 창호지로 싸서 얼음 블록처럼 활용하거나 하얀 스펀지 등을 제공해주고 에스키모의 얼음집짓기를 한다.

2) 남극 탐험대 놀이
   · 활동 전에 남극에 대한 설명과 갈 때 필요한 것(썰매, 식량, 따뜻한 물, 옷, 텐트)에 대한 충분한 이야기를 거친 뒤 놀이를 전개한다.
   · 공간 블록으로 썰매를 만들고 따뜻한 물과 옷, 식량, 망원경 등을 첨가한다.

3) 겨울

> 겨울
>
> 언제 찾아 왔는지
> 겨울이 왔네
> 찬바람을 몰고 오는
> 추운 겨울
>
> 언제 찾아왔는지
> 겨울이 왔네
> 흰눈을 몰고 오는
> 하얀 겨울

4) 김장 빙고
   〈만드는 방법〉
   ① 부르기판 1장 - 배추 모양의 판에 김장에 필요한 재료를 그린다.
   ② 빙고판 3장 - 장독 모양의 판에 김장재료를 그린다.
   ③ 배추카드 18장 - 빙고판을 덮을 수 있는 작은 배추 모양의 카드를 만든다.
   · 판을 나누어 갖고 배추카드를 가운데 모은다.
   · 부르기판을 가진 유아가 그림을 보고 그림판의 재료의 이름을 부른다.
   · 각자의 판에 부른 그림이 있으면 배추카드를 가져다 그림 위에 덮고 판 위의 그림에 모두 배추카드를 덮은 유아가 "김장"하고 외친다.

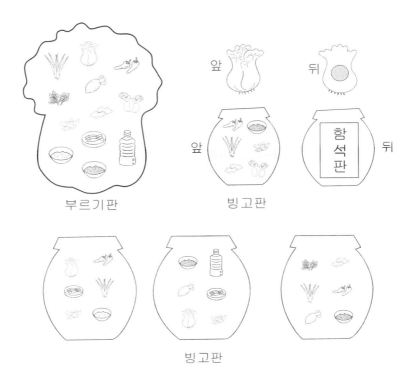

부르기판   빙고판

빙고판

5) 바람이 되어보세요

① 바람을 만드는 방법에 대해 이야기 나눈다.

② 바람이 불고 있는 것을 어떻게 알 수 있는지에 대해 이야기 나눈다.

③ 바람이 어떻게 부는가에 대해 이야기 나눈다.

④ 몸으로 바람이 되었다고 생각하고 움직일 수 있는 상황을 제시한다.

⑤ 음악이 유아에게 익숙해지도록 여러 번 들려준다.

⑥ 음악과 함께 적절한 상황을 제시해주고 유아들은 자기 나름대로 마음껏 움직여본다.

   교사는 감상하는 유아들에게 상황에 맞는 적절한 바람소리를 내주어 상황을 도와주는 동시에 집중시킬 수 있는 방법으로 유도한다.

⑦ 스카프, 부드러운 천, 리본 테이프 등의 내어주어 다양한 바람을 표현해 볼 수 있도록 돕는다.

주간보육계획안

소주제 : 따뜻한 사랑을 주고 받아요　　　　　　　　　　　　**실시 기간 : 12월 4주**

		월	화	수	목	금	토
등원 및 맞이하기		캐럴송 들으면서 크리스마스에 대해 이야기하기					
실내자유선택활동	**쌓기놀이영역**	블록으로 선물가게 만들기　　　선물가게 놀이 　　선물 배달 놀이(탈것, 도로)　　　　　벽돌 블록으로 산타 할아버지 썰매 만들기					
	역할놀이영역	크리스마스트리 장식하기　　　　산타할아버지 놀이(수염, 모자, 신발, 자루 첨가)					
	미술영역	산타 만들기 1)　　　　　　　사랑표 종이접기					
	언어영역	겨울책 만들기　　　양말 속의 선물 　　　　낱말 팽이 2)　　산타 할아버지의 선물 　　　　　　　　　　　　　쓰기: 결따라쓰기(ㄱ~ㅁ)					
	수·과학영역	성탄 선물　　　산타가 선물 주러가요　　　　　　재미있는 얼음 실험 　　　　　　　　　　산타와 선물					
	조작영역	별 꾸미기 3)　　　크리스마스 트리 만들기 　　　　　　　　　　　　　눈사람 단추 수세기 4)					
	음률영역	음악감상:「고요한 밤, 거룩한 밤」　차이코프스키 호두까끼 인형 중「눈요정들의 춤」 　　　노래:「루돌프 사슴코」　　　　「흰 눈 사이로」　　　　「고드름」 신체표현: 얼음 손가락					
대·소집단활동		이야기나누기: 즐거운 성탄절 ◎ 동극:「잃어버린 장갑」 게임: 종소리 5)　　　　　노래: 캐럴 송　　융판동화: 눈오는밤　　노래:「○○네 어린아이 감기 걸렸네」					
실외자유선택활동		물이 얼었을 때와 녹고 나서 다른점 비교해보기 　　　눈그림 그리기 관찰(눈, 얼음) 　　　　　　　　고무줄 놀이　　　　제기차기					
점심 및 낮잠		동화:「산타 할아버지의 선물」　「크리스마스」「북극에 간 아기곰 라르스」					
기본생활습관		감사한 마음 말로 표현하기					

교육활동참고

1) 산타 만들기

〈활동자료〉종이컵 2개, 색종이, 색상지, 플라스틱 눈, 풀, 가위, 본드, 휘어지는 빨대, 솜,
투명 테이프

① 종이컵 2개에 색상지를 붙인다.

② 플라스틱 눈을 2개 붙인 후 산타의 몸을 꾸민다.

③ 빨대를 테이프로 붙인 후 빨대를 잡아당겨 산타의 입이 벌어지는
것 처럼 움직여본다.

2) 낱말 팽이

① 8각의 낱말 팽이에 어떤 글자와 그림이 있는지 살펴보고 그림이 그려진 낱말 카드를 늘
어놓는다.

② 순서를 정하고 낱말 팽이의 막대 손잡이를 잡고 돌린다.

③ 팽이가 쓰러져 먼저 바닥에 닿는 그림 낱말 카드 중에서 같은 그림 글자 모양의 카드를
가져온다.

3) 별 꾸미기

〈활동자료〉여러 색의 구멍이 뚫린 별 모양 종이, 돗바늘, 반짝이줄, 바늘꽂이, 사인펜,
투명 테이프

• 반짝이 줄을 돗바늘에 꿰어 바늘꽂이에 꽂아 놓는다.

• 별모양 종이에 반짝이 줄로 바느질하여 별이 반짝이는 것과 같이 꾸민다.

4) 눈사람 단추 수 세기

① 부직포로 눈사람을 만들어 2가지 색의 단추로 꾸민다.

② 유아는 색깔별로 단추 수를 세어 단추색과 같은 사인펜으로 그 수만큼 단추를 그리고 숫자를 쓴다. 아래칸에는 두 색의 단추를 모두 세어 그 수만큼 단추를 그리고 숫자를 쓴다.

③ 눈사람에 몇 개의 단추가 달렸는지 세어보고 종이에 그려진 단추의 수와 비교하여 같은지 확인한다.

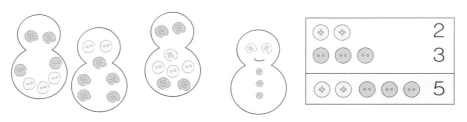

5) 종소리

· 유아들과 둥글게 둘러앉은 후 교사가 입으로 "땡"이라고 말하면서 유아를 가리키면 그 유아가 "땡땡"이라고 대답한다. 반대로 교사가 "땡땡"이라고 말하면 유아는 "땡"이라고 대답한다.

주간보육계획안

소주제 : **불조심해요**   실시 기간 : **1월 1주**

		월	화	수	목	금	토
등원 및 맞이하기		간단한 건강상태 점검과 감기예방에 대해 이야기 하기					
실내자유선택활동	쌓기놀이영역	소방서 119구급대 놀이　　　　　　　공간 블록으로 소방차 구성하기(사다리 첨가) 렉스 블록으로 호스 만들기					
	역할놀이영역	병원놀이: 감기에 걸렸어요　　　　　◎ 소방서놀이(소방차, 소방관 모자, 옷 첨가)					
	미술영역	크레파스 녹여서 그림 그리기 1)　　　소방관놀이 소품 만들기(모자, 무전기) 소방차 만들기(공동 작업)　　　불조심을 알려줄 수 있는 그림(포스터) 그리기					
	언어영역	헝겊 글자책　　퀴즈 게임 2) 　　　　　　　동화: 「소방대원이 될테야」　　어떻게 해야 할까요? 3)					
	수·과학영역	눈, 얼음 관찰하기　힘센 책받침 4)　　◎ 불끄기 게임 물과 소금물로 얼음 얼려보기　　　나이를 숫자로 써보기, 세보기					
	조작영역	계절 연상 카드 5) 　　　　　　탱그램(나무와 눈사람) 6) 　　　　　　　　　　　춤추는 피겨선수 7)					
	음률영역	음악감상: 비발디 사계 중「겨울」 　　　　노래: 「겨울 바람」　　　「꼬마 눈사람」 악기연주: 놋쇠, 그릇의 물 높이에 따른 소리 비교하기　　　종소리					
대·소집단활동		이야기나누기: 새해가 되었어요　　어떻게 해야 할까요　　불조심 견학: 소방서 　　　　　　　　　　　소방훈련(안전대피 훈련) 게임: 눈사람 경주 8)					
실외자유선택활동		게임: 곰의 겨울 준비 　　　　　　　견학 갔다 온 후 그림 그리기 실험: 온도계 측정 기록하기　　얼음땡놀이　　닭싸움놀이　　사방치기놀이					
점심 및 낮잠		동화: 「나도 아프고 싶어」「소방원이 될테야」「코끼리의 재채기」					
기본생활습관		모자, 장갑, 마스크 잃어버리지 않도록 정리하기					

교육활동참고

1) 크레파스 녹여서 그림 그리기
   ① 못 쓰는 크레파스를 색깔별로 모으고 껍질도 모두 벗긴다.
   ② 전기 프라이팬을 호일로 싸고 그 위에 얇은 갱지를 오려놓은 뒤 유아가 원하는 크레파스를 올려두게 한다.
   ③ 녹는 모습과 느낌, 색깔을 관찰하여 즐긴다.
   · 활동 전에 안전에 대한 주의를 주어 유아가 데이지 않도록 한다.

2) 퀴즈 게임
   · 얼음, 고드름, 온도계, 장갑, 난로, 눈, 모자, 목도리 등의 겨울과 관련된 낱말의 설명을 적은 카드와 답이 되는 카드를 쌍으로 하여 술래가 문제 카드를 읽으며 나머지 유아가 맞춰본다.
   (예: 물이 언 것이다, 투명하다, 얼음)

3) 어떻게 해야 할까요?
   · 겨울철 안전을 위한 여러 문제 상황그림을 제시하고 함께 이야기해본다.
   (예: 불장난, 얇은 얼음 위로 건너기, 전기 콘센트를 가지고 장난하기, 가스불을 혼자서 사용하는 것 등)

4) 힘센 책받침
   〈활동자료〉 책받침, 색종이 조각, 레이스 조각 등
   · 천으로 책받침을 문지른 후 색종이나 천 조각이 담긴 쟁반 위에 대어보고 일어나는 정전기 현상을 유아들과 관찰해본다.

5) 계절 연상 카드
   · 카드판과 카드를 내어준 후 관련된 카드를 찾아 카드판에 놓아본다.

6) 탱그램(나무와 눈사람)
   · 16절지의 흰 종이에 나무와 눈사람을 그려 유아수만큼 복사하고 색종이를 나무와 눈사람으로 구분해놓은 크기대로 오려둔다.
   · 인쇄 자료의 나무와 눈사람을 색종이를 붙여 완성시킨다.

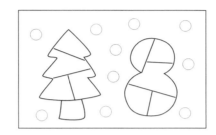

7) 춤추는 피겨선수
   〈활동자료〉 양면종이인형, 색상지를 코팅하여 만든 얼음판, 얼음판 받침용 깡통(모래를 넣어 무게감을 줌), 막대자석, 원형자석
   · 얼음판 위에 자석을 붙인 종이인형을 올려놓고 막대자석으로 움직여보고 자석의 이동에 따라 인형의 움직임을 관찰한다.

8) 눈사람 경주
   · 유아가 들어갈 수 있는 흰 자루 2개를 준비하고 각각 자루 앞면에 단추를 부착하고 허리 부분에 줄을 매어 눈사람이 되도록 한다.
   · 목표물을 먼저 돌아온 눈사람이 이긴다.
   · 넘어지지 않도록 주의한다.

실내자유선택활동
미술영역

눈 모양 오리기

활동목표	·소근육 운동을 한다.
	·지시하는 말을 이해하고 실행한다.
	·눈과 손의 협응을 이룬다.

집단크기 개별·소집단

활동자료 흰 네모모양 종이, 가위, 만들기 순서표

〈눈 모양 만들기〉

1. 반을 접는다.

1. 반을 접는다.

3. 삼각형이 되도록 접는다.

4. 육각형을 만든다.

5. 여러 모양의 눈송이를 만든다.

활동방법 1. 미술영역에 눈모양 만들기 순서표를 게시해두고, 재료들을 책상 위에 둔다. 관심을 보이는 유아와 함께 눈 모양 오리기를 한다.
　　　　　　　 - 선생님은 종이를 접어 눈 모양을 만들어 보려고 한단다.
　　　　　　　 - 그림을 보면서 선생님과 함께 눈송이 오리기를 해보자.

　　　　　　2. 만든 눈 모양은 모빌로 만들어 달아주어도 되고, 유리창에 붙여 꾸며볼 수 있다.

참　　고 ·사전 활동으로 눈이 오는 날 눈의 모양을 확대경으로 관찰할 기회를 갖는다.
　　　　　　 ·네모 모양 종이는 흰 카드봉투 등을 잘라 재활용하면 좋다.

12월 3주

색깔 얼음으로 그림 그리기

활동목표	· 얼음의 성질에 대해 안다. · 다양한 재료로 표현해보며 심미감을 느껴본다.
집단크기	소집단
활동자료	면봉, 포스터 컬러, 흰 도화지, 색깔 얼음

〈색깔 얼음〉
① 여러 가지 색깔의 포스터 컬러를 물에 섞은 뒤 얼음틀에 붓는다.
② 얼음틀에 작은 플라스틱 스푼을 꽂아 손잡이가 되도록 한다.
③ 얼음틀을 냉장고에 넣어 얼린 뒤 활동할 때에 빼서 사용한다.
④ 활동할 때 미리 녹는 것을 방지하기 위해 겨울에는 실외에 둘 수 있지만 실내에 놓을
    때는 드라이아이스에 채워둔다.

12월 3주

활동방법	1. 유아들과 색깔 얼음을 관찰하고 만져보며 충분히 탐색하게 한다.
	    - 이건 무엇으로 만들어졌을까? 만져보니까 어떤 느낌이 나니?
	    - 계속 만지니까 어떻게 되지?

2. 흰 도화지를 유아들에게 주고 색깔 얼음으로 그림을 그려보게 한다.
    - 색깔 얼음으로 도화지에 그리기를 하면 어떻게 될까?
    - 그렇게 많은 방법이 있구나, 그런 여러 가지 방법으로 그림을 한번 그려보자,

3. 얼음으로 그린 그림이 어떻게 나타나고 크레파스나 색연필로 그릴 때와 어떻게 다른
    지 이야기 나누어본다.
    - 얼음으로 그려보니 어떠니?
    - 크레파스나 색연필로 그렸던 것과 어떻게 다르니?
    - 네가 생각한 대로 그림이 잘 그려졌니?

참　고　·수·과학영역에서 얼음에 관한 실험을 할 수 있다.

·얼음과자를 만드는 요리활동을 할 수 있다.

·얼음틀이 없는 경우 요플레 통을 이용해도 좋다.

·포스터 컬러의 농도를 진하게 하여 얼음을 얼리면 선명한 색깔의 얼음으로 그림을 그 릴 수 있다.

·색얼음을 먹지 않도록 주위한다. 먹는 유아를 위해서 식용색소를 넣어 얼린다.

끝말 단어 잇기

활동목표	·어휘력을 확장한다. ·글자에 대한 관심을 높인다. ·글자를 눈으로 익힌다.
집단크기	소집단
활동자료	그림·글자 카드, 빈 종이 카드, 사인펜

12월 3주

활동방법

1. 그림·글자 카드를 보며 활동방법에 대해 이야기해본다.

- 이 그림은 어떤 그림이니?

- 그림(글자)의 끝 자로 시작되는 낱말을 그림(글자) 카드들 중에서 찾아 이어가는 활동을 해보자.

- 그림을 하나 골라서 어떤 그림인지 말해줄래?

- 그림의 끝자가 무엇으로 끝나니?

- ○자로 시작되는 것에는 어떤 것이 있을까? 그림카드 중에서 찾아보자.

2. 유아가 활동의 흐름을 이해할 수 있을 때까지 교사도 참여하여 함께 해본다.

3. 관심이 있는 유아들에게 두루마이 긴 종이를 준비해주고 위의 글자카드 끝말잇기의 단어들을 순서대로 따라 써보고 같은 글자끼리 표시해본다.

참　　고

·쓰기 활동은 개인차가 매우 크므로 관심을 보이지 않거나 익숙하지 않은 유아들은 강요하지 말고 자연스럽게 활동에 참여하도록 유도한다.

실내자유선택활동
수 · 과학영역

재미있는 얼음 실험

활동목표 · 얼음의 성질에 대해 안다.

· 과학적인 사고에 관심을 갖고 흥미를 느낀다.

· 물질의 변화에 관심을 갖는다.

집단크기 소집단

활동자료 얼음실험 Ⅰ : 얼음, 소금, 접시, 실, 온도계. 장갑

얼음실험 Ⅱ : 얼음, 구슬, 구슬과 동일한 크기의 솜공이나 스티로폼

활동방법 〈얼음실험 Ⅰ〉

1. 접시에 얼음을 올려둔다. 얼음을 보며 유아들과 이야기를 나눈다.

- 이건 무얼까?

- 무엇으로 만들어졌을까?

- 얼음을 만지면 어떤 느낌이 드니?

- 우리, 이 얼음으로 재미있는 실험을 해보도록 하자.

12월 3주

2. 얼음 위에 실을 올려두고 소금을 뿌린 뒤에 실을 들어올린다.

- 이 하얀 가루는 무엇일까?

- 이 소금을 얼음 위에 뿌려볼게. 뿌리고 난 후 실을 올려보자.

3. 얼음이 어떻게 되는지 관찰하고 왜 이런 일이 생기는지에 대해 유아들의 다양한 의견을 들어본다.

- 왜 이렇게 되었을까?

- 왜 소금이 묻으면 실이 얼음에 붙을 수 있을 것 같니?

4. 장갑을 끼고 차가운 얼음을 잡았을 때 어떤 일이 생기는지 연관지어 활동한다.

  - 장갑을 끼고 아주 차가운 얼음을 꽉 잡아본 적이 있니?

  - 얼음이 어떻게 되었니?

  - 얼음이 아주 차갑게 되면 실이나 장갑 등을 붙일 수 있는 힘이 생긴단다.

5. 얼음이 소금과 만나면 온도가 -20°C까지 내려가는 냉각제가 된다는 것을 알아볼 수 있도록 온도계를 이용하고 소금을 묻힌 얼음과 묻히지 않은 얼음을 비교해보면서 소금이 하는 역할에 대해 생각해 볼 수 있도록 한다.

  (예: 눈이 많이 온 길에 소금을 뿌리는 이유 등)

〈얼음 실험 Ⅱ〉

1. 같은 크기의 얼음 조각 위에 하나는 구슬을 얹어두고, 다른 하나는 동일한 크기의 솜 공이나 스티로폼을 올려둔다.

  - 구슬과 스티로폼 (또는 솜공)을 두 손에 쥐어 보자, 어떤 점이 다르니?

2. 얼음의 변화를 관찰하면서 2개의 얼음이 어떻게 녹는지 살펴보게 한다.

  - 얼음이 어떻게 되고 있니?

  - 스티로폼이 있는 얼음은 어떻게 되었니?

  - 왜 스티로폼이 있는 얼음은 아직 안 녹았을까?

  - 스티로폼을 만져보니 어떠니? 차갑니? 따뜻하니?

  - 스티로폼도 구슬처럼 차가운데 왜 구슬이 있는 얼음이 더 빨리 녹을까?

3. 구슬과 솜공이나 스티로폼을 올려두었던 자리가 어떻게 다르게 녹았는지 관찰해보고 왜 이런 차이가 생겼는지 이야기해본다.

  - 구슬과 스티로폼이 있던 자리를 한번 볼까?

  - 왜 구슬이 있던 자리가 더 깊숙이 들어갔을까?

  - 그러면 구슬보다 더 무거운 것을 올려놓으면 지금 구슬이 녹은 것보다 더빨리 녹고 얼음도 더 움푹하게 들어갈까?

4. 얼음 위에 무거운 것을 올려놓으면 더 빨리 녹을 수 있다는 것을 이해할 때까지 의견을 나누어보고 다른 물체들을 올려놓아 본다.

5. 단추와 동전, 자석과 나무 조각 등을 올려놓고 얼음이 녹는 것을 관찰한 후에 같은 실험 결과가 나올지 예측해보고 결과를 정리해본다.

참　고
- 실외놀이에서 '얼음 얼굴 만들기'로 확장할 수 있다.
- 색깔 얼음을 만들어 그림 그리기 활동을 할 수 있다.
- 물, 소금물, 설탕물 등을 동시에 얼려보며 어느 것이 더 빨리 어는지 비교해보는 실험으로 확장하여 전개할 수 있다.

실내자유선택활동
수·과학영역

김장 담그기

활동목표	·김치 만들기를 경험한다.
	·우리 음식에 관심을 갖는다.

집단크기 소집단

활동자료 미리 절여놓은 배추, 양파, 생강, 파, 고춧가루, 무, 소금, 설탕, 멸치젓, 새우젓, 김칫독, 일회용 비닐장갑, 고무줄, 요리순서표

〈요리순서표〉

① 배추 다듬어 씻기
② 배추 절이기
③ 김치 속 만들기(생강과 마늘 다지기/무채썰기/갖은 양념하기)
④ 속 넣기
⑤ 김치통에 담기

12월 3주

활동방법

1. 배추는 절이기 전의 배추와 미리 절여놓은 배추 2가지 종류를 준비한다.
   이때 유아가 배추 절이는 과정에 참여하게 한다.
   - 배추에 소금을 뿌려 놓으니 어떻게 되었니?
   - 절이기 전과 후에 달라진 것은 무엇일까?

2. 요리 순서표를 보며 활동방법을 알아본다.

3. 유아들이 배추 속에 들어가는 재료들(멸치젓, 고춧가루, 고운 소금 등)에 대해 이야기
   나눈 후 약간씩 맛을 보고 잘 혼합하여 섞는다. 다지거나 채치는 것은 유아에게 어려
   우므로 미리 손질한다.
   - 쟁반 위에 있는 것들은 김치를 담글 때 필요한 것들이란다.
     어떤 것들이 있는지 볼까?
   - (멸치젓) 이것은 어떤 맛이 나니? 냄새는 어떠니?
   - 재료들이 골고루 섞이게 하자.
   - 무채가 어떻게 되었니?
   - 모두 섞었으니 한번 먹어볼까? 맛이 어떠니?

4. 절인 배추에 김치 속을 골고루 발라넣는다.
   - 배춧잎을 하나씩 들고 속을 넣어보자.

5. 점심식사 시간에 반찬으로 김치를 내놓는다. 삶은 고구마와 함께 먹을 수도 있다.
   - 너희들이 만든 김치를 반찬으로 먹어보니 어떠니?

참　　고

• 어린이집에서 김장을 담그는 시기에 맞추어 활동을 한다.
• 사전활동으로 김장 담그기에 대한 이야기 나누기 활동을 한다.
• 유아들은 일회용 장갑을 끼고 손목 부분에는 장갑이 빠지지 않도록 고무줄로 고정시
  켜준다.

겨울철 자연의 변화

활동목표   · 계절 변화에 대해 안다.
  · 겨울철 생활에 대해 안다.

집단크기   대집단

활동자료   겨울철 날씨에 관한 화보자료, 월동 준비하는 모습의 그림 또는 사진

활동방법   1. 겨울의 추워진 날씨에 대해 유아들과 이야기를 나눈다.
      - 등원할 때 날씨가 어땠니? 겨울이 왔다는 것을 어떻게 알 수 있을까?

      2. 유아들의 이야기를 더 듣고 겨울의 변화에 대해 자세하게 이끌어준다.
      찬바람, 고드름, 유리창에 낀 성애, 입김 잎이 남아있지 않은 나무, 땅과 물의 변화 등
      에 대해 이야기 나눈다.
      - 겨울이 되면 왜 추울까? 입김이 왜 나올까?
      - 창문이 왜 뿌옇게 될까? '서리'라는 건 무얼까?
      - 눈은 왜 생길까?
      - 이렇게 추워지면 우리들은 어떻게 해야 할까?
      - 그렇게 두꺼운 옷을 입으면 춥지 않겠구나, 또 어떻게 하면 춥지 않을까?

      · 난로나 히터 등 난방기, 두꺼운 담요, 창문과 문을 닫는 것, 밖에서 오래 있지 않고
      실내에서 지내며 따뜻한 것을 많이 먹는 일 등을 그림과 함께 더 이야기 해 볼 수
      있다.

      3. 추운 겨울을 건강하게 지낼 수 있는 방법은 어떤 것이 있는지 말해본다.
      - 추운 겨울에 잘못하면 우리는 어떻게 될까?
      - 어떻게 하면 병에 걸리지 않고 건강하게 지내게 될까?

12월 3주

4. 유아와 의견을 나누고 규칙적인 생활, 몸을 따뜻하게 하는 방법(두꺼운 옷, 내복, 양말 등을 꼭 입고 나가기), 음식을 골고루 잘 먹기, 감기 걸린 친구는 다른 친구에게 옮기지 않도록 주의하는 방법에 대해 이야기 나눈다.

참　고

- 사람들의 겨울 준비에 관한 이야기 나누기는 '동물과 식물의 겨울나기'에 대한 이야기 나누기로 확장할 수 있다.
- 겨울을 건강하게 보내는 방법은 'ㅇㅇㅇ네 어린아이 감기 걸렸네' 게임을 통하여 바이러스가 옮겨지는 방법을 더 자세하게 알아볼 수 있다.
- 겨울철 생활과 관련지어 화재예방에 대한 그림자료, 신문이나 뉴스의 화재 소식 등과 함께 겨울철 화재 안전에 대한 이야기를 나눌 수 있다.

바람 느껴보기

활동목표　・바람을 관찰하고 그 변화에 관심을 가진다.
　　　　　　・공간을 이동하면서 다양하게 움직여본다.

집단크기　개별・소집단

활동자료　신문지 길게 자른 것, 머플러나 긴 헝겊, 비닐끈, 가벼운 헝겊

활동방법　1. 바람이 부는 날 실외놀이를 나가기 전 바람에 대하여 알아본다.
　　　　　　　－ 우리가 바람이 있다는 것을 어떻게 알 수 있을까?
　　　　　　　－ 바람을 눈으로 볼 수 있을까?
　　　　　　　－ 함께 밖으로 나가서 서 있어보자. 바람이 우리의 옷을 어떻게 하고 있니?

　　　　　　2. 긴 끈이나 헝겊을 들고 서서 끈이나 헝겊의 움직임을 관찰해본다.
　　　　　　　－ 긴 끈이 어떻게 움직이니?
　　　　　　　－ 이번에는 긴 끈을 들고 뛰어가보자. 서 있을 때와 어떻게 다르니?
　　　　　　　－ 어떻게 하면 끈이 더 많이 펄럭이고 재미있게 움직이게 할 수 있을까?

　　　　　　3. 바람을 이용해서 움직이는 다른 것에 대해 이야기해본다.
　　　　　　　－ 우리랑 놀이할 때 바람이 불면 더 재미있게 놀 수 있는 것으로 어떤 것이 있을까?
　　　　　　　－ 그럼, 바람개비를 돌려보자.

참　　고　・실외놀이장에 긴 끈이나 헝겊을 매달아놓고 계속해서 바람이 부는 것을 관찰한다.
　　　　　　・바람을 이용해서 풍차나 풍력발전소, 돛단배, 꽃씨의 수정 등에 대한 시청각 자료를 볼
　　　　　　　수 있는 기회를 갖는다.

12월 3주

실외자유선택활동

발자국 따라 걷기

활동목표
·균형 감각을 기른다.
·신체조절 능력을 기른다.

집단크기 대집단

활동자료 비닐장판으로 만든 발바닥 모양 30개, 매트(170×120cm)

〈만드는 방법〉
① 발자국 모양을 30개 만든다.
② 우레탄이나 야외용 돗자리를 이용해 직사각형 170×120cm정도의 직사각형 매트를 만든다.
③ 매트에 출발점과 도착점 화살표를 표시해준다.

12월 3주

활동방법 1. 매트에 발자국 모양을 놓아둔다.

2. 매트의 모양을 보고 유아들과 이야기를 나눈다.
 - 매트 위에 무엇이 있니?
 - 매트의 발자국 위를 재미있게 걸어다녀 볼 수 있을까?
 - 어디에서부터 시작할 수 있을까?
 - 어디에서 끝날 수 있을까?

3. 유아들과 걸어다닐 때의 규칙을 정한다.
 - 발자국 위에서 몇 명이 걸어 다니면 좋을까?

4. 시작 표시가 되어있는 부분에서부터 발자국의 방향대로 몸의 균형을 유지하면서 걸어 다녀본다.
 - 발자국 위를 재미있게 걸어다녀 볼 수 있을까?

5. 유아들과 걸어본 느낌에 대해 이야기한다.
 - 어디가 걸어가기 힘들었니?
 - 넘어지지 않으려면 어떻게 걸어야 할까?

참　　고　·현관 앞이나 실외놀이장에서 신발을 신고 활동해볼 수 있다 .

·발자국의 방향이나 간격 등을 달리해서 난이도를 조절해줄 수 있다.

·경쾌한 음악을 틀어주면 유아들이 신나게 활동할 수 있다.

·발바닥 모양을 모래종이, 매직테이프, 부직포 등의 다양한 재료를 이용하여 만들면 감
　각적인 경험을 확장시킬 수 있다.

대·소집단활동
동극

잃어버린 장갑

12월 4주

활동목표	·극놀이를 즐기는 태도를 기른다. ·감정을 표현하는 능력을 기른다.
집단크기	대집단
활동자료	그림동화 「잃어버린 장갑」, 동물 머리띠(들쥐, 개, 토끼, 여우, 곰)

〈만드는 방법〉
① 컴퓨터를 사용하여 등장 인물 그림을 출력한다.
② 출력한 그림에 색칠을 하고 꾸민 다음 코팅을 한다.
③ 마닐라지로 띠를 만들고 구멍을 뚫어 고무줄을 끼운다.
④ 그림을 머리띠에 붙인다.

활동방법

1. 그림동화 「잃어버린 장갑」을 들려준다.

2. 동화의 줄거리를 회상하는 시간을 갖는다.
   - 누가 장갑을 떨어뜨렸니?
   - 어떤 동물들이 나왔니?
   - 동물들이 장갑 속에 왜 들어갔니?

3. 동극을 하기 위한 준비에 대해 유아들과 이야기를 나눈다.
   - 동극을 하기 위해서 무엇이 필요할까?

4. 소품과 무대를 의논하여 꾸민다.
   - 동극을 하려면 어떤 것들이 필요할까?
   - 장갑을 어떻게 하면 좋겠니?
   - 동물들은 어디에 있으면 좋겠니?
   - 동물을 나타낼 수 있는 머리띠를 만들어보자.

5. 등장인물의 역할을 정한다.
   - 어떤 역할을 하고 싶니?

6. 각자 맡은 등장 동물을 잘 표현하려면 어떻게 하는 것이 좋은지 의논한다.
   - 토끼는 어떻게 뛰는게 좋을까?
   - 곰이 걸으면 어떤 소리가 날까?

7. 배역을 맡은 친구들이 대기하는 곳은 어디로 할 것인지 정해 무대 뒤쪽에 준비하게
   하고 동극을 시작한다.
   - 지금부터 ○○○반 동극 "잃어버린 장갑"을 시작하겠습니다.

8. 동극이 끝난 뒤 평가를 한다.
   - 무엇이 재미있었니?

참　　고　·동극에 사용했던 소품들을 역할놀이영역에 제시하여 원하는 유아들의 활동을 할 수
　　　　　있게 한다.

잃어버린 장갑

1. 할아버지가 숲 속을 걸어가고 있었어요. 강아지가 그 뒤를 따라가고 있었습니다.
   할아버지는 도중에 장갑을 한 짝 떨어뜨리고 그대로 걸어가 버렸습니다.
2. 어디선가 쥐가 뛰어와서 장갑으로 기어 들어가며 말했습니다.
   "여기에서 겨울을 지내야겠다."
3. 그때 개구리가 폴딱폴딱 뛰어왔어요.
   "누구냐, 장갑에 살고 있는 것은?"
   "나는 먹보 쥐예요. 당신은 누구요?"
   "폴딱폴딱 개구리야. 나도 넣어줘"
   "자, 들어오세요"
4. 이런! 벌써 2마리가 되었어요. 이번에는 토끼가 달려왔습니다.
   "누구냐, 장갑에 살고 있는 것은?"
   "우리는 먹보 쥐와 폴딱폴딱 개구리예요. 당신은 누구죠?"
   "나는 빠른 발 토끼. 나도 넣어 줘."
   "어서 들어오세요."
5. 전부 3마리가 되었어요 그때 여우가 다가왔습니다.
   "누구지, 장갑에 살고 있는 것은?"

"우리는 먹보 쥐와 폴딱폴딱 개구리와 빠른 발 토끼예요. 당신은 누구죠?"

"멋쟁이 여우야. 나도 넣어줘."

6. 이제 따뜻한 장갑 속에 4마리가 되었습니다. 이런, 이번엔 이리가 왔어요.

"누구지, 장갑에 살고 있는 것은?"

"우리는 먹보 쥐와 폴딱폴딱 개구리와 빠른 발 토끼와 멋쟁이 여우예요.

당신은 누구죠?"

"나는 회색 이리다. 나도 넣어줘"

"뭐, 좁은데 괜찮겠지요."

7. 이제 전부 5마리가 되었습니다. 멧돼지가 다가왔습니다.

"킁킁킁, 누구지, 장갑에 살고 있는 것은?"

"우리는 먹보 쥐와 폴딱폴딱 개구리와 빠른 발 토끼와 멋쟁이 여우와

회색 이리예요.

당신은 누구죠?"

"어금니 가진 멧돼지다. 나도 넣어주게."

정말 곤란하게 되었습니다.

"너무 좁지 않을까요?"

"아니, 어떻게든 들어가보겠어."

"그러면 어서 들어오세요."

8. 이제 6마리입니다. 장갑은 꽉꽉 들어찼어요

그때 나뭇가지가 뚝뚝 꺾어지는 소리가 나며 곰이 다가왔습니다.

"누구냐? 장갑에 살고 있는 것은?"

"우리는 먹보 쥐와 폴딱폴딱 개구리와 빠른 발 토끼와 멋쟁이 여우와 회색

이리와 어금니 가진 멧돼지예요. 당신은 누구죠?"

9. 우워~ 어 우워~ 어! 느릿느릿 곰이다. 나도 넣어줘."

"안돼요. 들어올 자리가 없어요."

"아니, 어떻게든 들어가겠다.

"할 수 없군요. 하지만 한쪽 구석에 있어 주세요.

이것으로 7마리가 되었습니다. 장갑은 금방이라도 터져버릴 것 같았습니다.

10. 그런데 숲 속을 걸어가던 할아버지는 장갑 한 짝이 없어진 것을 알아차렸어요.

즉시 찾으러 되돌아왔습니다. 강아지가 먼저 뛰어갔습니다. 계속해서 뛰어가자

장갑이 떨어져 있었어요. 장갑은 조금씩 움직이고 있었습니다.

강아지는 '멍, 멍, 멍' 짖었어요.

모두 깜짝 놀라서 장갑에서 기어 나와 숲 속 여기저기로 달아났어요.

할아버지가 다가와서 장갑을 주워 갔습니다.

소방서놀이

활동목표	· 소방대원의 역할에 관심을 갖는다. · 친구들과 협동하여 놀이한다.
집단크기	소집단
활동자료	고장난 컴퓨터, 지역사회 지도, 여러 대의 전화, 회색 제복과 동계열의 대원 모자, 소방대원 마스크, 화재 진압시 쓰는 소방관 모자, 방화복으로 쓸 노란색 우비나 은색 질감의 천으로 만든 겉옷, 석면으로 된 장갑, 대원용 산소 마스크와 산소통, 긴 호스(렉스 블록으로 연결), 방화용 장화, 손전등, 들것, 구급상자(각종 의료장비와 붕대, 약품첨가), 의료용 산소 마스크, 의료용 모형 산소통, 사이렌 표시등, 무전기, 간이 사다리, 메가폰, 색연필, 메모할 수 있는 종이, 화재 원인을 찾는 돋보기, 방독면
활동방법	1. 소방서 견학이나 소방대원의 방문 등의 사전활동을 한 후에 유아들과 소방서놀이나 119구급대놀이를 계획한다. - 소방대원들은 어느곳에 있을까? - 소방대원들은 어떤 옷을 입고 있었니? - 불이 났다는 것을 어떻게 알 수 있지? - 불이 났을 때는 어떤 옷을 입을까? - 불을 끄는 데 무엇이 필요할까? - 다친 사람들은 어떻게 하지? 2. 놀이에 필요한 환경과 소품이 설정되면 유아들과 역할을 의논해서 결정한다. 3. 역할이 정해지면 유아들과 놀이를 시작할 수 있다. - 119 소방서인가요? - 여기는 ○○에 있는 ○○○아파트인데요 3층에 불이 났어요, 빨리 와 주세요. 4. 전화를 받은 유아가 지도에 불난 곳을 표시하고 출동 명령을 내린다. 출동 명령을 받은 유아들은 옷과 모자, 장화를 착용하고 불자동차가 구성된 곳으로 간다. 사이렌 소리를 내거나 메가폰에 담긴 소리를 울릴 수도 있다.

1월 1주

- 이쪽이에요.(역할놀이영역을 가리키며) 저기 3층에 불이 났어요.
  안에는 사람들이 있는 것 같아요. 어떻게 하지요?
- 높은 곳인데 어떻게 올라가나요?

5. 유아들이 사다리를 올라갔다 내려가서 불을 끄는 흉내를 내고 다친 사람이나 인형들을 구조하여 데리고 나오도록 한다. 불을 끄는 동안 서로 무전기를 통하여 어느 곳으로 가야 하는지 연락할 수 있게 한다.

6. 불을 끄는 역할을 맡은 유아들이 불을 끄는 동안 사람들을 구조하는 역할을 맡은 유아들은 들것을 가지고 다친 사람을 눕히거나 부축하도록 한다.
  - 다친 사람을 어떻게 하나요? 의사 선생님이 계신가요?
    병원까지 누가 데려갈 수 있나요?

7. 교사는 유아들이 다친 사람을 후송하여 응급처치를 하거나 들것에 싣고 구급차로 데려갈 수 있도록 유도할 수도 있다.

8. 화재 진압이 끝난 경우에 불이 난 원인에 대해 조사해보기도 한다.
  - 소방대원님! 불이 왜 났나요? 불이 왜 났는지 알 수 있을까요?
  - (어디에서 누가) 불장난을 한 것 같아요.

9. 돋보기와 연필, 메모지를 가지고 소방대원들이 불이 난 곳을 살펴보거나 구조된 유아들에게 물어본다.

10. 유아들과 화재의 원인에 대해서 얘기해 보고 종이에 기록한 뒤에 역할을 바꾸어 다시 놀이를 시작할 수 있다.

참　　고
- 소방서놀이와 연계하여 구조된 사람들, 다친 사람들과 함께 병원놀이로 전개할 수 있다.
- 수·과학영역에서 불끄기 게임을 병행할 수 있다.
- 불에 대한 위험성과 안전한 생활에 대한 이야기를 통하여 유아들의 생각을 표현하고 안전 수칙에 관한 그림과 글로 포스터를 만들어보는 활동으로 확장해본다.
- 실제 화재 대피 훈련을 함께 실시해본다.

실내자유선택활동
수·과학영역

불끄기 게임

활동목표	·생활 주변에서 일어나는 불의 위험성을 인식한다. ·규칙을 지키며 게임을 즐긴다.
집단크기	소집단
활동자료	게임판 4장, 그림카드 각 20장씩 - 앞면: 불 붙고 있는 모습 - 뒷면: 불에 타서 까맣게 사물의 형태만 그려져 있는 모습

1월 1주

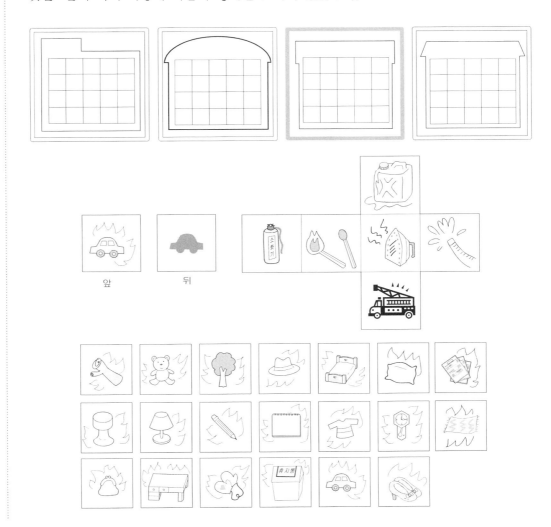

활동방법 1. 준비된 자료를 제시해 주고 관심 있는 유아에게 게임하기를 제안한다.
- 여기 재미난 게임 자료가 준비되어 있구나.
- 게임판은 어떤 것들이 있니?

2. 게임판을 1개씩 나누어 갖는다.

3. 게임판 위에 그림카드를 색깔이 있는 쪽이 위로 오도록 놓는다.

4. 순서를 정한다.

5. 주사위를 던져서 불을 끌 수 있는 그림이 나오면 게임판 위의 그림카드를 그림에 표시된 불꽃 수(예: 소방차 그림-불꽃 3개, 소화기-불꽃 2개, 물-불꽃 1개)만큼 뒤집어놓는다. 불이 나게 하는 그림이 나오면 카드를 뒤집을 수 없다.

6. 그림카드가 모두 검은색으로 뒤집어지면 게임은 끝난다.

주제 기계와 정보통신

실시기간 : 1월 2주 ~ 2월 1주

▶▶ 전개방법

현대 사회는 기계와 정보통신의 발전이 계속 가속화되고 있으며 유아들의 경우에도 일상생활 속에서 매우 자연스럽게 기계와 정보통신을 접하며 살아가고 있다. 앞으로는 더욱 다양한 형태로 생활 속에서 이것들을 활용·이용하면서 살아갈 것이다. 이 주제는 유아에게 생활 속에서 접하는 기계와 정보통신 매체들을 탐색하고 활용해보는 기회를 다양하게 제공함으로써 기계와 정보통신의 이용에 친숙하도록 하고 유아의 과학적·창의적 탐구 능력을 길러줌과 동시에 미래의 변화에 적절히 적응할 수 있는 능력을 키워주기 위해 선정하였다.

생활 속에서 사용하고 있는 기계들을 찾아보고 그 기계들의 특징과 기능에 대해 알아본다. 주로 사용하는 사람이 누구인가 찾아보고 어떤 기능을 가졌는가 탐색해본다. 고장난 기계들을 자유롭게 관찰하거나 분해해보고 조작해봄으로써 과학기기에 대한 친근감을 제공한다. 특히 생활 속에서 많이 활용하고 있고 유아들이 관심을 많이 보이는 집 안의 기계들과 TV, 컴퓨터, 전화를 주제로 선정하여 탐색과 놀이 기회를 제공한다. 다양한 기계를 이용하여 요리하기, 게임하기 등의 활동을 제공하며 가정 생활에서 가족이 함께 쓰는 기계를 직접 다루는 활동에서는 올바르고 안전한 작동법을 소개해줌으로써 안전의식을 강조한다.

유아는 가정생활 속에서 부모와 함께 기계를 사용해볼 수 있으며 지역사회에서도 유아의 흥미를 끌 수 있는 기계들을 직접 가서 관찰하고 사용해볼 수 있다. 지역사회에서 실제로 자동판매기를 사용해보거나 세탁소, 목공소, 오락실, 가전제품 매장, 컴퓨터 매장, A/S센터, 자동차 정비소, 구두 수선점, 학교 관련 학과 실습실이나 작업실 등의 견학은 유아들의 경험과 사고를 확장하는데 많은 도움을 줄 수 있다. 이 주제에서는 가정과 연계하여 간단한 활동지를 통한 내용이나 식구들의 명함, 전화번호 등을 알아와 주제에 대한 흥미도를 높일 수 있으며 전화국, 전자제품 매장, 은행, 컴퓨터 매장 등 주변 지역사회의 기관을 적극 활용하여 활동을 전개한다.

▶▶ 환경구성

	쌓기놀이영역	역할놀이영역	미술영역	언어영역	수·과학영역	조작영역	음률영역
실 내	· 종이벽돌 블록 · 단위 블록 · 조립 블록 · 레고 블록 · 공간 블록 · 로봇이 　일하는 모습의 　사진이나 　그림 · 널빤지 · 동그라미, 　세모, 네모, 　바퀴차 · 공장에서 　볼 수 있는 　기계들의 화보 · 큰 상자로 　만든 TV 모형 · 고장난 　게임기 · DDR 패드 · 거울 · 카세트 · 노래 테이프 · 공중전화 　부스가 있는 　사진이나 그림 · 고장난 전화기	· 여러 가지 　빨래감 · 빨래판 · 비누 모형 · 다리미 · 다리미판 · 방망이 · 세탁기 · 옷걸이 · 행거 · 다리미 · 다림질판 · 여러 가지 옷 · 가위 · 비닐 · 쵸크 · 큰 상자로 　만든 자동 　판매기 · 주스, 커피, 　라면, 과자 　등의 판매할 　음식 그림 · 찢어진 그림책 · 테이프 · 칼 · 가위	· 크레파스 · 도화지 · 붓 · 이젤 · 가위 · 풀 · 물감 · 펀치 · 찍기판 · 권총본드 · 기계 관련 　잡지책, 　팸플릿 등 · 부서진 　기계의 여러 　부속품들 · 철사 · 테이프 · 락카 · 점토 · 밀대 · 자동차 팜플릿 · 가전제품 　팸플릿, 잡지 · 기름종이 · 휴지말이 · 분해된 　기계 부품	· 기계와 도구에 　관련된 책 · 녹음기 · 가전제품 　팸플릿 · 가전제품 　사용설명서 · 전화기, 시계 　등의 기계음이 　녹음된 테이프 · 기계와 도구에 　관련된 교구 · 기계 글자 　맞추기 · 도구를 사용 　하는 그림 　카드 · 도구의 이름이 　쓰인 낱말 　주사위 · 수수께끼 　카드 · 명함집 · 컴퓨터 언어 　카드와 언어 　상자	· 볼트, 너트 · 고장난 기계 　드라이버 · 요리 　-사과, 강판, 　믹서기 　-거품기,우유, 　계란 · 행거 · 도르레 · 노끈 · 바구니 · 드라이기 · 탁구공 · 널빤지 · 받침대 · 바구니 · 기계 도미노 · 그림퍼즐 · 게임기 · 움직이는 　장난감 · 바둑알 뒤집기 · 컴퓨터	· 기계와 도구 　짝짓기 · 운동화 끈 · 기계 모양의 　바느질 판 · 짝이 있는 　열쇠와 자물쇠 · 나무판 · 엘리베이터 　조작 교구 · 기계 조각 　모으기 · 기계그림자 　맞추기 · 움직이는 　장난감 　분류하기 　그림자료 · 기계와 부품 　짝짓기 · 아트 클립 · 피코 · 텔레비전 · 컴퓨터 　도미노 카드 · 모형 전화기 　조립하기 · 전화기 　빙고 게임 · 도미노 　그림 퍼즐 · 여러 가지 　전화모양 　퍼즐	· 유아들이 　만든 악기 · 소고 · 탬버린 · 트라이앵글 · 딱따이 · 멜로디언 · 하모니카 · 녹음기 　음악 테이프 · 여러 모양의 　시계 · 세탁기 　돌아가는 　소리의 녹음 　테이프 · 전기 청소기 　그림자료 · 전기청소기 　소리 녹음 　테이프 · 움직이는 　장난감 · 컴퓨터 키보드 　(키보드에 　있는 자음 　모음 글자 　카드) · 핸드폰 　벨소리 녹음 　테이프 · 노래: 　「오뚝이」 　「전기 청소기」 　「쾅쾅쾅」 　「전화왔어요」

	쌓기놀이영역	역할놀이영역	미술영역	언어영역	수 · 과학영역	조작영역	음률영역
실 내		· 모형 컴퓨터 · 프린터 · 컴퓨터 책상 · 종이 · 잉크 · 핸드폰 · 유선전화 · 무선전화 · 팩스 · 미술 작업한 　유아의 명함을 　작게 복사한 것	· 플라스틱 용기 · 모래 · 휴지말이 · 스티로폼 공 · 고장난 　CD-ROM 　(내가 만든 　CD-ROM) · 종이컵 · 실 · 여러 가지 　명함 · B5색지 · 내 사진 · 우리 집 　전화번호 쪽지 · 달력 · 치약 통 · 빨대	· 전화기 · 전화번호부 · 상가 안내 책자 · 유아가 직접 　만든 명함집 · 우리 반 　전화번호부 · 컴퓨터 · 음악 CD · 그림동화 　자료: 　「어떻게 하지?」 　「사과가 쿵」 　「꿈동이의 가위」 · 동화: 　「쥐와 연필」 　(실물화상기, 　쥐그림, 　종이, 색연필, 　매직, 파스텔) · TV동화: 　「슬픈 악어」 · 동시: 　「단추」 　「재미있는 　기계」 　「전화」 · 컴퓨터 · 프린터 · 종이 · CD-ROM: 　「올리의 그림 　동화 만들기」	· 여러 모양의 　전화 · 핸드폰 · 특별한 전화 　번호 카드 　맞추기		· 여러 가지 　기계부품과 　쇠나 동파이 　프로 만든 　타악기 · CD-ROM: 　「키드 픽스」 　(아리수 　미디어), 　컴퓨터용 　마이크 · 음악감상 　CD및 테이프: 　「숲 속의 　대장간」 　「할아버지의 　시계」
실 외	· 분무기 · 폴라로이드 사진기 · 노트북과 데스크 탑 카드		· 모래삽, 체, 그릇, 숟가락 등 · 카세트, 공테이프 · 종이컵 전화기		· 굴렁쇠 · 집에서 가져온 놀이기구 · 공중전화, 동전, 전화카드		

주간보육계획안

소주제 : 우리는 여러 기계들을 사용해요　　　　　　　**실시 기간 : 1월 2주**

		월	화	수	목	금	토
등원 및 맞이하기		어린이집의 기계 말해보기					
실내자유선택활동	**쌓기놀이영역**	이런 기계가 있다면?			편리한 미래의 기계 만들어보기		
	역할놀이영역	손빨래를 합시다 1)			세탁소·의상실 놀이		
	미술영역	도구와 기계로 구성하기　　　기계 부품 이용하여 찍기 2) ◎ 기계책 꾸미기　　　기름종이와 휴지말이로 만화경 만들기 　　　　　　　　　　　　　　　분해된 기계 부품 그려보기					
	언어영역	가전제품 팸플릿 보기　　　가전제품 사용설명서 보기　　　기계 글자 맞추기 　　　　　　◎ 어떤 기계의 소리일까? 　　　　　　　　　　　　　　　　　　어느 곳에서 필요할까요?					
	수·과학영역	◎ 수만큼 볼트에 너트 끼우기　　　기계책　　여러 가지 기계 관찰하기, 분해하기 　　사용한 기계를 제자리에 정리해요 3)　　　　기계 부품 관찰하기					
	조작영역	기계와 도구 짝짓기　　　　바느질하기 　　　　　　　　　　　　　열쇠와 자물쇠 4)					
	음률영역	신체표현: 무엇을 하고 있을까?　시계 춤 　　　　기계 타악기 연주 5) 　　　　　　　　　　　노래: 「오뚝이」					
대·소집단활동		이야기나누기: 우리 주변의 기계 찾아보기 　　　　　손으로 할 수 있는 일과 손을 대신하는 기계들 　　　　　우리 집에 있는 기계들과 가족 구성원이 사용하는 기계 찾아보기 　　　만약에 기계가 없다면 　　　　　　　　음악감상: 「숲 속의 대장간」 감상후 느낌 나누기 　　　　　요리: 사과 주스 만들기 6)					
실외자유선택활동		분무기놀이　　　실외놀이장에서 사용하는 도구 찾아보기					
점심 및 낮잠		동화: 「거울 이야기」　　　　　「어떻게 하지?」「쥐와 연필」 음악감상: 할아버지의 시계					
기본생활습관		사용한 기계는 제자리에 정리해요					

교육활동참고

1) 손빨래를 합시다
   - 빨래판, 방망이, 비누 등을 사용하여 손빨래를 해본 후 건조대, 빨랫줄 등에 말려서 다리미로 다리는 흉내를 내본다.

2) 기계 부품 이용하여 찍기
   - 볼트, 너트, 용수철, 톱니바퀴 등의 기계 부품을 이용하여 점토에 찍어본다.

3) 사용한 기계를 제자리에 정리해요
   - 기계의 밑모양 그림을 코팅제작하여 붙여주고 기계를 찾아 제자리에 정리해 본다.

4) 열쇠와 자물쇠
   - 자물쇠를 나무판에 고리에 걸어 고정시키고 열쇠를 찾아 열어본다.

5) 기계 타악기 연주
   ① 기계와 도구로 만들어진 타악기를 관찰하고 만져보면서 충분한 탐색을 할 수 있도록 도와준다.
   ② 교사는 유아들이 치거나 울려서 소리를 내보고 기계 부품이 내는 소리가 어떻게 다른지도 비교할 수 있도록 한다.
   ③ 같은 것에도 강약을 다르게 주어 소리의 변화를 줄 수 있도록 한다.
   ④ 유아들이 아는 노래에 맞추어 기계 타악기를 연주해볼 수도 있다.

6) 사과주스 만들기
   ① 과일을 잘게 갈 수 있는 방법에 대해 생각해본다.
   ② 강판에 사과를 갈아본다.
   ③ 사과를 갈며 변화해가는 사과의 모습을 관찰한다.
   ④ 다 갈은 사과의 모습을 관찰한 후 투명한 그릇에 담아놓는다.
   ⑤ 믹서기를 관찰한다
   ⑥ 믹서기에 우유를 넣고 갈 때와 우유를 넣지 않았을 때를 비교하며 갈아본다.
   ⑦ 강판에 가는 것과 믹서에 가는 것과의 같은 점, 다른 점, 편리한 점을 비교하여 본다.
   ⑧ 강판에 간 사과주스와 믹서에 간 사과주스를 먹어보고 그 느낌을 이야기한다.

주간보육계획안

소주제 : 우리에게 편리함을 주는 기계가 있어요   **실시 기간 : 1월 3주**

		월	화	수	목	금	토
등원 및 맞이하기		우리 집의 편리한 기계 말해보기					
실내자유선택활동	**쌓기놀이영역**	공장의 기계 만들기			비탈길의 바퀴들 1)		
	역할놀이영역	자동판매기 놀이(주스, 커피, 라면, 과자)			세탁기를 돌려요	◎ 그림책 수선점	
	미술영역	편리하게 해주는 기계 스크랩하기		◎ 기계 그림으로 꾸미기			
			내가 발명하고 싶은 기계 그리기			모래시계 만들기	
	언어영역		여러 가지 기계음 구별하기		'무엇을 할까요?' 이야기하기		
						낱말 주사위	
	수·과학영역	◎ 도르레로 들어올리기			드라이기로 탁구공 움직이기		
			지렛대로 들어올리기 2)				
					요리: 토스트 피자 만들기		
	조작영역	엘리베이터 조작놀이 3)					
				도미노 그림 퍼즐			
						기계 조각 모으기 4)	
	음률영역	노래: 「전기 청소기」			도구와 기계 타악기 연주		
대·소집단활동		이야기나누기: 편리한 미래의 나의 기계?					
			우리 집에 있는 편리한 기계				
				바르고 안전하게 사용해요			
		동시: 「단추」					
				신체표현: 기계부품 되어보기, 전기청소기 되어보기			
		엄마를 도와주는 기계 그리기 5)					
실외자유선택활동		교실에서 수리해야 할 물건 찾아보기					
					굴렁쇠 굴리기		
점심 및 낮잠		동화: 「동물 마을의 목수 아저씨」「요술붓」「이반과 잡동사니 친구들」「굴러라 바퀴야」					
기본생활습관		고장난 기계는 고치면 다시 쓸 수 있어요					

교육활동참고

1) 비탈길의 바퀴들
   - 쌓기놀이영역의 블록과 널빤지를 이용하여 비탈길을 구성하고 동그라미·세모·네모 모양의 바퀴와 톱니바퀴를 단 자동차를 굴려본다.

2) 지렛대로 들어올리기
   - 다른 유아의 활동에 방해가 되지 않도록 영역의 안쪽으로 구성한다.

3) 엘리베이터 조작놀이
   - 엘리베이터에 사람을 태우고 주사위를 던져 나온 숫자와 같은 층에 엘리베이터를 세운다.

4) 기계 조각 모으기
   - 각각 다른 기계 그림을 같은 수로 조각을 나눈다. 그림 조각을 모아 기계를 완성한다.

5) 엄마를 도와주는 기계 그리기
   - 가족 구성원이 각각이 사용하는 기계류의 종류를 잡지에서 오려붙이거나 그려넣어 분류해보고 알아본다.
   - 각자 사용하는 기계와 공동으로 사용하는 기계에 대해 알아보고 각 기계의 쓰임새를 알아본다.

주간보육계획안

소주제 : 우리에게 즐거움을 주는 기계가 있어요　　　　　　　　　　**실시 기간 : 1월 4주**

		월	화	수	목	금	토
등원 및 맞이하기		내가 좋아하는 기계 말해보기					
실내자유선택활동	**쌓기놀이영역**	TV로 멀티비전 꾸미기		변신 또 변신		오락실 만들기	
	역할놀이영역	아나운서 되어보기(뉴스 앵커/기상 캐스터) 1)				오락실놀이	
	미술영역	즐겁게 해주는 기계 스크랩 만들기		텔레비전 만들기 휴지속대로 마이크 만들기 내가 좋아하는 TV프로그램 그리기			
	언어영역	나는 누구일까요?(수수께끼) 내가 좋아하는 기계와 도구 말하기		방송에 출연한 사람은 몇 명?			
	수·과학영역	게임기 사용하기		바둑알 뒤집기			
	조작영역	기계 그림자 맞추기 2)		움직이는 장난감 분류하기 3)		기계와 부품 짝짓기	
	음률영역	내가 좋아하는 음악 들어보기	◎ 신체표현: 움직이는 장난감			노래: 「쾅쾅쾅」	
대·소집단활동		이야기나누기: ◎ 내가 좋아하는 장난감 요리: 거품기를 이용해 생크림 만들기		내가 발명하고 싶은 재미난 기계는? 신체표현: 요술막대 동시짓기: 「재미있는 기계」			
실외자유선택활동		폴라로이드 카메라로 사진 찍기		주변 소리 녹음하기 집에서 가져온 놀이기구로 놀이하기			
점심 및 낮잠		동화: 「사과가 쿵」 「꿈동이의 가위」		TV동화: 「슬픈 악어」			
기본생활습관		기계는 조심해서 사용해요					

교육활동참고

1) 아나운서 되어보기
  · 인형극틀이나 책상에 탁상용 마이크를 설치하고 우리나라 지도, 날씨 관련 그림카드 등을 제공한다.

2) 기계 그림자 맞추기
  · 전화기, 컴퓨터, TV, 청소기, 세탁기 등 기계들의 그림자를 맞춰본다.

3) 움직이는 장난감 분류하기
  ① 유아들이 가져온 여러 가지 장난감을 전시해주고 자유선택활동시간에 자유롭게 탐색하고 놀이하게 한다.
  ② 충분히 탐색하거나 놀이하는 중에 움직이는 장난감끼리 모아 바구니에 건전지, 태엽, 전기 등으로 분류해본다.
  ③ 분류 바구니에 담겨진 물건들을 보며 공통점을 찾아 분류한 기준에 대해 생각해본다.

주간보육계획안

소주제 : 컴퓨터에 대해 알아보아요   **실시 기간 : 1월 5주**

		월	화	수	목	금	토
등원 및 맞이하기		컴퓨터를 사용하는 곳 말해보기					
실내자유선택활동	**쌓기놀이영역**	여러 가지 블록으로 컴퓨터 만들기 컴퓨터 책상 만들기					
	역할놀이영역	컴퓨터놀이 나는 컴퓨터 프로그래머					
	미술영역	재미난 마우스 만들기 1) 　컴퓨터 만들기(공동작업) 내가 만든 CD-ROM					
	언어영역	컴퓨터로 이름쓰기 2) 　우리 식구의 ID알아보기 ◎ 컴퓨터 언어카드　　　　내 친구 ID는? 3)					
	수 · 과학영역	컴퓨터 켜고 마우스 눌러보기 4)　　　　컴퓨터 순서대로 끄기 인터넷 들어가기(클릭 해보기)					
	조작영역	아트 클립으로 모양 만들기 5)　　피코놀이 컴퓨터 도미노					
	음률영역	컴퓨터로 음악에 맞춰 연주하기　　내가 만든 노래 신체표현: 나는 키보드					
대 · 소집단활동		이야기나누기: 컴퓨터의 이름 알기　　　　컴퓨터로 할 수 있는 일 알아보기 컴퓨터가 싫어하는 것 좋아하는 것 게임: CD 굴리기 　　　　CD-ROM: 올리의 그림					
실외자유선택활동		게임: 발코니에서 노트북과 데스크탑 카드 뒤집기 컴퓨터를 찾아라!(동네 돌아보기)					
점심 및 낮잠		동화:「컴퓨터랑 동화랑」 「제멋대로 컴퓨터」 컴퓨터 음악 들으며 잠자기					
기본생활습관		컴퓨터를 바르게 사용해요					

교육활동참고

1) 재미난 마우스 만들기
 ・마우스를 탐색한 후 우유곽, 요구르트병, 상자, 플라스틱 그릇 등을 이용하여 창의적으로 꾸며볼 수 있도록 한다.

2) 컴퓨터로 이름쓰기
 ① 사진과 이름이 쓰인 자신의 이름 카드를 찾아 읽어본다.
 ② 컴퓨터 키보드에서 자신의 이름에 있는 자음과 모음을 찾아보고, 자판을 눌러 이름을 모니터에서 확인한다.
 ③ 교사의 도움을 받아 출력해본다.

3) 내 친구의 ID는?
 ・가정에서 나의 ID카드를 만들어 온 후 모든 유아의 ID카드를 묶어 책으로 제시한다.

4) 컴퓨터 켜고 마우스 눌러보기
 ・순서표를 제시한다.
 ① 본체의 전원 버튼을 누른다.
 ② 모니터의 전원 버튼을 누른다.
 ③ 초기화면이 나올 때까지 기다린다.
 ④ 들어가고 싶은 곳에 마우스를 놓고 빠르게 두번 누른다.
 ⑤ 화면이 열린다.

5) 아트 클립으로 모양 만들기
 ・색깔 클립으로 다양한 기계 그림을 구성해본다. 이때 구성할 수 있는 그림본을 제공하여 주어도 좋다.

주간보육계획안

소주제 : 전화에 대해 알아보아요　　　　　　　　실시 기간 : 2월 1주

		월	화	수	목	금	토
등원 및 맞이하기		우리 집 전화번호 말해보기					
실내자유선택활동	쌓기놀이영역	여러 가지 전화기 만들기 　　　　　　　공중전화 부스 만들기					
	역할놀이영역	전화놀이 　　　　명함을 주고받아요					
	미술영역	종이컵 전화기 만들기　　　어린이집 전화번호를 알아보아요 　　핸드폰 만들기 1)　　　　　　　◎ 내 명함 만들기					
	언어영역	여보세요　　전화번호부 책보기 　　　　　　◎ 나의 전화번호부　　우리 반 전화번호부 2)					
	수·과학영역	여러 모양의 전화 관찰하기　핸드폰 속은 어떻게 생겼을까? 3) 　　전화를 걸어요　　　특별한 전화번호 알아 맞히기(112, 114, 119)					
	조작영역	모형 전화기 조립하기　여러 가지 전화모양 퍼즐 맞추기 　　　　　　전화기 빙고게임 4)					
	음률영역	노래:「전화 왔어요」　　신문지로 춤을 춰요 　　　　　동시로 노래를 바꿔 불러봐요 신체표현: 핸드폰 벨소리에 맞춰 움직여요 5)					
대·소집단활동		이야기나누기:　전화로 할 수 있는 일　　여러 가지 전화기가 있어요 　　　　전화할 때 지켜야 할 예절이 있어요　　　장난전화 걸지 않아요 신체표현: 우리들은 전화기 버튼 동시짓기:「전화」 　　　　　　◎ 현장학습: 엄마에게 공중전화 걸어보기					
실외자유선택활동		종이컵 전화놀이					
점심 및 낮잠		동화:「따르릉 따르릉」「척척 박사! 똘똘이」「수만이의 예절(VTR)」					
기본생활습관		장난 전화를 걸지 않아요					

교육활동참고

1) 핸드폰 만들기
   · 치약 상자처럼 길고 가는 종이상자를 색종이로 싸고 전화기 다이얼 그림을 그린 후 빨대를 수신용 안테나처럼 붙여서 핸드폰을 만든다.

2) 우리 반 전화번호부
   ① 수·과학영역에 전화번호부, 상가 안내 책자 등을 비치해두고 자유롭게 탐색해 본다.
   ② '내 명함 만들기' 활동 후 전체 유아가 만든 명함을 묶어 전화번호부를 만들어 탐색한다.
   ③ 놀이용 전화기와 전화번호부를 이용해 전화놀이를 한다.
   ④ 실제 전화번호부와 상가 안내책자를 보여주며 필요성에 대해 이야기해 본다.

3) 핸드폰 속은 어떻게 생겼을까?
   · 과학영역의 고장난 핸드폰을 드라이버로 분해하여 핸드폰 속을 관찰한다.

4) 전화기 빙고게임
   · 전화기의 모양과 색깔을 다양하게 하여 빙고판과 카드를 제작하여 게임을 한다.

5) 핸드폰 벨소리에 맞춰 움직여요
   · 핸드폰 속에 내장되어 있는 다양한 벨소리를 탐색한 후 소리를 들으며 몸으로 표현해 본다.
   · 핸드폰 기계음은 소리가 작거나 한 번만 나오므로 테이프에 녹음하여 활동한다.

실내자유선택활동
미술영역

기계책 꾸미기

활동목표	· 기계의 이름과 종류를 알 수 있다. · 기계의 특성을 알아보고 구분할 수 있다.
집단크기	개별 · 소집단
활동자료	잡지책, 가위, 풀

활동방법	1. 우리 어린이집 교실에서 볼 수 있는 기계에 대해 관찰하고 찾아본다.
	  – 우리 어린이집에서 볼 수 있는 기계는 어떤 것들이 있을까?
	
	2. 찾은 기계들의 이름과 특징을 이야기한다.
	  – 이 기계는 무엇을 하는 기계일까?
	  – 이 기계의 이름은 무엇이니?
	  – 에어컨은 어떤 일을 하는 기계니?
	  – 컴퓨터는 어떤 일을 하는 기계니?
	
	3. 잡지나 카탈로그, 선전화보, 신문 등의 그림에서 기계 그림을 찾아보고 오려본다.
	  – 책 속에서 기계들을 찾아 오려보자.
	
	4. 어린이집에 있는 기계, 교실에 있는 기계, 집에 있는 기계 등으로 구분하여 찾은 그림을 붙이고 책으로 엮어본다.
	
	5. 탐색하고 관찰하였으나 그림자료가 부족한 경우에는 직접 그려 넣는 방법도 제안한다.
	
	6. 책이 완성된 후 유아들과 이야기 나눈다.
	  – 너희들이 꾸민 기계책에 있는 기계가 모두 있으면 어떤 일을 할 수 있을까?
	  – 기계책에 있는 기계 중에 네가 갖고 싶은 기계는 무엇이니?
	   왜 가지고 싶니?

1월 2주

7.「기계책」을 언어영역에 제시해놓는다.

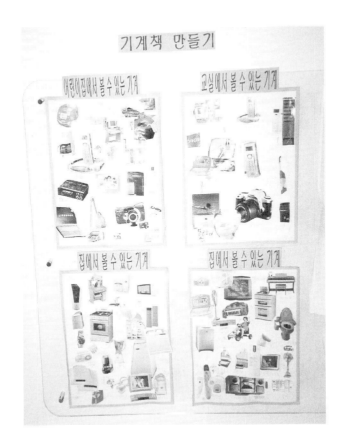

실내자유선택활동
언어영역

어떤 기계의 소리일까?

활동목표	・여러 가지 기계의 소리를 구별한다.
집단크기	소집단
활동자료	각종 기계(시계, 컴퓨터, 전화기, TV 등), 카세트, 녹음테이프
활동방법	1. 기계에서 나는 소리에 대해서 이야기해본다.

1. 기계에서 나는 소리에 대해서 이야기해본다.
   - 소리가 나는 기계는 어떤 것들이 있을까?
   - 기계에서 왜 소리가 나는 걸까?

2. 눈을 감고 교실에 있는 기계(시계, 에어컨 등)들의 소리를 들어본다.
   - 어떤 기계에서 나는 소리인지 알 수 있겠니?
   - 어떻게 알 수 있었니?

1월 2주

3. 기계를 보지 않고 소리를 알아맞혀보는 놀이를 제안한다.
   - 기계에서 나는 소리를 더 자세히 들을 수 있는 방법이 있을까?
   - (카세트를 제시하며) 카세트에 녹음해보면 어떨까?

4. 유아들과 함께 어린이집을 돌아다니며 여러 가지 기계의 소리를 녹음한다.

5. 녹음된 소리를 들어보며 유아들과 알아맞혀보는 활동을 전개한다.
   - 소리를 들어보자, 어떤 기계에서 나는 소리였을까?

6. 녹음된 테이프와 카세트를 과학영역에 제시하고 자유선택활동시 유아들이 들어볼 수 있도록 해준다.

참　　고	・유아가 소리를 잘 알아 맞히지 못할 경우에는 교사가 그 기계의 기능이나 모양 등을 하나씩 설명해준다.

실내자유선택활동
수 · 과학영역

수만큼 볼트에 너트 끼우기

활동목표 ·같은 크기의 볼트와 너트를 끼워본다.

집단크기 소집단

활동자료 굵기가 다른 볼트와 너트, 바구니, 삼각 주사위(1~3개)

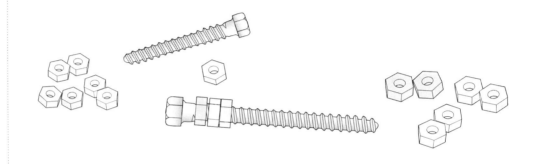

1월 2주

활동방법 1. 기계 부품 탐색 활동이 이루어진 후에 볼트와 너트를 제시하며 탐색한다.
  - 여기 이 부품들의 이름은 볼트와 너트라고 한단다.
  - 볼트와 너트는 같은 크기끼리 짝이 되어 사용한단다.
  - 우리 교실에도 볼트와 너트가 짝으로 사용된 물건들이 있단다.
   (의자, 책상, 장 등의 뒤나 밑면을 함께 찾아본다.)
  - 볼트에 너트를 찾아 끼워보자.
   크기가 서로 맞아야만 짝이 되어 끼워지는구나.

2. 볼트와 너트 끼우기 게임을 제안한다.
  - 긴 볼트를 먼저 골라 보자.
  - 삼각 주사위를 던져 나온 수만큼 너트를 골라 끼우는거야.
   그리고 10개를 먼저 끼우는 친구가 이기는 게임이란다.

3. 각자 자기 볼트를 정해서 주사위가 던져 나온 수를 말하며 너트를 세어 볼트에 끼워
  넣게 한다.

참　　고 · 구입 교구(볼트, 너트 끼우기)의 경우에는 색깔패턴카드를 제시하여 패턴에 따라 색너트를 끼워보는 개별활동을 할 수 있다.

그림책 수선점

활동목표	·수선놀이를 즐긴다. ·주변의 고장난 물건들을 찾을 수 있다.
집단크기	개별·소집단
활동자료	그림책, 찢어지거나 뜯어진 그림책, 투명 테이프, 칼, 가위

활동방법

1. 구둣방 수선놀이나 자동차 정비공장 놀이 후에 교실을 돌아보며 고장난 장난감, 찢어진 책 등을 찾아보고 어떻게 했으면 좋을지에 대해 이야기 나눈다.
   - 우리 교실 안에 망가진 물건이나 장난감들을 찾아보자.

2. 그림책 수선놀이를 제안한다.
   - 여기 골라온 물건 중에 그림책을 살펴보자.
   - 어떻게 되어 있니?
   - 너희는 어떻게 하고 싶니?
   - 오늘은 찢어진 그림책을 고쳐보자.

3. 역할놀이영역의 적당한 위치에 그림책 수선점을 차린다. 테이프와 칼, 가위, 망가진 책들을 바구니에 담아서 준비한다.
   - 여기에 그림책 수선점을 차려보자.
   - 그림책을 수선하려면 어떤 것이 필요할까?
   - 그림책을 어떻게 고쳐줄 수 있을까?
   - 넓은 투명 테이프, 좁은 투명 테이프, 가위, 칼 등을 이용하여 그림책이 헤지거나 찢어진 부분을 붙여보자.

4. 유아들의 수선 활동을 교사는 적극적으로 도와준다.
   - 선생님이 잡아줄테니 붙여보겠니?
   - 서로 잡아 주니 수선이 쉽게 되네.
   - 와! 정말 새 책처럼 되었네.

1월 3주

5. 수선 후의 책의 변화와 기분에 대해 이야기한다.
   – 책이 어떻게 되었니?
   – 책을 모두 고치고 나니 기분이 어떠니?

참 고   • 활동 이후 다양한 수선할 물건들을 찾아 분류해주고, 그에 맞는 수선점 활동으로 확장
         한다(가전제품 수리점, 자동차 정비공장, 신발 수선점, 옷 수선점 등).

실내자유선택활동
미술영역

기계 그림으로 꾸미기

활동목표
· 장소에 따라 사용되는 기계류가 다름을 안다.
· 기계의 쓰임새나 사용자에 대해 안다.

집단크기 소집단

활동자료 잡지책, 집 안의 도면이 그려진 큰 종이,
가위, 풀

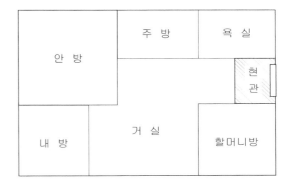

활동방법
1. 우리 집에서 볼 수 있는 기계에 대해서 이야기해본다.
   - 집에는 어떤 기계들이 있을까?
   - 엄마(아빠, 할머니, 동생 등)에게 도움을 주는 기계는 어떤 것들이 있을까?

2. 유아들이 좋아하는 기계에 대해 이야기 나눈다.
   - 녀희들이 가지고 싶은 기계는 어떤 것들이 있니?
   - 네 방에 두고 싶은 기계는 무엇이니? 왜 그것을 갖고 싶니?

3. 유아들이 만들고 싶은 공간을 선택하여 그 공간에서 쓰이거나 놓고 싶은 기계를 잡지
   에서 오리거나 입체적으로 붙여보게 한다.

4. 완성된 꾸미기 작품을 친구들 앞에 나와서 소개하는 시간을 갖는다.
   - 우리가 만든 것들을 친구들 앞에서 이야기 해줄 수 있겠니?

참 고
· 교사와 함께 미술영역 벽면에 유아들의 작품을 전시해주고 감상한다.
· 집 안 전체의 평면도를 준비하여 공동작업으로 진행해 볼 수 있다. 유아가 꾸민 각각
   의 공간을 조합하여 집을 완성한다.

1월 3주

실내자유선택활동
수·과학영역

도르레로 들어올리기

1월 3주

활동목표	·물건을 쉽게 들어올릴 수 있는 방법을 탐색한다.
집단크기	개별·소집단
활동자료	행거, 도르레, 밧줄, 책 묶음 2권, 다양한 장난감, 바구니 ① 행거를 높이 올려 고정시킨 후 도르레를 설치한다. ② 바구니에 밧줄을 묶고 도르레에 연결시킨다.

활동방법	1. 쌓기놀이영역에 제시해주고 유아들이 흥미를 보이면 같은 무게의 책(책 묶음)을 2권 준비하여 1권은 도르레에 연결된 바구니에 책을 넣은 다음에 다른 쪽의 끈을 잡아당겨 작동시켜 보게 한다.
	    - 천장에 달린 저 물건은 도르레라고 한단다.
	      사람들의 일을 힘들이지 않고 할 수 있도록 도와주는 도구란다. 여기 있는 도르레를 살펴보자.
	    - 끈을 당겨서 들어올려보자.
	
	2. 또 다른 책 묶음을 손으로 들어본다.
	
	3. 책을 손으로 그냥 들었을 경우와 도르레를 이용하여 들었을 경우에 대하여 이야기 나눈다.
	    - 책을 그냥 들었을 때와 도르레를 이용하여 들었을 때 중 어느 경우가 더 책을 들기 쉬웠니?
	    - 도르레를 사용했을 때 힘이 들었었니?
	
	4. 다양한 다른 물건을 들어볼 수 있게 한다.

참　고　·옷걸이대에 바퀴가 달렸거나, 지지하는 힘이 약할 경우에는 넘어질 위험이 있으므로
　　　　움직이지 않도록 단단히 고정시켜준다.
　　　·활동의 다양한 전개를 위하여 교실뿐 아니라 실외놀이장이나, 1층에서 2층을 연결하는
　　　　도르레를 설치(예: 2층 옥외놀이터에서 실외놀이장으로 연결)하여 실생활에 활용해
　　　　볼 수 있다.

실내자유선택활동
음률영역

움직이는 장난감

활동목표	• 신체를 통한 창의적인 표현력을 기른다.
	• 힘의 요소를 경험한다.
집단크기	소집단
활동자료	여러 가지 움직이는 장난감, 건전지

활동방법

1. '내가 좋아하는 장난감'에 대하여 이야기를 나눈 후 집에서 움직이는 장난감을 가지고 오도록 하여 다양한 장난감을 탐색한다.
   - 이 장난감들은 어떻게 움직일 수 있는걸까?
   - 스위치는 어디에 있는지 살펴보자.
   - (건전지 함을 가리키며)이 뚜껑을 열면 무엇이 있을까?

2. 건전지로 움직이는 장난감이나 태엽 장난감 등 움직이는 장난감을 작동시키고 유아들이 자유롭게 그 움직임을 관찰하게 한다.
   - 물개는 어떻게 움직이니?
   - 로봇의 움직임을 잘 관찰해보자, 어떻게 될까?
   - 장난감의 태엽을 감아보자.
   - 어떤 소리가 나니?
   - 태엽에서 손을 떼면 어떻게 될까?
   - 북 치는 곰의 모습을 보자, 어떻게 움직이니?

3. 유아들이 관찰했던 여러 가지 장난감의 모습을 표현해본다.
   - 우리가 태엽감는 장난감이 되어 움직여보자.
     여러 장난감 중에서 너희들이 되보고 싶은 장난감을 정해보자.
   - 건전지를 너희 몸의 어디에 넣고 싶니? 자, 건전지를 넣고 스위치를 켤게.
   - 건전지의 스위치를 켰을 땐(껐을 땐) 어떻게 될까?
   - 자, ○○는 태엽을 어디에 달고 싶니?
   - 그래, 선생님이 너의 태엽을 감아줄게.
     자, 태엽을 이제 놓아볼게, 어떻게 될까?

4. 활동 후의 느낌을 이야기 나눈다.
 – 어떤 장난감이 되어보았니?
 – 기분이 어땠니?
 – 어떤 점이 제일 재미있었니?

참　　고　· 「그대로 멈춰라」 음악에 맞춰 스위치를 켰을 때와 껐을 때의 움직임을 표현해볼 수 있다.
· 여러 가지 장난감을 표현하기 위한 소품을 제공하면 아이들의 흥미를 더욱 고조시킬 수 있다(예: 장난감 그림카드 목걸이).

대 · 소집단활동
이야기 나누기

내가 좋아하는 장난감

활동목표	· 장난감에는 기계로 움직이는 것이 있음을 안다.
집단크기	중집단
활동자료	유아들이 집에서 가져온 장난감
활동방법	1. 유아가 집에서 가져온 장난감을 소개하면 친구들은 궁금한 것을 질문한다. - (유아가 가져온 장난감을 보며) 이것이 무엇이니? - 이 장난감을 왜 좋아하니? - 이 장난감은 어떻게 놀이하는 것이니? 2. 움직이는 장난감과 움직이지 않는 장난감을 분류한다. - 움직이는 장난감과 움직이지 않는 장난감으로 나누어보자. 3. 움직이는 장난감을 탐색해보고 어떻게 움직이는지 이야기 나눈다. - ○○은 어떻게 움직이는 걸까? - 이 장난감 속에는 어떤 것들이 들어 있을까? - 우리 한번 살펴보자. 4. 사람이 손으로 조작하거나 다른 힘(건전지, 전기 등)에 의해 움직이는 것이 '기계'라는 것에 대해 이야기한다.
참 고	· 유아들의 장난감 소개 활동시 수수께끼 바구니에 넣었다 꺼내며 소개할 수도 있다. · 사후활동으로 '우리 반에서 사용하는 기계와 도구'를 찾아보는 활동으로 연계하여 다음 주제로 전개시킬 수 있다.

1월 4주

컴퓨터 언어카드

활동목표 　·컴퓨터 상자 놀이를 즐긴다.
　　　　　·놀이를 통해 도구와 기계의 명칭과 기능을 안다.

집단크기 　개별·소집단

활동자료 　컴퓨터 상자, 앞·뒷면에 기계와 도구의 이름과 그림이 그려진 카드

〈컴퓨터 상자〉
　·상자속에 딱딱한 종이를 모양으로
　　휘어넣어 카드를 넣으면 뒤집혀 나올
　　수 있도록 한다.

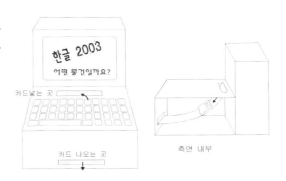

1월 5주

활동방법 　1. 컴퓨터 상자를 탐색하면서 컴퓨터에 대한 경험을 이야기 나눈다.
　　　　　　　– 이 상자를 어디서 보았니?
　　　　　　　– 무엇처럼 생겼지?
　　　　　　　– 이 상자로 무슨 놀이를 해볼까?

　　　　　　2. 컴퓨터 상자의 사용방법을 알아본다.
　　　　　　　– 어떻게 사용하는 걸까?

　　　　　　3. 카드를 상자에 넣기 전에 그림을 보고 이름과 기능을 말해본다.

　　　　　　4. 상자를 통해 나온 카드 위에 씌어진 글자를 읽어본다.

참　　고 　·기계나 도구의 실물을 준비해 그림과 짝지어보는 활동으로 확장할 수 있다.

실내자유선택활동
미술영역

내 명함 만들기

활동목표	·명함의 쓰임과 필요성을 안다.
집단크기	소집단
활동자료	유아의 사진, 유아가 알아온 집 전화번호, 여러 가지 명함, B5크기의 색지, 풀, 가위

활동방법	1. 여러 가지 명함을 제시하여 탐색한 후 명함의 용도에 대해 이야기해본다.
	   – 녀희들은 이런 종이를 본 적이 있니? 어디서 보았니?
	   – 이 종이에는 무엇이 적혀 있을까? 선생님이 읽어줄게.
	   – 어른들은 이런 종이를 왜 가지고 다닐까?
	
	 2. 유아가 사용할 수 있는 명함을 만들어 보자고 제안한다.
	   – 어른들처럼 우리도 명함을 만들어볼까?
	
	 3. 집 전화번호에 있는 숫자를 달력에서 오려 준비된 색지에 붙이거나 숫자를 써넣고 다양하고 개성있게 꾸며본다.
	
	 4. 색지는 B5크기 정도를 제공하여 유아들이 작업하기 편하게 제공한다.

2월 1주

참　고　· 유아들의 명함을 축소 복사하여 역할놀이영역에서 명함놀이로 확장할 수 있다.
　　　　· 유아들의 명함으로 전화번호부를 만들어 전화 걸어보기 놀이로 확장한다.

실내자유선택활동
언어영역

나의 전화번호부

활동목표	·전화번호부의 필요성과 편리함에 대해 경험해본다. ·전화번호부 만들기를 통해 수에 대한 관심을 높인다.
집단크기	소집단
활동자료	유아가 직접 만든 전화번호부, 전화기 2대, 실제 전화번호부, 상가 안내책자

활동방법

1. 수·과학영역에 전화번호부, 상가 정보 안내 책자 등을 비치해두고 자유롭게 탐색하게 한 후 전화번호부 만들기를 제안한다.
   - 여기 전화번호부는 어떨 때 쓰는 책이니?
   - 그래, 전화번호를 모를 때 이름이나 가게 이름을 알면 찾을 수 있는 책이란다.
   - 우리도 우리 주변에 친구나 아는 곳의 전화번호를 적어넣는 전화번호책을 만들어보자.
   - (전화번호책을 제시하며) 첫장에는 주인의 이름과 그림을 그려넣어 꾸며보자.
   - 어떤 순서로 전화번호의 순서를 정할지 결정해보자
   - 이 책에 친구들이나 아는 사람의 전화번호를 적어 책을 만들어 보자.
   - 가족이나 친구의 전화번호를 다 외울 수 없으니까 이름을 써넣고 그 친구에게 전화번호를 알려달라고 해서 번호를 기록해넣자.

2. 놀이용 전화기와 전화번호부를 이용해 전화놀이를 한다.
   - 너는 어떤 친구에게 전화를 걸어보고 싶니?
   - 전화번호를 모를 때는 어떻게 전화를 걸 수 있을까?
   - 그 친구의 전화번호를 알고 있니, 너의 전화번호부에서 찾아 전화해보자.

참　고 ·전화번호부를 이용해 직접 공중전화를 걸어보는 활동으로 확장할 수 있다.

2월 1주

현장학습

엄마에게 공중전화 걸어보기

활동목표	・여러 가지 공중전화의 종류를 알아본다. ・공중전화를 직접 걸어보고 공중전화를 사용할 때 필요한 것을 안다.
집단크기	소집단
활동자료	집에서 알아온 전화번호 쪽지(엄마・아빠 핸드폰번호나 회사 전화번호), 전화카드, 동전
활동방법	1. '여러 가지 전화기가 있어요' 활동 후에 공중전화 걸어보기 활동을 제안한다. 　 – 전화기에는 어떤 것들이 있었지? 　 – 그럼, 공중전화를 어디에서 보았는지 생각해 보자. 2. 공중전화부스를 찾아가 여러 종류의 공중전화를 탐색한다. 　 – 여기에 여러 가지의 공중전화가 있구나. 　 – 어떻게 생겼는지 관찰해 보자. 　 – 집에 있는 전화나 핸드폰이랑 어떤 점이 다르니? 3. 공중전화 사용방법을 알아본다. 　 – 이 공중 전화를 사용하려면 무엇이 필요할까? (카드공중전화, 동전 공중전화, IC카드 전화기 등) 4. 걸어보고 싶은 전화를 선택해 공중전화를 걸어본다. 　 – 어떤 전화기를 사용해 보고 싶니? 　 – 누구에게 전화를 걸어보고 싶니? 　 – 엄마(아빠 등)에게 전화를 걸어보자. 5. 전화를 걸어보고 난 후 기분을 이야기 나눈다. 　 – 전화를 걸어보니 기분이 어땠니?

2월 1주

참　　고　　•현장학습 후 공중전화 사용시의 예절에 대해 알아볼 수 있다.

주제 ○○**반이 되어요**

실시기간 : 2월 2주 ~ 2월 4주

▶▶ 전개방법

「○○반이 되어요」 주제는 유아들이 지난 1년 동안의 어린이집 생활을 기억해보고, 즐거웠던 일을 이야기해보거나 그림으로 표현해보는 활동으로 전개한다. 지난 1년 동안 일어난 여러 가지 이야기와 사진들을 소재로하여 신문도 만들어보고 어린이의 자화상과 글을 모아서 재미있는 앨범 만들기 등의 활동을 계획할 수 있다. 그 동안 가르쳐주신 선생님들께 감사한 마음을 갖고 친구들과 인사를 나누며 지난 1년의 생활을 잘 마무리하도록 돕는다. 한 학년을 마무리 짓는 시기이므로 어린이집에 따라 주제 적용기간을 2주나 3주 간으로 융통성 있게 계획·운영하는 것이 바람직하다.

▶▶ 환경구성

	쌓기놀이영역	역할놀이영역	미술영역	언어영역	수·과학영역	조작영역	음률영역
실 내	· 레고 블록 · 공간 블록 · 단위 블록 · 종이벽돌 블록 · 나무 모형 (사람, 나무, 차, 건물) · 어린이집의 여러 공간을 찍은 사진	· 교실의 모든 비품 (소꿉 그릇, 블록, 교구장, 교구바구니) · 물걸레 · 비누 · 수세미 · 세제 · 어린이집의 여러 공간을 찍은 사진 (교실, 현관, 주방, 놀이터, 사무실 등)	· 여러 가지 크기와 색깔의 종이 · 꾸미기 재료 · 크레파스 · 색연필 · 색종이 · 점토	· 필름통 글자판 · 글자 카드 상자 · 유아들의 사진을 정리한 앨범 · 신문이 만들 어지는 과정에 대한 화보나 사진 · 신문 · 큰 종이 · 사인펜 · 색연필 · 도화지 · 친구들 사진이 부착된 이름카드 · 색연필 · 동시: 「내 동생」 · 동화: 「형이 형인 까닭은?」 「지각 대장 존」 「똑같이 한 살씩」 「마사와 곰」 「아기코끼리 올리」	· 실 · 작은 숟가락 · 나사못 2개 · 여러 가지 물건 · 「사랑을 나누 어요」 게임판 · 주사위 · 말 · 여러 가지 단추 · 수카드 · 바구니 · 너트진자 · 끈 · 책받침 · 얇은종이	· 도형빙고 · 게임판 · 회전 주사위판 · 토큰 18개 · 콩 · 쌀 · 쟁반 · 숟가락 · 젓가락 · 핀셋 · 돗바늘 · 털실 · 자음, 모음, 바느질판	· 모래종이 악기 · 신문지 악기 · 마이크 · 매트 · 장직용 풍선 · 노래: 「형님 반에 간다네」 「친구와 헤어질 때」 · 음악감상: 「올드랭사인」 드러들라의 「추억」 베토벤의 「엘리제를 위하여」
실 외	· 필름통 · 돼지 그림이 붙은 깡통		· 타이어 · 긴 막대기		· 실		

주간보육계획안

소주제 : 어린이집 생활이 즐거웠어요　　　　　　　　　　**실시 기간 : 2월 2주**

		월	화	수	목	금	토
등원 및 맞이하기		등원하는 유아의 건강을 살피면서 맞이하기					
실내자유선택활동	**쌓기놀이영역**	블록으로 어린이집 짓기			우리 반 꾸미기		
	역할놀이영역	어린이집 놀이(필요한 장소나 교실 정하기, 선생님 정하기)			우리들이 만드는 파티(파티상 차리기)		
	미술영역	지난 1년 동안 즐거웠던 일 그리기			선생님께 감사편지 만들기		
		◎ 감사 편지 만들기					
	언어영역	동시감상:「재미있었던 우리 반」			우리 반 신문 만들기		
		나의 앨범 보며 회상하기			그림·글자 짝짓기		
	수·과학영역	단추 수세기		단추 더하기 빼기			
					실험: 전기 마찰 실험		
	조작영역	약속 따라 달려가기			자음·모음 바느질		
	음률영역	모래종이 악기			노래 발표회 1)		
대·소집단활동		이야기나누기: 지난 1년 동안 재미있게 지냈어요 2)					
		게임: 돼지몰이 깡통굴리기 3)					
		동시짓기:「○○반」					
		음악감상: 드러들라의「추억」					
		그림동화:「지각 대장 존」　베토벤의「엘리제를 위하여」					
		공동작업: 친구들의 사진을 이용한 그림 그리기 4)					
		게임: 그림·글자 짝짓기					
실외자유선택활동		휘파람 소리나는 필름통 돌리기 5)					
		게임: 돼지몰이			감사 편지 부치기 6)		
점심 및 낮잠		동화:「똑같이 한 살씩」　　「마사와 곰」　　「아기코끼리 올리」					
기본생활습관		손 씻고 수건 잘 걸어두기					

교육활동참고

1) 노래 발표회
   - 지난 1년 동안 ○○반에서 부른 노래 중 자신이 좋아하는 노래를 발표회 형식으로 친구들 앞에서 불러본다.

2) 지난 1년 동안 재미있게 지냈어요
   - 1년 간 지내면서 정리한 프로그램 파일이나 정리된 유아 앨범을 보며 활동을 회상하고 그 중 가장 즐거웠던 활동을 선정하여 본다.

3) 돼지몰이 깡통굴리기
   - 비교적 가늘고 긴 깡통에 한쪽은 돼지 얼굴을, 다른 한쪽에는 돼지꼬리를 꾸며 붙인 다음 긴 막대기(하키 스틱 모양)로 펴서 움직여 돼지를 모으는 것처럼 깡통을 굴린다.
   - 유아를 2개 팀으로 나누고 각 팀에서 1명씩 나와 출발하여 반환점까지 깡통을 굴리며 갔다가 돌아온다.

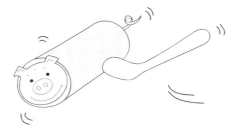

4) 친구들의 사진을 이용한 그림 그리기
   - 교사가 전지에 교실 전체 모습의 그림 배경판을 제시하고, 유아들은 친구들의 사진을 보면서 친구들이 활동하는 모습을 그려 넣어준다.
   - 유아의 얼굴 사진은 1주 전에 미리 찍어서 활용한다.

5) 휘파람 소리나는 필름통 돌리기
   - 필름통 옆에 4㎝폭으로 3㎜정도의 틈을 만들고 뚜껑에 구멍을 뚫어 실을 매듭지어 매달고 뚜껑을 덮은 뒤에 머리 위에서 돌린다.
   - 틈의 크기나 통의 크기를 조절하여 소리를 비교해본다.

6) 감사편지 부치기
   - 미술영역에서 완성한 편지를 어린이집 근처에 있는 우체통에 가서 직접 넣어보게 한다.

주간보육계획안

소주제 : ○○반이 되어요　　　　　　　　　　　　실시 기간 : 2월 3주(~4주)

		월	화	수	목	금	토
등원 및 맞이하기		진급에 대한 이야기 나누기					
실내자유선택활동	쌓기놀이영역	형님반 만들기					
	역할놀이영역	형님반·언니반 구경하기 1)			교실 정리 정돈하기		
	미술영역	상상해서 그리기		종이접기: 하트 접어 꾸미기 2)			점토입체구성
	언어영역	친구 이름·전화번호 서로 적어주기			동생들에게 교실 안내해주기 3)		
	수·과학영역	◎ 사랑을 나누어요		실험: 소리 전달하는 실 만들기 4)			
	조작영역	옮기기		도형 빙고 게임			
	음률영역	노래:「형님반에 간다네」		「친구와 헤어질 때」			
대·소집단활동		이야기나누기: ○○반이 되어요		동시감상:「내 동생」 게임: 친구이름카드 붙이고 돌아오기 5)		그림동화:「형이 형인 까닭은」	
실외자유선택활동		앙감질로 얼마나 가나		바퀴 굴리기			
점심 및 낮잠		음악감상: 올드랭 사인		내 물건 정리하기			
기본생활습관		옷장과 서랍 정리하기					

· 2월 2주~3주 활동의 적용기간을 2월 4주까지 확장하여 융통성있게 운영할 수 있다.

교육활동참고

1) 형님반·언니반 구경하기
   - 소집단으로 교사와 함께 진급할 반에 가서 새로운 환경을 구경한다. 이때 상급반과 미리 협의하여 큰 유아들이 동생들을 안내하고 소개해 줄 수 있게 한다.

2) 하트 접어 꾸미기

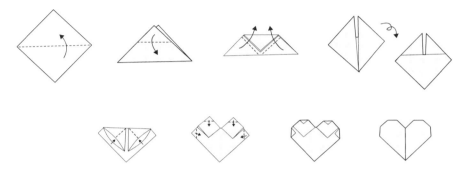

3) 동생들에게 교실 안내해주기
   - 형님반에 놀이하러 온 동생들에게 교실을 안내해주며 놀잇감·영역 등을 소개한다.

4) 소리 전달하는 실 만들기
   - 실, 작은 숟가락, 나사못 2개를 준비하여 실로 숟가락의 손잡이를 묶은 뒤에 양 끝을 나사에 말아 감는다.
   - 나사못을 귀에 가까이 댄 뒤에 숟가락으로 테이블을 쳤을 때의 소리를 들어보고 이유에 대해 생각해본다.
   - 나사못 대신 다른 물건으로 감아서 들어본다.

5) 친구이름카드 붙이고 돌아오기
   - 2개 팀으로 나누어 자신의 뒤에 있는 유아를 보고 나서 이름을 기억한 뒤 융판이나 자석판에 이름카드를 붙이고 돌아오는 게임이다.

실내자유선택활동
미술영역

감사 편지 만들기

활동목표
· 1년 동안의 어린이집 생활을 회상해본다.
· 감사하는 마음을 여러 가지 미술재료를 이용해 다양하게 표현해본다.

집단크기 소집단

활동자료 1년 동안의 어린이집 생활을 정리한 사진이나 앨범 혹은 개인적인 포트폴리오 자료, 색도화지 또는 색상지, 색연필, 크레파스, 색종이, 풀, 가위 등

활동방법
1. '지난 1년 동안 재미있게 지냈어요' 활동 후 견학이나 외부 활동시 도움을 주셨던 여러 분들께 감사 편지를 만들어 보내자고 제안한다.
   - 앨범 속에 정리된 사진을 살펴보자.
   - 어떤 사진들이 들어 있니?
   - 너희들은 어디에 갔던 것이 기억에 남니?
   - 그곳에서 우리를 도와주신 분들께 어떻게 우리 마음을 전할 수 있을까?

2. 미술영역에 준비된 여러 가지 재료를 이용해 감사 편지와 편지 봉투를 꾸며본다.

3. 완성된 편지를 묶어 우편함에 넣거나 가까운 기관은 직접 방문하여 전달한다.

참 고 · 감사편지 만들기 활동은 견학 활동 후 제안할 수 있다.

2월 2주

실내자유선택활동
수 · 과학영역

사랑을 나누어요

활동목표
· 친구들의 소중함을 알고 사랑하는 마음을 갖는다.
· 정해진 규칙에 따라 게임해본다.

집단크기
1~2명

활동자료
게임판, 주사위, 말

〈게임판〉

① 색상지를 하트모양(지름 5cm)으로 6장 오려 그림을 그린다.

② 다른 색 색상지에 하트 모양(지름 2cm)을 12개 오려낸다.

③ 4절 하드보드지에 아래 그림처럼 하트모양 색지를 붙이고 비닐로 싼다.

친구와 악수하세요

친구와
어깨동무하세요

친구와 뽀뽀하세요

친구를 업어주세요

친구를 안아주세요

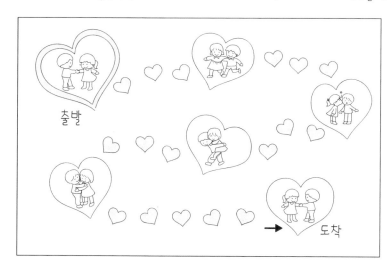

2월 3주

〈주사위〉
• 하드보드지로 1~3까지 숫자를 2번씩 적어 넣은 주사위를 만든 후 셀로판지로 싼다.

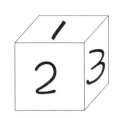

활동방법
1. 게임판에 관심을 보이는 유아와 함께 게임에 대해 이야기 나눈다.
  – 친구들 그림이 그려져 있네?
  – 친구들이 어떻게 하고 있니?

2. 게임방법을 알아본다.
  - 2명의 유아가 자기 말과 순서를 정한다.
  - 말을 출발점 "악수하기"그림에 올려놓고 서로 악수한다.
  - 주사위를 던져서 나온 수만큼 말을 옮겨놓는다.
  - 말이 그림에 도착하면 그림에 나와 있는 대로 친구에게 표현해본다.
    (예: 안아주기, 업어주기 등)
  - 도착지점에 먼저 온 유아는 상대방이 도착할 때까지 기다렸다가 서로 악수를 나누고 게임을 끝낸다.

3. 순서를 정하여 게임을 한다.

참고문헌

교육부(1995). 유치원 교육활동 지도 자료. 대한 교과서.

교육부(1996). 유아 음률교육 활동 자료. 서울: 교육부.

교육부(1998). 유아를 위한 전통문화 교육활동 지도 자료. 서울: 교육부.

교육부(1998). 유아 기본 생활습관 교육 활동자료.

교육부(2000). 유치원 교육활동 지도 자료. 대한 교과서.

김명순·조경자(1998). 유아를 위한 음악교육의 이론과 실제. 서울: 다음세대.

김명순·조경자(2000). 유치원 교육활동 지도 자료. 대한 교과서.

덕성여자대학교 부속유치원(2001). 유아 영양과 요리활동. 서울: 창지사.

덕성여자대학 유아교육 연구소(1998). 상호작용이론에 기초한 유아교육과정. 서울: 창지사.

박찬옥 외(2000). 유치원 교육과정 2000에 기초한 생활주제 교육계획. 서울: 창지사.

삼성복지재단(1998). 삼성어린이집 유아프로그램. 서울: 교육과학사.

서울특별시 교육위원회(1990). 창의적 교수-학습방법을 위한 유아교육활동안. 서울: 서울특별시 교육위원회.

심성경·김영실(1997). 주제접근에 의한 통합적 유아교육과정. 서울: 다음세대.

연세대학교 어린이생활지도 연구원(1995). 연세 개방주의 유아교육과정. 서울: 창지사.

오정숙(1997). 유아미술의 이론과 실제. 서울: 양서원.

유효순·이영자(1987). 유아사회교육. 서울: 교문사.

이경우(1985). 유아를 위한 새 수학교육. 서울: 교문사.

이경우(1995). 수학교육을 위한 문학적 접근. 다음세대.

이경우(2000). 우리 집 감자요리. 서울: 한국어린이육영회.

이경우(2001). 총체적 언어. 서울: 창지사.

이경우·이정환(1988). 유아를 위한 과학교육. 서울: 창지사.

이기숙(1980). 유아교육 프로그램 운영을 위한 단원자료집(Ⅰ, Ⅱ). 서울: 이화유치원.

이숙재(1998). 유아를 위한 놀이의 이론과 실제. 서울: 창지사.

이숙재(1990). 유아를 위한 놀이의 이론과 실제. 서울: 창지사.

이영(1992). 유아를 위한 창의적 동작교육. 서울: 교문사.

이영(1997). 유아를 위한 창의적 동작교육. 서울: 교문사.

이영자(1994). 유아언어교육. 서울: 양서원.

이원영 외(1998). 유아언어활동의 이론과 실제. 서울: 창지사.

이은화·이순례(1985). 유아를 위한 음률활동 자료집. 서울: 교문사.

이은영·김덕건(1991). 활동중심의 유아과학교육. 서울: 양서원.

이정환(1995). 유아교육의 통합적 미술교육과정. 서울: 창지사.

임영서(1998). 유아미술활동. 서울: 정민사.

정기숙 외(1992). 새로운 교육활동 자료집. 서울: 양서원.

정진·성원경(1994). 유아놀이와 게임활동의 실제. 서울: 학지사.

정진·서원경(1998). 유아놀이와 게임활동의 실제. 서울: 학지사.

주영희(1994). 유아를 위한 언어교육. 서울: 교문사.

중앙대학교 부속유치원(1998). 활동중심 통합 교육과정. 서울: 양서원.

한국어린이육영회(1995). 다시 생각해보는 과학 이야기. 서울: 한국어린이육영회.

홍용희 외(1998). 유아를 위한 동작교육의 이론과 실제. 서울: 다음세대.

홍은경(2001). 180일 간의 언어여행. 서울: 다음세대.

찾아보기

주제	월/주	활동명	페이지
우리나라	11월 1주	해님 달님	373
		숫자 풀이	376
		몸으로 만드세요	378
		제기차기	379
	11월 2주	전통 부엌에서 소꿉놀이하기	381
		부채로 날리기	383
		내 자리를 찾아주세요	384
	11월 3주	내가 좋아하는 떡 그래프	385
		인절미와 총각김치	387
		생일떡 꾸미기	389
		경단 만들기	391
		몸으로 경단 빚기	393
	11월 4주	곡식 옮기기	394
		팽이	395
		사방치기	397
세계 여러나라	12월 1주	전통의상을 꾸며보아요	405
		프렌치 토스트	407
		반갑게 인사해요	409
		세계는 하나	411
	12월 2주	우리 반 달걀 요리	412
겨울	12월 3주	눈 모양 오리기	426
		색깔 얼음으로 그림 그리기	427
		끝말 단어 잇기	429
		재미있는 얼음 실험	430
		김장 담그기	433
		겨울철 자연의 변화	435
		바람 느껴보기	437
		발자국 따라 걷기	438
	12월 4주	잃어버린 장갑	440

책임 연구원	유애열 (어린이개발센터 수석 연구원)
공동 연구원	김명순 (연세대학교 아동학과 교수)
집필진 팀장	이한영 (의왕 삼성어린이집 원장)
집필진	강인자 (수정 삼성어린이집 원장)
	이혜옥 (울산 삼성어린이집 원장)
보조 연구원	고동섭 (어린이개발센터 연구원)
표지 / 삽화	장지영 (성남 중앙보육원 강사)

인지
생략

삼성어린이개발센터 새책 33

삼성 어린이집 유아 프로그램
4세

초판 7쇄 · 2012. 3. 2.

저 자 · 삼성복지재단
발행인 · 김요섭
발행처 · 다음세대

서울 동대문구 신설동 89-83 ⑨130-110
전화 · 927-2121~5 (본 사)
928-3390~1 (출판부)
팩스 · 928-0698
http://www.boyuksa.co.kr
등록 · 2005. 6. 14. 제5-443호

ⓒ재단법인 삼성복지재단
서울시 용산구 한남동 747-2번지
전화 · 2014-6834

ISBN-89-5723-006-8

값 25,000원

(사) KOMCA 승인필